일본인의 생활

일본인의 생활

우메사오 다다오 엮음

김 양 선 옮김

혜안

일본인의 생활

우메사오 다다오 엮음
김양선 옮김

1판 1쇄 인쇄 · 2001년 12월 20일
1판 1쇄 발행 · 2001년 12월 25일

발행처 · 도서출판 혜안
발행인 · 오일주

등록번호 · 제22-471호
등록일자 · 1993년 7월 30일

⑨ 121-836 서울시 마포구 서교동 326-26번지 102호
전화 · 3141-3711~2 / 팩시밀리 · 3141-3710

E-Mail · hyeanpub@hanmail.net

값 15,000원

ISBN 89-8494-150-6 03910

梅棹忠夫 編 日本人の生活

Copyright ⓒ 1976 Kenkyusha, Originally published in Japanese
by Kenkyusha Publishing Co., Ltd., Japan
Korean translation copyright ⓒ 2001 by Hyean Publishing Company
This translation edition is published by arrangement
with Kenkyusha, Publishing Co., Ltd., Japan.

머리말

나는 처음에 '강좌·비교문화' 기획에 참가하면서 이것을 계기로 하여 상당히 과학적인 일본문화론을 체계화시킬 수 있을지도 모른다는 기대를 품었다.

솔직하게 말해 나 자신의 말까지 포함해서 별 학문적 근거도 없는 자의적인 일본문화론이 범람하는 데는 좀 지긋지긋하다. 메이지 시대에 넘쳐난 국민성 논의라든가 2차대전 후에 크게 유행한 일본문화론도 대부분 엄밀한 논증은 빠져 있는 통속론에 불과하다. 이런 논의들은 하나같이 두 가지 결함을 안고 있다. 하나는 모호한 사실 인식이고, 또 하나는 비교라는 절차의 경시다.

일본문화론이라고 말하려면, 당연히 사실로서의 일본문화를 전제로 해야 한다. 그런데 이 '일본문화'라고 불리는 것은 종종 시간적으로든 공간적으로든 논자 자신의 극히 제한된 문화적 체험을 재료로 삼는다. 그래서는 아무 소용이 없다. 무엇이 옛날부터 있었던 것이고 무엇이 새로 들어온 것인지, 하나하나 구체적인 사실에 대한 면밀한 검토가 우선되어야 한다. 그런 검증을 거치지 않은 재료들을 가지고 문화론을 논하는 것들은 어떤 것도 신뢰하기 어렵다.

또 일본문화를 논하여 의미있는 결론에 도달하기 위해서는 당연히 이웃의 문화와 비교를 해보아야 한다. 그것도 개념적이 아니라 구체적·실증적으로 비교해야만 한다. 일본문화와 다른 문화 사이에는 무엇이 공통되고 무엇이 다른가. 어디가 같고 어디가 다른가. 이런 비교를 거치지 않은 것은 위험하기 짝이 없다. 유감스럽게도 지금까지의 일본문화론에는 그러한 위험성이 도처에 숨어 있었다.

대체적으로 이런 문제를 논할 때는 성급한 결론을 기대해서는 안 되는 법이다. 그런데 지금까지 나온 많은 일본문화론은 처음부터 결론을 내려놓고 거기에 어울릴 성 싶은 재료들만을 그러모으는 그런 형식이었다. 그러다보니 사실 확인과 비교절차라는 면밀한 작업은, 논자에 따라서는 불필요하다기보다는 오히려 성가스럽기까지 했을 것이다. 그리고 그 결론이란 종종 일본문화에 대한 단죄이거나 그렇지 않으면 자화자찬에 지나지 않았다.

그러한 사이비 학문적 통속론이 아니라 좀더 과학적인 일본문화론을 내놓고 싶었다. 그러기 위해서는 일본문화도 잘 알아야 하고 이웃의 문화에 대해서도 잘 알고 있어야 한다. 이를 기반으로 하여 비교문화학을 시도해야 할 것이다.

학문에는 비교라는 형용사를 단 것들이 있다. 예를 들면 비교해부학이란 각종 동물에 대해 철저한 형태 연구를 행한 후 이것을 다른 종의 해부 성과와 비교하면서 동물의 계통을 점차 체계화해 가는 학문이다. 또 비교언어학은 여러 언어의 역사적 변화를 철저히 추구하고 비교함으로써 여러 언어의 계통을 명확히 하는 것이다. 문화 연구에서도 이들 학문과 유사한 비교문화학이라는 것이 가능하다면, 그 같은 방식을 통해 일본문화의 역사적 계통론도 논할 수 있을 것이다. 이런 것을 생각하면서 '강좌'에 착수하였다. 비록 완전한 의미에서 비교문화학의 체계를 제시할 수는 없다 해도, 이미 많은 자료가 축적되고 있으니 적어도 하나의 시도작은 만들어 낼 수 있지 않을까 기대하였다.

하지만 실제로 '강좌'를 시작하고 보니 논의가 좀체로 '비교' 쪽으로는 가지 않았다. 특히 비교상대에 대한 재료가 결정적으로 부족하였다. 유럽 쪽은 그럭저럭 넘어간다 해도 이슬람 세계, 인도 세계는 말할 것도 없고 극동 문명세계에 대해서조차 구체적인 언급을 하기 어려웠다. 강좌의 시리즈 중 하나인 이『일본인의 생활』은, 주제가 생활문화의 계보론이다. 일본인의 생활문화에 대해서는 예로부터 내려오는 재료도 많고 야나기타 구니오의『메이지 다이쇼사 세상편』처럼 훌륭하게 체계화가 이루어진 책도 있다. 그러나 어쩔 수 없는 부분은 이웃문명에 대한 재료의 부족이었다. 이래서는 역시 비교문화학이라고 부르기는 어려울 것이다. 결국 '학'이라는 글자는 포기하고 '비교문화'라는 용어를 선택한 것은 그 때문일 수 있다.

이런 얘기는 추호라도 '강좌'의 집필자들을 비판하기 위해 꺼낸 말이 아니다. 나의 아전인수적인 과잉기대를 자기비판한 것이다. 이제 슬슬 일본문화론을 세계적인 맥락 안에서 파악해도 좋을 만큼 연구가 이루어졌다고 생각했지만, 역시 이는 너무 야무진 생각이었다. 세계문화에 대한 일본의 연구는 그만한 수준에 이르지 못했다. 애당초 이런 작업이 불가능하다고 보았던지 처음부터 비교의 관점을 방기해 버린 논고도 있는데, 오히려 현명한 처사일 수도 있겠다 싶다.

앞에서 아전인수라는 표현을 썼는데, 정말 그렇다. 한 나라의 문화를 면밀하게 연구하는 것은 민속학(folklore)이 할 일이고, 그것을 비교연구하는 것은 민족학(ethnology)의 일이다. 즉 비교문화학이라는 것은 정의상 민족학이 맡을 분야다. 현재 일본에서 비교문화학이 시기상조라고 얘기하는 것은 일본 민족학의 성과가 빈약하다는 것을 의미한다. 나는 이 '강좌·비교문화'에서 예컨대 일본인의 미적가치관은 멜라네시아의 미적가치관과 관계가 없다든가, 일본인의 사회관계의 어떤 부분은 퉁구계와 같은 계통이라는 등의 대해 확신을 갖고 얘기할 수 없는 일본 민족학자의 무기력함에 그저 자책감을 느낄 뿐이다.

비록 이 '강좌'가 나의 원래 의도에서 벗어나기는 했지만 이 책은
그 나름으로 대단히 재미있고 의미 또한 크다. 나는 예전부터 이상적
인 비교문화학에 대해 미리 구상을 해두었는데, 이 책은 그 목적지에
이르는 하나의 과정이라 생각된다.

1976년 9월
우메사오 다다오(梅棹忠夫)

글 싣는 순서

10

일러두기

1. 이 책은 梅棹忠夫 編,『講座・比較文化 第4卷 日本人の生活』을 번역한 것이다.
2. 일본어 지명, 인명, 고유명사 등은 일본어 발음대로 적고, 발음은 문교부의 외래어 표기용례에 따랐다. 단 일부 관례화한 발음은 표기용례와 달리 표기하였다(예컨대 갓난아기를 의미하는 아카찬은 아까짱으로 표기한다).
3. 연대는 서력을 원칙으로 하되 천황 연호가 들어간 표기는 일부 한정적으로만 사용하였다(예컨대 메이지 30년대, 쇼와 20년대).
4. 책이름, 잡지이름, 신문이름 등은 『 』로, 논문이름과 잡지게재 글, 단편소설 등은 「 」로 표기하였다.
5. 본문에 실린 표와 도판 등은 원문 그대로이며, 사진은 원문에 실린 사진과 다르다.
6. 이 책 필자들에 대한 소개는 2001년 현재를 기준으로 한 것이므로 원저에 소개된 필자들의 약력과는 다소 차이가 있다.

1 주거와 주생활

이시게 나오미치

단독주택과 공동주택

집 이라는 단어에는 두 가지 의미가 있다. 건축물로서의 주거 즉 눈에 보이는 집과, 조상대대로 자손들에게 계승되는 가족의 결합원칙으로서의 집 즉 눈에 보이지 않는 집이 그것이다. 주거라는 개념은 이 두 가지 의미가 중첩되어 만들어졌다.

'집을 짓는다'라는 말은, 조상제사를 계승하고, 이리저리 뻗어나가는 가족들을 결합시킬 수 있는 의식의 중추적인 역할을 함과 동시에 부모가 살고 있는 건축물을 계승하는 것을 말한다. '한 가정을 꾸리는' 것은 세상에서 당당한 하나의 사회적 인격체로 인정받기 위한 필요조건이었다. 독립된 자기 가옥을 갖지 못하고 본가에 붙어서 생활하는 동안에는 마을사람과의 사이에서 발언권을 갖지 못한다. 사무라이나 평민 사회에서도 셋방살이하는 사람들은 찬밥 신세를 감수해야 했다. 사회적으로든 경제적으로든 당당한 하나의 성인으로 취급받을 수 없었던 것이다. 마을에서도, 설사 경제적으로 독립하여 생계를 꾸리고 있다 하더라도, 셋방살이하는 사람은 마을의 이런 저런 기구에 참가할 자격을 인정받지 못했다. 엄밀하게 말해 마을사람이란 집을 가지고 있는 사람이라는 뜻으로 한정되며, 땅이나 집을 빌려서 사는 사람은 마을에서 행해지는 공적 행사에 참가할 수가 없다.

따라서 모든 사람들은 자기 땅에서 독립된 가옥을 지어 살고 싶어 했다. 이러한 전통은 현재의 도시생활에서도 남아 있다. 일본의 주택 사정은 세계 어느 나라에도 뒤지지 않을 만큼 열악하다. 그 속에서 일본인들은 어떻게든 단층 연립주택에서 탈출하여 작더라도 마이홈을 갖고 싶어한다. 그래서 퇴직금을 털어 교외에 작은 주택을 마련한다.

퇴직을 하여 사회적 역할에서 제외되고서야 비로소 당당한 하나의 사회적 인격으로 인정받을 수 있는 무대를 갖게 되는 것이다. 정말 아이러니하지 않을 수 없다.

이웃과 벽을 공유하고 같은 지붕을 이고 사는 소위 공동주택은 반드시 도시생활의 발전을 전제로 하는 것은 아니다. 보루네오 섬의 롱하우스 같은 것을 예로 들 것도 없이, 세계 각지에는 전통적인 공동주택이 있다. 가족제도, 생산양식, 자연환경, 외적과의 관계 등 각 지역의 특유한 조건에 대응해서 만들어진 공동주택들이다. 일본의 공동주택은 이러한 개별적 이유에 근거한 지방적 공동주택이 아니라, 인류사의 한 단계에서 공통적으로 발생하는 보편적 원리에 따라 출현한 것이다. 예컨대 인구가 도시로 집중되고 그 결과 나온 것이 일본의 공동주택이다.

아파트 형식의 공동주택은 그리스나 로마의 도시에도 있었다. 그러나 세계적 현상으로서의 공동주택은 18세기 후반에 일어난 산업혁명과 그에 따른 노동인구의 도시집중에 따라 등장하였다. 그래서 구미에서도 공동주택의 유행은 우선 도시 빈민가의 형성을 의미하였다.

일본에서는 경제적으로 아직 산업혁명 전단계였던 에도 시대(1603~1868)에 이미 몇몇 거대도시가 등장하였고, 구미와 거의 같은 시기에 뒷골목에는 초라한 셋집들이 들어서기 시작했다. 나가야(長屋)라고 불린 공동주택이 그것이다. 기타가와 모리사다(喜田川守貞)의『유취 근세 풍속지』(類聚近世風俗志)에 따르면, 19세기 초에 해당하는 분세이(1818~1830) 때 오사카의 다카쓰신치(高津新地)에는 빈민들이 많이 모여 살았는데 여기에 셋집을 짓고 '고노즈우라'라고 불렀다고 한다. 또한 셋집이 즐비하게 늘어서 있던 에도 사카이초(堺町)의 거리는 오우라(大裏)라고 불렀다.

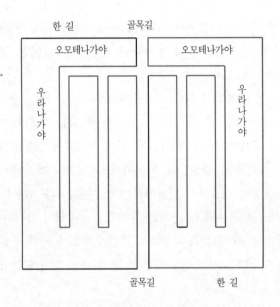

한 길　　　　　　골목길

오모테나가야　　　　　　오모테나가야

우라나가야　　　　　　　우라나가야

골목길　　　　　　한 길

에도 사카이초의 나가야 거리 『類聚近世風俗志』에서 제작성

동네에서 한길을 따라 상점이 서고, 이들 상점으로 둘러싸인 한 블럭 뒤 빈터에 셋집이 들어섰다. 블럭 하나 전체가 셋집일 경우, 한길에 접한 부분은 오모테나가야(表長屋)로 불렸는데, 가게를 하는 사람들이 차지하였다. 용마루를 타고 내려온 벽이 건물을 이분하고, 다시 한 집씩 구획된 동할(棟割) 나가야와 일렬(一列) 나가야가 있다. 한 집이 차지하는 면적은 대체로 내림이 9척이고, 입구에서 안까지의 안길이는 방 2칸 정도로 아주 좁았다. 이 공간 안에 입구와 부엌이 위치한다. 골목 안에는 공동우물과 공동변소가 있다.

현재 간사이 지방에는 통칭 '빈문화'(貧文化)라고 부르는 공동주택이 있다. 여기에서의 '문화'란 문화주택이라는 말에서 온 것인데, 다이쇼 시대(1912~1926)의 문화주택과 닮은 듯하면서도 좀 다르다. 회반죽을

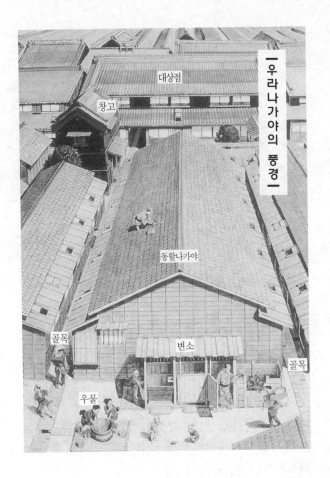

우라나가야의 풍경

대상점
창고
동할나가야
골목
변소
골목
우물

바른 2층집인 나가야 형식의 공동주택으로, 각 층에는 몇 개에서 수십 가구가 들어서 있고, 물과 변소는 공동으로 이용하는 예가 많다. 현대 판 단지 우라나가야(裏長屋)라 할 수 있는데, 옛날 우라나가야에는 날 품팔이 빈민들이 살았던 데 비해, 이 빈문화에는 버젓한 샐러리맨들이 살고 있다. 주택 사정이 에도 시대보다 더 악화된 셈이다. 일본의 주택 정책 부재는 지금이나 옛날이나 변함이 없다. 간토 대지진이 일어날

동윤회 아파트 1927년 3월에 완성된 아파트로 1985년 현재까지 건재해 있다.

때까지 도시에는 에도 시대와 별반 다를바 없는 셋집들이 증가하면서 소위 빈민굴이 계속 늘어났다.

일본에서 가장 오래된 철근 콘크리트 아파트는 1918년 미쓰비시광업이 나가사키 현 하시마(端島)에다 세운 7층짜리 건물이다. 그러나 역시 일본에서 현대적인 공동주택의 원점이라면 동윤회(同潤會) 아파트를 빼고는 얘기할 수 없다.

동윤회는 간토 대지진의 의연금을 기반으로 해서 항구적인 주택공동조합의 법인단체로서 발족하였다. 현 주택공단의 시초인데, 도쿄와 요코하마 각지에 철근 콘크리트 아파트들을 건설하였다. 그로부터 반세기가 지난 지금도 에도 사람들은 이 아파트에 살고 있다. 구미 도시에서는 이미 1세기 전부터 대대로 같은 아파트에 가족이 살아왔고 따라서 생활양식도 안정되어 있지만, 일본의 경우는 역사가 아직 반세기

밖에 안 된다. 동윤회 아파트는 고층 공동주택에 대한 생활 전통이 형성되지 못한 시행착오 단계에 만들어진 것이라고 할 수 있다.

1950년대 들어 공영 공동주택인 소위 단지(團地)아파트가 각지에 들어섰다. 이 단지아파트는 합리화 사상에 근거한 철저한 소주택주의를 채택하였다. 단지 사이즈로 쓰이는 다타미가 등장하고, 그에 따른 가구의 규격화가 이루어졌다. 침식 분리사상에 근거하여 다이닝키친이 채용되어 DK시스템이 생겼다.

당시는 주택사정이 대단히 나빠서 추첨을 통해 단지아파트에 입주하는 것을 크나큰 행운이라고 여겼다. 여기에다 철근 콘크리트 아파트에 산다는 것은 곧 '문화적'인 생활을 한다는 이미지가 초기 단지아파트에 퍼져 있었던 것으로 보인다. 그러나 고도경제성장을 거치며 주거 이외의 생활수준이 향상되고 이에 따라 단지아파트 생활에 대한 불만들이 쏟아져 나왔다. 그 불만의 대부분은 주거공간이 너무 좁다는 것이었다.

단지아파트는 한정된 공간을 최대한으로 이용하는 기능제일주의를 택할 수밖에 없다. 거실겸 부엌, 침식분리와 같은 합리화된 기능을 이용자들이 활용하게 하기 위해서는, 그렇게밖에는 이용할 수 없도록 설계를 하게 된다. 방은 벽으로 나뉘었고, 이에 따라 일본 전통가옥의 특징이라 할 수 있는 다타미 방의 전용성이나 융통성은 찾아볼 수 없게 되었다. 그러다보니 같은 아파트 내의 집들은 하나같이 같은 장소에 같은 가구가 놓이게 되고 이에 따라 획일적인 생활무대가 될 수밖에 없다. 그렇다고 설계자를 나무랄 수도 없다. 그들은 최악의 토지·주택 상황 속에서 최저한의 수준을 만족시킬 수 있는 주택을 공급해주는 역할을 했을 뿐이니까.

1950년대 후반부터 민간에서도 고액소득자를 위한 냉난방 시설을

일본의 단지아파트
공동주택의 기원은 고대 로마
로까지 거슬러 올라간다.

갖춘 고층아파트가 들어서기 시작했다. 이는 1960년대 후반 '맨숀'이
라는 명칭으로 통하게 된다. 초기의 맨숀은 도쿄에서 보면 주로 야마
노테센(山手線 : 도심 순환선) 안쪽에 세워져, 고액소득자이자 특수 직업
인으로서 도심에 살 필요가 있는 사람을 대상으로 하였다. 1970년대에
들어 일반 화이트컬러들이 맨숀에 살게 되면서 맨숀은 계속 확대되더
니 결국 통근거리가 2시간에 이르는 교외에까지 자리잡게 된다. 냉난
방 시설에 주안을 둔 맨숀 생활의 쾌적함을 사람들이 이해하기 시작한
것이다. 그러나 이러한 맨숀의 확대는 뭐니 뭐니 해도 땅 사정이 악화

되면서 자기집 짓기를 단념하게 된 데 기인한다.

맨숀, 팬숀, 매죤, 하이츠, 팔레스, 아넥스…… 등 계속해서 호화로운 이미지에 초점을 맞춘 명칭들이 생겨났다. 그러나 아무리 이름을 달리 한다 해도 고급 서양 셋집이라는 사실에는 변함이 없다. 진짜 알맹이 는 거의 바꾸지 않은 채 그저 단어의 이미지업만을 꾀하며 입주자에게 호화무드를 팔아넘기고자 하는 의도가 엿보인다. 언어에 깃든 영력(靈 力)이 굳건히 존재하고 있는 것이다.[1]

상사(商社)를 중심으로 한 일본의 경제활동이 아무리 번창을 해도 땅 을 수입할 수는 없는 일이다. 이 간단한 원리만 이해한다면, 땅값이 내 려가더라도 절대면적당 거주할 수 있는 인구에는 한계가 있다는 사실 을 곧 알 수 있다. 이미 일본의 대도시는 한계에 달해 있다. 업무장소 가 도시에 있는 한 공동주택에 살 수밖에 없다고 체념하면서도, 여전 히 속으로는 모두 자기집을 갖고 싶어할 것이다. 내집 관념이 그리 간 단히 없어질 것 같지는 않다.

여름나기를 위한 집

여름나기를 으뜸으로 치는, 바람 잘 통하는 전통적인 일본가옥은 언제 부터 등장하였을까?

조몬 시대(선사시대 이후~기원전 3세기 야요이 시대 전까지)부터 고분 시대(4~6세기)까지의 주거는 지붕이 땅 표면까지 내려오는 움집이었

---

1) 石毛直道・梅棹忠夫・小松左京・谷泰,「マンション－新・日本人のこころ」,『朝日新 聞』(關西版), 1972. 11. 4.

다. 이는 벽과 지붕이 하나로 되어 있는 가옥으로, 출입구를 제외하면 가옥의 바깥과 통하는 곳이 없다. 통풍은 별로지만 두껍게 인 초가지붕이 단열재 효과를 내어 여름에도 의외로 시원하다.

단, 오늘날 일본에 계승된 전통가옥은 이 움집과는 계열이 다르다. 일본의 전통가옥은 수직 기둥들이 지붕을 받치고 기둥과 기둥 사이를 비워 두어 바람이 잘 통하게 되어 있다. 또 수직 기둥들을 사용함으로써 높은 마루도 설치할 수 있고 본격적으로 방도 구획할 수 있게 되었다.

고고학적 증거에 따르면, 야요이 시대(기원전 3~기원후 3세기)에 이미 높은 마루가 있는 건축물이 나타난다. 단, 그것은 주거라기보다는 아마미와 오키나와 등 남쪽 섬에 남아 있는 높은 창고와 유사한 것으로서, 아마 곡식창고로 쓰였을 것이다. 고분시대에는 호족들이 높은 마루가 있는 집에 살았다. 이는 신사 건축에 남아 있는 건축양식과 대단히 비슷하다. 신사와 높은 창고는 모두 동남아시아 건축물과 공통된다.

나라시대(710~784)에는 여전히 움집 형태가 남아 있기는 했지만, 도읍에는 높은 마루가 있는 건축물들이 많아졌다. 물론 솟을기둥에 방들이 칸칸으로 나뉘어 있다 해도 높은 마루가 없고 흙바닥에 짚을 깐 주거가 메이지 시대(1868~1912)에도 오지에는 남아 있었지만, 그래도 역시 높은 마루가 달린 가옥이 주류를 점하게 되었다.

솟을기둥을 가진 일본가옥의 건축구조에서 지붕을 받쳐주는 것은 기둥이지 벽이 아니다. 벽은 가리개 역할만 할 뿐 역학적으로는 별 의미가 없다. 그래서 기둥과 기둥 사이를 튼튼한 벽으로 막지 않고 비워 두어 통풍을 시킨다.

세계의 전통가옥들과 비교해 보면 이런 일본의 가옥구조는 오히려 특수한 쪽에 속한다. 중국과 유럽, 중동과 아프리카의 주거에서도 지붕을 지탱해 주는 것은 일반적으로 벽이다. 건조지대에 사는 유목민의

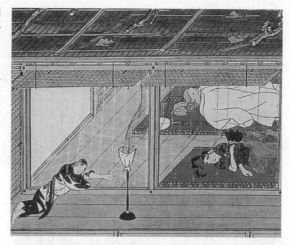

일본의 전통 목조주택
장지문만 걷어내면 사방
이 툭 틔여 있는 일본의
전통주택은 여름은 시원
하게 날 수 있는 반면 겨
울에는 혹독한 추위를 참
아내야 하는 완전 개방형
구조다(위·『春日權 現驗
記繪卷』). 아래 사진은 천
장이 없는 전통 민가

텐트 형식 주거나 아프리카 수렵채집민의 원시적 주거를 제외하면, 세
계적으로 옛 가옥의 주류는 진흙, 말린 벽돌, 구운 벽돌, 돌 등으로 벽
을 쌓아올리고 그 위에 지붕을 인 것이다. 벽은 땅바닥에서부터 지붕
까지 연결되고, 벽이 나뉘는 곳은 출입구뿐이다. 흙집과 돌집 문화에

서는, 일본의 덧문이나 창호지문처럼 창문이라고도 출입문이라고도 할 수 없는 크게 열린 부분이 있고, 주거 내의 공간과 바깥을 일체화시킬 벽면 같은 것은 없다.

흙집이나 돌집은 건조한 대륙의 풍토에서 발달한 것이다. 필자는 북아프리카 사막에서 건조시킨 벽돌로 지은 집에 산 적이 있다. 두께가 40센티미터나 되는 두꺼운 벽으로 에워싸인 집안에 들어서면, 낮에도 약간 어둡다. 창문은 사방 20센티미터로 총구멍만큼이나 작다. 그나마 바람이라도 불라치면 누더기 헝겊으로 창을 틀어막아야 한다. 바람이 모래를 안고 들어와 방안을 온통 먼지투성이로 만들어 버리기 때문이다. 두터운 벽은 밖에서 불어오는 여름의 열풍을 막아주고, 겨울의 찬 기운을 막아준다. 가옥은 무서운 자연으로부터 인간을 보호하는 방패 역할을 한다.

지붕을 이어 이슬과 비를 피하는 것은 세계 대부분의 가옥에서 보이는 공통점이다. 거기에 튼튼한 벽을 둘러 바깥 기운이 집안으로 들어오지 못하도록 한다는 것은 대륙 가옥의 기본이념이다. 건조지대에서는 여름이라 해도 바람이 시원하지 않다. 바람이 시원한 곳은 습지대다. 바람이 수분을 증발시켜 습도를 줄여주기 때문이다. 그래서 건조지대의 주거는 바람을 통하게 해서 실내를 시원하게 만드는 것이 아니라, 태양열을 받지 않아 달궈지지 않은 실내의 냉기를 밀폐시켜 밖으로 빠져나가지 못하도록 신경을 쓰는 것이다.

이번에는 대륙의 북방지대 쪽으로 눈을 돌려보자. 짧고 시원한 여름과 차고 긴 겨울의 세계인 그곳에서는 온기를 빼앗기지 않는 겨울용 가옥이 중심을 이룬다. 돌과 벽돌로 쌓은 벽을 이용하여 실내 공간을 바깥 세계와 격리시킴으로써 바람이 통하지 않는 겨울용 집을 세우는 것이다.

커다란 문이 있어서 통풍성이 좋고, 나무기둥으로 이루어진 가옥.
일본을 빼면 이런 가옥을 일반적으로 볼 수 있는 곳은 동남아시아와
그 문화의 영향을 받은 태평양 섬들이다. 어쨌든 험한 대륙성 기후의
영향을 받지 않고, 태풍이나 허리케인만 없다면 온난한 여름의 세계들
이다. 아마 야요이 시대에 들어왔을 높은 마루가 있는 건축은 동남아
시아 몬순지대의 습기찬 여름에 역점을 둔 가옥의 계보를 이어받았을
것이다. 몬순의 영향을 받는 일본의 여름은 열대와 거의 같다. 겨울의
추위는 외풍에 떨며 불에 손을 녹이는 정도로 견디는 대신, 여름에는
어떻게든 쾌적하게 지내기 위해 고안된 여름용 가옥이 일본의 전통건
축으로 자리잡았다. 열대 가옥을 눈보라 몰아치는 일본의 도호쿠 지방
에서도 채용한 것이다. 따라서 겨울에는 추위를 꼭 참고 견디어 낸다
는 것이 최근까지 일본인들의 생활방식이었다.

가족의 연대감이라는 관념으로서의 집이 대대로 계승되면서 눈에
보이지 않는 영속성은 유지되었지만, 건축물로서 눈에 보이는 가옥의
수명은 짧다. 나무로 만든 집은 숙명적으로 내구성이 약할 뿐 아니라
화재에도 대단히 약하다. 불이 옮겨붙기 쉬워 일단 화재가 나면 마을
의 80퍼센트는 피해를 볼 각오를 해야 한다. 그래서 에도 시대의 도시
소방은 일단 불난 곳을 부숴버리는 파괴소방이었고 소화도구도 쇠갈쿠
리였다. 집이 나무로 되어 있어서 부수는 일이 간단하였기 때문이다.

일본에서는 오래된 가옥이라고 해봤자 삼백년 이상 된 것을 찾기
어렵고 그나마 수도 적다. 이처럼 건축재질상 내구성이 약할 뿐 아니
라 화재로 인한 소실 때문에 사람들은 집을 신축해야 했고 적극적으로
재건축을 하였다. 일본인의 주거는 항상 신진대사를 한다. 부인과 다
타미는 새 것일수록 좋다고 여기는 한, 다타미 깔린 가옥도 새 것일수
록 좋은 법이다. 같은 신을 모시더라도 신의 주거지를 항상 새로 건축

하는 이세신궁(伊勢神宮 : 미에 현 이세 시에 있는 신사. 일본황실의 선조를 받든다)의 궁을 옮기는 관습을 예로 들 것도 없이, 집에 대한 의식의 핵심적인 관념은 영속되면서도, 눈에 보이는 건물로서의 집은 항상 새로운 것을 선호한다. 이런 관념은 가옥에만 나타나는 것이 아니다. 오래된 것보다 새 것을 더 높이 평가하는 것은, 물건에 대한 일본인들의 가치관의 기본을 이룬다. 자신이 살아 있는 동안 집을 새로 짓는 것을 소망하였으며, 그 소망은 지금도 계속되고 있다. 집을 짓는 일이야말로 일세일대의 대사업인 것이다.

서양식 집과 응접실

메이지 시대에 들어 서구건축이 들어오자, 관청이나 역, 학교 같은 공공건물은 모두 서양식으로 지어졌다. 개인주택을 서양식으로 지어 살기 시작한 사람들은 귀족과 고급관리, 부자상인이었다. 이들이 지은 주택은 구미의 고전적인 저택양식을 직수입한 것으로, 의자와 테이블 등 서양식 가구가 놓이고 창이 있고 신발을 신은 채 집안으로 들어갈 수 있는 완전히 서양식의 호화 건축물이었다. 그러나 그런 집은 대지 안에 별채로 세워졌고, 여전히 본채는 에도 시대로부터 이어져 내려오는 쇼인즈쿠리(書院作り : 서원으로 불리는 건물을 중심으로 한 근세의 주택양식. 변소와 부엌을 다른 동에 두고 자시키라고 하는 연회석을 중심으로 한 현재의 일본식 건축의 기본) 양식으로 지었다. 생활은 전통가옥에서 하고 별채인 서양식 집은 접대용 건물로 이용하였던 것이다. 이 서양식 주택은 집주인의 지위를 상징해 주는 존재였으며, 따라서 일반 민중과는

문화주택

간토 대진재 후 교외에 들어선 서양식 주택으로서 접대가 아닌 가족을 위주로 하는 주택이었다. 사진은 당시 발행된 『어부인수첩』에 실린 문화주택의 한 예다.

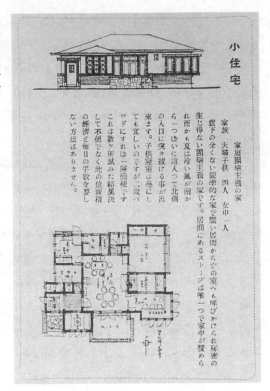

小住宅

家庭圓繞主義の家

家族　夫婦子供　四人　女中一人

窓下の全くない能率的な家で廣い居間からその室へも呼びかけられ秘密の生じ得ない圓繞主義の家です。居間にあるストーブは唯一つで家中が暖められ而かも夏は冷い風が附からつぱいに達人つて北側の入口に突き抜ける事が出來ます。子供寝室は階にしても宜しいのですが二段ベッドにすれば一層間便ですこれは數ヶ所試みた結果決して不便でなく此の位面積の經濟と毎日の手數を型しない方法はありません。

하등 관계가 없는 것이었다.

　메이지 말기에서 다이쇼 시대에 들자 중류층의 주택에 서양식 응접실이 등장하였다. 현관 부근에 따로 한 칸을 마련하여 설치하였는데, 거기에만 빨간 지붕과 유리창문에 커텐을 드리우고 손님용 의자와 테이블을 갖다 놓았다. 혹 피아노를 갖고 있다면 꼭 이 서양식 응접실에다 두었다.

　간토 대지진 후, 소위 문화주택이라는 것이 교외에 들어서게 된다. 붉은 기와지붕, 다타미를 대신한 의자와 침대, 입식부엌, 돌과 흙 등을 이용하여 산천을 표현하는 정원이 아니라 잔디가 자라는 정원이 달린 아담한 서양식 주택. 이는 '접대가 아니라 가족을 위주로'[2] 하는 '생활 개선운동'에 근거를 둔 것이었다. 이런 문화주택에는 주로 핵가족들이 살았는데, 홍차나 커피를 마시고 레코드를 듣고 번역소설을 읽는 사람들이었다. 앞서 이야기한 아파트의 신축과 문화주택의 전개는 거의 동시기에 이루어졌다.

그러나 전쟁이라는 불행한 시대로 돌입한 사정도 있고 해서 문화주택은 2차대전 이전 일본인의 생활 속에는 결국 뿌리내리지 못했다. 다타미나 툇마루는 그렇게 간단히 추방할 수 있는 것이 아니었던 것이다. 문화주택은 일본인의 새로운 주거생활에서 나타난 시행착오의 산물로, 너무 조급한 실험이었다고도 할 수 있겠다. 문화주택에서 시도하였던 몇 가지는 지금에 와서야 겨우 자리를 잡아 가고 있다.

이하에서는 하나의 세트로 설계된 문화주택이 아닌, 응접실만 서양식으로 꾸민 중류층의 주택을 한 번 살펴보자. 일본에서는 다른 주거 부분보다도 접대를 위한 공간이 먼저 서양화된 것은 왜일까?

후술하겠지만 자시키(座敷 : 다타미방으로서 주로 객실, 연회석)는 신분과 격식을 중시하는 접대공간이다. 그곳은 윗사람과 아랫사람의 관계가 지배하는 공간이며, 그에 맞는 거동 방법이 요구된다. 농촌의 자시키는 제사나 모임 같은 공적 성격을 띤 행사의 장이 열리는 곳이기도 했다. 한편 이로리(방바닥을 네모로 파서 불을 지피는 곳) 옆이나 차노마(茶の間 : 내실과 부엌 사이의 공간, 식사를 하거나 휴식을 취하는 곳)는 일종의 다이닝키친이다. 즉 가족 안으로 손님을 맞아들이는, 말하자면 가족생활에 끌여들여도 괜찮을 만큼 마음이 통하는 손님을 위한 접대공간이다.

---

2) 今和次郎, 「明治·大正時代の住宅」, 『今和次郎集(4) 住居編』, ドメス出版, 1971.

그런데 메이지 시대 이래로 새로운 도시생활양식이 등장하면서 자시키에 들일 손님도 아니고 그렇다고 해서 이로리 옆이나 차노마에 들일 손님도 아닌 제3의 손님이 증가하였다. 직장과 주택이 분리되어 통근이 일상화되자, 가족이 모르는 동료나 지인들이 늘어나고 친구관계가 아닌 사무적인 용건으로 방문하는 손님도 많아졌다. 이런 손님은 가족이 일상생활을 영위하는 차노마 같은 공간에 맞이하면 가족생활에는 혼란이 생길 것이고, 그렇다고 자시키로 안내해야 할 만큼 격식을 차려야 할 손님도 아니다.

이러한 새로운 도시생활과 사람들의 사회권 확대와 함께 출현한 새로운 손님을 맞이하기 위해 서양식 응접실이 채택되었다. 초기의 서양식 응접실이 도시교외에 사는 중류층 이상 지식인들의 주거에서부터 시작된 것은, 그들이 그러한 종류의 손님을 많이 맞이하게 된 계층이었다는 사실을 상징해 준다.

요 20년 사이에 서양식 응접실은 완전히 일본의 주거양식으로 자리잡았다. 택지면적과 경제적인 여유가 있다면, 응접 3세트가 들어가는 응접실을 만드는 것이 일반화되었다. 요즘은 도시보다는 오히려 땅에 여유를 가진 농촌에서 독립된 응접실을 만드는 집이 많아지고 있다.

이처럼 겉으로 보기에는 서양식 주거가 많아지기는 했지만 그렇다고 일본인의 주거양식이 완전히 서양식으로 바뀐 것은 아니다. 의자와 탁자, 침대를 사용하면서도 여전히 현관에서는 반드시 신발은 벗게 되어 있다.

다타미·이부자리와 의자·침대

앞서 얘기했듯이 여름용 가옥 계열에 속하는 동남아시아와 태평양 섬에서는 의자나 침대가 발달하지 않았다. 그곳에서는 가옥의 바닥 자체가 생활평면으로서, 바닥에 직접 앉고 여기에서 잔다. 주거바닥이 높은 동남아시아에서는 가옥 바닥 전체가 의자이자 침대 역할을 한다.

태평양 섬의 가옥에는 바닥이 높지 않은 곳도 많다. 그러나 건축구조상 바닥이 높지 않다고 해도 주거지의 토대는 배수가 잘 되도록 신경을 써서 높이고, 주거공간에는 야시잎이나 판타너스제로 된 메트를 깐다. 마치 다타미를 깐 방처럼. 미크로네시아, 폴리네시아, 멜라네시아 등 태평양의 섬 문화는 계보상 대체로 동남아시아에 기원을 두고 있는데, 바닥은 높지 않아도 주거바닥이 생활평면으로 되어 있다는 점에서 동남아시아와 공통된다. 한반도의 온돌주거도 바닥 자체는 생활평면으로 되어 있지만, 이는 계열을 달리해서 고찰해야 할 것이다.

의자와 침대는 당연히 바닥이 흙이나 돌로 된 가옥문화에서 발달한다. 특히 의자는 권위나 지위의 상징이라는 의미도 갖는다. 일본에서도 고대에는 의자를 이런 의미로 사용한 적이 있다. 당시의 하니와들을 보면, 신분이 높은 무사나 무녀를 연상시키는 인물이 의자에 앉아 있다. 높은 신분이나 신을 가까이 할 수 있는 능력 등이 의자로 상징되었을 것이다. 나라 시대에는 궁중과 귀족사회에서 의자가 사용되었다. 헤이안 시대(794~1192) 말부터 무로마치 시대(1338~1573)에 걸쳐 불교의 선종과 관련하여 의자가 들어오고, 후에는 무역선을 통하여 중국에서 들어온 의자와 테이블이 사카이와 나가사키 지역에서 사용되었다.

그러나 어느 쪽이든 의자는 지위와 권위의 상징으로서 공적 행사에 사용되고 수입된 기호품 이상은 아니어서, 민중의 생활 속으로까지는 파고들지 못했다. 혹 의자를 사용하더라도 다타미에 앉을 때와 같은 방식으로 앉았다. 의자를 만들 때도 걸터앉을 수 있는 낮은 의자, 나아가 그 위에 털썩 주저앉을 수 있는 의자 쪽을 선호했다. 『토구소록』(菟裘小錄)에 보면, "외국인 흉내를 내어 걸터앉으니 다리가 더 굵어지는 것 같구나"라는 표현이 나온다.

침대 역시 의자와 마찬가지로 고대 궁정문화에서만 도입되었다. 쇼쇼인[正倉院 : 나라 시 도다이지(東大寺)에 있는 보물창고]에는 쇼무(聖武) 천황(701~756)이 사용하였다는 '어상'(御床)이라는 나무침대가 남아 있는데, 목제의 받침 부분은 지금의 평상과 비슷하다.

다타미와 이부자리는 근원을 거슬러 올라가 보면 동일하다. 다타미라는 말은 『고사기』(古事記)에도 나온다. 물론 오늘날 사용되는 심지가 들어간 다타미는 아니다. 사초(莎草 : 삿갓과 도롱이를 만드는 데 쓰인다) 등의 식물을 손으로 짜서 만든 멍석이나 돗자리류를 총칭하여 다타미라고 불렀다. 그것을 몇 겹씩 겹쳐 간 것이 도코(요)고, 그 위에서 잠을 잤다. 현재 동남아시아나 오세아니아에서 사용되는 침상이나 매한가지다. 다타미를 사용하지 않을 때는 말거나 접어서 치워 둔다. 현재의 다타미에 해당하는 것이 도코(요)라고 한다면, 지금의 이불에 해당하는 것은 후스마(덮는 침구)다. 「빈궁문답가」(貧窮問答歌)에 보면 "추우면 삼베 후스마 당겨 뒤집어쓰고, 보잘것 없는 목면 가타기누(무사의 예복. 양쪽 어깨에 가문을 표시하고 조끼처럼 어깨와 등만을 가리는 것으로 기모노 위에 입는다)까지 거창하게 차려입었지만, 추운 밤……"이라는 표현이 나온다. 삼베조각을 잇대어 꿰매어 잠잘 때 뒤집어 쓸 수 있는 것이 것이 후스마였다. 헤이안 시대의 그림에 보면 안에 솜 등을 둔 후

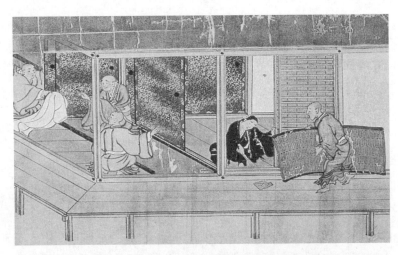

다타미 처음에는 가지고 다니는 도구로 귀중품이었으나(위) 점차 바닥 전면에 깐 다타미가 나타났다. 아래는 다타미가 깔린 자시키

스마도 있었던 것 같은데, 낮에 입은 옷을 몸 위에 겹쳐 덮고 자는 쪽이 보다 일반적이었다.

16세기 초부터 전 일본에 걸쳐 목면재배가 이루어지고 이에 따라 의류의 변혁—소위 '목면혁명'으로까지 불리는 현상이 나타나 본격적인 이부자리가 출현하였다. 목면을 넣은 요가 상류층에서 일반화된 것은 17세기 전반이라고 한다. 이에 함께 후스마에서 발달한 요기(夜着)라고 불리는 소매 달린 가이마키(솜을 두어 밤에 덮고 잘 수 있게 만든 커다란 기모노) 모양의 잠자리옷에 솜을 두게 되었다.

"이불을 입고 자는 형상을 하고 있는 히가시야마(東山 : 교토 소재)"라는 하토리 란세쓰(腹部嵐雪)의 구가 등장한 것은 17세기 말에서 18세기 초다. '이불을 입고'라는 표현에서 참신한 맛이 느껴진다. 이부자리라고 하면 요고, 그 위에는 요기뿐이었는데, 그 즈음해서 입을 수 있는 이부자리 즉 가케후돈(이불)이 출현한 것이다.

그러나 모든 일본인들이 이부자리를 쓰기 시작한 것은 메이지 시대 이후부터다. 농촌에서는 난도(納戶 : 물건을 놓아두는 창고겸용 방)에다 왕겨를 깔고 그 위에 새 짚을 깔아 잠을 자기도 하고, 침구 없이 이로리 옆에서 새우잠을 자거나 가마니 안에 들어가 자기도 하였다. 메이지 시대에 들어서도 서민들이 솜 든 이부자리를 사기란 매우 힘든 일이어서, '후톤코'나 '후톤 다노모시' 등 이부자리를 사기 위한 계가 남아 있다.

다타미를 말거나 접어서 사용하는 한 그것은 의자나 침대와 같은 가구였다. 다타미는 잠을 잘 때도 사용하고 나무판을 깐 바닥에 깔고 앉는 것이기도 하였다. 다타미 외에 짚이나 골풀로 만든 둥근 방석 등도 깔개로 사용되었다. 옛날 이부자리를 표현하는 포단(蒲団)이라는 한자어는 포(蒲 : 연못이나 늪에 사는 식물)를 가지고 둥근 방석을 만들었던 데서 나온 말이다. 이는 선종사원에서 좌선을 할 때 깔개로 사용된 것으로 오늘날의 방석의 전신이 된다.

오랫동안 다타미는 상류층의 주거, 그것도 방의 극히 일부에만 사용
되는 귀중품이었다. 회화에서는 가마쿠라 시대(1185~1333) 말기에 바
닥 전면에 다타미를 깐 예가 나타나지만, 일반적인 현상이었다고는 할
수 없다. 무로마치 시대에 들어 서원을 지으면서 두꺼운 다타미를 깐
작은 방이 등장하였다. 그러나 도둑이 다타미를 훔쳐갔다는 일화가 있
는 것을 보면 이 때도 여전히 다타미는 귀중품이었음을 알 수 있다. 「낙
중낙외도」(洛中洛外圖 : 무로마치 후기부터 에도 시대에 걸쳐 나타난 풍속화.
교토 시내나 시외 서민들의 생활과 풍속을 잘 보여주는 병풍화)를 보면 잘
알 수 있듯이, 무로마치 시대 후기의 시중 상가는 대부분 여전히 나무
판을 깐 방이고, 시중 상가에서 다타미를 사용하게 된 것은 에도 시대
이후였다.[3]

모모야마 시대(1560~1602)에 교토에서 '다타미 분리'라고 하는 방식
이 출현하였다. 이는 일정한 크기의 다타미 단위에 맞추어 가구류의
규격이나 방 크기를 결정하는 설계방식을 말한다. 겐로쿠 시대(1680~
1709)부터는 오사카에서 다타미, 건축가구, 천정 등의 수공업품이 대량
생산되기 시작하였다.[4] 이에 따라 그동안 주문생산품이었던 다타미는
규격화된 생산품이 되고, 다타미의 크기는 일본인 생활의 기준치가 되
었다. 이후 서일본에서는 단위화된 다타미 분리제도가 행해지게 되었
다. 이에 비해 에도를 중심으로 동일본에서는 '기둥 분리'라 하여 기둥
과 기둥 간의 중간거리를 기준으로 삼아 방 크기를 정하는 목공법이
계속되었다.

---

3) 川嶋將正, 「たたみ」, 『日本社會の非同質性』(Energy 38), エッソスタンダ-ド石油
株式會社廣報部, 1974.
4) 伊藤ていじ, 「木と紙の織りなす優雅な家屋」, 『目で見る大世界史(11) 住居』, 國
際情報社, 1968.

어쨌든 다타미는 대량생산이 이루어지면서 비로소 가구라는 지위에서 벗어나 건물의 일부로 자리잡게 되었다. 다타미의 보급과 함께 앉는 방법도 바뀌었다. 예전에는 남자는 책상다리, 여자는 한쪽 무릎을 세우고 앉았는데 이제는 남녀 공히 세이자(正座 : 무릎을 꿇고 앉는 방법)가 정식 좌정법이 되었다. 에도 시대에 들어 이러한 다타미는 도시 상가로 널리 보급되었지만, 농가에는 최근까지도 마루판을 깐 방이 남아 있었다.

공적인 장소에서 의자가 이용되기 시작한 것은 메이지 시대 이후다. 학교, 관청, 회사 등 비즈니스 장소에서 우선 의자와 책상이 도입되었다. 이에 따라 사회적 측면인 공적 장소에서는 의자에 앉고, 사적 장소인 가정에서는 다타미에서 쉰다는 이중생활양식이 시작되었다. 이는 공적 장소에서는 양복을 입고 집으로 돌아오면 기모노로 갈아입는 현상에 대응한다.

가정에서 의자가 쓰이기 시작한 것은 서양식 응접실이 생기면서부터다. 응접실은 가정과 사회의 접점으로서 가정 내에서 가장 사회적인 의미를 갖는 공간이었기 때문에 가장 먼저 채용된 것이다.[5] 시기는 좀 떨어지지만 서재와 아이들 공부방에도 의자가 들어왔다. 이 또한 학교의 연장이라고도 볼 수 있다. 가정의 사적인 공간에 의자가 본격 채용된 것은 단지 공동주택에 다이닝키친이 마련되면서부터다.

한편 공적인 장소에서 의자가 갖는 상징성은 강해서, 사무용 카달로그에도 잘 나타나듯이 사장용, 부장용, 과장용, 계장용, 평사원용이라는 식으로 지위에 따라 차별화된 의자가 대량 생산되었다.

너무 성급했던 실험적인 문화주택에서는 의자와 침대 생활이 정착

---

5) 松原正毅, 「椅子」, 『日本社會の非同質性』(Energy 38), エッソスタンダ-ド石油株式會社廣報部, 1974.

하지 못했지만, 문화주택이 지향하였던 바는 현재 뿌리를 내리기 시작했다. 침식 분리와 함께 침실의 독립성이 강조되고 부부침실은 성생활을 위한 사적 공간이라는 관념이 강해져서, 신혼가정에서는 침대를 사용하는 경향이 두드러지고 있다.

이로리와 자시키

거실, 식당, 침실 같은 단어가 일반주택에도 쓰이게 된 것은 문화주택이 등장하면서부터다. 이 단어들은 각각 구미의 리빙룸, 다이닝룸, 베드룸의 번역어로서, 주거는 각각 특정 기능을 갖는 방의 집합으로 구성된다는 구미의 주거관념이 도입된 것이다.

그러나 아직도 일본주택에는 '다타미 6장짜리 방', '다타미 4장반짜리 방'…… 식으로 다타미의 크기로 방을 구분하기도 하고, '할아버지 방', '할머니 방'…… 등으로 평상시에 그 방을 쓰는 인물의 명칭으로 부르기도 한다. 부엌, 목욕탕, 변소 등 특별한 기능을 갖는 몇몇 공간을 빼면, 다타미가 깔린 방은 각각 기능적으로는 동질의 공간으로서 면적의 차이밖에 없다. 이 공간의 성격을 결정짓는 것은 건축물로서의 방의 차이가 아니라, 거기에 상주하는 인물일지도 모르겠다.

'차노마'의 경우, 차만 마시는 장소가 아니다. 가족들이 모여 담소도 나누고 식사도 하며, 잠을 자기도 한다. 다타미를 깐 방은 그 곳이 어디든 음식, 취침, 단란 등 다중 기능을 잠재적으로 갖고 있다. 그래서 후스마(무늬 등이 있는 두꺼운 종이문), 쇼지(창호지문) 등의 칸막이만 떼내면 방 두 개를 하나로 사용할 수도 있다.

단 모양면에서 보면 언뜻 거의 동일한 공간집합체로 보이는 전통적인 일본주택의 주거용 공간은, 의미론적으로는 2개 범주로 분할할 수 있다. 바로 평상 공간과 축하 공간이다. 평상 공간이란 가족이 일상생활을 영위하는 장소이고, 축하 공간이란 자시키를 중심으로 하는 비일상적 행사를 목적으로 하는 장소다. 주거에서 축하의 주요 장면은 축하객이 방문함으로써 성립된다.

한 마디로 손님도 보험외판원처럼 현관에서 대응해도 되는 손님이 있는가 하면, 친한 친구나 친척처럼 가족이 생활하는 장소로 맞아 가족처럼 대하는 손님, 또는 응접실에서 맞이해야 하는 손님처럼 직업적인 접대 상대도 있다.

때로 손님은 신과 가까운 존재가 되기도 한다. 민속학의 지적에 따르면, 옛날에 손님신앙이란 것이 있었다. 아주 드물지만, 멀리서 온 손님을 신과 동일하게 대접하였으며, 손님에 대한 접대는 신에게 올리는 제사와 유사했다. 달리 표현하자면, 인간세계를 방문한 신을 손님으로서 접대하는 방식이 제사였다고 할 수 있겠다.

축하의 관념과 신분격식이 결합하고 이것이 주거공간의 배치에 투영된 것이 사무라이 사회에 등장한 쇼인즈쿠리 주택이다. 매우 모시기 어려운 신분 높은 손님을 맞이하거나 집 주인이 정면에 앉고 그 앞에서 행사가 치러질 경우, 이는 대단히 경사스런 일이었고 따라서 축하의 장면을 더욱 멋지게 만들기 위해 여러 가지를 고안해 냈다.

자시키는 쇼인즈쿠리 양식에 의해 정착되었다. 자시키에 연접한 정원, 자시키로 통하는 옆방, 손님용 변소, 현관, 단상, 손님이 들어오는 문 등 집 밖에서 자시키로 도착하기까지의 일련의 공간이 축하 장소로서 설정된다. 손님이 움직이는 동선과 집안식구의 동선이 겹치는 일이 없도록 평상 공간과 축하 공간은 서로 격리된다. 집으로 통하는 문은 하나라도, 집식구는 손님이나 바깥주인의 전용인 정문이 아니라 쪽문을 통해 집안으로 들어온다. 자시키에서는 손님이 주인이며 손님이 차지하는 공간은 집식구에게는 마치 남의 집과 같은 성격을 띤다.

손님을 맞이하기 위한 인테리어 디자인으로서 도코노마(방 위쪽을 바닥보다 약간 높여 꽃병이나 족자 등으로 장식하는 곳), 족자, 지가이다나(도코노마 옆벽에 붙은 길이가 다른 선반), 꽃꽂이가 발달하여 축하 손님에 대한 예절로서 그 예법이 완성된다.

전통적인 가치관에 따르면 축하하는 때가 평상시보다 중요하고, 그러므로 자시키는 가족들이 일상적으로 생활하는 장소보다 우선되어 가장 좋은 곳에 돈을 가장 많이 들여 지었다.

그러는 동안 민가에서까지 자시키를 갖추게 된다. 일반 민가에서는 부엌을 상거(常居)라고 하여 조이라고도 부르는데, 이 조이와 대립된 개념을 가진 것이 출거(出居)로서 데이라고 읽는다. 데이를 현관이라고 부르는 곳도 있다는 사실을 통해 알 수 있듯이, 데이는 자시키로 향하는 손님이 지나는 곳이다. 또한 자시키로 안내하지 않더라도 손님을 맞이하여 가장이 대응하는 장소이기도 하다. 관혼상제나 마을행사 등이 있을 때는 자시키와 그 사이의 칸막이를 치우고 합체시켜 사용하는 예도 있다. 즉 자시키와 그와 연계되는 데이는 격식을 차려 손님을 맞이하는 축하공간이라는 의미를 갖는 데 비해, 침실과 부엌은 가족의 일상생활이 행해지는 공간, 즉 평상공간으로서의 의미를 갖는다.

민가의 자시키는 신분이 높은 손님을 청하는 장소일 뿐만 아니라 제사나 모임 같은 사회적 행사에 참가하는 손님을 위해 마련된 것이었다. 따라서 이러한 자시키를 갖추고 있지 못하면, 농촌일 경우 마을 내에서 독립된 하나의 집으로서 발언권을 갖지 못하는 소작농, 도시라면 동네모임에 출석권을 갖지 못하는 나가야(長屋 : 공동셋집) 주민과 같은

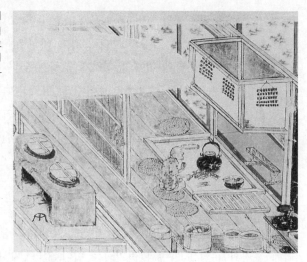

도마와 이로리
농가에서 취사의 주력
을 이루는 것이다. 그
림 왼쪽으로 두 개의
솥이 걸린 아궁이가 보
인다.

대우를 받게 된다.

위의 '독립된 하나의 집'이라는 말과 관련하여, '독립된 하나의 집'
에 주거한다는 것을 상징하는 것이 손님을 위한 자시키와 대문이다.
그래서 메이지 시대 이후에도 벼락부자들은 훌륭한 자시키와 대문 치
장에 온 정성을 다 쏟았고, 이러한 경향은 이미 에도 시대에 나타났다.

한편 부엌은 도시의 경우 취사전용 공간인 데 비해 농가에서는 그
성격이 달랐다. 농가에서 취사의 주력이 되는 것은 도마(土間 : 나무판을
깔지 않고 맨땅을 그대로 사용하는 것)로서, 여기에 이로리(농가에서 마룻바
닥을 사각으로 도려내어 불을 피울 수 있게 된 곳)를 만들어 두는 경우가
많다. 도마는 이 이로리를 둘러싸고 식사하는 장소로서 가족의 휴식장
소이자 작업장이며, 동시에 가족 안으로 손님을 맞아들이는 장소이기
도 하다.

이로리의 사방에는 요코자(橫座 : 화로 안쪽 정면 자리. 가장이 앉는 상
좌), 가카자(嬶座 : 나베자라고도 하는 화롯가의 주부 자리), 오토코자(男座 :

화롯가의 남자가 앉는 자리), 기지리(화롯가의 말석) 등 지방에 따라 서로
다른 좌석 명칭이 있고, 가장의 자리와 가족 내의 남자 자리, 여자 자
리, 고용인 자리, 손님 자리가 분명하게 정해져 있다. 자시키의 경우
상좌를 양보하기도 하는 가변성을 보이지만, 이로리의 경우 그럴 가능
성은 없다. 가장이 앉는 요코자의 경우, 은퇴한 가장의 부친이나 조상
대대로 모시는 절의 화상(和尚 : 천태종 스님에 대한 칭호)이 가장과 나란
히 앉는 예가 있기는 하지만, 가장이 일반 내객에게 요코자를 양보하
는 경우란 없다.

이렇게 이로리에서는 위치가 정해져 있으므로 손님은 이 가족들 사
이에 끼여 앉는다. 부엌 그 자체가 가족의 일상생활 장소이므로, 이로
리에 초청된 손님은 가족과 격리되는 법이 없다. 자시키가 축하객을
맞이하는 장소라면 이로리는 평상시 손님이 안내되는 장소인 것이다.
이는 오늘날 다이닝키친의 테이블이나 리빙룸에 안내된 손님과 같다
고 보면 될 것이다.

사람들의 사회생활이 확대되면서 축하객과 평상시 손님이라는 두
범주 외에 제3의 손님이 등장하고, 이들을 맞이하기 위한 응접실이 문
화주택과 함께 보급되었다는 사실은 이미 얘기한 바 있다. 그런데 응
접실이란 손님을 접대할 수 있는 만능 공간이 되지 못한다. 소파에 앉
아 있는 손님에게 식사를 제공하기는 어렵다. 축하객은 그 수가 적어
졌지만 그렇다고 전혀 없을 리도 없다. 관혼상제 등의 행사장으로서
자시키가 갖고 있던 기능도 응접실이 대행할 수 없다.

자시키가 없어진 오늘날은 가능하면 축하행사는 모두 집 밖에서 치
른다. 이런 일은 식장이나 연회장, 요정, 레스토랑 같은 사회적 공간에
다 맡겨버린다. 오늘날과 같은 주택사정에서는 가정 내에 응접실을 둘
수도 없다. 이 점 또한 사회적 공간인 찻집을 유행시켰다. 결국 축하행

사를 주거공간에서 추방한 것이 오늘날의 주거방식이라고 할 수 있다.

부엌

궁정이나 귀족의 저택에서는 다이반(臺盤 : 교자상)이라는 상을 차리고, 배선을 맡은 궁녀들이 식사하는 장소는 다이반죠(臺盤所)라고 했다. 오늘날 부엌을 뜻하는 일본어 다이도코로(臺所)도 여기에서 나왔다. 즉 부엌은 원래 뜻이 취사장이 아니라 배선실이었다. 조리를 하는 곳은 대취전(大炊殿)라고 하는 다른 건물이었다.

오키나와에서 규슈 남부지역, 시코쿠 남부지역, 도카이(태평양에 접해 있는 혼슈 지역으로 시즈오카·아이치·미에 현 일대) 지역, 보소(房總) 반도(지바 현이 대부분을 차지하는 반도), 이즈 제도(이즈 반도 남부의 7개 섬과 기타 작은 섬들)의 쿠로시오 해류가 흐르는 일대에는, 주거동과 취사동이 분리된 주거가 분포되어 있었다. 여기에는 같은 원리에 따라 가옥을 이루는 태평양 제도와 동남아시아 일부와의 문화적 연계성이 엿보인다. 다른 건물에다 취사동을 따로 마련한 이들 지방을 제외하면, 민가의 취사는 주로 니와라고 불리는 도마(土間)에서 이루어졌다.

농가의 널찍한 도마든 도시상가의 좁고 기다란 통로형 니와든 거기에는 아궁이와 개수대가 있다. 예로부터 일본에서는 니와 아궁이를 갖추지 않고 나가야 같은 약식 아궁이를 사용하면 본래 의미의 집으로 치지 않았다. 아궁이와 거기에서 타오르는 불은 사람과 사람 간의 결합을 상징하는 것으로, 가족의 식사뿐 아니라 선조와 신에게 공양할 음식을 조리하는 곳이기도 하였다. 그래서 아궁이의 신을 모시고 아궁

공동우물
물을 집 안으로까지 끌어들여
사용하게 된 것은 그렇게 오래
된 일이 아니다. 그 전에는 주로
공동으로 사용하는 우물물을 길
어다 사용하였다. 에도 시대

이의 불이 더럽혀지는 일을 꺼렸다. 불결한 자는 다른 불을 사용해야
했다. 아궁이는 멀리 선조로부터 내려오는 같은 솥의 밥을 먹는 존재
임을 상징하였다. 분가를 '아궁이를 만들다'라고 표현하는 것도 이 때
문이다.

 일본 서쪽지역에서는 일상의 식사준비는 대부분 이 아궁이에서 하
고, 이로리에서는 물을 끓이거나 간단한 조리만 하였다. 그러나 호쿠
리쿠(혼슈의 동북부 지방으로 한국의 동해에 면한 후쿠이·이시카와·도야
마·니가타 현 일대) 지방과 간토 지방보다 북쪽 지대에서는 일상 취사
를 이로리에서 한다. 도마에 큰 솥을 하나 걸어둔 아궁이는 행사용 음
식이나 된장국을 만드는 등에 사용되었다는 것은 잘 알려진 사실이다.

어쨌든 니와의 개수대에서 쌀을 씻고 야채를 썰고 아궁이나 이로리에
서 조리하여 이로리 주위에서 식사를 하는 방식은 부엌이 니와와 한
세트를 이루는 것으로, 지금으로 치면 일종의 다이닝키친이다. 단 주
부는 도마와 이로리가 있는 나무판 깔린 방을 오르락내리락하며 식사
준비를 해야 했다.

도시 상가에서는 이로리의 검댕이가 실내를 더럽히고 화재 위험도
있고 해서 이로리가 비교적 빨리 사라졌다. 난방용으로는 숯을 담은
화로가 등장하고 취사용 열원(熱源)으로는 도마의 아궁이와 이동 가능
한 풍로로 바뀌었다. 메이지 시대에 들어 굴뚝 달린 아궁이가 등장하
였다. 조각 낸 돌과 인화성 있는 벽돌로 만든 아궁이가 출현하여 도시
의 아궁이는 도마에서 나무판이 깔린 방으로 옮겨졌다.

불과 함께 조리의 주력을 이루는 물에 관한 설비를 살펴보자. 일본
에서는 최근까지도 개수대 없이 집밖의 우물에서 물을 길어오거나 대
롱을 써서 냇물을 집 안으로 끌어들이고 거기에 간단한 설치를 하여
물 문제를 대략 해결하였다. 물을 집 안으로까지 끌어들여 사용하게
된 것은 사실 그리 오랜 일이 아니다.

산촌에는 대롱을 이용하여 도마로 냇물을 끌어들인 개수대가 있었
다. 도쿄 수도의 전신인 다마가와(玉川) 상수가 생긴 것은 17세기 말경
이다. 당시의 수도는 길모퉁이나 길 한복판에 만든 우물이었는데, 이
물은 길어가되 마음대로 집으로 끌어가서는 안 되었다. 도마에 우물을
설치하는 예도 있기는 하지만 이는 대규모의 큰 상가 등에 한해서 가
능하였다. 따라서 대개는 주부나 아이들이 우물에서 물을 길어와 도마
에 둔 물항아리에 채워두었다가 식사 때 일일이 국자로 떠서 사용하였다.

꼭지만 틀면 물이 나오는 근대적인 상수도는 1885년 요코하마 시를
시작으로 하여 1897년 도쿄, 고베 시 등에 연이어 부설되었다. 다음

메이지 시대 도시의 부엌

그림에 보이는 메이지 시대의 부엌에는 이미 수도가 달려 있다. 그러나 개수대는 아직 도마(土間에)에 설치되어 있었고, 그것도 입식이 아니어서 몸을 구부린 상태에서 사용해야 했다. 굴뚝 달린 아궁이가 도마를 떠나 한 단계 높은 나무판 깔린 방으로 올라가고, 그 옆에는 풍로가 놓여 있다.

　수도와 가스가 일반 가정의 주거 내로 들어와 부엌이 조리와 배선을 위한 독립된 작업공간으로 된 것은 다이쇼 시대부터로, 당시의 문화주택에서 그 전형을 볼 수 있다.6)

쇼와 초기의 부엌 조립화·시스템화된 모습을 볼 수 있다.

가스는 등장해서 얼마간은 거의 등불용으로 쓰였다. 메이지 시대 말기가 되면 가스가 도시에 보급되고 취사용 가스의 소비가 등불용 가스의 소비를 따라잡게 되지만, 역시 부엌의 열원으로서 가스 사용이 일반화된 것은 다이쇼 시대였다.

가스곤로가 보급되면서 도시의 주택에서 아궁이가 없어졌다. 규격화된 가스대는 차지하는 면적도 좁고, 도마에는 장작을 쌓아둘 필요도 없어졌다. 이렇게 해서 도마는 축소되어 나막신을 벗어두는 뒷문만 남아, 부엌은 다른 방과 같은 높이의 나무판 깔린 마루방으로 바뀌었다. 가스대, 개수대, 조리대 혹은 배선대가 모두 입식으로 바뀌고, 개개의 상품규격은 들쑥날쑥했지만 일단 조립화와 시스템화가 진행되었

---

6) 波多野進·三上曉子·疋田正博, 「消費の社會史」, CDI 編, 『人間と上品‐上品の 社會學』, 1974.

다. 기능에 따라 조리와 배선은 부엌에서, 식사는 차노마나 식당에서 하는 식으로 분리되어 부엌은 하나의 독립된 작업공간이 되었다.

1924년 『주간 아사히』(1월 6일호)에는 "가정전화(家庭電化)라는 말은 문화생활이라는 말과 함께 오늘날의 유행어가 되었습니다"라는 기사가 보인다. 여기에서는 전기를 조명용이 아닌 '열급 동력'으로서 가정에서 응용해야 한다는 것을 강조하였다. 수입된 전기오븐이나 전열기가 다이쇼 시대에 사용되기는 했지만 이는 극히 일부 가정으로만 한정되었고, 쇼와 30년(1955)대에 가서야 일반화되었다.

전기밥솥은 쇼와 20년(1945)대부터 출현하였는데 이때의 것은 밥솥에다 전열기를 붙인 데 불과하였다. 1956년에 자동온도 조절장치가 달리고 1960년에 타임스위치가 첨가되면서 진짜 '자동전기밥솥'이 등장하여 일반에 급격히 보급되었다. 전기냉장고가 보급된 것도 쇼와 30년(1955)대의 일이다. 수도와 가스라는 부엌의 2개 시스템이 결합된 가스 순간온수기가 가정에 급속히 도입된 것은 쇼와 40년(1975)대 이후다. 그 후 가정 내에 최고의 시스템화를 이룩해 준다고 선전된 냉동냉장고와 전자레인지 세트가 등장했다.

다이쇼 시대의 생활개선운동으로 시작된 일련의 부엌 시스템화가 결실을 맺은 것은 쇼와 30년대부터며, 이는 실로 부엌의 노동력 감소 혁명이라고 할 정도로 획기적인 것이었다.

보관과 수납

오른쪽 그림은 1898년
의 『도쿄 풍속지』에 나
오는 방의 도구들이다.
이 가운데 장롱, 경대,
반짇고리 등은 귀중품
에 속한다. 이 그림에는
보이지 않지만 방에 두
는 중요 물품으로는 화
로, 고타쓰(화로 위에 이
불을 씌워서 사용하는 상
모양의 난방기구), 큰 궤

메이지 시대의 방 안에 놓인 도구들

짝, 침구, 옷걸이, 부잣집일 경우 병풍 정도를 들 수 있다. 이 밖에 부
엌과 관련된 취사도구와 식기류, 대야 정도고, 집 안에 두는 가구와 집
기 관계의 큰 물건은 이것이 전부였다. 여러 도구들로 빽빽이 들어차
마치 창고처럼 변한 현재의 방과 비교해 보면 그야말로 너무나 산뜻한
생활 양태다.

막부 시대 말기부터 메이지 시대 초기에 일본에 와 본 외국인들이
하나같이 놀란 것은, 일본의 주거에는 가구다운 가구가 없다는 점이었
다. 의자, 테이블, 침대가 놓인 방을 당연시했던 그들의 눈에 일본인의
주거공간은 당연히 이상해 보였을 것이다. "간단히 말해 방은 텅텅 비
고, 매트(다타미)만 깔려 있다"(이사벨라 베드의 『일본 오지 기행』)는 기록
은 이를 잘 보여준다.

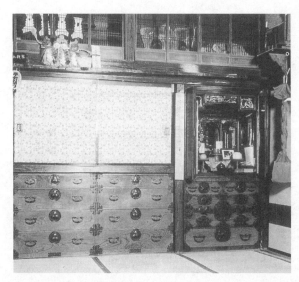

장롱
오늘날의 붙박이가구처럼 벽에 꼭 맞게 끼워넣었다. 오른쪽 농 위로 신을 모시는 제단인 가미다나가 보인다. 메이지 시대 초기의 것

가구류는 그 가짓수만 적었던 것이 아니다. 원래 전통적인 일본의 미학에서 보면 '많은 세간살이는 천박한 것'이었다. 그래서 가구류는 필요할 때만 사람들 눈에 띄고, 역할이 끝나면 금방 눈에 띄지 않는 곳으로 감추어져야 했다. 손님에게 보이기 위해 그릇장식장에다 좋은 접시를 늘어놓는다든가 해서는 안 되었다. 축하행사에 쓸 좋은 칠기 그릇도 씻어서 상자에 넣어 창고에 집어넣어야 했다. 침구를 그대로 깔아둔다는 것은 대단히 단정하지 못한 태도로 여겨졌다. 프로이스의 『일·구(日歐) 문화 비교』가 저술된 16세기 후반에는 아직 솜이 든 요는 없었지만, "일본의 침구는 늘 낮에는 개켜져 눈에 띄지 않는 데 감추어진다"라고 되어 있다. 구체적으로 어디에다 감추었을까? 일반인들이 실내에 오시이레(벽장)를 설치하게 된 것은 솜 든 이부자리가 등장하는 근세 중기 이후의 일이라고들 한다.

물건을 직접 사람 눈에 띄지 않도록 수납하는 장이 생긴 것은 가마

귀중품을 화재로부터 막기 위해 목조건축에 두껍게 흙을 발라 만든 창고는 가마쿠라 시대부터 출현하였다. 농가에서는 수납창고로 쓰였지만 시가지 상가에서는 점포나 주거로도 쓰였다. 사진은 자시키 공간으로 쓰인 것으로 메이지 중기의 건축

쿠라 시대로 추정되는데, 처음에는 그림이나 서적을 넣는 서고처럼 사용되었다. 그것이 일반 주거지 안으로 들어와 식기 등을 넣는 대형 붙박이가구로 사용된 것은 에도 시대 이후로 보면 될 것이다. 지금과 같은 서랍 달린 대형 옷장은 에도 시대 때 나타났다.

에도 시대 중기에는 장롱이나 큰 궤짝이 혼수가구였다. 그러나 장롱은 수대에 걸쳐 물려받는 중요 가구로서 몇 개씩 소유할 수 있는 사람은 부자들뿐이었다. 지금도 산촌 등 벽지에 사는 노인들의 기억에 남아 있는 혼수가구는 장롱이 아니라 궤짝이다. 일본의 장이나 옷장은 외국에서 영향을 받은 것이라기보다 일본문화 안에서 형성된 것으로, 이는 서랍이나 선반 규격에 맞추어 물건을 수납하는 시스템을 독자적

50

으로 개발한 것이라고 볼 수 있다. 2층장과 3층장은 단일화된 가구의
시초라고 할 수 있다.

평상시에 쓰지 않는 것들은 별채의 곳간에다 수납한다. 야요이 시대
의 곡물창고 이래로 오랫동안 곳간은 목조였다. 그러다가 에도 시대에
이르러서는 도시 상가의 경우 화재를 막기 위해 흙으로 만든 곳간이나
흙을 두껍게 바른 누리고메 같은 것이 권장되었다. 에도 시대 후기에
는 농가에도 흙으로 만든 곳간이 보급된다. 농가의 곳간은 곡물과 종
자의 수납을, 상가의 곳간은 상품 보관을 목적으로 하였지만, 그 밖에
평상시에 잘 사용하지 않는 병풍·족자·의복·집기 등의 수납장으로
도 사용되었다. 보물은 평상시에는 창고 안에 치워두었던 것이다. 따
라서 '부'(富)는 자연히 가지고 있는 곳간 수로 계산되었고, 귀중품이
든 장소이기 때문에 곳간 열쇠가 중시되었다. 주택은 일반적으로 안에
서 문단속을 하였는데, 외부에서 열쇠를 채우는 것은 이 곳간뿐이었다.

외부로부터의 침입을 막아주는 것은 가옥을 에워싼 덧문이나 출입
문을 닫아거는 것뿐, 일단 집 안으로 들어오면 열쇠를 잠그는 방은 없
었다. 현재의 주택도 방마다 열쇠가 달려 있지만 잠그지 않고 사용하
는 것이 보통이다. 주거 내의 공간에서 밀실화할 수 있는 곳은 변소
정도다.

그렇다고 해서 프라이버시 관념이 없었다고 잘라 말할 수는 없다.
물리적인 장벽으로 개인의 공간을 격리하는 것이 아니라, 칸막이나 창
호지 장지문 하나로 공간을 상징적으로 구획하였다. 그리고 반대쪽에
서 일어나는 일은 보이지도 들리지도 않는 것처럼 행동하였다. 정신적
인 제한구역과 그에 따른 행동방법이 있었던 것이다.

현재 곳간은 개인의 주거에서 사라져 가고 있다. 창고는 개인이 아
니라 기업이 갖게 되었다. 유통기구의 변화에 따라 상점은 기업의 창

고에서 상품을 운반해오면 되고, 농가에서도 1년치 곡물을 저장할 필요가 없어져 농기구를 넣어둘 수납장만으로도 충분하게 되었다. 옛날 곳간이 갖고 있던 주요 기능을 사회적 측면에서 대행해주게 된 것이다.

단 메이지 시대에 비해 수십 배로 늘어난 가정의 가구류 수납은 가정에서 해결할 수밖에 없다. 그러나 현재의 주택사정은 곳간도 창고도 둘 수 없게 되어 있다. 그러니 어쩔 수 없이 가구류가 주인의 자리를 차지하고, 그 나머지 공간에서 인간이 생활하는 상황이 연출되었다. 가사정리학이 각광받을 수밖에 없게 되었다.

조명과 냉난방

고고학적 발굴에서 나타난 구덩식(堅穴式) 주거를 복원해 보면 의외로 살기 좋은 곳이었음을 알 수 있다. 땅을 움푹하게 파서 만든 반지하식 바닥은 시원하고, 벽 없이 촘촘히 풀로 엮은 지붕은 단열재 역할을 하여 여름이 시원하다. 화덕에서 불을 피우면 열이 밖으로 빠져나가지 않으니 겨울에도 따뜻하다. 그러나 구덩식 주거는 방을 몇 칸씩 만들 수 없고, 출입구만 있어서 채광이 좋지 않아 대낮에도 어두컴컴하고 연기 때문에 눈을 뜰 수도 없다.

이후 바닥을 높은 가옥이 일반화되면서 널다랗고 밝은 주거공간을 갖게 되었으나 앞에서도 얘기했듯이 이는 여름을 위주로 한 집이었다.

신덴 식(寝殿式 : 헤이안 시대의 귀족주택 양식. 남향을 한 침전을 중심으로 동·서·북쪽에 방을 만들고 남쪽에 정원을 만드는 건축양식)으로 일컬어지는 헤이안 시대의 귀족저택도 겨울에는 매우 추웠을 것이다. 귀족의

가쓰라 이궁 완전 개방된 일본의 전통적인 저택구조를 잘 보여준다.

가옥에 어울리게 공간은 큰 방으로 이루어져 잘게 구획된 공간은 없었
고 게다가 천정도 없었다. 여름에야 시토미도(수평으로 들어올릴 수 있는
격자형 덧문)를 열어젖히면 통풍이 잘되어 시원했겠지만, 겨울에도 실
내를 밝게 하기 위해 시토모도를 일부 열어두어야만 했다. 바깥의 차
가운 공기가 실내로 그대로 들어오는 것을 막을 방법이 없었다. 훌륭
한 저택의 경우 실내에서 이로리와 같이 검댕이나 연기가 나는 불을
사용하지 않았다. 따라서 화통(火桶)이나 화구(火櫃)로 불리는 화로의
전신을 이용하여 손을 녹이고 두꺼운 옷을 입고, 눈내리는 아침 풍경
을 와카(일본 고유의 장형시)로 읊으며 추위를 억지로 참아낼 수밖에 없
었다. 일찍이 이로리가 사라진 교토의 상가에서도 난방의 주류를 점한
것은 화로였고, 고타쓰(화로 위에 이불 등을 씌워서 사용하는 상 모양의 난
방기구) 같은 것은 촌스러운 것으로 취급하였다. 고타쓰는 보기에도 좋
지 않고 행실도 나쁘게 만드는 도구라고 보는 견해가 있어, 제2차 세

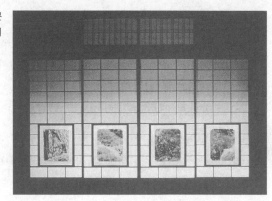

비도로 창문
창호지를 바른 창문의 일부에
유리를 박아넣어 만들었다.

계대전이 시작되고 나서부터야 채용되었다.

물리적으로 자연의 영향을 차단하는 것이 아니라, 화로에 손을 쬐는 것 정도로 육체적 추위를 관념적으로 극복하고, 그것을 자연에 연결시키는 미학을 만들기 위해 일부러 방문을 열어젖히고 눈구경을 하기도 했다. 그러나 이로리든 고타쓰든 신체의 앞면만 따뜻하게 해줄 뿐이었고, 일본의 가옥은 바깥 공기를 그대로 통과시키는 구조였다. 따라서 방 전체를 덥혀서 전신을 따뜻하게 할 수 있는 난방법은 전통적인 일본인의 겨울생활에서는 찾아볼 수 없었다.

여름에는 가옥의 모든 문을 열어젖히면 낮 동안에는 상당히 밝다. 그러나 겨울에도 대낮 실내가 밝아진 것은 창호지 창문을 사용하면서부터다. 창호지문은 가마쿠라 시대에 일반화되었다고 하지만 그것은 한정적이었고, 종이가 귀중품이라 농가에까지는 침투되지 못했다. 야나기타 구니오는『메이지 다이쇼 사 세상편』에 "최초로 일본이 서양 여행자가 말하는 종이창문 나라가 되었을 당시 농민들의 기쁨을 상상할 수 있겠다"라고 썼다.

유리가 등장하자 당연히 이를 창호지 대신 사용하고자 했을 것이다.

막부 말기에 수입된 유리판을 창호지 창문의 일부에 박아넣고 이를 '비도로 창문', '유리 창문'이라고 불렀다. 일본에서 유리판이 생산되기 시작한 것은 1908년경이다. 유리창은 공공기관과 학교, 회사 등 서양식 건축에서부터 사용되기 시작했다. 다이쇼 시대의 '생활개선'은 부엌의 격자창을 넓혀 유리를 넣은 데서부터 시작되었다.[7] 창호지 창문의 전면에다 유리를 끼움으로써, 일본 주거는 바닥에서부터 천정까지 모두 채광창으로 기능하는 세계에서 가장 환한 건축물이 되었다.

에도 시대 중반부터 양초가 일반적으로 사용되기 시작하고 휴대용 등화로서 초롱등이 등장하고, 연극과 다방 등 밤의 세계가 확대되었다. 화려한 축제의 밤도 축제용 초롱등을 빼놓고는 생각할 수 없다. 그때까지는 기름이 등화의 중심이었다.[8]

시마네 현 쓰와노(津和野) 촌의 산촌에서 한 노인에게 들은 등화의 변천 이야기를 소개해 보겠다. 옛날 가난한 산촌에서는 등유나 양초 같은 것도 구하기 어려웠다. 현재 생존하는 노인들은 전 세대부터 평상시에 등불을 켤 때 '소나무 불'을 사용해 오고 있다. 유지방이 많은 소나무 뿌리를 잘게 잘라서 건조시킨 것을 태워서 등불로 썼던 것이다. 그러면 석유나 양초처럼 돈을 쓰지 않고 자급할 수 있었다. 현재의 노인들이 어릴 때는 석유를 넣은 칸테라(휴대용 석유등)를 밤일할 때 등불로 썼으며 양초도 사용하였다고 한다. 아울러 램프도 일반적으로 사용하였는데 그것도 석유를 아끼기 위해 평상시에는 2부 심지 혹은 3부심지였다. 며느리를 맞이하는 밤 등에 8부심지의 램프를 빌려서 켜

---

7) 米山俊直, 「硝子窓」, 『日本社會の非同質性』(Energy 38), エッソスタンダ-ド石油株式會社廣報部, 1974.

8) 森谷尅久, 「ろうそく」, 『日本社會の非同質性』(Energy 38), エッソスタンダ-ド石油株式會社廣報部, 1974.

면 사람들이 저마다 "정말 밝군요" 하며 감탄했다고 한다. 1923년에 전등이 들어왔다. 전구가 형광등으로 바뀌면서 잠깐 들락거릴 때도 전등을 끄던 습관은 없어지게 되어 노인들은 "젊은애들은 거리낌 없이 전등을 켜둔다"고 불만스레 말하곤 한다.

일본의 주거는 밝고 따뜻하고 시원해졌다. 요즈음 밤을 밝혀주는 것은 형광등이다. 겨울에는 석유스토브와 전기고타쓰가 추위를 녹여주고 이것들이 일본 전역에서 이로리를 추방시켜 버렸다. 아울러, 에어컨과 알루미늄 샤시가 방 전체의 냉난방에 큰 역할을 하고 있다. 알루미늄 샤시를 갖춘 유리문은 일본 주거사상 최초로 바깥 기운을 차단시켜 냉난방 효과를 올릴 수 있게 해준 것이다.

이제는 더 이상 겨울의 외풍 따위를 걱정하지 않는다. 그러나 이는 동시에 주거의 밀실화를 불러 외부의 자연과 주거 내의 공간을 완전히 격리시켰다. 일본의 가옥이 바람이 잘 통하는 여름집과 결별을 고한 것이다. 인구의 과반수가 도시에 모여 살고, 아스팔트가 내뿜는 열기와 배기가스를 고민하기보다는 외계와 물리적으로 차단시켜 에어컨이라는 인공적인 시원함 속에서 생활하는 것을 편하게 생각하게 되었다. 부채는 거의 사라져가고 있다.

과거 바깥과 주거 내의 공간이 연결된 가옥에서 살아온 일본인들은 자연을 읽는 데 달인의 경지에 이른 민족이었다. 바람으로 가을이 오는 것을 알고, 툇마루의 햇볕으로 봄이 오는 것을 느꼈다. 그러한 일본인의 생활이 이제 자연과 멀어지게 되었다는 것은 현재의 주거로도 상징되고 있는 것이 아닐까.

목욕탕과 변소

세계에서 몸을 제일 잘 씻는 사람은 아침저녁으로 만데라는 습관을 가진 동남아시아 사람들일 것이다. 그 다음이 일본인이다. 따뜻하고 습기가 많은 몬순 지대에 위치하는 풍토와 목욕을 자주 하는 습관은 상호 관계가 있는 듯하다.

겐로쿠 시대 초기에 일본에 온 켐벨은, "일본인은 욕탕에 들어가 기운을 되찾고, 욕탕에서 땀과 함께 피곤도 몸에서 배출될 수 있다고 생각한다"라고 기록하였다. 일본인에게 입욕이란 그저 신체를 청결히 유지하기 위한 수단이 아니다. 피곤을 풀고 정신을 일신하는 것으로서 신체위생만이 아니라 정신위생의 수단이기도 하다. 진흙투성이나 땀투성이가 되는 노동을 하지 않아도 매일 입욕을 거르지 않는 사람이 많은 걸 보면 아무래도 정신위생 쪽이 신체위생보다 상위에 있다고 해석할 수 있겠다.

부정하다는 것은 단지 신체 표면에 더러운 것이 붙어 있다는 것만이 아니라, 인격 그 자체가 더럽혀진 상태라는 의미도 있다. 부정한 상태에서 탈출하는 청결의 수단으로서, 신에게 죄를 비는 것과 목욕재계가 있다. 입욕에는 목욕재계할 때의 찬물이 더운 물로 바뀌었을 뿐 그 성격은 그대로 남아 있다. 공가(公家 : 천황계 귀족)는 조정 의식에 관여할 경우 출근 전에 반드시 목욕이나 목욕재계를 하여 몸을 정결히 해야 했다. 무로마치 시대에 들어 귀족들이 제사를 지낼 때 정결을 위해 빈번하게 마을목욕탕을 전세 내어 사용했다는 기록이 남아 있다.

그런데 목욕탕이라고 하면 원래는 풍로라는 의미로서 더운 물을 끼얹는 것이 아니라 증기욕, 열기욕이었다. 오늘날의 터키탕이나 사우나

슈젠지 온천 일본은 온천의 천국이다. 1880년대

탕을 연상하면 될 것이다. 사원이나 높은 신분의 귀족, 무가(무가 : 장군계 지배계급) 등 재력을 가진 사람들의 욕실은 가마솥에서 끓인 증기를 끌어들여 만든 증기욕탕인 풍려전(風呂殿)이거나 다른 장소에서 끓인 물을 욕조에 담아 입욕하는 탕전(湯殿)이었다.

증기욕과 열기욕은 고대 스키타이족, 북유럽, 로마의 욕탕, 한반도에까지 분포하고 있어 스키타이족으로부터 시작되어 동서로 퍼져나갔다는 설이 있다. 그러나 그 분포범위는 훨씬 더 광범하다. 동남아시아의 연원이 오랜 문화에도 나타나며, 베링 해협 건너편의 아메리카 인디언 문화에도 존재한다는 점을 염두에 두면 더 더욱 오래된 것이라고 할 수 있다. 금속제의 커다란 솥이 등장하기 전에는 입욕에 필수적인 더운 물을 준비하기 어려웠다. 그러나 달군 돌을 헛간에 넣고 물을 끼얹

공중목욕탕
シルバ 著,
『日本の風俗慣習』

에도 시대에는 대중
목욕탕에 창녀(湯女)
가 출현하였다. 邸内
遊樂圖에서

는 것만으로도 간단히 증기욕과 열기욕을 할 수 있다. 그것은 더운 물
목욕보다 훨씬 오래된 형태다. 세계적으로 증기욕과 열기욕은 의료와
결합되어 있다. 발한작용에 의해 체내로부터 병을 일으키는 물질이나

악령을 땀과 함께 내보내 버린다는 것이다.

일본 고대에 불교·사원과 관련하여 설치된 욕탕은 승려의 위생설비라는 기능 외에도 의료적 성격을 갖고 있었다. 고묘(光明) 황후[쇼무(聖武) 천황의 부인]가 마련한 목욕시설이나, 승려 닌쇼(忍性 : 1216~1303)가 나라에 세운 북산십팔간호(北山十八間戶)도 나병환자를 위한 의료시설이었다.

일본에서 의료와 관련하여 주목할 만한 것은 온천 이용의 발달이다. 『이즈모 풍토기』에는 다마쓰쿠리(玉作 혹은 玉造) 온천에 대한 기사가 보이는데, 온천이 의료효과를 발휘한 것 외에도 놀러오는 사람들로 붐볐음을 알 수 있다. 고대부터 온천은 오락장소로도 이용되었던 것이다.

신체위생, 정신위생, 의료, 오락 등 여러 효능이 일체화된 입욕이 도시에서는 목욕탕이나 대중탕으로 발달하였다. 그런데 욕탕에서 일하는 여성(蕩女)이 출현하면서 현재의 터키탕과 연결되는 유흥장의 역할까지 하게 되었다. 그 계보를 이은 것이 요즈음의 온천장이나 헬스센터로서, 건강한 사람이 오락과 정신적 건강을 위해 더운물 치료를 하러 가는 장소가 되었다. 농촌에서는 목욕계를 만들어, 일정한 날에 술과 요리를 지참하고 마을의 약사당(藥師堂)이나 관음당(觀音堂)을 중심으로 모여서, 탕에 들어간 다음 염불을 올린 후 술판을 벌이기도 하였다.

에도 시대에 스에부로(据風呂 : 큰 통에 아궁이를 붙인 목욕통)나 고에이몬부로(五右衛門風呂 : 스에부로의 일종으로 가마솥 밑에 직접 불을 때는 무쇠 목욕통) 같은 비교적 간단한 가정용 입욕시설이 출현하지만, 도시에서는 품격 높은 집에서나 욕탕시설을 갖출 수 있었다. 이발소와 함께 대중탕은 시내에서 살을 부비는 커뮤니케이션 장소로서의 기능을 수행하였다. 집안의 욕실을 사용하면 이미 다른 세계 인간으로 취급받아 사람들에게 따돌림을 당했다. 집안 욕실이 대중화된 것은 최근의

집안에 설치된 목조목욕탕
옛날에는 품격높은 집에서나
이런 목욕탕을 갖출 수 있었
고, 대부분의 사람들은 공동
목욕탕을 이용하였다.

일로, 이는 다이쇼 시대 이래 도시 토박이가 아닌 중간층 시민이 증가
한 사실과 관계가 있을 것이다. 이제는 농촌에도 집집마다 욕실을 갖
추고 있지만, 하층민이 사는 곳에서는 대중탕이 아니면 개운하지 않다
고 하는 사람들이 여전히 있다.

좁더라도 각 집마다 욕실을 갖춘 대단지아파트, 욕조의 대량생산화,
도시가스와 프로판가스의 보급으로 인하여 입욕은 공공장소가 아니라
가정에서 하는 것으로 되고 있다. 이러한 상황 속에서 대중탕은 온천
화를 꾀하는 등 어떻게든 살아남을 길을 모색하고 있다. 한편 집안의
욕실도 단지 몸을 씻는 위생시설로만 그치지 않는다. 욕탕을 가정 온
천으로 만들어주는 액체나 가정용 사우나, 가정용 터키탕 시설의 판매
가 이를 말해준다. 일본 가정이 수행해 온 기능을 사회가 대신 맡는

것이 주류인 데 비해, 적어도
입욕에 관해서만은 사회적 측
면이 수행해 온 기능이 가정에
도입되고 있다고 할 수 있다.
레저의 가정화 현상이다.

입욕에 관해서라면 일본인
독자의 미학이라 해도 과언이
아닐 정도로 발전되어 왔지만,
배설에 대해서는 계속 외면하
며 생활해 왔다. 다실에 부속
된 스나셋친(砂雪隱 : 모래를 이
용한 변소)처럼 미적 요소가 가
미된 변소가 없었던 것은 아니
지만, 서민의 일상에 실용적으
로 활용할 수 있는 것은 전혀
없었다. 냄새나는 것에는 뚜껑
을 덮는 것 외에는 달리 대처
방법이 없었다. 그것도 변소를

모래 변기(砂便器)
좌변기 형식을 띠고 있지만 아직 수도가 들어오지
않아 배설 후 모래가 나오는 구조로 되어 있다. 메
이지 시대에 일본에 들어온 서양인들이 자주 사용
하였다.

손씻는 곳이나 뒷간 등과 같은 간접적인 표현을 사용함으로써 관념만
으로라도 보고도 못본 체할 수밖에 없었다. 그러다가 하수도가 완비되
어 수세식 변소가 보급되면서 점차 미적이지는 않지만 청결한 장소로
자리잡아 가는 중이다.

하수도가 발달할 필요가 없었던 것은 배설물이 상품가치를 갖고 있
었던 것과도 관련이 있다. 에도에서 나가야를 관리하는 집주인 수입의
대부분은 거름값이었다. 나가야 주민 한 사람의 1년 배설물을 한 달에

나가야의 공동변소
여기에서 모인 배설
물은 에도 근교 농민
들에게 팔려나갔다.
에도 시대

쌀 한 되 값에 농가에 팔았던 것이다. 그러다가 최근 들어 거름이 화학비료로 바뀌게 되면서 도시의 오수처리는 큰 문제로 부각되었다.

서양식으로 욕조와 세면기, 변기를 한데 설치한 베스룸을 만들고도 실패했다는 예를 종종 듣는다. 물리적 기능면에서 본다면 어느 쪽이든 물을 많이 사용하는 시설이기 때문에 배선이나 바닥깔기를 공동으로 하는 것은 충분히 합리적이다. 그러나 문화적 의미에서 보면 문제가 달라진다. 서구의 경우에서야 이것들은 모두 신체위생과 관련한 일련의 동작과 연계되어 있지만, 일본인의 경우 쾌락으로서의 입욕과 불결한 동작으로서의 배설을 같은 곳에서 행한다는 것은 정신적으로 수용하기 어려운 부분이 있는 것이다.

정원과 마당

기록에 남아 있는 정원의 시초는 아스카 시대(6세기 후반~7세기 중엽)로까지 거슬러 올라간다. 스이코 천황 시대인 612년 백제에서 건너온 도래인이 궁정에 슈미센(須彌山)과 구레하시(吳橋 : 지붕이나 난간이 붙은 중국식 다리)를 만들고, 사이메이 천황 때는 토하라(Tokhara : 아프카니스탄 북부의 터키·인도·이란으로 통하는 요지. 기원전 1세기 말에 쿠산 왕조가 성립된 곳이다)에서 온 표류인이 아스카데라 서쪽에 슈미센을 만들었다. 슈미센이란 불교에서 말하는 세계의 중심에 솟아 있다는 산이다.

헤이안 시대에 정토교의 영향을 받아 만들어진 정원은 정토만다라(욕망과 고통이 없는 부처의 세계나 이를 그림으로 그려놓은 것)를 정원에 펼쳐놓은 것이다. 한편, 이 시대의 귀족들은 정원의 연못을 바다로 비유하고, 마쓰시마(松島 : 미야기 현 중부. 일본 3 경 중 하나)나 아마노하시다테(天の橋立 : 교토 북부의 모래밭으로 역시 일본 3 경 중 하나) 등의 명승지 풍경을 본떠 정원을 만들었다. 무로마치 시대에 발달한 가레산스이 정원(枯山水庭園 : 물을 이용하지 않고 돌과 모래로 산수를 표현한 정원양식)은 선(禪)을 빼놓고는 설명할 수 없다.

종교적·철학적 세계를 옮겨놓은 것이든, 와카(和歌 : 일본 고유의 단가)의 명소를 옮겨놓은 것이든 이들 정원은 모두 현존하는 명소의 풍경을 압축·결정시킨 이미지를 표명한 것이다. 일본의 전통 정원은 세계관의 상징으로서 만들어졌다. 산골짜기를 흐르는 냇물, 그 위에 놓인 작은 다리, 점점이 존재하는 인가나 신사와 논밭, 이 모든 것을 축소시켜 표현한 하코니와(箱庭 : 상자나 항아리에 흙을 담아 작은 초목이나 돌 등으로 산수나 정원을 표현한 것) 등은 모두 일본인의 마음속에 존재

뛰어난 관상용 공간으로서 미를 중시하는 정원은 마당과 그 성격을 달리한다.

하는 전원세계의 이미지를 표현한 것이며, 이것은 완결된 작은 우주다. 부르노 타우트가 "일본인은 끊임없이 세계를 가슴 안에 그리고 있다"고 지적했는데, 이는 정원이나 하코니와로 상징된다.

이처럼 일본의 정원은 정신적인 세계를 표현한 것이기 때문에 따라서 훌륭한 정원이란 감상하는 곳이지 노는 곳이 아니었다.

작업공간임과 동시에 사람과 물건이 드나드는 송수관 역할을 하는 마당은 뛰어난 기능적 공간이다.

　'마당'이라고 했을 때 당장 축산천수(築山泉水)를 떠올리거나 잔디나 화단을 떠올리는 것은 현대인뿐이다. 오늘날 우리가 알고 있는 마당이라면 관상용 수목이나 풀이 인공적으로 심어진 곳이지만, 원래 마당에는 식물을 심지 않았다. 농가로 치면 자시키(연회석) 앞에 있는 땅에 대나무 울타리를 두르고 나무를 심은 장소는 센자이(前栽)였고, 마당은 초목을 심지 않아 맨땅이 그대로 드러난 장소였다. 마당에는 멍석을 깔고 곡물을 말리기도 하는 등 주로 농작업을 집 안으로까지 연장해서 쓰는 공간이었다. 또한 농가의 도마도 마당이라고 불린다. 이 곳도 취사나 떡찧기, 새끼꼬기 등의 일을 하는 작업공간이었다. 교토 상가에는 '통로마당'이란 것이 있었는데, 이는 취사설비와 우물이 갖추어진 작업공간으로서의 도마였다.

옥내든 옥외든 마당으로 불리는 공간은 모두 작업공간임과 동시에 신발을 벗지 않고 외부에서 들어올 수 있는 장소로서, 사람이나 물건이 외부에서 집 안으로 드나드는 송수관 역할도 하였다. 관상용 공간으로서의 정원과, 뛰어난 기능적 공간으로서의 마당은 별개의 것이었다.

일과 주거의 분리가 진행되어 생산 장소와 가정이 분리된 오늘날, 농가를 제외하면 작업공간으로서의 마당은 필요없게 되었다. 샐러리맨 가정에서는 빨래를 말리는 장소로서 뒷마당 정도가 작업공간으로 남아 있을 뿐이다. 한편 감상용 정원도 인기가 없다. 그래서 현재의 마당이란 놀기 위한 장소로 바뀌었다. 잔디를 깔고 그네를 놓기도 하고 골프벳팅 연습장도 된다. 화단을 만들어 일요일에는 화초를 손질하기도 한다. 노동은 아니지만 어쨌든 뭔가 일을 한다는 의미에서 보면 이것들은 정원계열이 아니라 마당계열과 연결되는 공간으로서 사용되고 있다.

한편 도마나 '통로마당'처럼 옥내에 설치된 마당은 사라져 가고 있다. 도마를 없애고 거기에 바닥을 깔아 실내공간화를 꾀하고 있는 것이다. 수도·가스가 보급되면서 도마에서 행해지던 지저분한 일들은 없어지고, 도마와 마룻바닥 사이를 오르락내리락할 일이 없어져 생활평면은 하나가 되었다. 또한 도마에서 했던 밤일 같은 자급자족적인 부업도 없어졌다. 한편 외부에서 옥내로 통하는 송수관으로서의 옥내 마당의 기능이 없어지면서 일반 가정집에도 현관이 생기고 집터가 높아진 점도 간과할 수 없겠다.

2 식품과 요리

이시게 나오미치

산해진미

제사를 지낼 때는 고야도후(高野豆腐 : 두부를 잘게 잘라서 얼리거나 건조시킨 것)나 생선, 고기, 소세지 등을 제물로 올리기도 하지만, 신궁(격이 높은 신사로서 제신은 주로 천황계 조상)에서 축사를 지낼 때에는 '바다와 산에서 나는 진미'를 모두 갖추어 신에게 올린다. 『고사기』의 '야마히코와 우미히코 이야기'에 나오는 야마히코는 짐승을 잡는 사냥꾼이고 우미히코는 어부다. 일본열도에 인간이 살기 시작한 이래 오랫동안 '산의 진미'와 '바다의 진미'로 식량을 보존하는 생활이 계속되었다.

그러다가 그 기원이 언제까지로 거슬러 올라가고 맨 먼저 어떤 식물을 재배했는지는 차치해 두고, 식량을 획득하는 장소였던 산과 바다가 아닌 마을에서 인간이 만든 음식이 출현하게 되었다. 자연적으로 자란 것이 '마'라면 인가 주변에서 재배한 것은 '토란'이다. 논으로 둘러싸인 오늘날과 같은 취락형태를 갖춘 마을이 성립한 것은 야요이 문화 초기부터다.

마을에서의 생산이 증가하면서 '산의 진미'가 사라져 간 것이 일본인의 식량 발전사다. 물론 그렇다고 해서 '산의 진미'를 잊은 것은 아니다. 불과 10년 전만 해도 산촌에서는 겨울의 염장용 식품으로 산채류를 모으는 것이 대단히 중요한 일이었다. 현재는 기업화하여 기호음식으로 바뀌었다.

조몬 시대에 비해 야생의 짐승류를 먹을 기회는 점점 줄어들었다. 나라 시대 때 이미 불교에 입각하여 살생을 금하기도 하고, 소나 말, 닭, 원숭이 고기를 먹지 말라는 금지령을 내리기도 하였다. 그러나 불

교의 영향이나 불결하다는 관념에 의거하여 메이지 시대 이전에 짐승
고기를 먹지 않았다고 하면 거짓말일 것이다.

경작용 가축으로서의 소나 말의 식용은 금기시되었지만, 수렵으로
얻은 다리 넷 달린 짐승은 식용으로 사용되었고 새 종류를 먹는 것은
별로 문제가 되지 않았었다. 마을이 커지고 이에 따라 수렵 대상이 줄
어들면서 사냥한 고기를 먹을 수 있는 곳은 산촌 등 변두리 지방으로
한정되었다. 이로써 육식의 기회는 점차 줄어들고 고기 없는 생활에
익숙해져 갔다.

여름이 덥고 습한 열대강우림 지대에서는 건조지대에서 발달한 가
축무리를 관리하는 목축이라는 방법이 정착하지 못한다. 그래서 식용
으로 쓰기는커녕 한두 마리의 소나 말을 가족처럼 사육하고 말의 무병
무재를 말머리 모양의 관음상을 만들어 기원할 정도였다.

에도 시대에는 사슴이나 멧돼지 고기를 '약용'이라는 명목으로 정력
을 돋우는 식품으로서 식용할 수 있었으며, 멧돼지를 산고래라는 뜻의
'야마쿠지라'(山鯨)라고 하여 명목상 짐승의 카테고리에서 제외시키기
도 하였다. 히코네(彦根 : 시가 현 소재)의 영주는 매년 붉은 반점이 있는
소의 로스를 된장에 재워 쇼군 및 고산케(御三家 : 쇼군을 배출하는 도쿠
가와 집안 중 최고인 3 집안)에 약용으로 진상했으며, 붉은 반점 쇠고기
는 먹어도 부정을 타지 않는다고 했다. 멧돼지 요리인 보탄나베(牧丹
鍋 : 보탄은 멧돼지 고기의 별명으로 멧돼지 고기에 두부나 채소 등과 함께 된
장을 넣어 끓인 것)에도 흔적이 남아 있듯이 '약용'으로 쓰이는 고기의
요리법으로는 된장을 사용한 전골류가 많았다.

막부 말기에 외국인 거주지에서부터 쇠고기를 먹는 것이 유행하였
는데, 이를 먼저 생활 속에 도입한 것은 고안 숙(洪庵塾)이나 게이오 의
숙(慶應義塾) 등에 다니며 서양식 교육을 받은 학생들이었다. 쇠고기를

신선도가 최고!
일본요리의 소박·자연
주의는 신선한 생선회를
최고로 치는 가치관에서
나왔다.

먹는 것은 진보사상의 상징처럼 되었다. 그래서 메이지 초기에 들면 "쇠고기 전골을 먹지 않으면 개화가 덜 된 놈"이라는 말이 돌고, 서민 들은 위장에서부터 문명개화를 시도하게 된다.

한편 쇠고기 가게 앞에는 '보신고기'라고 쓰인 깃발이 등장하였다. 스키야키가 진출하기 이전 쇠고기 전골에는 된장을 사용하였는데, 메 이지 초기의 육식은 '약용' 전통과 연관되어 있었던 것 같다.

현재 일본은 선진국 가운데 축산물 자급률이 최저임에도 불구하고, 소득과 고기수요는 비례적으로 가속화된다는 법칙 그대로 고기요리가 식단에서 높은 비중을 점하고 있다.

세계적으로 보면 전통적인 일본식단은 곡류를 주로 하고 생선이 차지하는 비중이 대단히 높으며 야채나 콩의 소비가 많다. 그런데 지금은 고기의 비중이 높아지고 곡류의 비중은 계속 감소하는 추세다.

일본의 전통적인 식생활을 보면, 고기가 적은 만큼 대신 쌀로써 필수 아미노산의 대부분을 섭취하고, 된장과 두부 등의 형태로 식물성 단백질을 취했다. 그 외에 별식이나 반찬의 경우 동물성 단백질은 생선류를 통해 취했다. '바다의 진미'를 최고의 반찬거리로 취급하여 '썩어도 도미'라든가 작은 생선이라도 '대가리와 꼬리가 붙은 것'이면 훌륭한 식사로 간주되었다. 그래서 귀한 사람의 식사에서 생선을 올릴 형편이 못 되면 할수없이 나무로 만든 생선을 놓고 문자 그대로 '보는 생선'이라 하면서 정식식사를 하는 척하였다. 생선을 먹는 민족이라 해도, 조정에서도 경제가 힘들어지면 생선을 올리지 못하는 경우가 있을 정도였으므로 해변에서 떨어진 곳에 사는 서민들에게 생선은 특별한 별미였다. 냉장기술과 유통의 발달로 신선한 생선을 맛볼 수 있게 되기 전까지는 항구에서 양쪽 어깨에 매고 하루에 왕복할 수 있는 범위에서만 무염의 바다생선을 맛볼 수 있었다. 항구에서 멀리 떨어진 곳에서 내놓는 '수북한 생선회'는 그야말로 손님에 대한 최대한의 서비스였다.

"날 것으로 먹을 수 없다면 구워서 먹고, 그래도 못 먹을 것 같으면 끓여서 먹어라"라는 속담이 있다. 일본요리에 나타나는 이러한 음식의 신선도에 대한 신앙과 그에 따른 요리법의 간소화 경향, 식품가공법에 대한 불신, 음식 본연의 맛에 대한 강조 등으로 표현되는 요리의 소박·자연주의는 바다의 신선한 생선을 회로 뜬 것을 최고로 치는 가치관에서 온 것이라 해도 과언이 아닐 것이다.

그런데, 일본인의 식탁에 이러한 날생선과 소금구이 생선이 놓이게 된 것은 최근 원양어업이 확대되고 냉동기술이 발달한 이후부터다. 생선회로 식탁에 오르는 바다생선도 거의 일단 냉동된 것을 해동한 것이다. 신선도 신앙을 즐기는 것은 가공기술의 진보를 통해 유지되었던 것이다. 사람들이 매일 생선을 먹을 수 있게 된 지금, 일본은 세계 거대 수산국임에도 불구하고 수산물 무역에서는 수입초과국이다.

조미료

아시아 각 지역의 요리를 특색화시키는 조미료에 대해 생각해 보자. 인도는 뭐니뭐니 해도 향신료 요리권이다. 여러 가지 향신료의 조합에 의해 인도요리가 성립되며, 인도대륙의 식사는 카레 등에 포함되어 있는 우콩의 황색으로 특징된다고 해도 과언이 아니다.

동남아시아에서는 생선을 소금에 절여 발효시킨 액젓이 발달했다. 누오쿠맘(베트남), 푸라포크(캄보디아), 빠덩(라오스), 토라시(자바) 등의 젓갈은 일본의 간장처럼 사용하는 것으로, 위쪽의 맑은 액체를 모은 것이다. 일본의 숏쓰루(아키타 지방의 멸치젓과 유사한 조미료)나 정어리 간장과 유사한 조미료다. 동남아시아에서는 생선간장 외에 인도의 영향을 받은 카레요리도 많이 먹으며, 특히 말레이 반도에서 인도네시아에 걸친 지역에서는 조미료로서 향신료의 비중이 높다.

중국과 한국에서는 장이 기본 조미료다. 이것은 일본의 간장, 된장, 다마리(간장의 한 종류. 삶은 콩에 누룩을 넣어 발효시킨 다음 소금과 물을 넣어 섞고, 대바구니를 푹 박아 그 속에 괸 액즙을 숙성시킨 것)에 해당하는

에도의 **전통요리들** 오늘날 일본의 전통요리로 알려진 것들은 거의 대부분 에도 시대 때 등장한 것들이다.

데, 기본적으로는 콩, 밀, 보리 등에 소금을 넣고 누룩으로 발효시킨 것이다. 걸쭉한 상태의 것이 된장이며, 거기에서 나온 액체를 모은 것이 간장이다. 일본에서는 근세 초기에 다마리 제조법이 개량되어 간장이 만들어졌다.

일본은 기본적인 조미료라는 면에서 보면 장 문화권에 속한다. 그러

천일제염 사면이 바다로 둘러싸인 일본에서는 일찌감치 바닷물을 이용한 천일제염법이 발달하여 소금 이 요리에 자주 사용되었다. 『御伽草子』 중

나 아시아의 다른 지역과 비교해 보면 일본의 전통요리에서는 기름과 향신료를 적게 이용한다는 점에서 차이가 있다.

일본의 전통요리 가운데 기름을 사용하는 요리로는 덴푸라(튀김) 정도를 들 수 있는데, 그것도 에도 시대 이후에 등장한 요리법이다. 16세기에 고추가 도입되는데, 그 이전의 일본 향신료는 생강, 다데(여뀌 : 매운 맛이 나는 열매), 시소(깻잎과 유사한 모양의 식물. 깻잎보다 향이 강하다), 고추냉이, 산초와 같은 주로 생선을 먹는 데 쓰이는 양념뿐이었다.

예로부터 바닷물을 이용하여 소금을 추출하는 제염법이 발달하였기 때문에 일본 요리에서는 소금이 자주 사용되었다. 그러나 소금 그 자체를 조미료로 쓰는 경우는 적었고, 짠지나 소금에 절인 생선 형태로 염분을 섭취하거나 된장·간장에 포함된 염분을 요리맛을 내는 데 사용하였다.

된장·간장과 같은 아미노산 식품에 이 소금을 넣음으로써 아미노산의 맛있는 맛을 염분 완화제로 사용하였다. 이렇게 해서 된장과 간

에도 시대의 장 만들기 일본요리의 핵심은 역시 간장이다. 『野田醬油製造の繪馬』

장은 이미 완성된 소스로서 단독으로 사용할 수 있다. 그래서 일본요리에서는 부엌에서 조리하여 만든 소스가 필요 없고, 식품의 종류와 상관없이 뭐든지 만능조미료인 된장과 간장으로 맛을 낸다. 일본요리의 90퍼센트 이상은 된장과 간장이 있어야 한다. 기성품인 이 만능조미료 덕분에 일본요리는 간단히 맛을 낼 수 있게 되었다. 단 그 때문에 자연에는 없는 복잡한 맛을 내는 요리기법 같은 것은 발달하지 못하였다. 식품 본연의 맛을 존중하는 것을 요리의 기본으로 하는, 기술적인 면에서 요리가 발달하지 못했다고 표현할 수 있는 간단소박주의로 퇴보한 것이다. 일본요리가 전 세계적으로 특이한 요리가 된 것은 이 때문이다.

이처럼 같은 장 문화권이라 해도 일본만큼 장에 의지하지 않는 중국요리는 장 없이도 만들어 낼 수 있는 요리의 가짓수가 많은 데 비해 일본요리는 된장과 간장 없이는 만들 수가 없다. 특히 근세 이후 일본요리는 주로 간장에 의지하여 맛을 내게 되었다. 간장이야말로 일본의 맛인 것이다. 에도 시대에 나가사키를 통해 수출된 간장은 유럽에서 고급요리로 극찬을 받았고, 영국의 상품화된 조미료 우스터소스의 옛날 조합법에는 간장이 첨가되었다. 메이지 시대 이후 우스터소스가 영국보다 일본인의 식탁에 자주 사용되었던 것도 그것을 양간장이라고 보았기 때문이다. 늘 식탁에 두는 간장의 전통에 부합하는 우스터소스가 보급됨에 따라 일본 식탁에 양식이 도입되었다고 해도 될 것이다.

요리의 변천

덴푸라(튀김), 메밀국수, 하야즈시(식초로 맛을 낸 생선과 밥을 차례로 한 층씩 얹은 후에 눌러 하룻밤만에 먹을 수 있도록 만든 초밥), 양념장에 잰 장어구이 등은 모두 일본요리를 대표하는 것들이다. 이것들을 요리하는 방법은 대개 에도 시대 때 개발되었다. 날로 먹는 생선회도 옛날부터 내려온 습관에 바탕한 것이지만 원래는 식초에 절여서 먹었고, 지금처럼 생선회를 먹게 된 것은 에도 시대에 간장이 보급되면서부터다. 전통 일본요리라고 부르는 것들은 그 역사를 더듬어보면 사실은 대개 에도 시대 때 완성된 것이다. 이는 요리만이 아니다. 오늘날 전해지는 일본의 전통문화 일반이 대개 그러하며, 따라서 그 배후에 있는 에도 시대의 사회사적·경제사적 위치를 고려하지 않고서는 일본의 문화를 이해하기 어렵다.

여기에서는 요리의 기술적인 면으로만 한정시켜 생각해 보기로 하겠다.

기본 조미료로서 종래부터 사용된 소금, 된장, 식초, 튀김기름 외에,

에도 시대에 널리 쓰이게 된 것은 간장, 설탕, 다시마, 가쓰오부시(다랭어를 쪄서 말린 것을 얇게 깎은 것)다. 소금, 된장, 식초만을 조미료로 삼아 만들 수 있는 요리 종류를 꼽아 보면, 오늘날 전해지는 대부분의 일본요리가 에도 시대 이후에 생겼다는 견해에 고개를 끄덕일 것이다. 일본요리의 특색인 다시(우려낸 국물) 사용의 일반화와, 특히 기본 조미료인 간장의 출현이 갖는 의미는 크다. 메이지 시대 이후 전통적인 일본요리에 새로 첨가된 조미료라면 다시의 즉석화를 꾀한 화학조미료뿐이다.

골고루 구비된 조미료와 상업망의 발달로 인한 식품유통기구 덕택에 에도 시대에 일본의 전통요리 기술이 완성되었다. 특히 18세기 후반에 시작된 요릿집의 출현으로 소위 일본요리가 완성되는데, 이는 세계 요리문화사상 특수한 경우다. 세계의 문명화된 요리란 먹을 수 없는 것을 먹을 수 있게 가공하는 기술이나 혹은 자연에 없는 맛을 창조해 내는 기술적 방향을 설정하는 것인데, 이와는 정반대의 방향을 취한 것이다. 즉 '요리하지 않은 요리가 가장 이상적인 요리'라는 역설이 일본요리에 통하는 것이다.

일본요리는 소재 본연의 맛을 그대로 살리는 것을 최고로 친다. 주방장에게 가장 중요한 것은 요리기술보다는 재료를 음미하는 기술이다. 일본사람들은 요리 맛이 좋고 나쁨보다 신선도의 좋고 나쁨을 문제시하는 것이다. 그래서 모든 식품은 제철을 중시한다. 제철에 나지 않는 것을 기술로 보충하는 것이 아니라, 제철이 아닌 것은 요리의 대상으로 삼지 않는다. 제철에 난 제일 상등품만 사용하고, 나머지는 미련없이 버린다. 소재에서 승부를 거는 요리법이다. 이렇게 사치스러운 재료사용법을 일반 가정이 도저히 따라갈 수는 없다. 세상에서 일본의 전통요리만큼 가정에서 먹는 요리와 요릿집 요리 사이의 격차를 크게 벌려 놓은 요리문화도 없을 것이다.

앞서 언급한 만능조미료로서의 간장의 보급과 소재를 중시하는 요리관이 결합될 때, 요리기술은 대단히 간단해진다. 그래서 프로 요리사의 솜씨 자랑이라는 것도 칼 쓰는 솜씨와 음식을 담는 법 정도로 그친다. 요리의 미학은 혀보다는 오히려 눈을 중시하게 되었던 것이다.

일본요리는 에도 시대 후기에 요릿집에서 일단 완성되었다고 했는데, 이는 다른 한편으로 보면 요리의 진화가 막다른 골목에 몰린 정체라고도 할 수 있다. 예컨대 너무 특수화시켜 버림으로써 새로운 사태에 대응할 수 없게 된 요리체계의 기술이라고 할 수 있겠다. 합리적으로 완성된 요리체계라면 외래의 식사문화로부터 그렇게 큰 영향을 받지 않았을 것이다. 예를 들면, 중화요리 체계에 다른 요리체계가 침입할 여지는 거의 없으며 프랑스인은 프랑스 요리 이외의 요리를 일상적으로 만들지는 않을 것이다. 이에 비해 일본의 경우 전통 요리체계를 지탱해 온 기반의 한쪽이 무너졌을 때―육식의 해금―요릿집식의 일본요리는 이에 적응할 능력을 전혀 갖고 있지 않아서 화석화되는 방식으로 스스로를 보호하는 길을 택했던 것이다.

문명개화를 통해 그동안 터부시된 네 발 달린 짐승고기의 식용이 가능하지 않았다면 서양요리나 중화요리의 기술이 일본에 침투하기 어려웠을 것이다. 에도 시대의 경우 이들 요리는 나가사키의 지방요리로만 존재했을 뿐이다. 그러다 육식이라는 새로운 소재가 등장했을 때, 일본요리 측에서 내밀 수 있었던 카드는 쇠고기전골과 이를 발전시킨 스키야키 정도였다. 그마저도 요릿집에서 나온 것이라기보다 서민들 측에서 나온 것이며, 일본의 전통요릿집은 오래된 껍질을 벗으려 하지 않았다.

그러나 가정요리 쪽에서는 특별히 화석화될 필요가 없었다. 생활이

무국적 식탁
공기밥과 스파게티, 녹차의 어울림. 외국에서 들어온 요리들이 일본의 안정된 메뉴로 자리를 잡았다.

란 항상 새로운 사태에 대응하게 되어 있다. 새로운 소재를 요리하는 기술을 프로가 개발해 주지 않으면 다른 기술체계를 빌면 그만이다. 카레라이스, 고로케, 탕수육, 팔보채 식으로 일식·양식·중식이 섞인 가정 반찬은 언뜻 보기에 무국적 상태를 띠게 되었다.

육식을 돌파구로 삼아 외래의 요리기술이 도입되었지만 그때까지의 일본요리는 고기를 자유자재로 사용한 적이 없거나 일본요리에 고기를 도입하는 것을 포기하거나 둘 중 하나였을 것이다. 예컨대 고기를 자유자재로 사용한다는 것은 동물 한 마리를 모두 먹어치운다는 것인데, 그때까지 일본인은 육식이라면 생선을 토막내어 먹는 것이 주를 이루었고, 내장요리는 한국요리에 의존하였다. 도호쿠 지방의 사냥꾼인 마카기의 요리법 등 특수한 예를 뺀다면, 일본요리에서 동물 내장을 사용하는 기술은 끝끝내 개발되지 못했을 것이다.

어쨌든 가정의 식탁은 얼핏 무국적인 것 같아 보였지만 그것은 요리 계보의 출신지를 따질 때의 문제고, 오늘날 일본인 가정의 식탁을 수놓는 서양식 내지 중국식 요리는 서양요리나 중화요리 그 자체는 아니다. 그것은 일본적인 서양요리고 일본적인 중화요리다. 예를 들면 돈까스는 포크커틀릿이 아니다. 즉 유럽의 커틀릿처럼 약간의 기름을 두르고 후라이팬에다 구워내는 팬후라이(pan-fry)가 아니라, 튀김 계통을 이은 것으로서 돼지고기가 헤엄쳐 다닐 정도로 기름을 넉넉히 넣어 튀겨낸 딥후라이(deep-fry)다. 젓가락으로 집어먹을 수 있도록 한 입 크기로 잘라서 내놓는 이 음식은 우스터소스나 특히 돈까스소스라는 간장식 조미료를 듬뿍 끼얹어서 먹는다. 거기에다 가쓰돈부리(큰 사발에 밥을 넣고 그 위에 돈까스를 얹은 덮밥)라고 해서 매우 일본적인 요리로의 변형도 이루어졌다.

이처럼 외국에서 귀화한 요리가 정착하여 안정된 메뉴로서 자리잡아 가는 과정을 거쳐 가정의 부엌에서 새로운 일본요리라는 것이 만들어지게 되었다.

과일과 과자

옛날에 과일과 과자는 같은 범주에 속하였다. 중국에서 곡물가루를 주재료로 삼아 제조되었던 과자가 일본 나라 시대에 궁정을 중심으로 하

여 만들어졌는데, 이것을 '唐菓子'라고 적고 당나라 과자라는 뜻의 '가
라쿠다모노'라고 읽었다. 당시 도읍인 나라 사방에 과자 가로수를 심
게 하고 역 양측에는 과수를 심게 하였다. 정해진 식사 외에 간식으로
먹는 음식은 과일이 대표적이었는데, 점차 인공적으로 가공한 식품이
간식에서 차지하는 비중이 늘고 과자가 과일에서 분리되었다. 그리고
에도 시대에 들면 과일은 따로 미즈가시(水菓子)라고 하여 과자와 구별
하게 되었다.

　여름에 일본에서 먹는 대표적인 과일의 역사를 간단하게 추려 보자.
현재 여름과일이라고 하면 수박을 들 수 있지만, 메이지 시대까지는
뭐니뭐니해도 참외가 여름과일의 왕이었다. 원산지가 인도로 추정되는
참외는 중국을 경유해서 일본으로 들어왔다. 야요이 시대의 유적에서
참외 종자로 보이는 것이 출토한 것을 보면, 벼농사와 함께 일본에 들
어온 대단히 오래된 재배작물이다. 이 참외는 장거리 수송과 저장에
어려움이 있어서 각지에서 여러 종의 품종이 만들어졌다. 또한 훗날
중국에서 들여온 종자와 재래종을 교배하여 새 품종을 만들어 내기도
하였다.

　각지에서 다양한 이름으로 불린 참외는 '마쿠와우리'라는 이름으로
일반화되었는데, 마쿠와는 우량품종을 재배한 기후 현 마쿠와(眞桑) 촌
의 이름에서 유래한 것이다. 궁녀들이 기록한 『오유도노노우에노닛키』
(御湯殿上日記)에도 덴쇼(天正 : 1573~1592) 3년 6월 29일자에 오다 노부
나가(織田信長)가 "마쿠와라는 이름의 참외 두 개를 드셨다"는 기록이
나온다. 에도 시대에도 쇼군 전용 참외밭을 두고 매년 마쿠와 촌의 농
민들이 호출되어 경작을 맡았다고 한다. 17세기에는 교토의 도지(東寺)
주변에서 재배된 도지마쿠와(東寺眞桑)가 유명했다. 여기에서 생산된
마쿠와우리는 일일이 검은 도장을 찍어 출하했기 때문에 '도장참외'로

불렸으며 음력 6월 교토 상납품으로 인기가 있었다고 한다. 썬키스트 레몬의 아이디어를 먼저 택하여 산지와 품종을 보증함으로써 브랜드 네임의 특권을 강화한 것이라 하겠다. 이처럼 상품작물로서 정점에 달했던 참외 재배법은 메이지 시대 이전의 야채 재배기술 중 최고수준을 자랑하였다.

한편 아프리카를 원산지로 하는 수박은 중국을 경유하여 몇 차례에 걸쳐 일본에 수입되었지만 정착하지 못하다가 에도 시대에 이후에 유통되게 된다. 18세기의 저술된 책에 보면, "옛날에는 마을에서 수박을 팔아도 사는 자가 없었다. 간분(寬文 : 1661~1672)경부터 신분이 낮은 사무라이들이 먹기 시작하였는데 요즘은 영주들까지 먹고 있다. 수박도 크게 출세를 했다"라는 문구가 나온다. 에도 시대의 수박은 껍질이 검고 풋내가 나는 것이었는데, 메이지 시대에 들어 아메리카에서 신품종이 들어오고 일본에서도 개량이 이루어져 지금과 같은 맛있는 수박을 먹을 수 있게 되었다. 다이쇼 시대 말에 '야마토 수박'이라고 하는 개량종이 시장에 나돌게 되고, 이로써 수박은 여름 과일의 시장을 장악하게 되었다. 현재 일본에는 150개 이상의 수박 품종이 있다고 한다. 최근에는 잘 알려져 있다시피 씨없는 수박이나 가정용 냉장고에 손쉽게 넣을 수 있게 개발된 소형 수박도 생겨났다.

한편 수박에게 과일의 왕좌를 빼앗긴 참외도 반격을 가하였다. 쇼와 30년(1955)대에 참외와 노지재배하는 메론을 교배한 맞좋은 1대 잡종이 프린스 메론이라는 이름으로 화려하게 선을 보였다. 인도를 원산지로 하는 외(오이과의 총칭)로서 서쪽으로 돌아 유럽과 아메리카를 거쳐 일본에 들어온 메론이 동쪽으로 돌아온 참외와 일본에서 결합한 것이다.

수박처럼 철저한 상품화가 이루어진 작물을 공예작물이라고도 부른다. 이들 작물은 시장에서 우위를 점하기 위해 품종개량 경쟁에 열심이기 마련이다. 이들 공예작물과, 동백이나 국화 등의 화훼, 금붕어 등의 일련의 감상용 동·식물의 품종개량에 일본인은 커다란 역량을 발휘하였다. 품종개량의 대상이 된 것도 근본을 따져보면 원산지는 일본이 아니라 외국에서 들어온 것들이다. 외국에서 들어온 것을 육성시키고 다시 해외에서 신품종을 구해 교배시켜 제3의 품종을 만들어 냈다. 순수종을 지키기보다는 교배에 교배를 거듭하여 잡종을 만드는 데 전념하여 새로운 조합의 묘를 계속 추구해 가는 것이다.

일본인의 이러한 품종개량 기술이 현재의 산업사회에서 힘을 발휘하고 있는 것은 아닐까? 일본의 기술 하나 하나의 발생지를 찾아보면 모두 외국이다. 그런데 각각의 특성을 갖는 이들 기술을 육성하고 교배시켜 생각지도 못한 강력한 제품을 만들어 낸다. 트랜지스터를 사용한 상품에 특히 이러한 경향이 현저하다. 오늘날 일본인은 품종개량의 대상을 참외와 수박 같은 것에서 전기제품으로 옮아가고 있는지도 모른다.

다시 과자 이야기로 돌아가자. 기술적인 면에서 원래 일본과자라는 이름에 걸맞는 것은 떡종류겠지만, 이 떡이라는 단어가 모호하다. 중국에서 떡은 병(餠)이라고 하여 밀가루로 만든 음식을 가리킨다. 일본의 찹쌀떡과 유사한 것으로는 고(餻)가 있는데, 가루로 만든 찹쌀을 반죽해서 찐 것으로 일본의 경단쯤에 해당한다. 중국문화의 영향이 강한 오키나와에서도 병(무치)이라고 하면 찧어서 만든 떡이 아니라 중국식 경단을 말한다. 일본의 찧어 만든 떡에 대해서는, 태평양 제도의 감자 문화권처럼 벼농사 이전에 토란류를 떡메로 찧어 떡과 유사하게 만든 감자떡의 전설을 계승한 것이 아닐까라는 의견도 있다.[1]

---

1) 宮本常一·中尾佐助·佐佐木高明·端信行·福井勝義·石毛直道, 「燒畑文化」, 『季刊人類學』 4-2, 1973.

겉에다 단팥을 묻힌 떡종류 과자가 차와 함께 먹는 과자용으로 된 것은 후대의 일로, 원래 찰떡은 축일에 먹는 주식이었다. 교토 근교의 산촌처럼 겨울 동안에 축일은 물론이고 평상시에도 주식으로 찰떡을 먹는 곳도 있었다.

문헌상으로, 정식 식사가 아니라 처음부터 입을 즐겁게 하기 위해 출현한 최초의 과자는 앞에서 이야기한 도가시(唐菓子) 종류다. 도가시는 곡물을 가루로 빻아 만든 것으로 가루음식 계보에 속한다. 곡물은 알갱이로만 먹고 가루음식에는 주력하지 않는 일본에서는 후에 우동이나 수이동(수제비), 소바키리(양념장에 찍어 먹는 메밀국수), 소바가키(메밀을 열탕으로 되게 반죽한 후 적당한 크기로 떼어서 양념장에 찍어 먹는 것) 정도가 가루음식으로 주식화되었을 뿐이다. 전통적으로 일본에서 가루음식은 주식이라기보다 간식이었다. 도가시의 경우, 후대에 경단류로서 후에 계승되는 찐 것이나 국수로 변한 것도 있지만, 기름에 튀긴 것이 많았다. 그런데 기름은 비쌌을 뿐 아니라 기름을 별로 사용하지 않는 일본요리의 특성에도 영향을 받아 도가시 본래의 형태로는 정착하지 못했다.

이런 사정은 지금도 마찬가지다. 튀긴 과자 종류로 일본요리에 정착한 것으로는 도너츠 정도뿐이다. 또 메이지 시대에 들어온 가루음식문화의 주식인 빵과 비스켓도 오랫동안 과자로 취급되었고 빵에 설탕을 뿌려 간식으로 먹기도 했다. 빵 안에다 단팥을 넣어 과자화시킨 단팥빵을 만들어 내기도 하였다. 결국 일본에서 가루음식은 주식이 아니라 간식인 과자로 취급되는 경향이 강했던 것이다.

무로마치 시대에 중국에서 도래한 점심(중국요리의 마지막에 나오는 과자)류, 남방과자로서 도입된 카스테라, 볼로(포루투갈식 비스켓), 콘페이토(별사탕) 같은 것도 에도 시대에 정착하여 모두 일본과자가 되었다.

변화된 입맛
1차대전 후의 호황은 사람들의 입맛에도 변화를 불러와 이 시기 일본인의 당 섭취량이 크게 늘어났다. 사진은 1913년과 1924년 일본에서 판매된 밀크카라멜과 드롭프스

메이지 시대 이래 중국에서 전해진 과자는 월병 정도밖에 없다. 그리고 현재 캔디나 카라멜, 드롭프스, 초콜릿처럼 빨면 입 안에서 형태가 없어지는 종류의 서양과자는 여자아이들용이고, 주로 주스나 콜라를 마시는 층이 먹는다. 케익류의 서양과자는 커피나 홍차와 함께 먹는 것으로 비교적 젊은 세대가 즐겨 먹는다. 일본과자는 일본차와 함께 제공되는 것으로 굳이 분류하자면 노인의 간식에 속한다. 이런 식으로 과자 종류와 음료수, 애호자층과의 관계가 유형적으로 구별된다.

차와 커피

향료, 설탕, 술, 담배, 마약처럼 배를 채우는 음식이 아니라 기호성이 강한 식품은 세계 공통적으로 도입기에는 약효가 주로 선전되지만, 일단 사용이 일반화되면 습관성이 생겨 없으면 뭔가 허전해져 상용화되게 된다. 차 역시 같은 경과를 거쳐 일반화된다.

차의 경우도 그 본고장인 중국에서 당나라 말기에 자진하여 차 선전에 나선 육우(陸羽 : 722?~803 ?)가 『다경』(茶經)에서 차의 효과를 여러 가지로 설명하고 있다. 몽골, 중앙아시아, 티벳, 아라비아 방면의 건조지대 목축민에게 유입된 차는 비타민C의 섭취수단으로서 신체에 없어서는 안 될 생활필수품으로 자리잡았다. 이 차가 유럽에 도입된 것은 16세기부터로, 초기에는 약국에서 파는 것이었다. 유럽에서 차가 서민 음료가 된 것은 18세기경 이후의 일이다.

일본에 차가 수입된 것은 나라 시대로, 주로 사원에서 수행중인 승려의 졸음방지용 약용음료였다. 잘 알려져 있듯이 일본에서 차 제조업을 진흥시킨 주인공은 가마쿠라 시대(1192~1333) 초기의 선승 에이사이(榮西)다. 그는 자신의 저서 『끽다양생기』(喫茶養生記)의 서두에서 "차는 보신의 선약, 장수의 묘술"이라며 건강에 좋은 약이라고 평했다. 그러나 에이사이에게 차의 종자를 받은 도가노오[栂尾 : 고잔지(高山寺)가 있는 교토의 산]의 묘에(明惠 : 화엄종을 중흥시킨 승려로 고산지의 설립자)는 사람들에게 차의 효용을 물어보고 차에 잠을 깨게 하고 정신을 맑게 하는 장점이 있다는 사실을 알게 되었다. 이에 차가 공부에 도움이 될 것이라고 생각하여 차 종자를 심게 되었다. 이것이 우지차(宇治茶 : 교토의 우지 시 주변에서 생산되는 양질의 차) 이전에 도가노오가 차의 명소로 된 시초라고 전한다. 차는 역시 졸음 방지용이다. 목축민이 비타민을 중시하여 신체에 미치는 작용 때문에 차를 마신 데 비해, 일본에서는 카페인이 두뇌에 미치는 작용을 중시한 것이다.

그 후 차는 사원에서 사무라이들 쪽으로 진출하여 다도(茶道)가 성립되었다. 다도는 기법, 인테리어, 디자인, 용기, 서화(書畵), 문학, 요리에

다도 일본인의 차마시는 풍습은 일본미학의 상징으로까지 발전하였다. 그림은 16, 17세기 무가들의 차
마시는 모습을 묘사한 것이다. 17세기 초, 『調馬圖屏風』

이르는 종합예술이 되었고, 다도를 가지고 일본의 미학을 묘사할 정도
가 되었다. 그러나 서민에게 중요했던 것은 마시는 방법이 번거로운
맛차(抹茶 : 차의 새순을 따서 쪄서 건조시킨 후에 갈아 만든 차)가 아니라
후에 전해진 센차(煎茶 : 녹차의 일종으로 차의 어린잎을 따서 정제한 차)
쪽이다. 예컨대 차잎을 우려 마시는 방법이 보급됨으로써 국민적 음료
가 된 것이다. 차는 원래 조엽수림대에서 유래된 작물이기 때문에 일

본의 여러 곳에서도 재배가 가능하다. 간단하게 차를 마실 수 있는 방법이 보급되자, 농지 한 구석에 차나무를 심어 농민은 차를 사지 않고 자급할 수 있게 되었다. 물론 일본 도호쿠 지방의 경우 일부에서는 최근까지만 해도 평상시에는 보리차를 마시고 손님이 왔을 때만 차를 내온다든가 마을의 상류층만이 일상적으로 차를 마셨다고 한다. 그러나 사람들의 생활에서 차를 뺀 생활이란 생각할 수 없을 정도로 차마시는 습관은 생활 속에 깊이 정착하게 되었다.

그러다 보니 손님이 오면 반드시 차를 내는 것이 며느리의 마음가짐이며, 손님은 차 한 잔을 마시고 나서야 편안하게 주인과 함께 본용건에 들어가는 것이 교제형식으로 되었다. 교제에서 함께 먹고 함께 마신다는 방법을 중시한 일본인에게 간단히 함께 먹는 예식을 행하는 수단으로서 차가 채용되었다고 할 수 있겠다.[2] 커피나 담배 등을 인간관계의 윤활유로 사용하는 것은 세계 어느 나라에서도 공통된다. 그것은 원숭이가 서로 털을 다듬어주는 행동으로까지 거슬러 올라가는 개체간의 관계조정을 하는 행동으로, 일본인은 차를 통하여 이러한 조정을 행하게 된 것이라고도 할 수 있겠다.

한편 차를 마시고 음식을 먹는 것이 한 세트를 이루게 되면서 가이세키요리(懷石料理 : 다도에서 내는 간단한 음식), 다죽(차를 달인 물로 끓인 죽), 차를 이용한 짠지, 차에 곁들이는 과자 등 차는 일본인의 요리에 깊은 영향을 미쳤다. 일본요리는 우선 쌀밥의 맛과 함께 차와 일본술 맛의 밸런스로 결정된다고도 할 수 있겠다.

그런데 차와 커피는 거기에 함유된 카페인 때문에 정신에 영향을 미치는 음료에 속한다. 어느 것을 마시든 기능면에서는 거의 동일하다. 그래서 세계적 분포 상황을 보면, 커피를 주로 마시는 지대와 차를 주

---

2) 瀬川清子, 『食生活の歷史』, 講談社, 1970.

노기바 왼쪽에 서양요리를 파는 간판을 내걸고 있다. 1924년. 당시 일본인들은 이런 서양 요릿집에서 연한 밀크커피를 맛볼 수 있었다.

로 마시는 지대로 구분될 수 있다. 커피는 이슬람 문명과 함께 전 세계적으로 등장하였고 이슬람권을 넘어 각지로 퍼져나간 것은 17세기 이후의 일이다. 이때는 이미 차가 동남아시아를 뺀 티벳으로부터 동방세계에 상용음료로 정착해 있었다. 커피는 이 차 문화권으로는 진출할 수 없었고, 따라서 서쪽으로 돌아가는 경로를 택하게 된다. 한편 이 시기를 전후하여 차도 유럽으로 들어가게 된다. 그래서 거시적으로 본다면 두뇌에 영향을 미치는 차와 커피라는 두 가지 음료가 서방세계에 들어간다. 그 결과 영국과 러시아는 차권, 이탈리아와 프랑스와 미국은 커피권이라는 식으로, 차와 커피 어느 쪽이든 주요 카페인성 음료로서 정착되었다.

일본의 경우, 커피는 가정에서부터가 아니고 거리의 가게에서부터 시작되었다. 메이지 시대 중반을 넘어서자, 밀크홀의 전신인 신문종람소(新聞縱覽所)나 서양 요릿집에서 연은 밀크커피 비슷한 음료를 맛볼 수 있었고, 호텔 외에 제대로 된 커피를 마실 수 있는 다방의 시초로서는 1888년의 '가부다관'(可否茶館)이 있었다. 프랑스식 살롱 분위기

카페 '체리' 커피와 서양요리를 파는 카페는 예술가들의 보금자리였다. 여기에서 그들이 마시는 커피는
단순한 카페인 음료가 아니라 낭만적인 유럽의 이미지 그 자체였다. 1930년

를 띤 이곳에는 문인들이 모여들었지만 번창하지는 못하고 망해 버렸다.

메이지 시대 말부터 다이쇼 시대에 걸쳐 도쿄에 '기러기 둥지'니 '카페 쁘렝땅'이니 '카페 파우리스터' 등 커피와 서양요리를 파는 카페가 출현하여 예술가들의 보금자리가 된다. 그들은 유럽의 세기말 '커피점 문학'을 동경하여, 스미다가와를 세느 강에 비유하고 커피나 서양요리를 파는 가게를 파리의 카페로 간주하였다. 그 곳에서 마시는 커피는 원래의 카페인 작용보다 정신적 효과가 훨씬 커서, 한 잔의 커피에서 유럽 시가지의 예술까지 이미지로서 연상하였다. 소위 환각제로서의 작용을 했을 것이다.

간토 대지진 이후 커피는 근대주의자의 이국정서를 그리워하는 음료로서의 위치를 상실하고 다이쇼 민주주의를 꿈꾸는 시민의 음료로 자리하기 시작하였다. 문화주택이 들어선 교외의 거리에도 다방이 등장하였다. 그러나 중일전쟁이 시작된 이래로 커피수입은 갑자기 뚝 떨어지게 된다. 이는 수입에만 의존하고 음료로서 정착되지 못하고 사치품으로 취급되었던 커피의 운명 때문이었다.

커피가 일본인의 일상 생활에까지 침투하게 된 것은 쇼와 20년(1945)대 말경 다방이 크게 유행하면서부터일 것이다. 쇼와 30년(1955)대에 들어서자, 인스턴트 커피가 발매되고 가정에서도 커피를 마시기 시작하였다. 일본의 다방에서 커피를 끓이는 방법은 가히 예술적이라고 할 수준에 도달하였다. 다방 커피는, 약간 볶아 산미가 좀 있고 옅은 것을 몇 잔씩 마시는 아메리칸식 커피가 아니라 프랑스식으로 오래 볶아서 진한 맛이 나는 것을 시간을 들여 천천히 마시는 것이다. 다도의 전통을 이은 맛차를 마시는 방법과 같다고 할 수 있다. 이에 비해 가정에서 마시는 인스턴트 커피는 반차(番茶 : 따고 남은 차잎과 줄기로 만든 질 낮은 엽차)를 마시는 방법과 같았다.

앞에서도 이야기했듯이 거시적으로 보면 차와 커피는 그 어느 쪽이든 한 쪽이 선택되는 경향이 있다. 그런데 현대 일본인은 차와 커피 양쪽을 모두 마시고 있다. 왜 그럴까?

우선 아침식사로 토스트를 먹고 거기에 맞추어 커피를 마시게 된 식생활의 변화가 있다. 또 타인과의 교제는 가정 밖에서 이루어지는 경우가 많고 그럴 경우 교제 장소는 다방이 되는데, 거기에서는 일본차가 제공되지 않는다는 사정도 있을 것이다. 다른 한편으로는 졸음을 방지하고 머리를 맑게 하기 위해 커피를 마시는 경우도 있다.

이에 비해서 일본차는 거의 무의식적으로 마시는 경우가 많다. 밥에 따라 나오는 것이니까 아무 생각 없이 그냥 차를 마신다. 갈증이 날 때는 무의식 중에 '차!'라고 한다. 차 마시기는 너무나 일상화되어 기호품으로서의 성격을 잃어버리고 마치 공기 같은 존재가 되어버린 것이다. 그래서 차는 이미 약효를 잃은 음료가 되었다. 커피는 아직 기분 전환제로서의 의미를 가지고 있다. 기분상 커피는 차보다 강력한 약효를 가진 음료로 인식되고 있다고 할 수 있을 것 같다.

요즘은 커피를 자주 마시게 되었지만 그래도 일본인들의 생활에서 차가 사라질 일은 없을 것이다. 커피에 어울리는 일본요리 메뉴가 아직 생길 것 같지도 않다.

3 식사와 술, 담배

이시게 나오미치

식탁의 구성

밥 먹읍시다! 대개의 일본인들은 모든 요리를 식탁에 다 차려놓은 후에 사람들을 부른다.

국을 한 모금 추긴 다음 밥을 한 술 뜨거나 혹은 밥을 한 술 뜬 후 국을 마시며, 혹 반주를 드는 사람이라면 안주가 될 만한 것부터 집어먹는다. 물론 요리 먹는 데 정해진 순서가 전혀 없다고는 할 수 없다. 그러나 한 접시 물리면 다음 접시가 나오는 서양식 식사법에 비한다면, 일본 가정에서는 밥먹는 순서가 자유롭다. 처음부터 모든 요리가 식탁에 놓여 있으므로 어떤 순서로 먹든 상관이 없다. 굳이 정해진 약속이라면 일본차를 마시고 식사를 끝내는 것 정도를 들 수 있겠다. 프로이스는 『일・구(日歐) 문화 비교』에서 "서양에서는 음식을 놓기 전에 식탁이 이미 펼쳐져 있지만, 일본인들은 음식을 놓은 상을 부엌에서 들고 온다"라고 지적하였다.

코스에 따라 요리를 내놓는 방식에서는 시간에 맞추어 식사가 이루어지는데, 이에 비해 모든 요리를 미리 놓아 두는 일본식 식탁은 공간전개형(空間展開型)이라 할 수 있다. 일반적으로 시계열(時系列) 식사는 하인의 존재를 전제로 해야만 성립한다. 물론 식사의 시계열화가 발전한 서구에서도, 셀프서비스를 하는 대학식당 등에서는 칸을 나눈 커다란 금속제 받침에다 생선이나 고기요리, 디저트 등을 놓는 공간전개형 —밥상 형식—을 취한다. 그러나 이들은 시간계통의 식사 관념에 젖어 있기 때문에 설사 공간전개형을 취한다 해도, 생선 다음에는 고기를 먹고, 다음에는 디저트라는 방식으로 시계열형 식사를 한다. 세계의 식사문화는 대다수가 공간전개형을 기본으로 하므로, 이러한 시계열화

일본의 전통식단과 빵을
위주로 한 서양식 식단

밥과 국, 반찬 한두 가지로
구성된 전통식단은 일본인의
정식식사의 최소단위. 네모
난 쟁반에 세트로 한꺼번에
제공된다.

를 철저히 한 서구식이 특수하다고 할 수 있겠다. 물론 중국의 경우 서민은 공간전개형이지만 중화음식점에서는 시계열화된 예가 있듯이 발달된 문명의 특권층이나 음식점의 식사는 시계열화하는 성질을 갖고 있기는 하다. 그러나 일본요리는 전체적으로 공간전개형을 고수하고 있다.

일본에서도 시계열화된 식사가 없었던 것은 아니다. 헤이안 시대에 귀족들의 연회에서는 안주가 나오는 것을 시점으로 하여 잔을 들어 술을 마시고, 차카이세키(茶懷石 : 차를 위주로 하는 연회에서 차를 마시기 전에 먹는 가벼운 식사)도 일본요리로서는 드물게 시계열적 구성을 취하고 있다. 어쨌든 이것들은 모두 전문적으로 시중드는 사람을 필요로 하는 식사법이다.

단 차카이세키가 시계열 구성을 취한다고 하더라도 독립된 요리가 한 접시씩 순서대로 제공되는 것은 아니다. 네모난 쟁반에 밥, 국, 생선회나 식초에 절인 것 등이 세트로서 한꺼번에 제공된다. 그 다음에 완모리(碗盛 : 뚜껑 있는 그릇에 담은, 담백한 재료를 사용한 맑은 국물 요리)가 나오고, 이어 구운생선이 나오는 정도다. 그리고 밥상 위에 놓인 밥과 국과 반찬 한 가지―국 하나 반찬 하나―가 일본인의 정식식사의 최소단위를 이루므로, 일본인의 식사는 공간전개형을 기본으로 한다도 보아도 될 것이다. 국 하나 반찬 하나 이외에 얼마만큼의 요리가 놓이느냐에 따라, 연회의 가이세키 요리의 경우 밥상 두 개, 밥상 세 개 등 밥상 숫자가 공간적으로 전개된다. 일본요리에서는 요리의 숫자가 식사의 격을 결정한다. 그래서 처음부터 다 먹을 수 없다는 사실을 전제로 하고, 아예 싸갖고 가기 위한 요리가 준비되기도 하였다.

공간전개형 요리의 나열방식을 뒷받침해 주는 것은 밥상이다. 개인별 밥상 위에 요리 한 세트가 따로 놓인다. 이 때문에 주부의 권한은

다양한 식사 모습
다리 하나 달린 밥상에서 식사하는 상급귀족(위 『餓鬼草紙』)과 중급 귀족(가운데 『春日權現驗記繪』) 및 서민(아래 왼쪽 『病草紙』)과 승방(아래 오른쪽 『春日權現驗記繪』)의 식사

주걱으로 대표되고, 식사의 음식배급제라 할 만한 것이 고대로부터 확립되었다. 후에는 세트화된 밥상에서 밥을 더 추가하여 먹을 수 있게

되었지만, 가마쿠라 시대까지는 수북히 담긴 밥 한 공기로만 정해져 있었던 것으로 보인다.

헤이안 시대의 귀족 연회에서는 의자와 테이블식 식탁이 마련되고 한 식탁을 사이에 두고 2인, 4인씩 둘러앉는 중국식 식탁 풍경이 등장한다. 그러나 이 테이블식 식사에서도 요리는 단 한 번에 1인분씩 놓였다. 귀족들의 식사 때도 연회가 아닌 경우에는, 예컨대 가키조시(餓鬼草紙 : 아귀의 고통을 그린 가마쿠타 시대의 그림)에서도 보이듯이 개인용 밥상인 다카쓰키(高杯)−야요이 시대와 고분시대에 보이는 받침 달린 접시인 다카쓰키에서 발전한 다리 하나 붙은 밥상−나 다리 없는 밥상인 사각쟁반 위에 요리가 놓였다. 개인이 사용하는 밥상이 정해져 있을 뿐만 아니라 식기도 따로따로 할당되었다.

근세에는 한다이(飯台)라고 불리는 서랍 달린 밥상이나 받침 부분이 상자로 되어 있는 밥상에 식기를 넣어 두고, 식사 때마다 상자의 뚜껑을 뒤집어 받침 위에 두는 상자형 밥상이 유행했다. 이러한 밥상에는, 각자의 전용 밥그릇과 작은 접시, 젓가락, 행주 등의 식기 일체가 수납되었다. 식사를 마치면 더운 물이나 차를 식기에 부어 헹군 후 행주로 닦아 밥상 안에다 도로 집어넣었다. 식기를 씻는 것은 월 4~5회 정도였다.

음식뿐 아니라 식사를 위한 도구도 개인적으로 할당되었는데, 이는 독특한 청결감 때문이다. 남이 자기 식기나 젓가락을 사용하는 것을 싫어한 것이다. 좀 과장해서 말한다면 남의 젓가락이 닿은 음식은 터부시한다. 그래서 음식을 덜어주는 도구로서 특정 개인의 인격을 투영하지 않는 젓가락인 사이바시(菜箸 : 덜어 담기 위한 젓가락)이 이용되기도 하였다. 일본에서 요리자랑이라고 하면, 손을 대지 않고 마나바시(眞魚箸 : 생선요리를 할 때 사용하는 긴 젓가락)와 칼만 들고 생선이나 닭

마나바시
일본에서는 예로부터 고기에 손을 직접 대지 않고 만드는 요리를 최고로 쳤다. 이러한 전통 속에서 나온 것이 마나바시라고 부르는 긴 젓가락이다. 오른손에 칼을 든 맨 왼쪽 인물이 왼손에 들고 있는 것이 마나바시다. 『聖德太子繪傳』

요리를 하는 곡예로서, 요리사들 세계에서는 아직도 호초시키(庖丁式 : 생선에 직접 손을 대지 않고 칼 솜씨를 보여주는 것)라고 해서 유연한 해부 솜씨를 자랑하는 쇼가 남아 있다.

손을 뻗칠 수 있는 것은 자기 앞에 놓인 개인 밥상에 놓인 것에만 한정되고, 같은 접시에서 요리를 집어먹지 않는다. 더구나 밥상 배열은 가장을 제일 상석으로 해서 성별, 연령별, 신분별 원리에 따라 확연한 질서를 이루고 있다. 그러한 식사 자리에서 물리적으로 친근감이 생길 리가 없다. 식사는 즐거운 일이라기보다 가족의 신성한 행사라는 성격을 띠고 있었던 것이다. 집을 떠나 있어 함께 식사를 할 수 없는 사람을 위해서는 가게젠(陰膳 : 집 떠난 사람이 무사하기를 기원하며 떠 놓는 밥)을 준비했다. 이처럼 식사란 가족간의 공적 행사라는 성격이 최근까지도 유지되었고, 식사 때는 잡담을 해서는 안 되었다.

메이지 시대 이후, 밥상은 차부다이(접을 수 있는 낮은 다리가 붙은 밥상)로 바뀌었다. 다이쇼 시대 말이 되면 도시의 일상적인 식사자리에서 밥상이 없어졌다고 한다. 도시에서 밥상문화가 오래도록 남아 있었던

차부다이
서양식 테이블과 일
본인의 좌식생활이
만나 메이지 시대
때 등장하였다. 중
앙에 열기구를 설치
하여 모두가 둘러앉
아 먹을 수 있는 전
골음식 같은 것은
이러한 상의 출현과
관계가 깊다.

곳은 고용인이 많은 상점이었다. 식사배급제를 위한 수단으로서 밥상
이 편리했기 때문이다.

　밥상이 자취를 감추게 된 것과 스키야키(전골의 일종) 등의 전골이
유행한 것과는 상관관계가 있다. 냄비에 직접 손을 대지 않고 개인밥
상에 배급되는 전골이란 재미가 없다. 따라서 차부다이 방식으로 중앙
에 놓인 냄비를 모두가 둘러싸고 앉도록 한가운데 열기구를 두는 장치
를 갖춘 전골전용 식탁까지 출현하였다. 얼마 전까지도 결혼식이나 제
사처럼 격식을 차려야 할 자리에서는 밥상이 많이 등장했는 데 비해,
일상의 질서를 무시하고 신분고하를 막론하고 한데 어울려 즐기는 학
생모임 같은 자리에서는 스키야키 쪽을 선호하였다. 이는 개인용 밥상
과 전골의 분위기가 갖는 성격차이를 상징한다고도 할 수 있었다.

　다이닝키친의 유행과 함께 이제 일본식탁은 차부다이 식에서 의자
와 테이블 식으로 바뀌고 있다. 그리고 음식은 한 사람씩 개별적으로
제공되던 방식에서 큰 접시에 담아두고 각자 원하는 만큼 덜어 먹는

방식으로, 식탁은 묵묵히 밥알을 씹던 곳에서 대화의 장소로 바뀌어 가고 있다. 게다가 대화가 안 되는 경우를 위해 신문과 텔레비전이 식탁의 새로운 도구로 활용되고 있다.

한편 식탁·식기·음식은 개인별로 할당되던 방식에서 가족공유화 쪽으로 바뀌어가는 데 비해, 식사를 하는 인원의 단위는 반대로 개인화되는 경향을 보이고 있다. 필자의 조사에 따르면, 아침식사의 개인화는 꽤 진행되고 있다. 한 가족이 한데 모여 같은 내용의 아침식사를 하는 가정이 적어지고 있다. 출근시간, 통학시간에 따라 가족 각자가 시차를 갖고 아침식사를 하는 것이다. 식사 내용도 학생이나 아가씨 등 젊은 층은 빵을, 중년을 넘긴 남성은 밥이라는 식으로, 같은 가족이라도 다른 내용의 식사를 하는 가정이 적지 않다. 주로 전기밥솥과 토스터의 보급에 따른 현상이겠지만.

점심의 경우는, 집에 남은 주부와 어린아이, 노인만이 함께 식사하며, 통학·통근을 하는 사람은 외식으로 각자 다른 내용의 식사를 한다. 가족이 모두 모여 동일한 내용의 식사를 하는 것은 저녁식사 때뿐이다. 저녁식사가 현대 일본인 가족의 대화의 장이 되고 있는 것이다.

주식과 부식

'인간은 빵만으로 살 수 없다'라는 것은 생리학적으로도 진실이다. 빵만으로 인체를 유지하는 데 필요한 단백질을 섭취하고자 한다면, 어른 한 사람당 하루에 3킬로그램의 빵을 먹어야 한다는 계산이 나온다. 무게가 3킬로그램이나 나가는 빵의 부피를 한 번 상상해 보라. 이래서는 아무리 위장이 큰 사람이라도 견뎌낼 수가 없다. 그래서 빵과 함께 우유나 고기 등 고단백질 식품을 같이 먹지 않고서는 신체를 유지할 수 없다.

쌀은 빵에 비해 필수아미노산을 훨씬 많이 함유하고 있고, 식물성 단백질이 포함된 주식용 식품으로서 최고의 영양가를 갖고 있다. 몸무게가 60킬로 나가는 사람이라면, 하루에 약 7홉의 쌀밥을 먹으면 아무 부식물을 먹지 않더라도 단백질 결핍에 걸릴 우려가 없다. 밥 외에 소량의 부식물로 단백질을 섭취한다면 하루 5홉의 밥으로도 칼로리와 단백질은 충분하다. 에도 시대에 사무라이가 받은 급료의 기본단위는 1인당 하루에 쌀 5홉을 아침·저녁 두 끼니로 나누어 2홉 5작씩 먹는다는 계산에 근거한 것이다(하루 두 끼 식사는 전시대까지의 습관을 이어받은 것으로, 에도 시대에는 하루 세 끼 식사를 원칙으로 하였다). 하루에 5홉이라면 대단한 것이 아니다. 모내기를 할 때는 한 되씩이나 되는 밥을 먹는 사람들도 얼마든지 있다. 이는 육류와 우유를 먹지 않는 식생활이, 비록 위는 확장되겠지만 쌀을 많이 먹음으로써 신체를 유지하는 식사문화 형태이기 때문이다.

서민들의 일상적인 식사에서는 쌀밥만 있으면 그 밖에는 된장국과 짠지 하나만으로도 족했다. 근대 영양학에도 지식을 갖고 있었던 것으로 보이는 야자와 겐지(宮澤賢治 : 시인, 아동작가, 1896~1933)도 하루 '현미 4홉에 약간의 야채'가 있으면 된다고 노래하고 있다.

일본의 식량생산체제는, 야요이 시대 이래 일관해서 쌀을 얼마나 더 많이 수확할 수 있는가가 과제였다. 늘어나는 인구에 맞추어 주식을 생산하는 것이 최대 문제였다. 쌀이라는 작물은 보리류나 잡곡과 비교해 보면, 투입된 노동량에 비례하여 수확량이 현저하게 높다. 일한 보람이 있는 작물인 셈이다. 일본 농민은 세계에서도 손에 꼽는 부지런

빵가게
다이쇼 시대. 당
시로선 별미였으
나 이제 빵은 일
본인의 식탁에서
주식의 자리를 차
지하고 있다.

한 농민으로, 좁은 경지면적에서 거대한 인구를 먹여살려 왔다. 에도
시대부터 메이지 시대에 걸쳐 인구증가가 완전히 정체하게 된 것은,
쌀의 생산기술, 즉 노동력의 투입량이 한도에 달했고 새로운 경작지의
개발도 한계에 달했기 때문이다. 한 나라 안에 국한된 경제체제 아래
에서는 더 이상 쌀생산을 증가시킬 수 없었기 때문에 인구도 증가하지
못한 것이다.

　시노다 오사무(篠田統)는 주식 대 부식이라는 개념이 일본적인 것이
라고 끊임없이 역설해 왔다.1) 일본의 식량정책은 전통적으로 주식확
보의 문제만을 중점적으로 취급해 왔으며, 민중의 식사관 역시 주식(쌀
밥)만 있으면 부식(반찬)은 아무래도 좋았다. 부식은 그저 식욕촉진제라
는 수준에 불과했던 것이다. 그러므로 외국인의 눈으로 본다면 일본요
리는 모두 전채요리에 지나지 않는다. 소위 '반찬대장'이라 해서, 밥은

---

1) 篠田統, 「主食と文化形態」, 石毛直道 編, 『世界の食事文化』, ドメス出版, 1973.

별로 안 먹고 이런저런 반찬으로 배를 채우는 것은 사치스럽고 저속한 식사법으로 간주되었다.

그런데 현재 일본인은 쌀이 너무 많아서 곤란하다. 감소정책까지 등장했다. 도대체 어찌된 일일까?

야요이 시대 이래로 일본의 위정자들은 쌀이 합당한 주식이었기 때문에 쌀만 대량으로 수확하면 식량문제는 해결할 수 있다는 사상에 입각하여 증산에 증산을 거듭해 왔다. 사상 최대의 수확이라고 수선을 떨다가 문득 정신을 차려 보니 어느새 일본인은 이제 쌀을 별로 먹지 않게 되었다.

이는 일본인의 주식이 빵이나 면류로 대체되었기 때문이 아니다. 주식과 부식 가운데 부식의 비중이 커졌고 이 때문에 주식인 쌀의 소비량이 상대적으로 줄어든 것이다. 소위 '반찬대장'이 된 것이다. 풍부한 반찬으로 배가 꽉 차니 당연히 밥은 별로 먹히지 않게 되었다.

풍부한 반찬을 즐겨 먹는다는 것은, 간단하게 말해 경제력의 상승이 선행되었기에 가능했던 것이다. 일본인은 마침내 대중이 요리를 즐기는 단계로 돌입한 것이다. 주식만 중시하는 식생활 단계는 어쨌든 신체기능을 유지하는 먹이로서의 식사가 존재하는 단계다. 식사의 즐거움이라 할 부식에 비중을 둔 식생활으로의 이행은, 경제적인 여유 없이는 성립되지 못한다. 동물성 단백질도 다량으로 섭취하기 시작하였는데, 여전히 쌀이 주식이라는 개념도 남아 있어서 자꾸만 밥을 더 먹게 된다. 그러니 배나온 일본인이라는 표현이 새로 생겨나고 있다.

현대 일본인의 식생활에서 주식과 부식의 관계를 한 번 생각해 보자. 필자는 50명을 대상으로 하여 1주 동안 그들이 무엇을 먹었는가를 조사한 적이 있는데, 분석결과를 간단히 소개하겠다.[2]

---

2) 石毛直道, 「食事パターンの考現學」, 『生活學(1)』, ドメス出版, 1975.

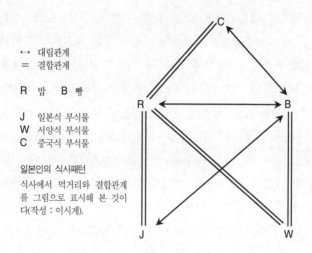

↔ 대립관계
= 결합관계

R 밥 B 빵

J 일본식 부식물
W 서양식 부식물
C 중국식 부식물

일본인의 식사패턴
식사에서 먹거리와 결합관계
를 그림으로 표시해 본 것이
다(작성 : 이시게).

우선 일반적으로 주식으로 여겨지는 음식의 경우, 한 끼 식사에서는 겹쳐지지 않는다는 원칙이 있다. 빵과 쌀밥을 함께 먹는 경우는 없다. 물론 학생들 가운데는 우동을 반찬으로 삼아 밥을 먹는 예가 없지는 않았지만, 이는 예외적인 경우다. 면류도 주식의 위치를 차지하는데, 굳이 갖다 붙인다면 스파게티도 간단한 주식으로 볼 수 있다. 무엇보다 스파게티를 빵과 함께 먹는 경우란 없다. 거시적으로 말하자면, 빵과 쌀밥이라는 두 가지 주식은 일본인의 차림표에서 대립관계에 있다고 할 수 있다.

빵을 먹는 식사에서는 일반적으로 된장국이나 스키야키 등의 일본요리가 반찬으로 나오지 않으며, 팔보채나 탕수육 등 중화요리에 기원을 둔 반찬도 나오지 않는다. 빵을 먹을 때에는 보통 스프나 야채샐러드, 햄버거 등 서양요리에 기원을 둔 반찬이 나온다. 또한 빵에 따라 나오는 비알콜 음료는 커피나 코코아, 우유, 주스 등 서양 음료다.

빵을 주식으로 할 경우에는 양식 반찬으로 통일되고 중국식이나 일본식 반찬과는 대립관계를 갖는 반면, 쌀밥을 주식으로 할 때는 반찬은 일식·양식·중국식이라는 3개 기원을 갖는 요리가 자유롭게 결합된다. 쌀밥에 된장국, 팔보채, 햄버거 등의 차림표는 일상적이다. 쌀밥이 대립관계를 맺는 것은 빵뿐이고, 반찬의 결합은 자유로우며 그 기원지 역시 관련이 없다. 밥과 일본요리는 통일적으로 결합되어 있고, 양식이나 중국식에 기원한 반찬과 대립관계를 갖는 경우는 오직 일본요릿집(음식점이 아니라 요리집이나 일품요리집)뿐이다. 앞의 「요리의 변환」 항목에서도 지적했듯이 가정의 식탁에서는 요리의 출처를 묻지 않는다. 쌀밥에 맞기만 한다면 기원지와 상관 없이 자유롭게 도입되었다. 쌀밥을 주식으로 할 경우에는 반찬은 양식이든 중국식이든 상관없고, 비알콜 음료로는 일본차를 내는 것이 보통이다.

그런 거야 당연한 것 아니냐고 한다면 할 말이 없지만, 어쨌든 그러한 관계를 도표화한 앞의 그림은 약간 과장해서 말한다면, 일본가정의 식탁에서 보이는 문화변용의 구조를 나타내는 것이라고 할 수 있겠다.

젓가락과 공기

동아시아에서는 젓가락과 밥공기라고 하는 개인용 식기가 오래 전부터 사용되어 왔지만, 그 외의 다른 지역에서는 한 식탁에 모인 사람이 동일한 식기를 공동으로 사용하는 경우가 일반적이었다. 국물이 많은 요리를 담는 커다란 대접과 그 밖에 요리를 담는 접시가 기본적인 식기세트를 이루고, 가족 전원의 음식이 이 큰 접시나 큰 대접에 담겨서 나온다. 그리고 손으로 이들 음식을 집어가서 먹는다. 이것이 세계 대다수 민족의 식사방법이다.

서아시아에서 유럽에 걸쳐 나타나는 빵 식생활권에서는 빵이 개인용 접시를 대신했다. 빵 위에다 요리를 올려놓고 먹었던 것이다. 빵 식생활권에서는 목축제품이 일상적인 식사에서 주류를 점한다. 목축제품은 햄, 소세지, 치즈 같은 보존식품으로 이용되고, 빵 자체도 매일 굽지 않는 일종의 보존식품이다. 그러므로 일상적인 식사는 그대로 휴대용 식사가 된다. 이처럼 차고 마른 보존식품들을 빵에 올려 놓고 먹기 때문에 입식(立食)이 가능하다. 현재도 목동이나 육체노동자들이 서서 점심을 먹는 풍경을 볼 수 있다. 뷔페 스타일로 불리는 이러한 입식 파티는 요즈음 일본에서도 볼 수 있다.

인도의 카레요리나 동남아시아로부터 동아시아에 걸친 쌀 식생활권에서는 식사 때마다 뜨거운 국물이 있는 요리가 나오므로 입식 전통은 생겨나지 않았다.

기원이 11세기로까지 거슬러 올라가는 포크가 유럽의 식탁 위에 놓이기 시작한 것은 17세기 이후다. 유럽에서도 산간벽지의 경우에는 20세기 초까지도 포크를 알지 못했고, 손으로 음식을 집어먹는 지역이 남아 있었다. 포크를 사용하게 되자 커다란 공동접시에 저마다 손을 뻗치는 일이 없어지게 되었다. 음식을 뒤적거릴 필요 없이 각각의 개인접시가 식탁에 놓였다. 그러나 가장이 고기를 잘라서 나누어주는 풍습만은 그대로 남았다. 즉 덩어리째 요리된 고기를 식탁에서 잘라 분배하였는데, 젓가락 문화권이라면 부엌에서 행해질 작업이 식탁에서 행해졌던 것이다.

유럽에서는 스프도 스푼을 사용해서 떠먹는 것이 아니라 빵에 적셔서 먹었다. 국물만 있는 콘소메나 포타주 같은 스프가 일반화된 것은 19세기부터고, 원래는 건더기가 많고 오래 고아서 걸쭉해진 요리가 스프였다. 그래서 유럽에서는 스프를 '마신다'가 아니고 '먹는다'라고 표현한다. 걸쭉하게 오래 고은 전통에 따라 스프는 약간 깊은 접시에 담겨 나오므로 국그릇이란 것은 유럽에서는 출현하지 않았다.

젓가락과 공기는 동아시아 일대에서 발달하였다. 공기의 분포가 젓가락보다 더 넓고, 젓가락을 평상시 사용하지 않는 몽골과 티벳에서도 공기 사용은 일반적이다. 반면, 젓가락과 공기가 하나의 세트를 이루는 곳은 중국, 한국, 베트남, 일본 등 동아시아 세계의 발달된 문명권 및 그 영향을 많이 받은 곳이다. 이는 광범위한 빵 문화권 중에서 유럽이 발달된 높은 문명을 형성하게 된 시기에 포크의 사용이 보급되었던 점과 유사하다.

젓가락과 공기를 쓰는 문화에서는 음식을 개인별로 나누어서 먹는 것이 원칙이다. 이 문화권에서는 식사 때마다 불을 때서 음식을 만들며 가능하면 주식도 매일 따뜻한 채로 먹고 싶어한다. 손으로 집어먹을 수 있는 덩어리 형태의 화북지방 만두류를 일상적으로 먹는 곳을 제외하면, 주식은 쌀이나 수수로 지은 밥, 혹은 우동 같은 것으로서 특정한 형태가 없는 것들이다. 또한 이 문화권에서는 국물 많은 요리가 발달한다. 전골요리 같은 것이 그런 것이다. 손이나 포크로는 뜨겁고 국물 많은 전골요리는 먹을 수도 없다.

젓가락과 공기 문화권에서 주식과 스프는 일단 개인용 공기에 담아서 먹는 것이 원칙이다. 이러한 개인화는 특히 일본에서 두드러져 모든 요리를 개인별로 담아서 나누어주는 식탁문화가 발달하였다.

『위지』(魏志) 왜인전(倭人傳)에 따르면 일본인들도 야요이 시대에는 음식을 손으로 집어먹었고, 젓가락을 사용하게 된 것은 고분시대에 이후다. 젓가락 외에 일종의 스푼에 해당하는 것이 쇼쇼인(正倉院 : 나라시 도다이지에 있는 보물창고)에 수장되어 있는데, 헤이안 시대의 귀족들

1인용 밥상에도 시대 말기. 개개인에게 따로따로 제공되는 밥상은 당시 일본을 방문한 서양인들에게는 진귀한 모습이었다.

은 젓가락과 함께 숟가락을 세트로 사용하였다. 식탁에서 젓가락과 숟가락을 사용하는 이러한 식사법은 중국식으로 귀족들에게만 나타나며, 서민들은 젓가락만 썼을 것이다. 그러나 귀족들의 이러한 숟가락 사용 풍습도 일시적인 것에 그치고, 메이지 시대에 이르면 일본인의 식탁에서 자취를 감추어 버렸다.

이에 비해 한국과 중국의 경우는 젓가락과 공기세트에 기본적으로 숟가락이 첨가되었다. 한국에서는 2천 년 동안이나 숟가락을 사용해 왔으며, 지금도 밥과 국은 숟가락으로 먹고 젓가락은 반찬을 집는 용도로 쓰고 있다.

중국에서는 현재 숟가락은 스프를 먹는 데 사용하고, 밥을 먹을 때는 접시에 담긴 볶음밥 정도에만 한정적으로 사용하고 있다. 그러나

원대(元代)까지도 밥은 숟가락으로 먹고 젓가락은 국 건더기를 먹는 데
사용하였다. 화북지방이나 한반도 북부에서는 수수나 조처럼 보슬보슬
한 잡곡을 주식으로 하는 곳이 많아 젓가락으로는 집어먹을 수가 없
다. 게다가 화북지방에서는 끈기 있는 쌀밥을 좋아하지 않기 때문에
밥을 지을 때 끓어오르는 밥물은 버리고 뜸을 들여 보슬보슬하게 밥을
짓는 방식을 취한다. 젓가락을 사용하는 풍습은 중국에서도 끈기있는
쌀밥을 먹는 남쪽지방에서 시작되었고, 화남지방 사람들이 세력을 잡
은 명대(明代)에 가서야 화북지방에서도 젓가락으로 밥을 먹게 되었다
는 것이 아오키 마사루(靑木正兒)의 설이다.[3] 그의 이론에 따른다면, 야
요이 시대 때부터 끈기 많은 자포니카 종 벼를 재배한 일본에서는 젓
가락으로도 밥을 먹을 수 있었고, 때문에 주식을 먹는 데 숟가락을 사
용할 필요가 없었다. 특히 쌀을 쪄먹는 방식에서 지금과 같이 솥을 이
용하여 부드러운 밥을 짓는 단계에 이르면, 끈적끈적한 쌀알이 달라붙
는 숟가락은 별 쓸모가 없게 된다. 국은 숟가락을 사용하지 않고 나무
로 만든 그릇에다 직접 입을 대고 마시면 된다. 이에 비해 한국에서는
금속제 식기에 국을 담아 내기 때문에 직접 뜨거운 식기에 입을 대고
국을 마실 수가 없다. 일본인의 식탁에 숟가락이 다시 등장한 것은 메
이지 시대 이후로, 양식용 스푼과 전골류가 유행하면서 생긴 도자기제
큰 숟가락이 선을 보였다.

　일본에서 공기에 변화가 일어난 것은 돈부리(큰 사발)가 출현한 에도
시대 후반이다. 돈부리는 처음에는 반찬이나 짠지를 담는 대접 역할을
했다. 여러 가지 돈부리 밥(큰 사발에 밥을 담고 그 위에 반찬을 얹은 덮밥)
과 소바(메밀국수)나 우동의 용기로서 돈부리를 사용하기 시작한 것은
가정집이 아니라 도시의 식당이었다. 튀김덮밥이든 장어덮밥이든 어쨌

---

3) 靑木正兒, 「用匙喫飯考」, 『靑木正兒全集(9)』, 靑春社, 1970.

식당의 등장 에도 시대에는 회나 덴푸라, 산적, 차메시(茶飯) 등을 파는 식당들이 등장하였다. 그림은 찻
물로 지은 밥에 소금으로 간을 맞춘 차메시 식당.『江戶名所圖繪』

든 덮밥류에는 물기가 많은 소스가 딸려 나온다. 젓가락과 공기가 세
트를 이루는 뜨거운 주식과 국물 있는 요리를 하나의 용기에 담아 간
단히 먹을수 있는 음식이 돈부리 종류다. 19세기 초반부터 소바집에서
돈부리가 사용되었고, 얼마 후 장어덮밥이 생겼다. 한편 같은 시기에
나무젓가락이 사용되면서 돈부리와 나무젓가락은 하나의 세트를 이루
게 되었다. 물론 지금처럼 나무젓가락이 보급된 것은 훨씬 뒤의 일이
지만.

　근대 도시의 특색 가운데 하나가 간단한 음식인 스넥의 출현이다.
미국의 햄버거나 핫도그, 영국의 피시앤칩스 등의 길거리 스넥과 여러
종류의 돈부리가 동시에 유행하였다. 전자가 서서 먹는 데 비해 돈부
리는 가게 앞에서 먹을 경우 좌식이 아닌 드럼통을 뒤집은 의자에 앉

아 밥상이 없는 채로 그대로 먹는데, 이는 일본의 전통적인 식사풍경과는 거리가 멀다. 편하게 앉아서 먹는 정식식사가 아니라 바쁜 생활에 틈을 내어 허기를 채우기 위한 전문식당이 근대 도시생활에 필요해진 것이다. 이런 식사는 하루의 생활리듬이 잡혀 있고 적어도 조반은 정해진 시간에 집에서 먹는 농촌과는 전혀 다른 생활리듬 속에서 일하는 도시민용 식사다. 여러 종류의 돈부리가 유행한 거의 같은 시기에 에도에서 주먹밥이 출현하였다. 주먹밥은 젓가락을 쓰지 않고 서서 먹는 음식으로, 젓가락·공기 문화와는 성격을 전혀 달리하는 스넥이다.

한편 도자기제 밥공기에 칠기 국공기가 사용되기 시작한 것은 도시의 경우 에도 시대 후반부터며, 지방의 농촌과 산촌은 이보다 늦어 메이지 시대 이후부터였다. 그 전까지는 목제 공기나 조잡한 칠기 공기를 사용하였다.

술 마시는 방법

술은 원래 혼자 마시는 것이 아니었다. 술을 혼자서 마시기 시작한 것은 것은 메이지, 다이쇼 시대에 들어서부터다. 따라서 야나기타 구니오(柳田國男)의 논리에 따르면, 그 이전에는 술이란 사람들과 함께 마시는 것이었고, 그 기원은 신과 인간이 함께 취하는 것에서 비롯되었다.[4]

확실히 일본인이 술을 마시는 방법을 보면, 그 심층에 술을 매체로

---

4) 柳田國男, 『明治大正史·世態篇』/『柳田國男集(24)』, 筑摩書房, 1970.

삼아 인간과 신이 교류한다는 성격이 나타난다. 현재에도 일본의 신이 나타나는 곳에 술이 등장하는데, 예를 들면 신 앞에서 결혼식을 올릴 때 술잔을 올리는 것, 지친사이(地鎭祭 : 건축공사를 시작할 때 땅의 신에게 안전을 비는 제사) 때 신에게 술을 올리는 것 등이 모두 그렇다. 보통 신이 나타나는 곳은 축하의 장소이며, 술이 빠진 축하장은 있을 수 없다고 하여 축하행사에서는 술 마시는 기회가 제공되었다. 술집에서 제조된 술을 언제든 구입할 수 있게 되기 전까지, 술은 주로 제사에 쓰기 위해 담그는 것이었다.

제사란 신과 인간이 교류하는 것이다. 그런데 이 교류의 매개 역할은 신을 섬기는 자에게 일임되었다. 따라서 일반인은 언제 신이 내려오고 언제 사라졌는지 모르는 것이 일본인의 제사였다. 그러나 오늘날에도 민간신앙에 보면 제사 참가자에게 신이 내려 '신들린 사람'의 형상을 하기도 하고, 신이 잠시 어떤 인간의 입을 통해 신주(神酒)를 마시기도 한다. 신과 인간의 교류 가운데 가장 직접적인 교류는, 그 자신이 신인지 인간인지 전혀 분간 못하는 상태에서 이루어진다.

제사 의례가 끝난 후에, 신전에 올렸던 신주나 음식을 제사 참가자들이 의례적으로 함께 먹는 나오라이(直會)와, 이어 부레이코(신분고하를 막론하고 어울리는 술자리)가 이어졌고, 그 밖에 '부정을 씻어주는 술'이라 하여 제사가 시작되기 전에 술을 마시는 풍습도 있었다. 술은 신과 인간을 빨리 합일상태로 만들기 위한 수단이었을 것이다. 이 경우 제사의 술은 형식적으로만 목을 축이는 정도가 아니라 반드시 취할 때까지 마시는 것이었다.

신이 등장하지 않는 행사나 고대로부터 중세까지 행해진 연회도 그 구성을 보면 제사와 공통된 점이 많다. 원래 일본의 제사라는 것은 일시적으로 이승을 방문하는 신을 인간들이 모여서 모신 후 돌려보낸다는 관념에 의한 것이고, 이는 손님을 모시는 연회와 공통된다. 여기에 서의 연회란 상좌에 자리잡은 손님을 모시거나 혹은 아랫사람들이 주 인을 모시는 행사를 말한다.

지금처럼 주인이 항상 손님에게 서비스를 하는 쪽이 된 것은 일반 인들이 자신과 동등한 계급의 손님을 맞이할 기회가 많아지게 되면서 다. 신분질서가 고정된 사회에서는 아랫사람이 윗사람의 집에 가는 것 이 일반적이었고, 그 반대의 경우는 없었다. 때로 집 주인이 가장 상좌 에 앉는 연회도 많았던 것이다. 오늘날의 연회는 공식적인 모임까지 옛날 제사와 마찬가지로 의례, 나오라이, 부레이코적 연회로 구성되어 있다. 즉 인사를 중심으로 한 의례적 부분, 진행에 따라 먹고 마시는 부분, 마지막으로 거리낌 없이 술잔을 돌리며 떠들썩한 상황을 연출하 는 구성을 취하고 있는 것이다.

신은 관여되지 않는다 하더라도 그 연회가 당사자에게 축하행사인 한, 부레이코로 넘어가기 전까지의 연회 전반부는 주로 의례적인 성격 이나 형태로 진행된다. 그래서 술도 마음대로 마시는 것이 아니라, 정 해진 때에 마시고 술잔도 상좌에서 하좌로 내려온다. 술을 따르는 사 람도 정해져 있다. 그래서 정식으로 술을 마실 때는 스스로 직접 따라 마시지 않는다. 에도 시대 때는 요릿집에서 술을 마시더라도 술 따르 는 일을 맡는 여자가 있었다. 지금도 집에서 혼자 마시는 술이라도 부 인이 따라주는 술을 좋아한다는데, 이것은 신혼시절 때까지의 이야기 고 부인들이 그런 일까지 해줄 만큼 한가하지는 않은 듯하다.

럼주나 위스키는 직접 따라 마시고 또한 알콜만을 마시는 것이 보 통이다. 이에 비해 사케(정종류)는 남이 따라주는 것이고 안주가 필요 하다. 계속 술만 마시고 안주는 먹지 않는 것이 자랑으로 여겨지게 된 것은 그리 오래되지 않았다. 그런 식으로 술을 마시면 옛날에는 인력

거꾼이나 마부들 취급을 받았다. 연회란 식사와 술 양쪽이 모두 함께여야 했다.

세계적으로 보자면 일상적으로 마시는 알콜음료로서의 사케는 매우 달기 때문에 술을 많이 마시려면 촉진제로서 짜고 매운 안주가 필요했는지도 모른다. 어쨌든 술에는 반드시 안주가 따라 나와야 했다. 근세의 일본요리는 술안주에서 발달하였고, 그러다 보니 외국인들이 모든 일본요리를 전채요리라고까지 판단하는 경우도 있다.

안주는 요리만이 아니다. 연회의 주인격인 사람으로부터 잔을 받으면, 그 답례로 주흥을 돋구고자 한바탕 춤을 추기도 하고 노래를 부르기도 하였다. 제사 때의 가구라(神樂 : 신에게 바치는 무악)에 대응하는 것으로 생각할 수 있겠다.

노래나 춤, 씨름 등 일본의 전통 민속놀이는 대개 신을 제사하는 의식에 그 기원을 두고 있다. 이들 민속놀이는 제사와 분리되어 축하행사적 성격을 띠는 단계를 지나 마침내 예능화·유희화하는 코스를 거쳤다. 술 마시는 방법 또한 같은 길을 걷고 있다. 술이 맛있으니 술을 마신다는 말도 있지만 이 역시 술맛을 알고 난 이후에 나온 것이리라. 『만엽집』(万葉集)에도 술을 예찬하는 술꾼의 노래가 몇 수 나온다. 단, 옛날에는 평상시에도 술을 마실 수 있는 사람이 한정되어 있었다는 사실을 잊지 말아야 할 것이다.

1252년에 막부가 행한 조사에서 "가마쿠라 전체를 통틀어 술 항아리가 3만 7천여 개가 있어, 각 집에 1개씩만 남기게 하고 나머지는 깨뜨려 술의 판매를 금했다"라고 하는 기사가 『오처경』(吾妻鏡)에 나온다. 이는 도시에서는 폐해가 생길 정도로 술을 마셨다는 사실을 보여주는 한편, 술집만이 아니라 민가에서도 필요한 술을 자급하고 있었음을 보여준다. 술을 제조하는 곳에서야 선 채로 마실 수는 있었겠지만,

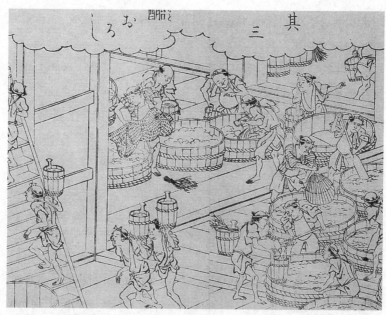

술 만들기 에도 시대에는 술에 대한 수요가 대폭 늘어났다. 그림은 당시 에도로 대량 운반되어 팔려나
갔던 이타미(伊丹)의 술 만드는 모습. 『山海名産圖繪』

사회적 측면에서 술을 마실 수 있는 설비가 등장한 것은 더 훗날이다.
따라서 술을 사더라도 집에 가지고 가서 마시는 것이 보통이었다. 그
런데 에도 시대 초기경부터 타지에서 돈벌이차 온 사람들이나 사람의
왕래가 많은 장소인 어물시장이나 여관 등에서, 집에서는 술을 마실
수 없는 자들을 상대로 하여 선 채로 마시는 가게가 생겨났다. 에도
시내에 간단한 안주가 곁들여지는 오늘날의 선술집풍의 술집이 등장
한 것은 18세기 말경부터다.

  이러한 선술집에서 술을 마시는 행위는 당당한 신분을 가진 사람이
할 행위는 아니었다. 한편, 사회적 측면에서 연회 등을 열 수 있게 된
것은 요릿집이 출현하고 난 이후다. 에도에서 메밀국수집이 출현한 것

쇼와 초기의
삿포로 맥주 광고

은 17세기 중엽인 간분(寬文 : 1661~1673) 때고, 그보다 약간 뒤에 찻
집에서 밥을 먹을 수 있게 되는데 요즈음으로 치면 스넥이다. 메이와
(明和 : 1764~1772)경부터 요리찻집이 발달하기 시작하여 19세기 초의
분카(文化 : 1804~1818), 분테이(文政 : 1818~1830)기에 고급 요정이 번
성하고 연회장화된 요정이 생겨났다. 이러한 요정은 주로 외교관에 해

당하는 각 번(藩 : 에도 시대에 쇼군과 직접 주종관계에 있는 영주의 영토)의 대리주거자(에도에 있는 각 번의 영주저택에 기거하며 막부와 영주와의 공무상 연락 내지 다른 영주와의 교제 등을 맡은 자)들이 이용하였는데, 이것이 사교와 요정을 결탁하게 만든 원조라 할 수 있겠다.

메이지 시대에 들어 양주를 마실 수 있는 맥주홀이나 카페가 생긴다. 맥주홀은 1898년에 등장하는데, 신사도 들어갈 수 있는 선술집으로서 이 점은 지금도 변함이 없다. 다이쇼 시대에 이르러 대중화된 카페는, 양주를 마시는 곳이라는 목적 외에도 호스티스를 판매전략으로 내세웠는데 이는 오늘날 카바레나 살롱으로 이어진다. 쇼와 20년(1945)대 말경부터 위스키를 주 음료로 하는 바가 크게 유행하는데, 이는 알코올 음료를 공급하는 선술집적인 성격을 띠는 바와, 호스티스가 있는 분위기를 판매전략으로 내세우는 살롱으로 불리는 바의 두 종류로 구분된다. 그래서 양주라는 새로운 알코올 음료를 마시는 데도 술을 따라주고 안주를 곁들이는 풍습이 생기게 되었다.

그런데 술꾼들도 개인적인 주력을 보면 술을 처음 마실 때는 약간의 술로도 취하고 또 가끔 마시기 때문에 취할 때까지 마시려 하는 단계가 있을 것이다. 그러다 술 마시기에 익숙해지고 음주가 일상적인 것이 되면서 술에 대한 면역이 신체에 생겨나 약간의 술로는 취하지 않게 되고, 완전히 취할 정도로는 술을 마시지 않고 맨정신과 취한 상태의 중간 정도의 기분을 즐기기 시작하게 된다. 이러한 특성이 전 일본인의 술 마시는 방법의 역사에도 나타나고 있는 듯하다.

술을 마시는 것이 경사스러운 일이 있을 때로 한정되어 있을 때는, 술을 취할 때까지 마셨으므로 아마 취기도 빨리 돌았을 것이다. 에도 시대와 비교해 보면 현재 일본인이 마시는 알코올의 양은 훨씬 많아졌다. 그럼에도 불구하고 취하는 사람은 별로 없다. 알콜이 일상화되면서 일상 생활에 정착되었기 때문에, 그만큼 늘 취해 있을 수는 없으리라.

취기가 돌면 대뇌에 작용을 가하여 인격의 전환을 일으킨다. 신과 교류할 필요성도 없어지고 집단으로 마시지도 않는데, 마실 때마다 변신을 해버린다면 사회생활을 해나갈 수 없다. 약간 취한 상태에서 멈추지 않으면 안 된다. 일본인들은 술을 다량으로 소비하는 습관 때문에 술에 대한 내성이 생겼지만, 대신 술 마시기가 일상화되면서 알콜 중독이라는 신종 병이 하나 더 첨가되었다.

담배와 마약

담배가 일본에 전해진 것은 16세기 말로 포루투갈인에 의해 도입되었다고 한다. 끽연 풍습은 식물로서의 담배보다 먼저 들어온 것으로 보이는데, 게이초(慶長 : 1596~1614) 초기경에 규슈에서 담배 재배가 시작되었다. 끽연 풍습과 담배 재배는 폭발적으로 보급되었고, 이 때문에 게이초 기간에는 막부가 자주 끽연과 담배 재배 금지령을 내렸을 정도다. 담배는 동서양을 막론하고 일단 전파되기 시작하면 눈 깜짝할 사이에 퍼져나가고, 위정자가 금연령을 내려도 거의 실효가 없는데 이는 일본에서도 마찬가지였다.

각자가 개인용 담배갑을 휴대하게 된 것은 겐로쿠(1688~1704) 이후로 보이며, 처음에는 실내에서 들이마시는 담배가 보통이었던 것 같다. 손님이 도착하면 먼저 주인은 담배함지를 꺼내 권하고 주인과 손님은 서로 먼저 피우라고 실랑이를 벌인 후, 같은 곰방대를 이용하여 주인과 손님이 돌려가며 피웠다. 담배를 피우는 방법은 차 제조법에서 영

담배의 급속한 보급
16세기 말 포르투갈인에 의해
일본에 전래된 담배는 막부의
거듭된 금령에도 불구하고 전
일본으로 급속히 퍼져나갔다.
『歌舞伎圖卷』

향을 받은 것으로 보이지만, 술잔을 주고받는 경우와 마찬가지로 그
기원도 예의를 수반하는 공동식사로까지 한참 거슬러 올라갈 수 있을
것이다. 남이 사용한 젓가락을 지저분한 것으로 여겨 일부러 덜어먹는
전용 젓가락까지 준비했던 일본인이, 술과 차와 담배에 대해서는 남이
입에 댄 것을 돌려가며 마시고 피웠다. 담배를 돌려 피우는 인디언을
예로 들지 않더라도, 담배 역시 차나 술처럼 대뇌에 작용하는 정신전
환제다. 요즈음에는 내뿜기만 하는 흡연법도 많지만, 곰방대를 사용하

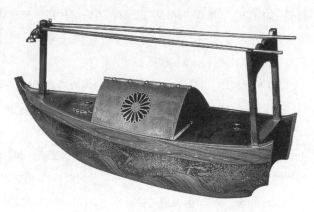

배모양 담배합
독특하고 아름다운
문양에 정교한 세공
이 뛰어나다. 에도
시대, 19세기

여 담배를 피울 때는 서양인에 비해 연기를 뱃속까지 깊게 들이마시고 내뿜을 때는 천천히 코로 내보낸다는 것을 서양인이나 일본인 모두가 지적하였다. 깊게 들이마신다는 것, 담배를 통해 동석한 사람과 일종의 도취감각을 공유한다는 것은, 비록 도수는 낮다 해도 소위 오늘날의 마약파티와 공통된 요소가 아닐까?

그러나 담배는 머리가 빙빙 돌 정도가 될 때까지는 피우지 않는다. 가벼운 자극이 주는 정신의 변화를 즐긴다. 작업중의 짧은 휴식을 '한 모금 피우기'라고 하기도 한다. 담배란 습관성이 강해서 금방 일상적인 것이 되어 담배가 없으면 살 수 없게 된다. 그래서 담배는 축하시에만 사용되는 것이 아니라 일상의 필수품으로 계속 남아 있다.

담배를 돌려 피우는 것으로 '불을 붙인 담배'라든가 '쓰케자시'(자기가 피우던 담뱃대를 건네는 것)라는 것이 있다. 곰방대에 담배를 넣고 불을 붙여서 우선 자기가 한 모금 빨고서 그것을 상대에게 건네주어 피우게 하는 것이다. 쓰케자시는 주로 남녀 사이에서 행해졌다. 일종의 프로포즈나 애무에 해당되는 행위지만, 이것이 기녀의 술수가 되기도 했다. 쓰케자시 담배를 건네며 손님의 발을 붙들어 유곽 안으로 유혹

했던 것이다. 유곽 내에서도 손님과 기녀 사이의 쓰케자시는 일종의 불문율이기까지 했다. 오늘날의 싸구려 카바레에서는 쓰케자시가 궐련으로 행해지고 있는 것 같다.

에도 시대의 기녀도에는 곰방대과 담배함지가 항상 세트로 등장한다. 17세기 초 히라도(平戶 : 나가사키 현 소재)에 온 콕스(Richard Cocks : 1613년에 히라도에 영국의 무역관을 세워서 무역증진에 힘쓴 인물로, 일본에 머무르면서 남긴 일기가 유명하다)는 "여자아이들도 담배에 빠져 있다"고 썼는데, 그것이 과연 당시 전국적인 현상이었는지 어떤지는 의문이다. 『희유소람』(嬉遊笑覽)에 보면 "옛날에는 기녀 외에 여자는 담배를 피우는 경우가 없었지만, 지금은 담배를 싫어하는 여자와 도를 닦기 위해 출가하는 사람이 거의 드물다"라는 말이 나온다. 다음에 이야기하겠지만, 에도 시대에 여성의 패션을 이끈 사람은 기녀였다. 여자의 담배 피우는 습관도 기녀에서 시작하여 일반 여성으로까지 퍼져나갔을 것이다.

메이지 시대에 들면 여자나 어린아이가 곰방대를 물고 있는 풍경도 낯설지 않게 되었다. 그러다 1900년에 미성년자의 끽연금지령이 내려지고 초등학생이 담배를 피우는 모습은 사라졌지만, 사실 이는 당시의 풍습과는 맞지 않는 것이었다. 당시 규정된 성년의 나이 20세는 종래의 성년식 연령과 크게 차이가 있었기 때문에, 당시 풍습으로는 10대 후반이 되면 성인으로 생각하여 술과 담배를 해야 폼이 난다며 어른흉내를 내려 했다.

메이지 시대에 여자의 끽연은 보통이었다. 단, 여자는 곰방대를 이용하여 담배를 피웠다. 종이에 만 담배를 피우는 여자는 기녀나 나카이(仲居 : 요릿집에서 손님을 접대하고 잔심부름을 하면서 시중을 드는 하녀)와 같이 술집 종사자로 한정되어 있었다. 종이에 만 담배가 보급되고 곰방대에 길들여진 세대가 고령화함에 따라 여성의 끽연도 자취를 감

새로운 풍속
해군복 차림으로 담배를 피우는 모던걸. 다이쇼 시대. 당시 최
첨단 패션을 그대로 보여주고 있다.

추었다. 그리고 젊은 여성이 담배라도 피우면 "여자 주제에 담배를 피우다니······"라는 식의 악평을 듣게 되었다.

메이지 초기부터 시험적으로 국산화된 종이에 만 담배는 메이지 1897년에 시작된 '덴쿠(天狗) 담배'의 이와타니(岩谷) 상점과 '히로'를 선전하는 무라이(村井) 형제상회와의 판매전쟁을 거쳐 보급되었다. 메이지 1904년 연초전매법에 의해 담배의 제조판매가 전매국의 손에 들어가 '시키시마'(敷島), '아사히'(朝日) 등이 팔리기 시작했지만, 이때는 아직도 기자미(담뱃잎을 잘게 썬 것으로 주로 곰방대에 넣어 피우는 담배를 말한다)의 수요가 많았다. 종이에 만 담배가 우위를 점하게 된 것은 제1차 세계대전부터며, 다이쇼 초기의 호경기에 성냥이 보급되면서 함께 곰방대는 몰락한다. 그것은 거주나 의복의 서양화와 맥을 같이하는 현상이었다.

곰방대는 중국에서 전해진 것인데, 아편의 끽연도구가 전용된 것이라고 한다.

아편은 무로마치 시대에 쓰가루(津輕 : 아오모리 현 소재)로 도래했다고 하는 설이 있어, 옛날에는 쓰가루라고 불렸다. 덴포(1830~1844)경에 아편 제조를 위해 셋쓰(攝津 : 기나이 5개 지역 중 하나로, 현 오사카 현 중북부와 효고 현 남동부 일대)에서 양귀비를 재배했다는 기록이 있지만, 약품으로서의 용도 이외로는 제조되지 않았기 때문에 에도 시대에 아편중독이 있었다고는 생각할 수 없다. 중국의 아편전쟁에 대해서는 막부 말기의 지식인들이 알고 있었고, 미국영사인 해리스를 통해 아편금지정책을 취해야 한다는 미국 대통령의 견해가 막부에 전해졌다. 그래서 막부 말기에 각국과 맺은 통상조약에는 아편의 수입금지가 명문화되어 있었다. 메이지의 태정관포고(太政官布告)에서도 아편을 금하여 아편판매자나 흡입을 권하는 자는 사형의 엄벌로 다스리겠다고 엄포를 놓았고, 이 내용을 특히 각 항구의 화교들에게 전했다. 아편 흡입 습관이 들어오기도 전에 미리 금지시키는 이러한 소위 수제작전(水際作戰 : 상륙하려는 적군을 해안선까지 유인하여 격멸하는 최근접 유인작전)은 성공을 거두어, 일본 국내에서는 아편 중독문제가 일어나지 않았다. 아편의 실물이 전파되기도 전에 아편중독에 대한 정보가 먼저 돌았기 때문이다. 아편뿐만 아니라 일본에서는 제2차 세계대전이 끝날 때까지 마약과 관련한 약물남용 현상은 나타나지 않았다.

그래서 일본인이 약을 매우 좋아하고 비타민제나 위장약 종류를 일상식품처럼 다용한다고 알려져 있지만, 마약성 약물의 남용만은 타국에 비하여 적은 편이다. 그 이유로는 바다를 사이에 두고 마약의 원산지로부터 격리된 섬나라라는 입지조건, '천황'이 내린 금지령에 대한 강한 준법정신 등 여러 가지를 고려할 수 있겠다.

어쨌든, 아편이든 대마 계통의 약물이든 일본에는 원산지가 없었고, 일본 주위 지역으로까지 이들 약물이 전파되는 시기도 늦어졌고 거기에다 그 이전에 이미 정보가 돌아 실물을 구경도 해보기 전에 금지되어 버렸기 때문에 입수할 수도 없었다. 따라서 일본인은 마약에 관한 무경험이라는 행복한 상태로 있을 수 있었던 것이다.

아편과 그 추출물인 몰핀, 코카잎과 코카인계 약물, 대마에서 얻는 마리화나, 각성제, 최면약, 신경안정제, 신나 등의 유기용제, LSD 등 마약이나 그에 상당한 약물을 날코틱스(narcotics : 마취성 마약)라고 한다. 이들 날코틱스는 정신에 영향을 미쳐 일상에서는 경험할 수 없는 도취 상태를 만들어 낼 수 있다. 정도 차이는 있겠으나 비일상적인 상태로 정신을 전환시킨다는 의미에서는, 알콜 음료, 차, 커피 등에 든 카페인과 담배 역시 날코틱스와 비슷한 종류다. 지금이야 사람들이 그것을 상용하는 데 너무 익숙해져 버려 육체적으로나 정신적으로나 내성이 생겨 버렸다.

날코틱스는 비일상적 세계로 들어가기 위한 수단이 되기 때문에 그것은 때로 종교와도 연관된다. 신을 본다는 것은 일상적인 체험으로는 불가능한 것으로, 일상적인 세계로부터 인격을 해방시켜 다른 세계로 들어가야만 가능하다. 멕시코의 선인장이나 버섯이 가진 환각작용과 주술과의 관계, 바카스 축제의 오르기(orgy : 주연)와 알콜과의 관계 등 날코틱스는 일상적인 대인관계로부터 이탈하여 신과의 교류를 꾀하려는 수단이 되었다. 덧붙여 아프가니스탄의 암살교단과 대마(hashish), 유럽의 세기말적 예술과 마약처럼, 신비주의나 예술과도 연결관계를 맺고 있다.

　제사 때의 신과 인간의 만남은 공동체적 행사이며, 모두가 비일상적인 세계에 도취하여 황홀경에 빠지는―이러한 일상성으로부터의 이탈이 평시라면 비난받을 행위겠지만 집단이 모두 공유할 때는 허락된다―날코틱의 사용법은 오늘날에도 집단적인 마약파티라는 형태로 잔존해 있다. 신(神)격이 없는 신에 대한 제사쯤으로 표현해야 할까.

　일본인들은, 사람이 죽으면 신불(神佛)이 되어 신과 인간의 거리가 아주 가까워진다는 신앙을 갖고 있기 때문에 특별히 강력한 마약효과를 빌릴 필요는 없다. 알콜 성분이 낮은 술만으로도 충분하였다. 증류주는 에도 시대에 기온 때문에 청주의 발효 관리가 어려운 규슈 남쪽으로부터 오키나와에 이르는 남국에서만 마셨다. 증류주를 본격적으로 마시기 시작한 것은 최근의 위스키 붐 때문이지만, 그것도 소다나 물로 희석해서 마시는 것이 보통이다. 따라서 북유럽에서 도수 높은 알콜 음료를 그대로 들이키는 것과는 아주 다르다. 또한 강렬한 알콜류나 마약의 작용으로 비현실적인 세계를 구성하는 광기적인 신비주의 예술 같은 것은 일본에서는 창조되지 않았다. 일본인들은 일상 세계를 초월하는 어떤 것에 창조력을 몰입시킨 적이 없고 항상 현실주의에 철두철미하였다.

　축하시와 평상시로 표현해 보자면, 일본인은 축하시와 평상시를 명확히 구분함으로써 연중 술에 흠뻑 취한다든가 하는 일이 없었고, 관념으로는 축하시를 평상시보다 중시하였지만 실생활에서는 일상세계인 평상시를 철저히 중시하였다고도 할 수 있다. 칼뱅주의(Calvinism)를 내세울 것도 없이, 세계적으로 근대사회는 평상시를 중시하는 성격을 갖는다. 근대산업사회의 인간에게는, 술에 절어 산다든가 마약을 상용하는 것을 배제하고, 술에 흠뻑 취하거나 도취되는 일 없이 언제나 현실을 자각하고 근면한 태도가 요구된다. 그런 의미에서 술 이외에 강

렬한 마약을 경험해 본 적이 없었던 일본인은 무의식적으로 근대사회
의 인간상에 동조하고 있었다고 하겠다.

이러한 일상적·현실적 성격을 띤 일본인에게 마약제가 커다란 사
회문제로 부상한 것은 제2차 세계대전 이후로, 각성제와 최면제의 남
용 때문이었다. 각성제는 주로 히로뽕인데, 전쟁중에 작전용으로 군인
에게 사용되었던 것이 제2차 세계대전이 끝난 후 민간에 대량 유출된
것이 시초였다. 히로뽕은 뇌수 기능을 고취시켜 정신활동을 활성화시
키므로 피로감을 없애고 작업능률을 높일 수 있다. 즉 아편이나 대마
처럼 처음부터 별세계를 경험하기 위해 사용하는 마약제가 아니라, 일
상 세계에서 노동효과를 올리기 위한 약물이다. 그러한 의미에서 필로
폰은 일상 세계가 갖는 원리를 철저화시킨 약이라고도 할 수 있다(부
작용만 문제삼지 않는다면 말이다). 열심히 일하기 위해 히로뽕을 맞고
그러는 동안 중독이 되어 버리는 것이다. 1954년 현재 일본의 각성제
사용자는 2백만 명, 상용 중독자는 50만 명으로 추정되었다.

에드룸 등의 각성제도 사용 원인을 따지고 들면 일상적인 생활패턴
에서 찾을 수 있다. 밤중까지 일하거나 밤새 놀다가 부족한 잠을 보충
하기 위해 수면제를 습관적으로 복용한 것이 최면제를 상용하는 계기
가 된다. 그러다 보면 잠이 들기까지 술에 흠뻑 취한 것과 같은 유사
한 감각을 원하게 되어 그 사이 만성중독이 된다. 신경안정제 역시 거
의 비슷한 성격을 가진다고 할 수 있다.

각성제는 머리를 맑게 하여 졸음을 막는 것이므로 몰핀이나 알콜,
최면제와는 반대 작용을 한다. 그래서 사카구치 안고(坂口安吾 : 1906~
1955, 소설가)처럼, 각성제에 의지하여 일을 하고 위스키나 에드룸에 의
지하여 잠을 자는, 예컨대 마약제를 이용하여 일하기 위한 신체와 정
신 리듬을 조정하다가 그 사이에 중독이 되는 인물도 등장했다.

각성제든 최면제든 그 사용의 뿌리를 찾는다면 동일한 목적을 갖는 것으로, 마약중독이라고 하기 이전에 근면함에 의거한 노동중독이라고도 할 수 있다. 어쩌면 일본인다운 마약제의 유행이었다고도 할 수 있겠다.

1951년·각성제 단속법이 발표되고 이에 따라 강력한 단속이 실시되어 현재 일본은 선진국 중에서는 마약남용이 매우 적은 나라에 속한다. 신나나 마리화나, LSD 같은 것은 구미에 비하면 사회문제라고 부를 수 없을 정도로 미미하다. 단, 현재 젊은 세대의 마약제 사용법에는 종래와 다른 성격을 갖고 있다는 데 주의할 필요가 있다. 그들의 마약 사용은 애초부터 일하기 위해서가 아니라 그저 놀기 위해서이기 때문이다. 미국의 LSD-25운동처럼 체제로부터의 이탈운동과 호응하면서 사이키델릭(psychedelic : 환각제에 의한 환각상태나 심리적 황홀상태)이라고 불리는 예술활동·문화활동에 걸친 이미지 확대와 같은 목적도 갖고 있지 않다. 뒤죽박죽되거나 이탈 그 자체를 원하고, 제정신일 때에는 완전히 탈진해 버리는 사용법이다. 신나의 경우 등은 마취 작용 그 자체를 추구하기보다는 일종의 패션으로서 유행한다고까지 할 수 있다.

마약의 부작용이나 선악과 같은 윤리문제 등을 배제한다면, 약물의 힘을 빌어 정신을 유행에 따라 전환시킨다는 것은 아마도 인류의 정신 미래사를 앞서 실행한 현상일지도 모르겠다.

4 의복과 치장

이시게 나오미치

기모노의 변천

기모노 역사를 얘기할 때 가장 자주 얘기되는 것은 투피스 형식에서 원피스 형식으로의 변화일 것이다. 고분시대의 인물 하니와(흙인형)에 보이는 복장 등을 참고해 보면, 옷자락이 무릎 위로 올라가는 상의와 짝을 이루는 바지, 여성이라면 짧은 상의와 치마가 짝을 이루는 투피스가 일본인 의복의 출발점으로 생각된다. 이어 헤이안 시대가 되면 귀족 복장은 대단히 요란하고 거창한 상의와, 허리에서부터 아래를 덮는 하카마나 쇼(裳 : 끈으로 묶어 연결하는 여성용 치마)가 세트를 이루게 된다. 이 하카마나 쇼에서 원피스 형식의 고소데(小袖 : 소매가 좁은 평상복으로 현재 일본 기모노의 원형)의 출현 경위를 추적하는 것이 복장사(服裝史)에서 취하는 일반적 방법이다. 그러나 이는 예복이나 상류계급의 의복을 중심으로 하는 복장의 역사다. 일본인의 평상복은 정말로 투피스 형식의 의복이었을까?.

고분 시대의 인물 하니와는 중국의 호복(胡服) 계통 즉 북방기마민족의 복장을 채용한 것이다. 따라서 이 복장을 보고 기마민족에 의한 정복왕조를 생각한다든가 고분시대의 일본인이 모두 투피스 형식의 옷을 입었다고는 말할 수 없을 것이다. 하니와란 매장된 사람이 부리던 사람들을 형상화한 것으로, 특정 인물이 특정한 경우—주인 앞에 나갈 때—에 입은 옷차림이라는 사실을 염두에 두지 않으면 안 된다.

야요이 시대에 입었다고 하는 관두의(貫頭衣)나 가사의(袈裟衣)라고 불린 원피스가 모두 자취를 감췄다고 생각할 필요는 없을 것이다. 에마키(옛날 이야기나 전설 등을 그림으로 그린 두루마리)나 그 밖에 고대나 중세의 복장에 대한 자료는 대부분 예복이나 도성 주변 사람들의 복장으로, 그것도 외출복으로 한정되어 있기는 하지만, 그러한 자료에서도 투피스 형식만이 아니라 어깨에서부터 무릎 위까지를 덮는 한 벌로 된 긴 옷을 입은 사람들을 볼 수 있다. 그것을 하카마나 쇼를 생략한 것으로 해석할 것인가, 그 원피스 형태도 또한 일본인의 전통 기모노 가운데 하나라고 볼 것인가에 대해서는 의론이 분분하다.

남성 복장에만 한정해서 살펴보면, 나라 시대부터 에도 시대까지 정식으로 사람을 만날 때는 하카마를 입게 되어 있었다. 그러나 집에서 쉴 때는 하카마를 벗고 원피스 복장을 하였을 것이다. 또한 보통 노동복도, 산일 종사자나 기능인의 경우 짧은 상의에 모모히키(타이즈와 비슷한 바지 모양의 남성복. 속옷용과 작업용이 있다)식의 바지 종류가 세트를 이루는 투피스가 근대에도 보인다.

그러나 어부의 경우는 무릎 근방까지 오는 상의 원피스를 입는 것이 보통이다. 이러한 어부의 작업복을 투피스에서 원피스로 바뀐 것이라고 보기는 어려울 것이다. 필자가 원피스에만 너무 집착하는 것으로 보일지도 모르겠다. 요컨대, 투피스에서 원피스로라는 단일한 형식의 기모노 변환을 생각할 것이 아니라 투피스 형식과 나란히 고대부터 원피스가 있었다고 보는 편이 좋지 않을까 하는 제언을 하는 것이다.

고분시대의 바지로부터 헤이안 시대의 하카마에 이르기까지 어떤 변화가 있었는지는 분명하지 않다. 어쨌든 그 사이 상류계급의 복장은, 말 위에서 활도 쏠 수 있을 만큼 활동적인 호복을 입었던 일본의 선조들은 상상도 못할 만큼 바뀌어 버렸다. 헤이안 귀족이 입었던 하카마는 대단히 헐렁헐렁하고 어찌나 주름이 많은지 직접 입어보지 않으면 바지인지 치마인지도 알 수 없다. 조정에서 입는 남자 정장으로서 소쿠타이(束帶 : 헤이안 시대 이후의 문무백관의 조복)라고 하는 상반신에 걸치는 겉옷은, 길이가 길고 옷깃이 내려오는 큰 소매가 달려 있다. 폭도

주니히토에
의복의 기능인 활동성을 완전히 무시
한 극히 보기드문 의복미학을 보여주
는 기모노. 쇼와 천황 부인(현 황태후)
의 정장 차림(왼쪽)과 헤이안 귀족 여
성(아래 土佐光起 『女房三十六歌仙畵帖』
부분)

넓어서 사람 몸이 2개쯤 들어갈 정도로 헐렁했고, 소매는 팔을 10개쯤 낄 수 있을 정도로 넉넉했다. 가라기누(唐衣)라고 하는 여성 정장은 소위 공주의 주니히토에(十二單)로 열두겹짜리인데, 천을 많이 사용해서 의복의 미를 나타내려 한 게 아닐까 하는 착각이 들 정도다. 인간활동에 관한 의복의 기능을 완전히 무시한, 세계에서도 극히 보기 드문 의복미학이다.

전 세계적으로 근대화가 진행되면서 사람들 앞에 나설 때의 복장은 간략화·기능화하는 현상이 일어난다. 유럽에서는 르네상스 이후 궁정문화에서 주름이나 패드 등이 달린 의복이 발달하고, 프랑스 혁명 즈음부터는 의복의 약식화가 일어났다. 그러나 여전히 19세기까지도 프록코트나 돌고래 뼈를 심으로 넣은 스커트가 남아 있었고, 원래 스포츠용 의복이던 남자양복이 보통 사람들 앞에서 입어도 괜찮게 된 것은 1870년대 이후다.

그런데 일본의 경우는 헤이안 시대의 궁정에서 유행한 귀족의 복장이 너무 거창해서였던지 근대화를 채 기다리지 못하고 헤이안 시대 말부터 에도 시대 중기를 넘으면서 간략화의 외길을 걷게 되었다. 남성 예복을 살펴보면, 예복인 소쿠타이를 대신하여 평상복인 노오시(直衣), 스포츠복인 가리기누(狩衣)가 예복화되었다. 헤이안 시대에는 서민의 노동복이었고 가마쿠라 시대에는 사무라이의 평상복이었던 히타타레(直垂)는 사무라이의 최고 예복이 되었다. 여성의 경우를 살펴보면, 속옷으로 입던 고소데(小袖)가 외출용 의복으로 변화하였다. 전 시대의 평상복이나 서민복이 다음 시대에 정장이 되고, 전 시대에는 속옷이었던 옷이 외출복이 되는 경로를 밟아 일본인의 의복은 간략화의 방향을 택한 것이다.

의복의 디자인 자체는 기능화·약식화라는 방향을 취했다. 그렇다

유젠조메 에도 시대의 기모노는 뛰어난 염색술과 독창적이고 화려한 디자인으로 이름높다. 위 · 紺地淀川曳舟文樣小袖 다음쪽 · 紅地束熨斗文樣振袖

면 일본인의 의복에 대한 단순화 미학은 아마 다른 쪽에 역점을 두면서 발전하였다고 볼 수 있을 것이다. 의복의 형태 자체는 직선 재단의 틀에 매여 개성화나 패션화가 이루어지기 힘들다. 모두가 같은 모양의 의복을 입더라도 상관없다. 여기에서 강조된 눈요기가 염색과 직조법이다. 일본의 기모노를 얘기할 때는 스타일을 말하지 않는다. 비평의 대상이 되는 것은 옷감과 무늬다. 스타일북(style book)이라는 것이 눈에 띄기 시작한 것은 쇼와 초기 이후고 이는 서양옷을 위한 것이었다. 그때까지는 패션의 중심을 이룬 것은 기모노의 무늬였다. 이미 에도 시

대에 『모양본책』이라고 해서 유젠조메(友禪 : 비단 등에 꽃, 새, 산수 등의 무늬를 화려하게 염색한 옷감)의 문양견본을 그린 카달로그가 염색가게나 포목점에 비치되어 있었고, 그것을 훑어 보며 좋아하는 문양이나 색깔을 지정하였다.

덧붙여 곤 와지로(今和次郎)가 언급하였듯이 일본의 양복 스타일북은 계절감을 따르는 데 매우 열심이다. 그것은 히토에(홑옷), 아와세(겹옷)라고 하는 사계절에 맞춘 기모노의 변화와 그에 맞춰 무늬를 택하는 기모노의 전통이 서양옷까지 영향을 끼치고 있음을 말한다. 한편 계절감을 추구한다는 면에서 일본인의 의(衣)와 식(食)은 그 미학이 일치한다고 하겠다.

제복

인간은 얼굴이나 신체를 감싸는 방식으로 변신을 꾀할 수 있다. 수건한 장만 갖고도, 도둑용 두건으로 사용할 경우는 자신을 범죄자로서 사회질서 밖의 인간으로 취급하여 그에 필요한 정신적 긴장감을 자아내어 마음의 준비를 할 수 있다. 선글라스를 낌으로써 항상 남에게 행동거지가 관찰당하는 존재라는 자신으로부터 인격을 해방시켜 무명인으로서 자유로운 행동거지를 할 수 있다. 심하면 의례 때 가면을 써서 인간에서 신이나 악마로 변신하는 것조차 가능하다. 마찬가지로 의복은 그것을 입는 인간의 인격을 변화시키는 작용도 한다.

그래서 어떤 집단에 소속된 사람들에 대해 복장 규제를 두어, 단번에 그가 누구인지를 식별하고 콘트롤하는 방법으로서 제복을 채용하기도 한다.

제복은 집단 내부적은 같은 집단에 소속된 자들끼리의 연대감을 강화시킨다는 효과 외에도, 제복을 입은 집단의 이미지에 의해 사회로부터 일정의 행동을 취하도록 기대됨으로써—항상 외부에서 보고 있다는 사실을 인식한다—일종의 통제 효과를 발휘한다. 예컨대 일본에서는 체제로부터의 해방을 부르짖는 사람들도 단체로 헬멧을 쓰는데, 처음에는 경찰봉으로부터 자신을 보호한다는 뚜렷한 기능을 갖고 있었지만 어느새 연대감에 중점을 두고 헬멧을 쓰게 되었다. 제복을 차려

입은 경관이 길거리에서 소변을 볼 수 없는 것은 감시받고 있다는 제복의 효과 때문이다.

현대 일본인은 과거 어느 때보다도 인격에 대한 제복의 구속이 느슨해진 세상에 살고 있다. 교복도 공립학교에서는 점차 모습을 감추고, 공립에 비해 학교의 개성화를 자랑하는 사립학교에서 착용의무가 엄해지게 되었다. 대학생들 사이에서 제복은 거의 유명무실화되었다. 반대로 대기업에서는 직장 제복으로서의 유니폼 제도가 진행되었다. 그러나 그것도 직종에 따라 기능화를 추구한 유니폼이라는 면이 강하다. 또한 서비스업과 사무실에 근무하는 여성들 가운데 유니폼을 착용하는 예가 많은데, 이는 인품의 지배라는 제복의 작용을 중시해서라기보다는 유니폼을 기업의 심벌로서 선전하려는 광고적 작용을 중시한 것이다. 사무실에 근무하는 남성은 넥타이에 양복차림이 보통이다. 양복과 넥타이는 제복이 아니다. 한사람 한사람의 무늬나 모양이 조금씩 다르다. 그러나 사무실에서는 양복을 착용해야 한다는 불문율은 있다.

그래서 관공서나 은행처럼 딱딱한 곳에서 업무를 보는 사람들일수록, 또 사무실의 엘리트일수록 수수하고 고리타분해 보이는 양복을 착용함으로써 제복적인 요소를 나타낸다. 그리고는 가정에 돌아가면 양복을 벗고 직장에서의 인격으로부터 벗어나 자신을 되찾아 편히 쉰다고 하는 이중생활을 하고 있다.

축제 때 동네사람 모두가 똑같이 입는 일시적인 제복이라든가, 마을 소방소의 한텐(하오리 비슷한 짧은 겉옷) 차림처럼, 에도 시대에도 도시에서는 직장복 계열이 있기는 했다. 그러나 메이지 시대까지도 일본 제복의 근본을 이룬 것은 지역집단이나 직업집단처럼 횡적인 연대감을 중시하는 집단의 의복이 아니었다. 신분에 따라 의복을 구분하는 종적인 원리에 기반을 둔 것이었다. 종적인 관계에서 복장을 구별하는 것은 상급자와 하급자가 함께할 때 구별하기 위해 제복을 중시한 것이다. 그래서 제복이란 예복이 갖는 구별성과도 유사한 성격을 갖는다.

사실 제복이라는 말 자체가, 궁정행사 때 착용하는 예복이나 귀족이나 고위관리가 조정에서 공무를 수행할 때 입은 조복(朝服)에 대비되는 말로서, 말단관리나 서민이 조정행사에 참가할 때 착용하는 복장을 표시하는 용어로서 대두한 것이다.

7세기 초반 스이코(推古 : 아스카 시대의 천황) 시대에 관복의 색깔을 달리하여 신분을 구분하는 제도가 성립한 이래 에도 시대의 모든 법도에는 여러 가지 복장 규정이 생겼다. 복장과 관련한 이러한 법령들에 공통된 것은, 의복 형태의 종류나 옷감의 종류, 색의 종류 등에서 자신보다 높은 지위의 사람이 착용하는 것을 입어서는 안 된다는 것이다. 그래서 제복이 꼭 제정된 것이라고는 할 수 없지만, 정식으로 사람들 앞에 나설 때는 신분상 허락되는 범위 내에서 최상의 의복을 예복으로 착용하였다. 따라서 예복은 저절로 신분질서에 따른 제복이 되었다.

이처럼 복장이 사회계층을 직접적으로 표현하는 수단이 되고 그 규제가 종적인 원리에서 전국적인 규모로 실행되다 보니, 에도 시대에는 복장규제를 위반할 경우 사회질서에 대한 중대한 침해로 취급되었다. 막부의 승인 없이 이전 시대부터의 기득권을 내세운 다이토쿠지(大德寺)와 묘신지(妙心寺)의 주지가 보라색 옷을 입은 것이 발단이 되어 일어난 보라색 옷 사건이 그 대표적인 것으로, 결국 고미즈노(後水尾) 천황(1596~1680)이 퇴위하는 사태로까지 발전하였다.

일본에서 맨 처음 근대적인 제복을 채용한 곳은 군대다. 이는 흑선(黑船 : 에도 시대 말 일본에 내항한 구미 제국의 함선)이 도래한 이후 화기(火器)를 주병기로 하고 집단행동의 기능성을 중시한 근대적 전쟁법이 전해지면서 시작되었다. 막부에서는 분큐(文久) 원년(1861)에 해군의 대포 담당을 대상으로 양복을 가미한 군복을 제정하고, 각 번(藩)도 그것을 배워 일본식과 서양식을 절충한 군복을 만들었다. 그리고 아직 신분제도에 따른 옛 복장의 전통이 남아 있던 진부한 하오리(羽織 : 위에 입는 짧은 겉옷)를 착용한 막부 군대는, 신분보다 기능을 중시한 민소매 상의와 통 넓은 양복바지를 착용한 조슈(長州 : 현재 야마구치 현의 옛 명칭인 나가토의 또 다른 명칭) 기병대에게 보복을 당했다(막부의 2차 조슈 정벌 때 조슈군이 막부군에 승리했다).

1870년 군복이 제정되고 같은 해에 우체부, 그 다음 해에 철도원의 제복이 제정되었다. 이처럼 공무에 관여하는 자로서 특히 기능성을 중시하는 근대적인 직종에서부터 서양식 제복이 차례로 정해졌다. 메이지 시대 전반기에 제복은 군인, 관리, 관리의 예비군인 학생 등 근대국가 형성의 중추를 짊어진 남성을 대상으로 제정되었다. 그리고 신분제를 대신하여 계급에 의한 구별이 제복에 반영되었고, 그것은 견장이나 양복 예복으로써 표시되었다.

관리의 경우, 평상시에는 하오리와 하카마 차림이면 되었지만, 1870년 상급관리의 여행과 비상시─즉 눈에 띌 필요가 있을 때와 기능적 복장이 요청될 때 제복을 입으라는 시달이 떨어졌다. 이 때의 제복이란 검은 나사(두꺼운 바탕에 보풀을 세운 모직물) 천으로 만든 소맷부리가 넓고 두 줄로 단추가 달린 망토 같은 상의에 금색으로 옆선이 둘린 회색 나사 옷감으로 만든 헐렁한 긴 치마였다. 거기에 꼭대기가 뾰족한 투구 모양의 검은색 나사 옷감으로 만든 모자에 문장을 새겼다. 일본식과 서양식이 절충된 좀 우스운 모습이었지만, 이로써 다이호 율령(701년에 제정된 고대 일본의 기본 율령) 이래 '제복'이라는 단어가 부활하였다.[1] 1876년이 되면 모든 관청의 관리는 공식적으로 양복을 입게 되지만, 제복으로서 일정한 복장을 정하여 지급한 것이 아니었기 때문에 하급관리도 양복을 입기 시작한 것은 훨씬 뒤의 일이다.

1882년 제국대학이 학생복을 지정하였는데, 이는 고교와 중학교 제복의 원형이 되었다. 철도원, 우체부, 순사, 학생에 이르기까지 군복을 모델로 한 양복과 모자를 착용하는 제도가 시작된 것이다.

양복의 도입이 이렇듯 비교적 무난하게 이루어진 데에는 양복이 도입되기 전부터 갓파(민소매 비옷)나 한텐(옷고름이 없고 깃을 뒤로 접지 않는 활동적인 짧은 겉옷), 칼상(calção : 위는 넉넉하고 아래는 좁게 만든 방한·작업용 바지) 등 상의와 바지라 부를 수 있는 의복 세트가 이미 남성옷에 존재하였다는 점을 간과해서는 안 될 것이다.

남성 제복이 군복이라는 철저히 기능성을 중시한 복장을 모델로 삼아 발전한 것에 비해, 여성 제복의 양장화는 꽤 늦어졌다.

여성복의 양장화에 대해서는 남성측으로부터의 뿌리깊은 저항이 계속되었다. 메이지 시대에 선보인 여성의 양장제복으로는 1882년에 제

---

1) 太田臨一郎, 「禮服・軍服と制服」, 『服飾近代史』, 雄山閣, 1969.

정된 간호복이 있는데, 영국 것을 모방한 좁은 소매에 깃을 세운 백의
와 흰 간호모가 채용되었다. 직업에 따른 기능성과 실용성을 최대한
중시한 이 간호복에 대해서도 남성측은 너무 불량한 복장이라며 심하
게 반대하였다.

한편 메이지 시대 초기에 여학생들이 남자의 하카마를 입는 것이
유행하지만 여성스럽지 못하다고 해서 폐지되었다. 메이지 30년(1897)
대가 되면 왼발과 오른발을 따로 끼지 않고 기모노 위를 치마처럼 덮
는 안돈바카마(바지가랑이가 없는 치마 모양 하카마)를 여학생들이 입기
시작하였는데, 이것이 여학생복의 제복화다. 목면으로 된 기모노 위에
안돈바카마를 입는 것은 서생의 모습이었는데, 이러한 남장화를 통해
여학생들은 평상복인 기모노 옷자락을 질질 끌고다니던 데서 해방될
수 있었다. 기모노를 벗어버리는 데 대해 세간의 반대가 있었던 시대
에, 최대한의 기능성을 획득하려는 하나의 방법이었다. 이에 따라 여
성들은 가슴을 졸라매는 커다란 오비(기모노의 허리에 두르는 띠)와 신경
쓰이는 펄럭이는 치맛자락으로부터 해방될 수 있었다.

여학생 제복에 세일러복이 도입된 것은 다이쇼 말부터 쇼와 초기다.
유럽에서는 세일러복이 1840년대에 남아복으로 채용되었다가 19세기
말에 여아들도 입기 시작한 역사가 있기 때문에, 확언할 수는 없지만
남학생은 육군군복을, 여학생은 해군군복을 제복으로 삼았다고 할 수
있다.

직종, 신분과 상관 없는 제복이 일단 정해지자, 그것은 만능 복장이
되었다. 학생들은 어떤 장소에서건 학생복 한 벌이면 되었다. 학생의
경우 아직 공적으로 완성된 하나의 인격체로 간주되지 않았기 때문에
사적인 복장과 공적인 복장을 구별하지 않아도 된다고 생각한 것이다.
따라서 언제나 학생복 차림이 학생다운 것으로 여겨졌고, 사복을 입고

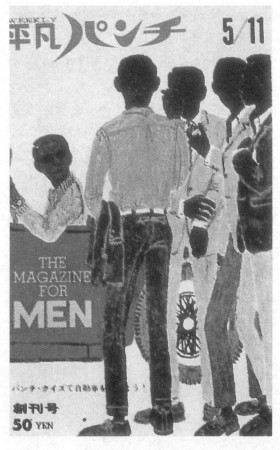

젊음의 상징 진
블루진으로 대표되는 다양
한 진 종류는 이제는 일시
적인 패션이 아닌 젊은 세
대의 일반 복장으로 정착하
고 있다.

외출하면 하나의 인간으로서의 인격을 의복으로 표현하는 것이 되기 때문에 건방진 행위라고 해석되기도 했다. 등하교 때 외에 동네를 다닐 때도 꼭 착용케 한 이 학생복은, 학생 자신을 사회의 감시의 눈에 모두 노출시킴으로써 학생다운 행동을 하도록 만드는 수단으로 사용되었던 것이다.

　대학생과 중·고교생 제복은 사치금지라는 의미도 갖는다. 검소를 바탕으로 모두 동일한 복장을 함으로써 일단 평등주의를 지향하는 것이다. 이 사상이 제2차 세계대전 때의 국민복으로 연결된다. 평등하기는 했겠지만 대신 개성이나 자유는 포기해야 했다.

이미 일시적인 패션 단계를 거쳐 젊은 세대의 복장으로 정착한 것으로 보이는 진 종류가 오히려 제복사상보다 건전하다고 할 수 있지 않을까.

속옷의 변천

일본식 복장에서 속옷이라고 하면 겉옷 안에 입는 모든 옷을 말한다. 몇 벌씩 겹쳐 입을 때는 겉옷 안에 입는 옷이 모두 속옷이 되는 것이다. 그래서 홑겹 기모노 위에다 겉옷을 착용할 경우 가타비라(帷子 : 안감을 대지 않은 기모노)는 속옷이 되지만, 홑겹 기모노를 겉옷으로 입을 경우에는 맨살 위에 바로 입는 지방(포루트갈어인 조바오에서 온 말로 속옷을 말한다)이나 긴 지방이 속옷이 된다. 원래 훈도시(남자의 음부만 가리는 폭 좁고 긴 천)와 고시마키(여자의 아랫도리 맨살에 두르는 속치마)를 빼면 속옷 전용 기모노는 없었다. 같은 모양의 기모노를 겹쳐 입는 풍속이 사라지고 양장이 익숙해진 오늘날의 세대에게는 속옷이란 언더셔츠, 팬티, 모모히키(긴 바지 모양의 타이즈 비슷한 속옷)처럼 속살 위에 바로 입는 옷이라는 개념으로 바뀌고 있다.

속옷의 변천에 대해서는 거의 알려져 있지 않다. 훈도시를 언제부터 입기 시작했는지도 분명하지 않다. 기기(記紀 : 『고사기』와 『일본서기』의 약칭), 『만엽집』에 다후사기라는 것이 나오는데, 그 모양이 어떤 것이

훈도시 일본 남성들이 입는 훈도시는 그 기원이 매우 오래되었다. 에도 시대의 6척 훈도시는 노동자나 젊은이 등 주로 활동량이 많은 사람들이 입었다.

었는지도 알 수 없다. 중국계 의복에 속하는 작은 속 하카마 같은 것이었다는 설도 있다.

　다후사기가 훈도시인지 아닌지의 여부는 일단 차치하고, 훈도시는 언제부터 있었던 것일까? 천조각 내지 그와 유사한 재료의 끈 형태로 가랑이를 덮는 훈도시 모양의 속옷이 고분시대 이후 일본에서 독자적으로 발생한 것이라는 증거가 없다면, 고분시대의 호복(중국복)계보로 이어지는 복장문화가 나오기 이전부터 존재하였던 것으로 생각하는 편이 나을 듯하다. 일본을 둘러싸고 있는 지역 중 동남아시아와 태평양 각지에 훈도시와 같은 종류의 속옷이 분포한다. 그렇다면 훈도시는 남방계라는 말이 되는데, 다른 문화요소까지 아울러 생각해 본다면 아마 야요이 시대에 일본에 들어온 것이 아닌가 추정된다.

그런데 헤이안 시대의 귀족의 의류 세트 안에는 훈도시 같은 것이 보이지 않는다. 이때의 속옷은 하카마 형식으로서, 히카루 겐지(光源氏 :『겐지모노가타리』의 주인공)는 아무래도 훈도시 같은 것은 입지 않았던 것 같다. 그렇다면 북방계의 하카마 형식 속옷은 상류층이 사용하고, 서민들 사이에서는 남방계 훈도시가 남아 있다가 시대가 지남에 따라 하카마 형식의 속옷은 사라지고 훈도시 하나만 남게 된 것이 아닐까.

『게이초 견문집』(慶長見聞集)에 따르면, 이 책의 필자가 젊었을 때 입은 훈도시는 마직을 4척 정도로 잘라 그 끝을 찢고, 찢은 부분을 앞으로 돌려 묶는 것이었는데 그것이 바뀌어서 부드러운 천을 사용한 6척 훈도시(6척 길이의 훈도시)를 입었다고 한다. 에도 시대에 이 6척 훈도시는 젊은이나 노동자들이 입었지만, 천의 한 끝에다 끈을 단 6척 훈도시는 승려, 의사, 노인이 주로 사용하였다고 한다. 꽉 묶은 6척 훈도시는 일하는 데 편하도록 옷자락을 끼우거나 격한 운동을 하더라도 괜찮지만, 느슨한 6척 훈도시는 격하게 움직이면 속이 다 보이게 된다. 그래서 노동에 종사하지 않는 사람들은 끈을 단 엣추 훈도시를 했을 것이다.

엣추 훈도시라 해도 바지를 입으면 괜찮다. 반대로 소변을 볼 때 바지 앞쪽에서 6척 훈도시를 풀어야 하기 때문에 번거롭다. 메이지 시대에 들면서 군복의 속옷으로 엣추 훈도시가 채용된 이래, 엣추 훈도시는 오랫동안 서양옷의 속옷으로 사용되었다.

여성의 하반신을 감싸는 속옷에 대해서도 확실한 것은 알려져 있지 않다. 복장사(服裝史)에서 일반적으로 언급되는 것을 보면, 중세에 하반신을 가리는 겉옷인 쇼(裳 : 스커트)가 형식화됨에 따라 그 밑의 속살 바로 위에 입었던 속 하카마를 변형시킨 유모지(湯文字 : 목욕할 때 몸에 두르던 옷으로 후의 허리 속치마인 고시마키에 해당)가 사용되었다. 겉옷이 원피스화됨에 따라 바지식 속옷도 없어졌다는 것이다. 그러나 가마쿠라 시대 말기나 무로마치 시대에 하카마를 입지 않은 여성이 모두 유모지에 해당하는 것만 두르고 있었는지는 모를 일이다. 속 하카마 외의 여성의 하반신 속옷이 없었다고 한다면, 하카마 전성시대에 약식차림으로 하카마를 입지 않았던 여성은 하반신을 감쌀 것이 아무것도 없었다는 말이 된다. 무엇보다 유모지가 일반에 사용된 것이 어느 때인지조차 확실하지 않다.

어쨌든 남녀 모두 속옷으로서 하카마를 입지 않고, 남자는 훈도시, 여자는 유모지를 입게 된 이유 가운데 하나는, 역시 북방에서 발달한 바지계통의 하카마가 일본의 여름에는 맞지 않았기 때문이라고 할 수도 있다. 서양옷이 도입될 때까지 일본인의 의복사를 남방계와 북방계의 두 계열이 우위를 차지하기 위한 경쟁의 역사였다고 본다면, 헤이안 시대를 정점으로 하여 북방계열이 속옷에 이르기까지 점점 퇴색하고 남방계가 우위를 차지했다고 볼 수 있겠다. 주거처럼 의복 역시 여름을 겨냥해야만 했기 때문으로 해석된다.

모든 계보 관계의 관련성 유무를 차치한다면, 유모지는 남방의 사롱과 같은 의복이다. 입욕시 속옷을 자주 갈아입는 일본의 풍습도 아침 저녁으로 씻으면서 속옷을 갈아입는 동남아시아와 공통된다. 그것의 사실적 계보관계는 별도로 치더라도 여름이 열대몬순 기후인 일본 풍토에 일치되는 현상이라고 보아야 할 것 같다.

지방이란 포르투갈어인 지바오(gibão)에서 온 말로 에도 시대부터 속옷 명칭으로 사용되었다. 원래는 상반신을 감쌀 정도의 길이였는데 그보다 긴 지방도 출현하였다. 후에 메리야스 셔츠가 남성의 짧은 지방 역할을 하게 되고, 거기에 메리야스의 모모히키가 더해져 일본식 복장이나 서양식 복장의 공용 속옷이 된다.

팟치는 한국어인 바지에서 온 말로 무로마치 시대부터 사용되었다. 『유취 근세 풍속지』(類聚近世風俗志)에 따르면, 에도 시대에 교토와 오사카에서는 사용된 옷감과 상관없이 긴 모모히키를 팟치라고 하고 여행용의 짧은 것을 모모히키라고 불렀다. 이에 대해 에도에서는 길이에 상관 없이 지리멘(오글오글하게 만든 비단)이나 목면제로 된 바지 위쪽 여분 폭이 넓고 아래 쪽이 좁은 것을 팟치라고 하고, 목면제로 된 바지폭이 상하 모두 좁은 것을 모모히키라고 불렀다고 한다. 모모히키는 속옷이었을 뿐 아니라, 막부 말기에 에도의 기능인들이 겉옷으로 입기도 하였다. 몸에 꽉 끼는 모모히키가 멋있다고 하여 발꿈치에 대나무 껍질이나 종이를 대야 겨우 입을 수 있고 일단 입으면 앉을 수도 없는 그런 모모히키가 유행하기도 하였다.

1880년 초대 산유테이엔카(三遊亭円歌 : 만담가)가 옷자락을 걷어올려 평평한 팟치를 내보이며 하야시(박자를 맞추어 흥을 돋궈주는 음악)에 맞춰 추는 스테테코 춤(코를 쥐는 시늉을 하면서 추는 우스꽝스러운 춤)이 인기를 끌었다. 이때부터 스테테코라는 이름이 붙은 평평한 팟치가 유행하였다. 더운 여름에는 팟치는 입지 않았지만, 스테테코는 품이 넉넉하여 살에 붙지도 않고 길이가 무릎 밑까지 내려와 시원한 여름철 속옷으로 애용되었다. 스테테코는 서양옷의 바지 안에도 입게 되었다. 여름철 땀 때문에 옷감이 살에 붙는 불쾌감도 해소시켜 주고, 바지는 그렇게 자주 빨 수 있는 것이 아니기 때문에 스테테코만 빨면 된다는 일본인의 청결관에도 안성맞춤이라 일본적인 서양속옷이 된 것이다.

여성의 겉옷은 서양화가 전혀 진행되지 않았기 때문에 여성용 속옷도 오랫동안 에도 시대 것이 그대로 남아 있었다. 플란넬 천의 고시마키가 생기고, 다이쇼 시대에 털실로 짠 앞이 막힌 통자로 된 미야코고

148

앗팟파
현재는 홈드레스
로 그 이름이 바
뀌어 주로 중년
층 이상의 여성
들에게 꾸준히
사랑받고 있다.

시마키(都腰卷)가 출현하였다. 이 고시마키의 개혁으로 여성들은 겨울
을 따뜻이 날 수 있게 되었고 앞여밈이 벌어져도 괜찮게 되었다. 다이
쇼 말기부터 쇼와 10년(1935)대에 걸쳐 여성 양장으로서 대중화된 앗
팟파(헐렁한 반팔 원피스)를 입을 때도 보통 그 밑에 속옷으로서 이 고
시마키를 입었다.

　간토 대지진 이후 속바지(drawers : 넉넉한 여성용 하의속옷)의 착용이
권장되었지만 이 새로운 속옷은 급속히 채용되지는 않았다. 학교에서
먼저 소녀들에게 속바지를 입도록 집단적으로 통제하였다. 일단 속바
지를 입게 되자 이번에는 제복을 벗고 기모노를 입더라도 속바지를 벗
을 수 없게 되었다. 이 같은 세대교체를 통해 하의 속옷이 변화되어
갔다. 남성들도 오늘날 세대의 취향에 따라 엣츄(훈도시), 사루마타(허벅
지를 덮는 바지형식의 남성용 하의속옷, 남성사각팬티), 짧은 브리프(briefs :
몸에 꽉 붙는 짧은 남성용 하의속옷, 남성삼각팬티)를 입는 식으로 변화하
고 있다.

　브래지어가 구미에서 상품화된 것은 1910년대의 일인데 1930년대

들면서 '브라'라는 약칭으로 통할 만큼 널리 보급되었다. 일본에서는 1926년 여성잡지에 이미 이러한 광고가 등장하였다. "구미 각지의 최신형을 개량하여, 특히 일본부인의 체격에 맞춘 것으로 일본옷과 서양옷 겸용," "맵시 더해 주고 가슴을 눌러줍니다," "가슴이 큰 분, 모양이 좋지 않은 분도 맵시를 교정할 수 있습니다." 유방의 실루엣을 돋보이게 하기 위해서가 아니라 반대로 기모노를 입을 경우 가슴이 강조되지 않도록 '유방을 누르는' 도구로서 브래지어가 만들어진 것이다. 그러나 제2차 세계대전이 끝날 때까지 브래지어의 보급률은 미미한 것이었다.

1951년 여성 속옷을 만드는 대기업이 출현하고, 1953년에 볼륨을 강조하는 튤립 라인이 유행하면서 브래지어는 일본 여성의 속옷으로 정착하였다. 브래지어의 기능도 유방을 누르는 것이 아니라 크게 돋보이게 하는 것으로서 패드를 넣은 것이 유행하게 되었다. 1954년경부터는 '속옷쇼'가 개최되고, 여성의 속옷은 신체를 감추는 데서 보여주는 것으로 변화해 나가게 된다.[2]

양장의 보급

메이지 시대부터 현대에 이르기까지 일본인 복장의 변천은 주로 양장 보급의 역사라고 보아도 될 것이다. 그것을 구미의 의복인 양복에 대해 일본인의 전통복인 기모노가 패배한 과정이라는 식으로 일본과 서

---

[2] 石毛直道, 「ラジャ-」, 『日本社會の非同質性』(Energy 38), エッソスタンダ-ド石油株式會社廣報部, 1974.

양의 대결이라는 도식 아래 이질적인 문화 간의 대립이라고 파악할 경우 국수주의가 될 것이다. 사실 여성복의 양장화에 관해서는, 과거 1세기 동안 양복을 착용한 일본 남성들 사이에 여성들이 기모노를 입지 않으면 전통적인 미풍양속인 '정숙함'과 '여성스러움'을 잃게 될 것이라는 경고가 몇 차례씩 터져나왔다. 메이지 시대 초기에 육식을 해금할 때 다소의 저항은 있었지만, 음식에 양식이나 중국식을 도입하였다고 해서 일본인의 정신이 바뀐다는 식의 발언은 나온 적이 없었다. 아마 의복은 인간의 정신에 깊이 관여하고 매우 상징적인 성격을 갖기 때문에 이 같은 전통주의자의 발언도 나왔을 것이다.

그러나 서양옷의 착용을 그저 일본전통이 패배하였기 때문에 구미를 따르게 되었다는 식으로 해석하는 것은 시기상조적 오판이다. 소위 서양옷은 성격상 어느 민족의 고유한 전통복을 기초로 하여 출현한 것이 아니다. 유럽에서도 각 민족 고유의 전통적인 민족의상은 사라지고 서양화된 역사를 갖고 있다. 유럽 각지에서도 전통적인 민족의상은 축제 때나 입고, 보통은 넥타이에 양복 차림의 생활을 하고 있다. 그 곳에서도 서양옷이 민족의상을 대체한 것이다.

따라서 서양옷을 이야기할 때 어느 민족에 기원을 두고 있는가를 따지는 것은 별 의미가 없다. 기능성과 합리성을 주축으로 하여 세계 모든 문화를 커버하는 세계문화라고 할 수 있는 것으로서 등장하였기 때문이다. 그래서 기독교도든 회교도든 군인들의 복장은 세계 어디서든 비슷하게 양복이다. 양복의 원조처럼 여겨지는 영국에서도 병사들의 의복에 민족의상이 나타나는 것은 스코틀랜드 군악대가 킬트를 입을 때 정도다. 스커트 형식의 킬트를 두르고 낙하산 연습을 할 수는 없지 않는가.

그래서 양장화는 바로 근대화의 한 지표가 될 수 있겠다.

막부 말기에 시작된 일본의복의 서양화는 군복을 중심으로 하는 남성의 서양식 제복으로부터 시작되었다. 이는 소위 공적인 복장이라고 할 수 있는 의복이라서, 공인이라는 면이 요구되지 않을 때, 집에서 쉴 때, 개인으로서 거리를 거닐 때는 사복으로 갈아입는다. 이러한 의복의 이중생활 흔적은 현대까지도 남아 있어서, 50대 이상의 남성들 중에는 집에 돌아오면 기모노로 갈아입는 습성을 가진 사람도 많다.

지방도시의 경우, "양복은 대체로 메이지 시대 말엽경부터 관공서의 관리나 학교 교원 중에서 착용자가 늘어났고 다이쇼 시대에 들면서는 여러 회사와 은행의 샐러리맨 계급으로까지 침투하였다"(『米子自治史』)라는 기록도 보인다.

사회가 보다 폐쇄적이고 공적인 의복을 입을 기회가 적은 곳에서는 평상복의 양복화가 더욱 늦어진다. 필자가 조사한 바에 따르면, 와카야마 현 가나야 정(金屋町)의 산촌지역과 분고스이도(豊後水道 : 시코쿠의 에히메 현과 규슈의 오이타 현 사이의 해협) 내에 있는 히부리시마(日振島)의 경우 제2차 세계대전 이후가 되어서야 마침내 성인 남성의 서양복장이 일반화되었다.

현저하게 기능화된 남성의 작업복, 예를 들면 기능인이 입는 핫피나 모모히키 차림 등은, 닛커 바지(무릎 밑으로 내려오는 활동하기 편한 평평한 바지)나 점퍼가 보급될 때까지 오랫동안 남아 있었다.

여성의 양장화 과정은 남성에 비하여 약 반세기가 늦다. 남성의 경우 서양옷의 보급이 공적인 복장으로서 사회적 활동과 관련되어 있다는 점을 감안한다면, 여성의 사회적 진출이 그만큼 늦었다고도 할 수 있겠다.

여성의 복장에서 하카마가 없어지고 고소데(소매가 좁은 기모노) 차림이 등장하자 기모노를 여며주는 오비가 필요없게 되었다. 에도 시대

초기에는 여성과 남성 모두 오비 폭이 거의 같았다. 그러다 여성의 오
비 폭이 점점 더 넓어지고 묶는 위치도 남성과 똑같은 배에서 점점 위
로 올라가더니 급기야는 더 이상 올라갈 수 없는 가슴 지점까지 올라
갔다. 여기에 기모노의 소매 폭이 겐로쿠 시대부터 비정상적으로 커졌
다. 이렇게 여성의 기모노는 노동에는 전혀 적당하지 않은 방향으로—
진화의 면에서 본다면 진화의 막다른 골목을 향하여—발전한 것이다.

메이지 시대 이후에도 여성의 기모노는 에도 시대와 별로 달라지지
않았다. 전시대의 다스키(기모노 소매가 걸리적거리지 않도록 걷어 붙여 등
에서 X자로 묶어주는 멜빵)나 앞치마 차림 대신 기모노를 입고도 노동할
수 있도록 만든 갓포기(소매·달린 가운)가 등장하고, 제2차 세계대전 때
양잠농가의 작업복인 몸뻬를 기모노 위에 입기도 했지만, 기모노 자체
의 대폭적인 개선은 이루어지지 않았다. 그렇다고 해서 일하기 편한
서양옷으로 바뀐 것도 아니었다.

일반적으로 여성이 서양옷을 입기 시작한 것은 제1차 세계대전 이
후 모던걸(modern girl)과 모던보이(modern boy)가 유행하던 시대로서 다
이쇼 시대의 민주주의 여파를 타면서부터다. 물론 처음에는 아주 일부
의 여성만이 서양옷을 입었다. 곧 와지로(今和次郎)가 1926년 초여름
긴자 거리에서 조사한 바에 따르면, 기모노가 아닌 양장을 한 여성은
1% 정도에 불과하였다. 단 그것은 일반 여성일 경우고, 여학생들 가운
데 양장을 한 사람은 29%에 달했다.3)

같은 방법으로 1933년 2월에 조사한 바에 따르면, 긴자에서 양장을
한 여성은 19%를 차지하였는데 여학생과 어린이를 제외하면 일반 여
성의 양장률은 3%였다.4) 1938년 도쿄의 세 곳에서 조사한 여성 양장

---

3) 今和次郎,「東京銀座街風俗記錄」,『今和次郎集(1)-考現學』, ドメス出版, 1971.
4) 今和次郎,「和洋比率測定(昭和八年)」,『今和次郎集(8)-服裝研究』, ドメス出版,

률은 평균 25%에 달했다.[5] 다이쇼 시대 말부터 시작된 양장화는 쇼와 10년(1935)대 전반까지 상승곡선을 그리다 전쟁 때에 일시 정체되지만 제2차 세계대전 이후에는 모든 여성이 양장을 하게 된다.

이제 여성의 기모노는 후리소데(긴 소매의 기모노) 차림 등의 예복으로만 남게 되었다. 그것은 전통 일본요리처럼 지나치게 특수화되었기 때문에 화석화된 채로 보전되는 방향을 취하게 된 것이다.

머리쓰개와 신발

전통적으로 일본의 일상에서 머리에 쓰는 것을 크게 구분해 보면 관(冠)과 삿갓, 수건의 3 계열로 나눠진다.

관은 관위12계의 제정에서 알 수 있듯이 중국에서 전해진 제도로서 조정에서의 계급질서를 명확히 하기 위한 도구로 사용되었다. 신분에 따른 예장(禮裝)으로 도입된 것이 점차 관위도 관직도 없는 서민들에게까지 받아들여져 사람을 만날 때 관을 쓰지 않으면 실례라고 생각하게 되었다. 헤이안 시대에 관직을 가진 자가 약식으로 쓴 게이칸(圭冠 : 위쪽이 원추형이고 아래쪽은 네모난 옻칠한 관)을 이미 서민들도 쓰기 시작했으며, 가마쿠라 시대에는 게이칸이 변화한 에보시(烏帽子 : 봉투형 관)를 썼다. 원래 에보시는 견직이나 얇고 가벼운 비단(사) 등으로 만든 것인데, 종이에 옻칠을 하여 민중들의 머리쓰개로 보급되었다.

관은 궁정 내의 의례에 사용되면서 등장하였기 때문에 실내에서도

1972.
5) 川添登, 「後記」, 『今和次郎集(1)-考現學』, ドメス出版, 1971.

수건을 이용한 머리쓰개
한 장의 천을 다양하게 이용
한 머리쓰개는 일본의 독자적
인 쓰개로 발전하였다.

에보시를 쓴다. 상반신은 벗고 있어도 머리에만은 에보시를 쓰고 있다 든가 에보시를 쓴 채로 잠을 자는 그림도 남아 있다. 실내에서 쓰는 모자는 신체보호와 같은 실용적 기능과는 전혀 상관이 없고, 인격의 상징을 상징한다. 따라서 남성은 하나의 인격체로서 성인으로 인정받 는 겐푸쿠(元服 : 성인식)를 한 후에야 에보시를 쓸 수 있었다. 이때는 에보시 축하파티가 열리고 에보시를 바탕으로 양아버지와 양아들의 관계가 성립되는 관행이 농민사회에 남게까지 되었다. 한편 관은 원래 남성의 신분질서를 나타내는 도구로서 출발하였기 때문에 여성의 경 우 관 종류의 쓰개는 생겨나지 않았다.

무로마치 시대에 들면 머리에 아무것도 쓰지 않고도 사람들 앞에 나설 수 있게 되었고, 일본식 상투인 촌마게를 묶게 되면서 에보시는 사라지고 제례나 막부 행사 때 등에만 쓰이는 의례용 관으로 남게 되었다.

비실용적인 관에 비하면 삿갓은 햇빛과 비 등으로부터 머리를 보호하기 위한 기능을 갖추고 있다. 일본 삿갓의 기원에 대해서는 잘 알 수 없다. 그러나 동남아시아나 중국 남부지방 등 일련의 논농사 경작지대에 분포하는 삿갓 계통의 머리쓰개와 관계가

가쓰라마키 가쓰라 지역에서 교토로 나와 생선 등을 파는 여성들을 가쓰라메라고 하였는데, 그들이 쓴 하얀 머리수건과 묶는 방법에서 나온 말이다. 『三十二番職人歌合』

있을 것이다. 이것들은 모두 아시아 몬순지대에서 공통적으로 나타나는 옥외작업용 머리쓰개로 사용되었다.

옥외노동에 종사하는 자만이 아니라 여성도 관 대신 외출용으로 이치메가사(市女笠 : 꼭대기에 돌출부가 있는 삿갓)나 누리가사(塗笠 : 얇은 판에 종이를 붙여 옻칠을 한 삿갓)를 썼다. 에보시나 가부토(투구)를 쓰지 않게 되면서는 진가사(陳笠 : 하급 사무라이가 투구 대신에 쓴 것)나 아미가사(編笠 : 지푸라기나 사초 등으로 엮어 만든 삿갓)를 썼다. 산도가사(三度笠 : 얼굴을 푹 가리는 삿갓)는 우편배달부가 사용하였는데 마침내는 도박꾼도 쓰게 되었고, 도리오이가사(鳥追笠 : 샤미센에 맞추어 노래를 부르며 돈을 받는 여자인 도리오이들이 쓴 삿갓)는 거리의 예능인이 썼다. 땡

초중이 쓰는 삿갓 등, 삿갓의 종류만 갖고도 직업을 추정할 수 있을 만큼 에도 시대에는 삿갓이 발달하였다.

1878년에는 밀짚모자가 등장하였는데, 모양은 서양식이지만 농작업이나 외출용으로 실용성이 풍부한 여름모자로 사용되었다. 그런 의미에서 삿갓 계통에 속한다고 보아도 될 것이다.

수건이나 천 한 장을 다양하게 접거나 묶어서 사용하는 머리쓰개는 일본의 독자적인 쓰개로 발전하였다. 이 중 크고 두꺼운 천을 이용하여 숄처럼 사용한 가도마키, 교토 주변에 사는 가쓰라메(桂女 : 원래는 교토 외곽의 가쓰라 지역의 신궁에서 일하는 무녀에서 유래한 말로, 점차 가쓰라에서 나와 교토 시내에서 흰 수건을 쓰고 사탕이나 은어 등을 판 여성)의 가쓰라마키(긴 수건으로 머리 뒤쪽에서부터 감싸 앞이마에서 묶는 것) 등 여러 가지로 머리쓰개 전용 천과 사용방법 등이 출현했다. 머리에 쓰는 방법에 따라 형태를 잘 다듬기 위해 간단히 몇 바늘만 꿰매면 전용 두건이 되었다.

현대에는 사람을 만날 때 수건을 벗는 것이 예의지만, 어떤 곳에서는 사람 앞에 나서기 위해 일부러 수건을 쓰는 곳도 있다. 고대에 사람들 앞에 나설 때는 관을 착용하는 것이 예의였던 시대의 잔존일 것이다. 머리를 전부 내보이지 않고 시늉만이라도 관 같은 것을 쓰는 것이 필요했던 것이다. 제례 때 수건를 자주 쓰는 것도 신에 대한 정중한 몸가짐이라는 의미를 나타낸다고 생각하였기 때문일 것이다.

가마쿠라 시대부터 사무라이가 전장터에서 에보시에 하치마키(머리띠)를 둘렀던 데서 유래하여 이후 하치마키 차림에는 일종의 무장이라는 개념이 따라붙었다. 오늘날 운동회의 하치마키도 여기에 기인한다.

남성용 서양식 모자는 메이지 시대의 단발령에 의해 유행하기 시작하였다. 상투를 자르면서 머리카락이 풀어헤쳐지자 이를 모자로 단정

하게 정리하고자 한 것이다. 후에 대실업가가 된 마쓰모토 주타로(松本
重太郎)는 1871년 교토에서 단발령이 실시된다는 정보를 접하고 곧 고
베로 가서 나가사키행 외국선을 탔는데, 그 배에는 놀랍게도 단발령을
예견하고 나가사키로 모자를 사러 가는 상인이 30명이나 타고 있었다
고 한다. 이 30명이 나가사키 전역의 모자를 사들였다. 다음 배로 교토
와 오사카에서 몇십 명씩 상인들이 모자를 사러 왔지만 이미 버스는
떠난 후였다. 마쓰모토 등이 전부 사들인 모자를 구입하려는 손님들이
가게 앞에 장사진을 친 것은 물론이다.6)

　메이지 시대 중반경에는 관리나 신사용으로 중산모(모자 머리부분의
중간이 약간 들린 것)가 유행하고, 무난한 중절모(모자 중간이 살짝 내려앉
은 것)는 관리, 신사, 상인, 학생, 기능인들이 사용하였다. 사냥모자(헌팅
캡)는 약식 모자로서 어느 계층에게나 어울렸고, 해군모자라고도 불린
휘장 달린 학생모는 초등학생부터 중학생들이 사용하였다. 후에 중산
모는 유행에서 멀어지고 중절모와 사냥모자를 많이 썼다. 『메이지 상
매왕래』(明治商賣往來)의 저자는, 메이지 30년(1897)경 13세 때 모친의
장례식에 볼사리노 중산모에 검은색 문장을 새긴 센다이(仙台) 특산품
인 하카마를 착용하고 참례했다.7) 이는 유복한 가정의 경우였고, 기모
노에 게타(나막신)를 신은 급사도 머리에는 중절모를 쓰곤 했다. 복장
의 서양화는 우선 머리에서부터 시작되었던 것이다.

　신발은 유라시아(유럽과 아시아)의 건조지대와 눈이 많이 내리는 북
방지대에서 발달한 것이다. 이러한 신발은 고분시대에 이미 선을 보였
고, 수·당나라의 영향을 받은 나라 시대의 의복령(衣服令)에서는 여러
종류의 신발이 신분에 따라 정해졌다. 그러나 이러한 신발은 의례용

6) 石井硏堂, 『明治事物起源』, 日本評論社, 1969.
7) 仲田定之助, 『明治商賣往來』, 靑蛙房, 1974.

일본과 같은 몬순 지대에서는 그냥 맨발이거나 혹은 발바닥만 보호하는 샌달 종류가 발달하였다. 일본의 나막신도 그 중 하나다. 사진은 에도 말기의 게타 가게

신발이지 장거리용은 아니었다. 게다가 강우량이 많고 길이 금방 진흙탕이 되어버리는 일본의 풍토에는 이러한 신발이 적당하지 않았다. 일본뿐 아니라 몬순지대에서는 이러한 신발은 발달하지 않고, 맨발이나혹은 발바닥만 보호하는 신이 이용된 것으로 보인다. 게타나 일본식짚신, 조리(엄지발가락에 끼워신는 샌달식 일본신)처럼 발바닥만 보호하는 것이 일본 신의 주류를 이룬 것이다. 따라서 중국에서 도입된 신발은일본에서는 정착되지 못하였다. 짚으로 바닥을 삼고 줄을 이용하여 발에 묶는 일본식 짚신은, 고대의 신발 가운데 가장 소박한 짚으로 만든신발이 일본에 맞게 변화한 것으로 보인다.[8] 짚으로 만든 신발은 적설

8) 潮田鐵雄, 『はきもの』, 法政大學出版局, 1973.

지대의 눈신발로 남아 있다.

짚으로 삼은 밑바닥에 나막신처럼 발가락 사이에 낄 끈을 붙인 조리는 헤이안 시대쯤에 출현한 것으로 알려져 있는데, 발가락 사이에 끈을 끼우는 원리는 야요이 시대에도 잘 알려져 있었기 때문에 조리는 그보다 훨씬 전부터 있었다고 해도 이상할 것이 없다. 그러나 장거리를 걸을 때는 아시나카라고 해서 길이가 발바닥의 반 정도 되는 짧은 조리 쪽이 신기에 편리하여 널리 이용되었다.

근래에는 일본에서 고안된 고무 조리가 눈 깜짝할 사이에 동남아시아와 태평양 제도, 아프리카 등 원칙적으로 맨발로 사는 지역의 서민용 신으로 유행하게 되었다. 구미에서는 비치샌달로 이용되고 있다. 고무 조리는 아마 일본의 복식문화가 세계에 공헌한 유일한 예가 아닌가 생각된다.

나막신이나 발가락에 끈을 끼우는 신발은 동남아시아 반도로부터 중국에 걸쳐 분포되어 있다. 일본에서 처음 출현한 나막신 형태의 신발은 야요이 시대의 유적에서 출토한 농작업용 나막신이다. 조리나 짚신을 만들 때 볏짚을 이용하고 최초의 나막신이 논농사용이었다는 점을 고려하면, 역시 일본의 신발은 벼농사와 관계가 깊다고 하겠다. 고분의 껴묻거리로서 굽달린 게타의 석제 모조품이 나온 것을 보더라도 고분시대에 보행용 게타가 있었다는 것을 알 수 있다. 그러나 게타는 장거리 보행이나 육체노동에는 적합하지 않아서, 게타를 상용하는 경우는 오래 걸을 필요가 없는 상류층이나 승려법사 등으로 한정되었다. 에도 시대에는 도시 서민들 사이에 게타가 대중화되어 여러 종류의 게타가 고안되었다.

일본 신발의 주류는 발 전체를 덮는 것이 아니다. 또 신발을 벗고서 집으로 들어가기 위해서는 우선 발을 씻고 실내로 들어갔다. 맨발인

사람도 많았다. 그래서 집 입구에는 발 씻는 대야가 놓여 있었다.

메이지 시대가 되면서 서양식 신발이 들어왔지만 시골에서는 좀처럼 서양식 신발을 신지 않았다. 값이 워낙 비싸기도 했지만 푹푹 빠지는 진흙탕 길에서는 그런 신발이 적당하지 않았다. 쇼와 20년(1945)대까지는 옷은 서양옷을 입어도 신발은 운동화가 아니라 게타인 경우가 많았다. 머리는 제일 먼저 서양화되었지만 신발은 마지막까지 일본식이 남아 있었던 것이다. 이는 주로 몬순지대라는 풍토 때문이었을 것이다. 전 국민이 신발을 신기 시작한 것은 도로포장이 진행되면서였다. 그리고 길이 아스팔트로 바뀌면서 군화처럼 발목 위까지 올라오는 신발을 신는 사람도 없어지게 되었다.

수염과 상투

백인종이나 흑인종에 비하여 일본인을 포함한 몽골계 인종은 신체적인 면에서 남녀의 성적 차이가 뚜렷하지 않다. 남성이 몸집이 크고 단단한 신체에 털투성이인 데 비해 여성은 몸집도 훨씬 작고 유방이나 엉덩이가 튀어나온 식으로 성차가 강조된 서구인의 신체구조가 아니다. 일본인 남성은 가슴털이나 수염이 별로 발달하지 않았다.

구미에서는 신체구조상 남녀 차이가 뚜렷한 것은 물론이고, 남성의 경우는 바지, 여성의 경우는 치마라는 식으로 성차를 더욱 강조하는 복장이 발달하였다. 화장이나 머리손질도 남녀 차를 분명히 하는 쪽으로 진행되었다.

그에 비해 일본에서는 남녀의 차이를 복장이나 화장 등을 통해 강조하는 경우는 비교적 적었다고 할 수 있다. 남녀의 성차를 강조하는 패션이 등장하기는 했지만 시대가 조금 지나면서 남녀간의 거리는 단축되었다. 에도 시대에 그려진 처녀총각이 시시덕대는 풍속화를 보면, 성기가 표현되어 있지 않았다면 어느 쪽이 남자고 어느 쪽이 여자인지 잘 분간할 수 없을 것이다. 양쪽 다 통통한 중성적 신체구조를 가진데다 약식의 보통 기모노라는, 원리적으로 성적 차이가 없는 옷을 입고, 마에가미(관례를 올리기 전에 소년들이 이마 위로 땋아 얹은 머리모양)를 한 총각과 처녀의 머리모양을 한 번 보고는 구별하지 못하는 경우도 있다.

얼굴에서 성차를 보여주는 것은 남성의 수염이다. 체모가 발달하지 않은 일본인에게는 멋진 수염을 기른다는 것도 어렵지만, 사회이념상으로도 수염은 난폭하고 위압적이며 한편으로는 거칠고 촌스러운 것으로 여겨져 전통적으로 수염을 기르지 않는 쪽이 예의로 여겨져왔다.

스사노오노미코토(기기신화에서 이즈모 계통 신의 원조가 되는 신)가 다카아마노하라(高天原 : 천상세계)에서 추방당할 때 8척 수염을 잘렸다는 이야기가 나오고 나라 시대의 그림에 수염난 인물상이 보이는 점에 비추어 보면 고대에는 수염을 기르는 습관이 있었을지도 모른다. 그러나 헤이안 시대에 들면 수염은 깎거나 뽑는 것이 일반적이었다. 물론 이 시대에도 게비이시(檢非違使 : 불법이나 위법을 조사하였는데 나중에는 재판이나 소송까지 담당) 관리 중에는 가쓰라히게라는 붙이는 수염을 한 사람도 있기는 했다. 그러다 가마쿠라 시대의 사무라이들이 본격적으로 수염을 기르기 시작하였고, 전국시대에 들자 사무라이들은 수염을 기르는 데 열심이었고 수염이 없는 자는 여자나 병신 얼굴이라는 놀림을 받았다. 게비이시든 사무라이든 수염으로 남성다움을 강조하는 것은 '무'(武)의 원리와 맞아떨어진다.

그러나 게이초(慶長 : 1596~1615) 시대에 천하통일이 이루어지면서

이마를 반달 모양으로 깎는 사카야키 모습

'수염이 많이 난 사람은 야만인과 비슷하다'고 하여 수염을 야만적인 인품을 드러내는 것으로 취급하게 된다. 그 후 간에이(寬永 : 1624~1644)경까지 수염을 기르는 사람들이 있었지만 그들은 '무가(武家)의 종놈'이라고 불리는 시종이나 와카토(若党 : 신분이 낮은 가신), 젊은이, 패거리 등 사무라이를 모시는 하층민이거나 요즘식으로 말하자면 히피들이었다. 수염이 '가부키모노'(색다르고 화려한 차림으로 남의 눈을 끄는 언동을 하는 사람)의 반항정신을

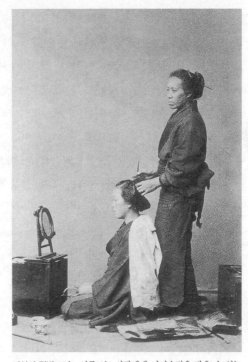

여성의 결발 모습 시중드는 사람에게 머리손질을 받을 수 있는 경우는 주로 상류층 여성들이었다.

상징하는 하나가 된 것이다. 어쨌든 에도 시대는 수염을 기르지 못하도록 금지령을 내린 적이 있을 정도로 전체적으로 무(無)수염 문화였다고 할 수 있다.

메이지 시대 초기 단발령이 내려지고 나서 관리들이 수염을 기르기 시작하였고, 뒤따라 교원들도 수염을 길렀다. 러일전쟁 후부터는 군인들 사이에 카이젤 수염이 유행하였다. 메이지 시대의 수염 역시 '무'(武) 또는 '관'(官)의 위력을 과시하는 상징이었던 것이다.

일본에서는 어린이를 중성적 존재로 보고 성적 차이를 인정하지 않

는다. 그러다가 성년식을 통해 성인 대열에 끼고, 처음으로 남녀를 구별하는 치장을 시작한다. 예컨대 성년식에 처음으로 '상투'를 틀어 지금까지 풀어내린 머리를 묶어서 머리 위로 올린다. 덴무(天武 : 673~686) 시대부터 나라 시대에 걸쳐 빈번하게 소위 상투를 틀라는 '결발령'(結髮令)이 내려졌는데, 이는 수·당나라 제도를 직수입하려는 의도에서 일시적으로 나온 것으로 곧 사라졌고, 이후 여성들은 오랫동안 머리를 틀어올리지 않았다. 여성의 머리는 에도 시대에 머리를 틀어올리기 전까지는 어깨에 늘어뜨리는 것이 보통이었다. 그에 비해 남성은 성년식 때 지금까지 늘어뜨린 머리를 묶어서 올리고, 올린 머리는 관이나 에보시 안에 싸넣었다. 후에 일본식 상투인 촌마게를 틀게 되면서는 성년식 때부터 사카야키(月代 : 이마 언저리의 머리카락을 반달 모양으로 면도하는 것)를 하게 된다.

여성은 머리를 올려묶는 대신 성년식 때 쇼(裳)를 입었다. '쇼차쿠'(裳着) 또는 후세에는 성숙한 성인으로서 고시마키(腰卷)를 입는다는 '고시마키이와이'(腰卷祝)라고 하여 성년식은 여성의 독자적 복장에 의해 표현되었다. 또한 성년식 때부터 '오하구로'(이를 검게 칠하는 것)를 하고 눈썹을 밀고 그곳을 검게 칠하였다. 오하구로의 기원에 대해서는 동남아시아에서 흑색 빈로 열매를 씹는 습관에서 착안한 남방기원설이 있지만, 확실한 것은 알 수 없다. 눈썹을 그리는 습관은 나라 시대에 들어온 중국의 풍습이 일본에 정착한 것으로 생각된다.

이를 검게 칠하고 눈썹을 그리는 여성 화장법은 도바(鳥羽) 천왕(1103~1156)의 궁정에서 하류 남성들 사이로 퍼져나갔다. 일종의 에로티즘에서 시작되었을 것이다. 귀족이나 상류 무사들은 성년식 때부터 이를 검게 칠하고 눈썹을 그렸다. 나중에 이야기하겠지만, 일본인의 복장과 치장의 역사를 보면 여성이 남장을 하는 쪽으로 나가는 것이

여러 가지 와카슈마게

일반적이었는데, 일부 상류층에 한정된 현상이기는 해도 어쨌든 남성이 여장을 했다는 것은 특이한 현상이다.

에도 시대에 들자, 여성이 이를 검게 칠하고 눈썹을 미는 것은 성년식이 아니라 결혼식 때 행해지게 되었다. 오하구로 습관이 서민 여성들 사이로까지 침투한 것도 에도시대 때다.

앞이마 부분의 머리카락을 반달 모양으로 밀고 일본식 상투를 트는 세상에서도 보기드문 남성의 헤어스타일이 어떻게 발생하였는가에 대해서는 납득할 만한 설명을 할 수 없다. 사카야키라는 말은 이미 12세기부터 등장한다. 에보시를 쓸 경우 이마의 머리카락이 모자 밖으로 나오는 것이 보기 싫어 그렇게 했다든가, 혹은 무사가 전장터에서 투구를 쓸 때 머리에 땀이 차지 않도록 이마의 머리카락을 밀었다는 식으로 설명되곤 한다.

어쨌든 사카야키를 하는 것은 '무'(武)와 관계가 있다. 원래 사카야키는 전장터에 나갈 때만 하고 평상시에는 앞이마의 머리카락을 길렀는데, 오닌(応仁)의 난 이후 평상시에도 머리 앞부분을 밀게 되었다. 에도 시대에 번창한 직업 가운데 '가미유이'(髪結 : 상투틀기)라는 것이 있는데 「낙중낙외도」(洛中洛外圖)에도 신흥직업으로 등장한다.[9] 손님은 무사다. 무사가 사카야키를 하는 습성 때문에 가미유이라는 직업도 등장하게 되었을 것이다.

머리를 짧게 자른 후 가마가 있는 지점에서 상투를 틀고 남은 머리카락은 늘어뜨린 상태에서 에보시 안에 집어넣었던 방식이, 사카야키로 앞이마를 밀고 에보시를 쓰지 않게 되는 촌마게 방식으로 이행되자 서민들에게까지 퍼진다. 에도 시대 남성의 헤어스타일은 수십 종을 헤아리지만 대다수는 이 촌마게의 변형이다. 엄밀히 말해 촌마게는 남성 상투틀기의 한 가지 종류에 불과할 뿐, 사카야키를 한 남성의 상투를 총칭하는 것은 아니지만, 여기서는 현재 일반화된 촌마게라는 단어를 사용하기로 하겠다.

촌마게는 '무'(武)의 원리에 기반을 두고 있다. 수염처럼 '무'의 원리는 남녀의 성차를 강조한다. 앞이마를 민다는 것은 인공적으로 대머리를 만드는 것이다. 대머리가 남성의 성차를 강조할 수 있게 해주는 신체특성이라고 한다면 너무 억지처럼 들릴지도 모르겠지만…… 어쨌든 '무'의 원리에 따라 성립한 상투를 여성들도 채용하게 됨으로써 머리스타일에서도 남녀간의 성차는 줄어들게 되었다.

여성의 머리스타일은 몽골인의 직모 성질을 살려서 그대로 늘어뜨

9) 坂口茂樹,『日本の理髮風俗』, 雄山閣, 1972.

모호한 성? 일본에서는 남녀의 성차가 뚜렷하게 강조되지 않는다. 이 그림은 성의 상징이 없다면 실제로 어느 쪽이 남성이고 어느 쪽이 여성인지 구분하기 어렵게 되어 있다. 에도 시대. 喜多川歌麿, 「子寶繫の節」

리거나 또는 묶어서 늘어뜨리는 것이 보통이었다. 쭉 뻗은 검고 긴 머리카락이 아름다운 머리칼로 여겨졌고, 이러한 관념은 퍼머가 도입될 때까지 계속되었다. 여성들이 상투를 틀게 된 후에도 길고 곧게 뻗은 머리카락은 여전히 머리를 잘 묶을 수 있는 조건이었다.

원래 머리를 올려 묶는 것은 노동에 종사하는 여성으로 한정되고, 보통은 어깨에 늘어뜨렸다. 그러다 에도 시대에 들면서 남성의 상투가 다양화됨에 따라 여성들도 상투를 틀기 시작하였다. 따라서 머리를 틀어 올리지 않고 오스베라카시(앞머리를 옆으로 부풀리고 뒷머리는 길게 늘어뜨리는 스타일)라는 내린머리를 한 사람은 지위가 높은 궁녀나 궁정과 관계된 여성들뿐이었다.

에도 시대 여성의 머리스타일은, 성인식 이전의 소년의 머리스타일인 앞머리는 내리고 나머지는 모두 땋아 올린 형태의 상투를 모방한 것이라고 할 수 있다. 사카야키를 하지 않을 뿐 남성의 상투형이 여성에게 도입된 것이다. 예를 들면, 분킨시마다(文金島田 : 평범한 올린머리인 시마다형보다 더 높게 빗어올린 화려한 머리모양으로 혼례 때 많이 하였다)는 조루리(淨琉璃 : 비파 등의 연주에 맞추어 옛이야기를 곡조를 붙여 불렀는데, 점차 일본의 전통 현악기인 샤미센의 반주에 맞추어 행하는 인형극으로 발전했다)에서 노래파트를 맡은 미야코지분고죠(宮古路豊後掾)의 머리형으로부터, 다치마쓰시마다(辰松島田)는 조루리 인형을 조종하는 다치마쓰하치로베(辰松八郞兵衛)로부터 유래되었는데, 모두 남성상투를 여성이 이용한 것이었다. 원래 분킨풍이니 다치마쓰풍이니 하는 것은 시마다(여성의 올린머리형)의 변형인데 여성의 머리를 올리는 방법인 시마다 자체가 남성상투를 여성의 머리 위에 옮겨놓은 것이었다. 조루리뿐 아니라 가부키(일본전통극으로 남자들만으로 구성)의 남성역 배우의 상투나 여성역 배우의 상투형도 일반 여성에게 도입되었다. 시대가 약간

지나, 여성을 위한 가미유이(머리틀기)라는 직업을 금지시키려 한 간세이(寬政) 7년(1795)의 포고문에는 일반 여성들이 "기생을 비롯하여 가부키에서 여자역을 하는 배우들처럼 머리를 묶고……"라는 표현이 나온다. 머리형뿐 아니라 에도 시대의 기모노 패션 등 여성의 치장은 연극이나 기생의 풍속에 기원한 것이 많다. 연극이나 기생들 사이에 유행한 남성 풍속이 여성에게 도입되어 여성이 남성화된 것이다.

미타무라 엔교(三田村鳶魚),[10] 곧 와지로(今和次郎)[11]가 지적했듯이 에도 시대에 여성패션을 리드한 사람은 배우와 기생, 창녀들이었다. 폭 넓은 오비와, 긴 소매, 옷입는 방법, 화장, 머리모양새 등 오늘날 일본의 전통적인 신부 몸치장은 모두 그 기원을 유곽과 연극계에서 찾을 수 있다. 치장은 대개 '화류계'쪽에서 '보통사람'들 쪽으로 전달되는데, 여기에서 보통사람이란 일반 서민뿐 아니라 상류층 사무라이의 자녀들까지 포함한다. 에도 시대의 도시에서는 메이레키(明曆 : 1655～1658) 이후 풍속도가 그 중요 매체가 되었다.
근대 서구의 패션은 상류계층에서 시작하여 하류계층으로 내려가는 보통이었는데, 그렇게 보면 에도의 패션 흐름은 서구와는 정반대였다. 그렇게 만든 것이 도시의 시민문화였다.

여성이 머리를 묶는 방법만 보더라도, 궁중의 궁녀나 상궁에게서 기원했다고 하는 고가이마게(笄髷 : 머리를 전부 뒤로 돌려 하나로 묶은 후 고리형으로 엮어 사이게 비녀를 꽂는 머리형)를 뺀 나머지 주요 방법 세 가지 즉, 효고마게(머리를 정수리 뒷부분에서 높이 틀어올리는 머리형)는 효고 항구의 기녀에게서, 시마다마게(미혼여성의 머리형으로 혼례형으로도 이용된다)는 도카이도 시마다 숙사의 기녀에게서, 가쓰야마마게는

---

10) 三田村鳶魚,「花柳風俗」,『三田村鳶魚全集(10)』, 中央公論社, 1975.
11) 今和次郎,「日本服裝小史」,『今和次郎集(7) 服裝史』, ドメス出版, 1972.

에도 말기부터 메이지 시대에 걸쳐 여성의 머리 모양은 300가지 이상이나 되었다.

기녀인 가쓰야마(勝山)에게 기원하였다고 한다. 연극 등을 통해 남성의 풍습이 곧바로 기녀에게 유입되었고 마침내 일반 여성들 사이에서까

지 유행하게 된 것이다.

연극 그 자체도 오쿠니가부키(阿國歌舞伎 : 오쿠니라는 무녀가 교토에서 시작한 가부키의 시초)를 에도 시대 초기에 계승하여 기녀들이 남장을 한 데서부터 시작되었으며, 여성 가부키가 금지되자 와카슈가부키(若

衆歌舞伎 : 소년들에 의해서만 행해진 가부키로 후에 남창 등 풍기문란을 이유로 금지되었다)가 등장하여 남녀 어느 쪽도 아닌 희한한 성(性)세계를 표현하였다. 이후 야로가부키(野郎歌舞伎 : 앞머리를 미는 사카야키라는 성인 머리스타일을 한 채로 행해진 가부키)로 바뀌자, 이번에는 남성이 여장을 하고 남성과 여성의 성을 오가게 되었다. 그러한 상황에서 고안된 패션이란 순수한 남성풍속을 한 번 변형시켰던 것인 만큼 여성에게도 도입되기 쉬웠다는 점을 염두에 둘 필요가 있다.

막부 말기부터 메이지 시대에 걸쳐 나타난 여성의 머리스타일은 약 300 가지 정도가 있었던 것으로 전한다.

5 사람의 일생

요네야마 요시나오

생활사를 규정하는 것

세 계에는 30억 인구가 살고 있지만, 엄밀히 말해 이들 한사람 한 사람의 인생은 전부 제각각이다.

지구의 어디에서 태어났는가, 어느 계층에서 태어났는가, 남자인가 여자인가, 몇 번째 아이인가 등 자신의 의지와는 상관없는 타고난 조건에 의해 그 인생은 달라지게 된다. 30억 개의 살아가는 방법이 있고 살아가는 모습이 있다고 해도 과언이 아니리라.

인간이 태어나서 죽을 때까지의 경과를 생활사(生活史) 즉 라이프 히스토리라고 하는데, 이 개인의 생활사는 타인의 것과는 다르다. 더욱이 그 인생은 각각 단 한 번뿐이다. 그래서 철이 들고나면 각 개개인은 일정한 범위 내에서 스스로 생활사 코스를 선택해 나아갈 수 있다. 극단적인 경우에는 자살이라는 방식을 통해 생활사를 끊어버릴 수도 있을 만큼 주체성을 갖고 있다. 따라서 개인의 생활사는 매우 특수하고 실존적인 것이며, 그렇기 때문에 개인의 생명과 인권은 엄숙한 것으로서 취급되어 왔다고 할 수 있다.

그러나 한편으로 개인의 천차만별의 생활사—개인사는 대부분 공통된 전제 위에 성립한다는 점 역시 명백하다. 우선 첫 번째 공통점이라 할 1회성은 호모사피언스라는 동물의 일종으로서의 성격에서 유래한다. 인체구조는 생물학적으로 보아 개체적 차이보다 공통성이 압도적으로 많다. 인간이 서로를 인간으로 인식하는 것도 이러한 공통성에 기본을 두고 있다고 할 수 있다.

사람은 남녀 양성(兩性)의 생식행위에 의해 임신한 여자의 태내에서 성숙기간을 거친 후 이 세상에 태어난다. 그러나 다른 동물들과는 달리 태어난 갓난아이는 극히 무력하며 따라서 부모나 부모를 대신하는 사람의 보육 없이는 생존할 수 없다. 아이가 성인이 되기까지는 오랜 양육기간을 필요로 하며, 그 사이 신체적 성장과 함께 사회적·문화적 오리엔테이션을 받는다. 그리고 장년기를 지나 점차로 노화현상을 거친 후 쇠약해져 죽음에 이른다. 이 생물학적인 라이프사이클에 관한 한 '사람의 인생'은 공통된 기반 위에서 전개되며 어느 누구도 여기에서 벗어날 수 없다(이러한 인식방법 외에 보다 신비적·종교적인 사고방식으로 인생을 보는 방법도 결코 적지 않다. 그러나 여기에서는 우선 이 과학적 상식을 기초로 하여 이야기를 풀어나가고자 한다).

두 번째 공통점으로, 이러한 생물학적 기반에 대응하는 인류 공통의 습성학(習性學), 즉 에스로지컬한 공통성이 있다. 슬플 때는 눈물을 흘리고, 기쁠 때는 웃는다. 무서우면 움츠리고, 화가 나면 부들부들 떤다. 이러한 행동의 원형은 개별문화와 상관없이 보편적으로 나타난다. 습성학자인 아이블 아이베스펠트는 특수카메라를 들고 전 세계를 돌아다니면서 사람이 사람과 만날 때 미소를 짓고, 손바닥을 상대방을 향해 쳐들면서 인사하는 등의 행동이 개별문화적 차이와는 상관없이 공통적으로 받아들여진다는 점을 실증하고자 했다. 이는 유전적으로 계승된 인류의 공통성이라 할 수 있으며, 개인의 생애 역시 이러한 큰 틀에서 벗어날 수 없다.

인류 전체에는 이러한 소위 생물학적 공통성이 존재하지만, 아울러 세 번째로 개별문화가 개인의 생활사에 미치는 공통성도 많다는 점을 인정하지 않으면 안 된다.

예를 들어 일본인의 경우, 어릴 때부터 일본어를 익히고 일본의 관습 속에서 살아가기 때문에 거기에서 벗어나 자유롭게 행동하기란 그리 쉽지 않다. 그것은 어떤 개별문화에 속하든 마찬가지다. 이러한 상대적 독립성으로 인해 개인이 어떤 개별문화 안에서 태어났는가에 따라 결정적으로 상이한 생활사의 틀을 부여받게 되는 것이다. 또한 동일한 개별문화라도 시대에 따라 그 틀이 크게 달라지며, 더 세부적으로는 소속집단의 성격에 따라서도 동일한 개별문화 안에 다양한 틀이 존재한다고 할 수 있다.

예를 들면 2차 세계대전 전의 일본사회의 경우, 농부나 상인 집안의 장남으로 태어난 사람은 그 인생의 틀이 이미 어려서부터 거의 결정되어 있었다. 몇 살쯤 결혼을 하고 몇 살쯤에 가업을 잇고, 몇 살쯤 은퇴한다는 것이 거의 결정되어 있었다. 또한 당시 일본인은 학교교육을 얼마나 받았느냐에 따라 생활사의 틀이 결정되었다고도 할 수 있다. 고등소학교졸, 중등학교졸, 전문학교졸, 대학교졸은 각각 부차적인 문화로서의 개별문화를 갖고, 독자적인 생활사의 틀을 갖고 있었으리라.

어느 시점에서 개인을 살펴보면, 그는 어느 정도의 나이를 먹은 성실한 하나의 인격적 존재다. 동일하게 어느 시점에서 집단을 살펴보면, 그 집단에는 그 집단만이 갖는 개별문화가 어떤 구조를 갖춘 통합체의 형태로서 자리잡고 있다. 그것을 하나의 관습체계 혹은 사회적·문화적 통합이라고도 표현할 수 있다.

예를 들면 1970년대의 일본문화라는 차원에서 보면, '사람의 일생'은 각자 나름대로 일련의 관습체계에 의해 완결성을 갖고 있다. 사람은 태어나 7일째에 이름을 갖고, 7세경부터 의무교육을 실시하는 학교에 들어간다. 17세경에는 성적으로 숙성하고 27세를 전후하여 결혼을 한다. 37세경부터 노화가 시작되고 47세경은 한창 일할 때며, 57세경에 은퇴한다. 그리고 70세경부터 노쇠해진다.

소위 드센 치맛바람을 날리는 엄마들의 입시경쟁과열 세태도, 단지 70년간이라는 시간적 측면에서 '사람의 일생'을 고정적으로 본다면,

장래 자기 아이의 행복을 위해 보다 좋은 조건을 갖추게 해주려는 노력의 하나라는 점에서 수긍이 간다. 또한, 정년제라는 것이 한창 일할 나이에 있는 사람들의 인생계획에 여러 가지 형태로 영향을 주고 있다는 점도 이 관습체계를 갖춘 완결성에서 유래한다고 할 수 있겠다.

소위 인생의 매듭 매듭에 해당하는 지점에 어떤 형태로든 의례를 치르는 관습은 보편적으로 인정된다. 그것을 반 제네쁘는 '통과의례'라고 이름붙였다. 사람은 태어나서부터 죽을 때까지, (때로는 그 사후에도) 일련의 의례를 '통과'하는 것이다. 일반적으로 탄생, 성인, 결혼, 퇴직, 죽음 등이 중요한 의례 시기로 여겨진다. 그 최초와 최후의 의례는 물론 당사자는 자각하지 못한다. 그러나 주위 사람들에게 이는 커다란 사건이다. 사람들은 전세대인 부모나 조부모의 죽음과 장례, 후세대인 자녀와 손주의 탄생축하를 각자의 성년기에 경험한다. 개인의 생활사 안에서 그것은 본인의 탄생이나 죽음보다 더 큰 의미를 갖는다고 할 수 있다.

개인의 생활사―개인사는 그 집단이 갖고 있는 문화 형태―예를 들면 일련의 통과의례로 표현되는 그런 관습체계와 연결되어 전개된다. 여기서 주의해야 할 점은 이 집단도 시간의 경과에 따라서 변화한다는 것이다. 즉 개인사에 대해 집단사가 존재하며, 개인사는 그 집단사와 연계되면서 전개되어 간다. 제2차 세계대전이 끝나기 전까지 일본인에게 징병검사는 하나의 통과의례적 의미를 갖고 있었을 뿐만 아니라 그후 성인으로서의 생활사에도 커다란 영향을 끼쳤다. 근대 일본인들에게 징병검사는 집단사 안에서 중요한 위치를 갖는 인생의 매듭이었다고 할 수 있다. 오늘날 국민 형성에 노력을 기울이고 있는 아프리카 여러 나라에서도 마찬가지로 국민에게 의무를 지우는 것이 새로운 의미를 갖게 되었다. 예를 들면, 탄자니아공화국 청년의 경우 전 청년들에게 부과되는 내셔널 서비스(National Service)는 군대 이외에도 지방행정관, 교사 등 여러 분야에서 행하는 국가에 대한 봉사이며, 그것은 그들의 인생에 커다란 영향을 주고 있다. 즉 이 같은 집단의 변화나 집단사의 추이에 의해 개인사가 좌우되는 경우가 적지 않다. 병역이 없어진 제2차 대전 후에 태어난 일본인의 개인사는 제2차 대전 전 사람들의 개인사와는 다른 틀을 취하게 된다. 이러한 경향은, 예를 들면 학교제도나 정치구조, 민법개정 등의 제도적인 변화에 의해서도 발생된다. 개인사의 다양성은 이러한 집단사에 의해 파생되는 경우가 적지 않다. 개인사는 집단사에 의해 규정된다고 해도 과언이 아니다. 따라서 집단사에 의해 희생되고 농락당해 버리는 예도 또한 적지 않다. 소위 '기구한 운명을 보낸' 개인이 있을 수 있으며, 달리 표현하자면 개인은 정말로 '시대가 만든 사람'이라고 할 수 있겠다.

단, 흥미롭게도 집단사는 사실 개개인의 움직임에 의해 만들어져 간다는 중요한 사실이 다른 한편에 존재한다. 한 마디로 시대의 흐름이라고 하지만, 그것은 늘 소수의 혁신자인 개인에 의해 만들어져 간다. 역사가 때로는 강렬한 개성을 지닌 특정한 개인사와 관련되어 이루어진다는 측면을 주의해서 살펴볼 필요가 있다. '클레오파트라의 코가 낮았다면'이란 비유는 그러한 점에서 대단히 중요한 점을 시사한다. 집단사를 바꾸는 개인사가 있다는 것은, 예를 들면 레닌이나 히틀러를 드는 것만으로도 충분할 것이다.

여기에서는 오늘날의 일본문화에서 '사람의 일생'의 실태를 집단사와 개인사의 관계 안에서 살펴보고자 한다. 이는 일련의 통과의례의 변화를 파악하는 데 그치지 않고, 좀더 깊이 파고 들어가 개인사—개개인이 집단사를 좌우하는 성격을 띠는 집단 측의 변화를, 개인사를 매개로 해서 취급해 보고자 한다. 비교를 위해 일본문화 이외의 개별문화들에 대해서도 이야기하겠지만, 역시 초점은 현대 '일본인의 일생'에 두고자 한다.

탄생과 성장

최근 가고시마에서 태어난 다섯 쌍둥이에 대한 뉴스가 아직도 기억에 새롭다. 매일같이 다섯 쌍둥이의 성장 상황 차트를 게재한 신문까지 있었다.

이것은 다섯 쌍둥이라는 희귀성 때문이기도 하겠지만, 인간 탄생이라는 것에 대한 일본인의 가치관, 태도양식─소위 가치(=태도)체계 때문일지 모르겠다. 현대 일본인들은 어린아이의 탄생에 포지티브한 평가를 내리고 있는 것이다. 이에 비해 도쿠가와 시대(1603~1868)의 일본인의 평은 반드시 이와 일치하지는 않았다. 약 250년에 걸쳐 인구가 3천만 명대에서 정체하였던 것은, 높은 유아사망률이 보여주듯이 위생학적 문제도 있었겠지만, 한편으로는 소위 낙태나 가난 때문에 영아를 죽이는 관습과 관련이 있었다. 야나기타 구니오(柳田國男)가 젊었을 때 산요(山陽 : 현 오카야마 현, 히로시마 현, 야마구치 현 일대) 지방 도로인 후쿠자키(福崎)로부터 간토 지방의 누노가와(布川)로 이사하여 그 곳에서 '영아를 죽이고자 하는 소원을 적은 에마(繪馬 : 발원하거나 소원이 이루어졌을 때 절이나 신사에 봉헌하는 말그림의 액자)'를 보고 쇼크를 받았다는 이야기는 유명하다. 이는 생산력=인구지지력(人口支持力)이 낮아서 많은 아이를 키울 수가 없었기 때문이다.

그러나 그 시대에도 집안의 후계자에 대한 기대와 노동력에 대한

생명의 탄생
일본의 오시치야는 아이
가 태어난 지 7일째에
이름을 붙여주고 축복을
해주는 행사다.

기대감은 첫 아이에 대한 의례형태 등에 잘 반영되어 있다. 특히 극단
적인 예로서, 다음 대를 이을 후계자의 유무가 전 가신단의 생활안정
과 관련되어 있었던 다이묘(大名 : 영주)의 경우 오히려 축첩제를 인정
하는 형태로 후계자 탄생＝다이묘 가문의 안정이라는 가치＝태도 체계
가 있었다. 메이지 시대의 민법은 가독상속제(家督相續制)를 채용함으
로써 이 무가적이고 부차적인 문화를 전 국민문화로 정착시키려 했다.
즉 장자상속제, 2남·3남이나 여성의 권리제한 등 그때까지만 해도 지
방마다의 관습에 불과했던 것을 전국화시켰던 것이다.

주의해야 할 점은, 오늘날에도 환영받는 아이들의 출생 뒤에는 그렇
지 못한 임신이나 분만이 존재한다는 사실이다. 교토의 오무로(御室)에
있는 닌나지(仁和寺)에 새로 생긴 낙태아 지장보살의 개안공양(開眼供養)

이 행해졌다는 사실이 신문에 보도된 바 있다. 낙태아 지장보살이란 태어나지 못한 채 묻힌 아이들을 공양하기 위한 보살이다. 절의 상혼(商魂)도 있겠지만 어쨌든 이처럼 각지에서 낙태아 지장보살이 신설되고 번성하는 것은 무엇을 의미할까? 영아 유기라든가 영아 살해에 대한 뉴스도 끝이 없다. 환영받지 못하는 출생이 오늘날에도 여전히 계속되고 있음을 알 수 있다. 이것은 성(性)을 둘러싼 이미지가 아이를 낳고 키운다는 본래의 생식 기능에서 벗어나, 쾌락 내지 욕망의 충족으로 전화되고 있는 세상의 일면을 반영한 것이다. 오늘날의 환영받지 못하는 출생은 거의 대부분 이러한 쾌락주의적인 세상의 결과다. 이는 도쿠가와 시대의 '영아 살해'에서 나타나는 극단적으로 비참한 상황 때문이 아니다. 세상이 환영하는 아이는 합법성을 갖춘 정식 결혼을 전제로 한다. 이 점에서는 오히려 도쿠가와 시대가 더 미혼모에게 관용적이었던 것이 아닌가 생각된다. 중매결혼이 발달하기 전까지의 결혼이란 촌락 내의 동료들에게 동의를 얻는 것이 우선이었고 의례로서의 결혼은 그 다음 문제였다.

오늘날에도 '이와타오비'(岩田帶 : 복대) 같은 습관이 부분적으로는 남아 있다. 벌써 십수 년도 더 된 일이지만, 필자 부부가 외국에서 장녀를 출산했을 때 교토의 처갓집에서 이와타오비를 보내왔다. 이 습관은 아직도 각지에 남아 있다.

그러나 오늘날에는 농촌·산촌도 산파보다는 산부인과 병원을 이용하는 경향이 많아지고 있다. 따라서 임신·분만에 관한 오랜 관습은 급격히 모습을 감추게 되었다. 오히려 도시에서 아이를 안고 신사 등을 찾아 참배하는 할머니나 엄마들을 볼 수 있다. 출산에 대한 산부인과 의술도 여러 가지로 다양하게 도입되어, 출산에 대한 사람들의 마음가짐 역시 여러 형태를 띠게 되었다. 몇 권의 책에 의지할 수밖에

장례불교
일본 불교는 장례와 관계가 깊다. 사진 위는 시체를 염하는 모습이고 아래는 장례식이 행해지는 모습인데, 에도 시대 부유한 상인의 장례 풍속과, 장례와 불교 간의 밀접한 관계를 잘 보여준다. 川原慶賀,『人の一生』

없는 젊은 엄마가 많은 것도 또한 사실이다. 핵가족화의 진행과 사람들의 지리적 이동으로 인하여, 수세대가 함께 동거했던 과거의 경우와는 다른 다양한 조건들이 출산부터 육아기에 제시되는 것이다.

축성명식, 첫걸음마, 우지코이리(신생아가 처음으로 조상신을 참배하고 그의 자손으로서 합류하는 의례) 등의 습관은, 지방 곳곳을 자세히 살펴보면 아직 남아 있다. 여러 전승에 대해서도 굳이 물어본다면 그에 상응하는 답변과 해석을 들을 수 있을 것이다. 그러나 그러한 전통관습은 그 영적 신통력을 많이 잃어버렸다. 오히려 임산부수첩과 육아수첩에 대한 이야기, 의사나 보건소의 검진, 출생신고서 제출 등의 문제가 더 큰 관심거리며, 당사자들 특히 젊은 부부들 사이에 소중히 여겨지고 있다. 인생의 마지막에 해당하는 죽음과 장례식의 경우 아직 불교를 비롯한 종교적 의례와 관련이 강한 편인 데 비하여, 출생과 관련해서 나타나는 이러한 탈종교성은 아주 흥미롭다. 과거의 일본인과 비교해 보았을 때 오늘날의 일본인은 출생에 대해 신비함과 엄숙함을 훨씬 덜 느끼게 된 것은 아닐까.

그래도 남자아이가 태어나면 고이노보리(잉어처럼 만들어서 단오절에 매다는 것)가 1개월 정도씩 걸려 있기도 하다. 아마 젊은 부모들보다는 그들의 부모들, 즉 아이의 조부모에 해당하는 사람들의 마음의 표시인 경우가 많을 것이다. 동일한 예로, 여자아이의 히나닌교(일본의 전통복을 입은 왕과 왕비를 중심으로 좌우대신, 궁녀, 음악반주자 등의 인형이 진열된 것)도 널리 보급되어 있다. 이러한 경향은 두 가지 이유 때문일 것이다. 하나는 학교교육 안에서 이것들이 전통적 행사로 취급되어, 읽기나 노래, 만들기와 같은 교재로서 성립되어 있다는 점─즉, 국민문화의 한 항목이 되었다는 점이다. 다른 하나는 상업주의에 의한 광범위한 선전이다. 후자의 경우 예를 들면 고이노보리가 없으면 체면이 깎인다는 식으로 선전을 하기 때문에, 일본처럼 타인지향적인 대중사회에서는 이러한 문화가 정착·확산되었다고 할 수 있겠다.

동일한 경향─전체적으로 탈종교·세속화, 국민문화화, 상업주의에 의한 확산─은 그 후에 계속되는 아이들의 통과의례에도 나타난다. 이치고산의 축하(어린아이의 장수를 비는 축하잔치. 남자는 3·5세, 여자는 3·7세 되는 해에 씨족신에 참배) 등이 그 예다. 또한 교토의 13참배〔음력 3월 13일에 13세 난 소년·소녀가 복과 지혜를 나눠준다는 고쿠조(虛空藏)에 지혜와 행복을 기원하는 참배〕 같은 행사는 지역적인 행사이긴 하지만 뿌리깊게 남아 있다. 4월 13일, 13세의 소녀들이 때때옷을 입고 교토시 북서쪽에 위치한 사가(嵯峨)의 호린지(法輪寺)를 찾아 고쿠조에 참배하는 것이다.

그러나 오늘날 전 일본문화 속에서 보면 이러한 전통적인 의례나 행사는 야나기타 구니오의 말을 빌자면 "이것도 저것도 요즈음은 모두 폐허처럼 망가졌다"(柳田國男,『家閑談』『柳田國男著作集 15』, 230쪽). 그래서 사람들이 오히려 그 쪽에 많은 관심을 기울이고 있다. 어쩌면 전통의례나 행사는 과거 일본문화가 지니고 있던 정서의 잔존일지도 모른다라고 하면서 야나기타 구니오는 다음과 같이 지적하고 있다.

사람이 세상에 태어나 의젓한 성인이 되기 위해 치러야 할 시험들은 옛날이 오히려 지금보다 가짓수도 많고 예외도 없었지 않나 싶다. 그러한 시험을 괴로운 관문이라고 하여 한탄하는 사람이 없었던 것은 꼭 통과하고야 말겠다는 뜨거운 열정이 넘쳐흐르고 그런 만큼 통과자는 희열을 맛보았기 때문이다. 서양의 학자는 제2의 탄생 등이라 하며 성년식만 대단히 중시하는 경향이 있지만, 적어도 일본사에서는 그러한 단계가 몇 개씩이나 있었고, 이는 반드시 주술적인 것만을 주 목적으로 했던 것이 아니다. 삶을 영위하는 문제를 종교윤리나 정치경제 등과 구별하는 것은 그야말로 현대인들의 머리에서 나온 것이고, 몇 천 년 전 과거사회에서는 이 모두를 융합시킨 '이승'라는 것을 만들어 냈다. 민속학 학도라면 약간만 고찰해 보아도 경계를 나누고 전문분야를 정하는 것이 사실은 대단히 잘못된 것임을 모두 느낄 것이다. (柳田國男,『家閑談』『柳田國男著作集 15』, 229~230쪽)

위의 글은 원래 「탄생과 성인식」이라는 제목으로(『岩波講座·倫理學』, 1941) 발표된 것이다. 후에 「사회와 어린이」라는 제목으로 바뀌어 『가한담』(家閑談)에 수록되었는데, '사람의 일생'을 고찰할 때는 반드시 참고해야 할 필수문헌 가운데 하나다. 오늘날 개인사에는 집단사 측의 일종의 격세유전(진화과정에서 없어진 형질자가 자손에게 우연히 나타나는 현상)이 형성되어, 집단의 격려를 받으면서, 매클렐런드 류로 말한다면 달성동기(achievement motivation)를 습득해 가는 것이 상당 정도로까지 부활한 듯하다. 하나 더 인용하겠다.

  전국적으로 거의 일반적이라 해도 될 만큼, 이 날(탄생 1년 : 필자 주) 떡을 해서 친족들에게 돌리고 아울러 그 일부를 싸서 만 한 살이 되는 아이에게 짊어지게 한다. 이것을 짊어지고 척척 걸어가는 아이가 있는가 하면 무거워서 주저앉아 버리는 아이도 있지만, 대체로 아이가 질 수 있는 무게보다 약간 더 무겁게 하여 결과적으로 주저앉도록 만드는 것은 뭔가 의미심장하다. (위의 책, 230쪽)

유치원에 들어가는 때부터 시험이라는 짐을 지는 어린아이를 안쓰러워하는 소리도 있지만, 소위 치맛바람을 일으키는 엄마들의 격려와 '과보호', 스킨십이 플러스로 작용하는 측면도 있다는 사실을 놓쳐서는 안 될 것이다. 오히려 예를 들면, 만화 세계에서 야마나카 시카노스케(山中鹿之助 : 전국시대 말기에 주군이 멸망하자 재흥에 힘썼지만 체포·피살되었다) 같은 이미지가 계승되고 있다. 일본의 국민문화는, 인생으로 치면 초기 매듭인 초·중·고의 입학과 졸업 그리고 그 전후의 긴장과 애환 쪽으로 이동하여 이미 한 세기가 지났다고 볼 수 있다. 그렇다면 잔존해 있는 단편적인 민족현상은 존재 이상의 무게를 가지고 옮겨하고 있다는 점도 인정해야 할 것이다.

언제 성인이 되는가?

히로시마 현 구라하시시마(倉橋島)의 남해안 마을을 G. T 볼즈 박사와
함께 여행한 적이 있다. 반농반어촌인 이 마을은 다른 어촌과 마찬가
지로 어부들의 가옥이 밀집되어 있다. 이들 가옥에는 젊은이들이 마음
대로 활개를 치고 다닐 수 있을 만한 장소가 적다. 그래서 마음 맞는
패거리들끼리 상의하여 좀 여유가 있는 집의 헛간 2층방을 빌리고, 이
렇게 해서 젊은이들의 사랑방이 생긴다. 젊은이들은 저녁을 먹은 후
이곳에 모여 밤을 보내고 아침식사 전에 집으로 돌아간다. 이런 사랑
방이 마을 안에 몇 개씩 생긴다. 처녀들도 마음 맞는 사람들끼리 모임
방을 만든다. 모임방의 대장은 사회적으로 신용이 있는 사람. 모여서
는 이런 저런 것을 배우기도 한다. 어떤 마을은 누군가 가져온 샤미센
(三味線 : 세 줄로 된 일본 고유의 현악기)을 연습해서 많은 여자들이 샤미
센을 연주하게 되어 유명해지기도 했다. 사실 이런 것은 처녀들이 모
임방에서 배우는 여러 가지 중 하나에 불과했다. 처녀들도 젊은 남자
들과 마찬가지로 자신의 모임방에 분산해서 묵는다. 그러는 중에 총각
들과 처녀들 사이에 교류가 시작된다. 총각들은 사랑방 단위로 처녀들
의 모임방을 방문한다. 하룻밤에 몇 개씩 되는 모임방을 돌기 때문에,
한 곳에 머무를 수 있는 시간은 짧을 수밖에 없다. 처녀들 쪽에서는
이렇게 내방해 오는 그들을 맞아 접대를 하므로, 이는 예절을 연습하
는 장이 되기도 했다. 노래에 맞추어 샤미센을 연주하기도 하며 자연
히 친밀감이 돈독해지고, 개중에는 마음이 통하는 특정 커플도 탄생한
다. 이것을 가장 먼저 눈치채는 것은 당연히 남녀 각각이 속한 모임방
동료들. 그들이 보기에 이 커플이 잘 어울리는 한 쌍이 될 것 같으면,

그들만의 공간 지금은 일본의 일부 지방에만 남아 있어 자취를 찾아보기 어렵게 된 젊은이들의 모임방. 단합을 도모하고 예절을 익히며 자연스러운 남녀 커플이 탄생하는 장이 되기도 하였다.

결혼에 골인할 수 있도록 응원을 보낸다. 모임방 우두머리들도 커플의 양친에게 교량 역할을 한다. 만약 부모들이 반대가 있을 경우에는 이들 커플이 몰래 도망칠 수 있도록 배려하기도 한다. 부모들은 대개 젊은 동료들에게 손을 든다.

그러나 모임방의 동료들이 보기에 이들 커플이 날라리로 비치면 당연히 이런 응원은 기대할 수 없다. 성관계 같은 것은 오히려 상호 견제를 받아, 동료들에게 애인으로서 인정을 받기 전까지는 손도 잡지 않았다고 한다.

이러한 사랑방을 경험한 사람들은 이미 70 고개를 넘어선 사람들이다. 그 이후 세대들은 남자든 여자든 소학교를 마치면 바로 오사카나

젊은이들이 주역이 되어 벌이는 축제. 지금은 이러한 모습을 보기도 쉽지 않게 되었다.

고베를 비롯한 공장 등으로 일하러 떠나는 경우가 많아졌고, 또 한편
으로는 청년교육이 점점 체계화되면서 오랜 관습을 부정하는 경향이
강해졌기 때문이다. 여름철 보름밤의 뱃놀이나 추석에 한데 모여 춤을
추는 풍속 같은 것도 점차 사라지고, 결혼방법에도 변화가 일면서 마
을 내의 로맨스도 적어졌다. 추석이나 설날에는 마을을 떠난 젊은이들
이 한꺼번에 돌아와 옛날 관습이 일시 부활하는 것처럼 보이기도 했지
만 오히려 그것은 동창회와 유사한 성격으로 변해 버렸다.

　다소 이상화시켜 이야기해 보았는데, 실제로 이는 일본의 젊은이들
사이에 보이는 다양한 제도 가운데 한 예에 불과하다. 젊은이들의 세
계에 국한해서만 살펴본다면, 그 집단사는 요 백년 사이에도 몇 번씩
이나 성쇠를 반복해 왔다. 1945년 패전 직후 한때는 복원자와 실업자
라는 형태로 귀향한 젊은이들이 대단히 자발적으로 활동을 했고, 그러
는 사이에 로맨스가 생겨 결혼한 사람들이 지금 50대쯤 되었다.

전통적인 젊은이들 세계에 먼저 저항장을 내민 것은 군국주의보다 학교교육이었다. 구제 고교의 집단사가, 그들 졸업자의 개인사에 얼마나 깊은 영향을 미쳤는지는 새삼 지적할 것도 없다. 이는 중등학교도 마찬가지였다. 근대 일본은 젊은이들에게 지금보다 더 폭넓은 인생 코스를 준비해 두었다. 가난한 집에서 태어났더라도 군인으로 성공할 수 있는 코스가 있었다. 소학교를 마치고 바로 사환이 되어 자수성가할 수도 있었고, 당당한 기능인이 되기까지 좋은 스승 밑에서 기술을 배우는 길도 있었다. 제국대학을 졸업하고 관리가 되는 길은 그러한 코스들 중 하나에 불과했다. 각각의 코스마다 청년들을 대하는 방법이 상당히 구체적으로 준비되어 있었던 것이다. 따라서 근대 일본의 젊은이들 집단사는 대단히 많은 코스가 있었다는 사실을 전제로 해서 파악해야 할 것이다.

제2차 대전 후 학제가 바뀌면서 위에서 보았던 다양성은 모두 6·3·3·4제 방식 안에서 재편성되었다. 현재 40대 후반 사람들이 이 신학제 아래서 교육받은 사람들이다. 제2차 대전 후에 태어난 인구가 전 인구의 반을 넘는 오늘날, 제2차 대전 후 실시된 교육이야말로 각 개인사 중의 청년기를 규정하는 집단사의 중요 부분이 될 수 있을 것이다.

제2차 대전 후 30년 동안 청년들의 개인사에서 가장 중요한 의미를 갖는 귀속집단이라면 학교 내의 클라스와 서클 내지 클럽일 것이다. 그것은 한편으로는 계속되어 온 대중화 현상 안에서 획일화를 촉진시켰고, 다른 한편으로는 보다 작은 집단인 각종 서클이나 클럽의 발달을 촉진시켰다. 이것들은 앞서 든 처녀·총각들의 모임과 마찬가지로 대단히 자연발생적으로 생겨나 마침내 하나의 조직을 이루고, 이것이 다시 다음 세대로 계승되어 간다. 같은 시기에 같은 클럽이나 서클 등에 소속되었다는 사실은 그 후로도 오랫 동안 의미를 갖게 된다. 때로

성인식
20세를 성인으로 보는 풍습은 근대 서양의 영향이다. 전통적으로 일본에서는 대개 15세가 되면 성인식을 치르고 이를 겐푸쿠라고 하였다. 위의 그림은 에도 시대 무가의 전형적인 겐푸쿠를 잘 보여준다(『德川 盛世錄』). 아래 사진은 옛 방식대로 행해지는 현대의 겐푸쿠

개인사 전체에 깊이 관여하게 되는 경우도 있다. 인류학에서 말하는 연령집단의 기초가 된다. 예컨대 이력서에는 일반적으로 어느 학교를 몇년도에 졸업했다는 사실이 열거되지만, 보다 구체적·실질적으로는

무슨 클럽에 속해 있었는가가 오히려 더 중요한 의미를 갖을 것이다.

성인의 날은 국민축일로서 정월 보름인 1월 15일로 정해진 지 오래 되었지만, 새로 성인이 되는 사람들을 위해 지방자치체가 주최하는 환영의례란 늘 뻔하다. 외출복을 차려입고 공회당 같은 데 모인 새내기 성인들의 뉴스사진도, 시장 등의 축하인사도 하나같이 천편일률적인 느낌이다. 앞에서 인용한 야나기타 구니오의 주장에 따른다면, 20세가 되면 일률적으로 성인이 된다고 보는 것은 서구식 근대화의 잔재일지도 모르겠다. 징병검사 역시 근대 국민개병제의 편의에서 나온 것이다.

실제로 사람들의 라이프스토리를 채집하면서 언제 성인이 되는가는 상당한 개인차가 있다는 사실을 알 수 있었다. 어려서 부친을 잃고 스스로 가장이 되어 어머니나 어린 동생들을 부양해야 하는 젊은이라면 분명 빨리 성인이 되려 할 것이다. 반대로 언제까지나 양친의 보호 아래서 자유분방하게 사는 사람이라면 서른이 다 되어도 '성인'임을 자각하지 못할 수도 있다.

필자가 아는 아프리카의 어떤 전통 부족사회에서는, 청년 그룹에서 장로가 되려면 몇 가지 제약이 따르고, 장로들이 특정 개인을 유자격자로 인정하여 동료로 받아들여주지 않는 한 '성인'이 될 수 없다. 그러다 보니 40세를 넘기고도 여전히 장로 자격을 갖지 못하는 사람이 존재한다. 예컨대 장로가 되기 위해서는 아내가 있고 가족을 위한 집을 소유하고 있으며, 거기에 가족을 부양할 만큼 충분한 밭을 가지고 있고, 부족의 전통적인 관습을 잘 알고 있으며 거기에 충실해야 하는 등의 조건을 충족시켜야 한다. 물론 이것은 소년에서 청년이 되는 단계의 조건이 아니라 청년에서 당당한 하나의 성인이 되는 단계의 조건이다.

구미인의 경우에는 성인이 되는 것이 빨리 요구된다. 고등학교를 졸업하면 성인으로서의 매너를 익히는 것이 원칙이다. 대학생이 결혼하여 아이를 갖는 것은 보통이며, 세상은 이에 걸맞게 그에게 성인으로서의 사회관습을 습득할 것을 요구한다. 물론 최근 '길어진 청춘'이라는 말도 있듯이 사회 일반에 참여하기보다는 젊은이로서의 자유로움을 유지하려 하는 사람이 늘면서 '중년 히피'가 없는 것은 아니다. 그러나 서구사회에서 그 같은 생활방식을 선택한다는 것은, 일본인으로서는 상상도 할 수 없는 결심과 행동을 필요로 한다. 사회가 그런 어리광을 허락하지 않기 때문이다.

참정권 등의 법률적인 것을 차치하고라도, 현대 일본인이 언제 성인이 되는가의 문제는 논의의 여지가 많다. 어떤 사람은 취직을 가지고 '당당히 한 몫을 하는 사람'이 되는 계기로 보고, 또 다른 사람은 결혼을 진짜 어른이 되는 계기라고 본다. 이들 주장은 어느 쪽이든 상당한 설득력을 갖고 있기 때문에 어느 한쪽만을 택한다는 것은 어쩌면 현실에서 괴리되는 것일지도 모른다.

여기에서 지적할 수 있는 것은 어느 쪽이든 '성인이 된다'는 것은 매우 개별화되어 버리기 때문에 개인차가 크다는 점이다. 그래서 각자 처한 처지에 따라 빨리 어른으로서 살아가야 할 사람이 있는가 하면, 언제까지든 어린아이나 청년인 채로 부모와 세상에 어리광을 부리며 사는 사람도 있다는 것이다.

대부분의 기업에서는 새로 채용한 신입사원들에게 일정한 연수를 시키고 있다. 신입사원 전원을 선종계 사원이나 자위대에 넣는 경우도 있다. 기업이 그러한 훈련을 필요로 할 만큼, 요즘 젊은이들은 방임적이고 사회생활을 위한 훈련이 제대로 되어 있지 않다. 가정은 학교가 그런 훈련을 맡아주길 기대하지만, 학교는 거기까지는 책임을 지려 하지 않는다. 일반인들도 제2차 대전 이전처럼 남의 자식의 행동에까지

간섭을 하려 들지 않는다. 그러한 속에서 유일하게 사회적 훈련의 장
으로 남아 있는 것이 앞서 예로 든 클럽과 서클이다. 그러나 그곳도
남의 일에도 팔 걷어부치고 나서서 돌봐주는 형님 역할을 하는 사람이
적어져 예전과는 같지 않다.

사회생활과 가정생활

필자 같은 사람은 직업상 대학을 떠나는 학생들의 변모를 자주 보게
된다. 그들 스스로도 이 점을 의식하는 것 같다. 4월에 취직이 되어 학
교를 떠났다가 얼마 후 대학을 방문한 어떤 학생은 그동안 친근했던
캠퍼스 세계가 너무도 생경하게 느껴진다는 이야기를 한 적이 있다.
사실 대학 주변은 독특한 부차적 문화가 존재하며, 이는 '풍속'이라고
불러도 될 만큼 어떤 분위기를 갖고 있다. 그러나 일단 이 곳을 떠나
게 되면, 보다 일반적인 세상에 자신을 전부 드러내 보이게 되므로 몸
짓 하나 하나에까지 세심한 주의를 기울여야 한다. 그 때문에 상당한
문화적 쇼크를 맛볼 수도 있다. 이에 비해 언제까지든 대학 주변에 머
물러 있을 수밖에 없는 연구자들 가운데는, 젖뗄 기회를 놓쳐버린 인
물들을 그리 어렵지 않게 발견할 수 있다. 세상에서 말하는 소위 '어른
이 되기' 위해서는 그만한 쇼크가 필요한 것이다. 반 제네프의 말을 빗
대어 표현하자면 소위 '통과해야 하는 충격'을 경과하고 난 후에 비로
소 개인사는 성인세계로 들어가는지도 모른다.
  그 중 하나가 우선 결혼이다. 과거 청년 모임들이 제공하는 기능 중
하나가 배우자 선택의 기회였는데, 이 기능은 학교나 그룹·서클 활동

에서 일정하게 계승되고 있다. 오늘날에도 중매결혼을 하는 사람은 연애결혼을 하는 사람보다 그 숫자가 약간 더 적은데, 중매결혼일 경우에도 특히 처음 소개자 역할부터 하는 본격적인 중매인의 수는 계속 감소하는 추세다. 단 결혼식은 원래의 형식(그렇다고는 해도 메이지 시대 이후의 방식에 불과한 것이지만)을 계승하여 지금도 결혼식장에서는 ○○ 가문, ×× 가문이라고 적힌 피로연 간판이 자주 눈에 띈다. 형식적으로는 여전히 집안 간의 결혼이고 친족도 초대하고 신부는 시부모에게 꽃다발을 전하기도 한다. 그러나 참가자의 대다수는 신랑·신부의 직업상 동료나 친구일 경우가 많다. 때로는 예식을 위해 부탁받은 중매인부터 사회자에 이르기까지 신랑의 직장동료나 학교친구로 꽉 차는 경우도 적지 않다. 시골에서 올라와 얼굴을 내미는 친척 노인들은 한 구석으로 밀려나고.

배우자를 선택할 권리가 가부장의 손에서 당사자의 손으로 옮겨진 후 이미 4반세기가 경과하였다. 따라서 결혼풍습에 혹 고풍이 남아 있다 하더라도 그것은 남에게 보이기 위한 것일 뿐 실질적인 것은 전부 변해 버렸다. 원래 결혼식이란 가문과 가문의 상호 인지를 기초로 하고, 그에 따라 동료나 세상에서 두 사람이 결혼관계라는 특별한 관계에 들어갔음을 공적으로 승인하는 것이었다. 그런데 오늘날은 우선 두 사람의 합의를 전제로 하여 동료들이 이를 승인하고, 마지막으로 친족들이 얼굴을 마주 대하는 식으로 형식이 변화되고 있다.

신(神) 앞에서 결혼식을 올리는 풍습은, 기독교 등 서구의 영향을 받은 것으로 일종의 대항적 문화양식이라는 사실은 이미 잘 알려져 있다. 제2차 대전 후 어느 때인가 동료의 회비제라는 형식을 빌어 신은 빼고 그냥 사람들 앞에 서서 올리는 결혼식이 유행한 적이 있었다. 사실 한 가문에서 다른 가문으로 시집가고 장가간다는 것은, 설사 집안

결혼의 변천 전통 혼례복 차림의 신랑·신부와 혼례 일행. 고풍이 남아 있지만 결혼의 실질은 옛날과는 완전히 달라져 버렸다.

의 신을 모시는 신단이나 불단에 참배한다 하더라도 역시 사람을 앞에
두고 올리는 결혼이라는 성격이 강했다. 그러나 결혼식장 같은 데서
반격이 들어와서인지, 신 앞에서 서약을 하는 종교적 의례가 널리 남
아 있다는 것도 주지의 사실이다. 그 시비를 따지기에 앞서 결혼식 같
은 일에는 어쨌든 종교성이 요구되고, 탄생이나 죽음에서도 마찬가지
현상이 나타날 것이다.

취직을 하고 결혼을 한 사람들은 자신들의 주거지에서 산다. 대부분
의 세대는 핵가족으로 구성되어 있고, 특히 네오 로컬, 즉 양쪽 모두
양친과 떨어져 새로운 세대를 이룩하는 스타일이 일반화되고 있다. 이
런 방식을 취하기 어려운 농·산·어촌 젊은이들은 부모와의 동거를
일종의 희생으로까지 생각하는 경향이 생겼고, 아들과 함께 살기 위해
새 차를 사준다는 이야기도 별로 희한할 것 없는 일이 되었다. 쇼와
20년(1945)대 후반경의 젊은이들의 행동양식은 '신제도 고등학교' 스
타일에 수렴되었다는 지적이 있는데, 오늘날의 소위 '사회인'은 '샐러
리맨' 스타일로 수렴되었다고 할 수 있겠다. 중소기업도 주식회사 간
판을 내걸게 되면서 사장·전무로 불리는 사람들의 수가 증가하고, 예
전의 사환이나 급사도 샐러리맨이 되었다. 이러한 경향은 여러 관공서
와 학교 등 급여소득자 전체로 퍼져나가, 국무총리와 대학 학장의 보
너스가 얼마라는 등의 이야기가 신문에 실릴 만큼 전 일본은 총체적으
로 샐러리맨화되고 있다. 이러한 풍조는 노동운동의 중심에 조직노동
자-샐러리맨이 서게 되었다는 사실과도 관련 있을 것이다. 사실 샐러
리맨이 아닌 자영업자가 국민의 상당수를 차지하고 있음에도 불구하
고 이처럼 '총체적인 샐러리맨화' 경향이 나타난다는 사실에 대해서는
주목할 필요가 있다.

대중사회의 획일성은 여기에서도 나타난다. 직장과 가정이 분리되

고 남편은 넥타이와 양복 차림으로 출근하고 저녁에 귀가하는 것이
'보통'이라고 본다면, 자기 가게를 갖고 장사를 하는 사람이나 집 바로
앞의 논밭에서 일하는 농부 등은 그 획일성에서 제외되어 버린다. 가
내공업이나 기능공의 세계 역시 이단에 속하게 된다. 사실 생활이란
것은 거의 무한이라고 해도 좋을 만큼 다양할 수밖에 없다. 그런데도
누구나 스스로를 샐러리맨으로 간주하고 임금인상과 보너스를 기대한
다는 점에서 일본문화의 편협성이 생기는지도 모르겠다.

장년기의 일본인은 아이를 낳아 키우고, 자기보다 나이가 더 든 사
람의 죽음을 지켜보고, 각자의 입장에서 정치에 참가하고 지역사회의
행사에 참가하는 등 일련의 사건과 맞닥뜨리고 그것들을 경험해 나간
다. 그리고 직장에서의 지위변동과 역할변화를 경험해 나간다. 크고
작은 '통과 충격'이 인생의 연륜을 갖게 해주는 것이다.

인간은 자기 개인사의 어떤 시점에서, 앞으로의 인생 진로를 어느
정도 예견할 수 있는 소위 인생의 고개에 설 수 있다. 앞에서 언급했
듯이 생활사의 체계가 거의 확립되어 있기 때문이다. 물론 거기에서
벗어나 다른 코스를 선택하는 사람도 있을 수 있지만, 대부분은 이러
한 체계에 순종한다.

그러한 체계가 크게 흔들린 것은 1960년경부터다. 농민들은 자신의
고향을 버리고 노동자가 되었다. 샐러리맨 가운데는 '탈 샐러리맨'을
지향하는 사람들이 (사실은 소수이지만) 나왔다. 전 일본을 뒤덮은 고도
경제성장의 영향이 그때까지와는 스케일이 전혀 다른 '급격한 변화'를
일본 열도 구석구석에까지 불러왔다. 그 결과 개인사를 상당 부분 수
정하게 된 사람들이 많이 등장하였다.

외국인들이 보기에 일본인의 가장 놀라운 점은 장년기 일본인들의
일하는 태도였다. 24시간 근무정신이 어찌나 투철한지 직무에 충실하

다는 말만 갖고는 그러한 태도를 제대로 설명할 수 없다고까지 한다. 물론 구미 사람들이나 아프리카 사람들 사이에서도 열심히 일하는 사람은 있다. 그러나 1억 인구가 하나같이 '일중독'에 빠져 있는 모습은 아무래도 비정상적으로 보인다. 대중교통이 파업을 일으키는 날에도 기어이 출근하는 모습은 가히 상상을 넘어선다. 똑같은 현상이 가사나 육아에 대한 주부의 정열에서도 나타난다. 일본인의 탁월한 계획력·조직력·행동력은 각각의 직분에 대해서만이 아니라 노는 데서도 잘 드러난다. 근면이라는 지표가 국민문화 속에서 이만큼 뿌리내린 문화를 찾기도 그리 쉽지 않을 것이다.

이러한 면에서 일본의 미래를 염두에 둘 때 오히려 우려되는 점은 일중독에 빠진 일본의 국민성을 어떻게 해서 전 세계적인 느긋한 템포에다 맞추어 나가게 할 것인가 하는 문제다. 노동에서 보이는 근면성을 놀이의 근면성으로 전환시키는 일은 그다지 어렵지 않을 것이다. 요즘은 스키 한 번 타려고 밤새워 기차를 기다리는 사람들도 적지 않다. 여성이 에베레스트를 오르고 요트로 태평양을 횡단하는 데도 성공하였다. 따라서 여가 개발에 관해서 그리 문제는 없을 것이다.

걱정되는 점은 이러한 맹렬함을 어디론가 흡수시켜 나갈 방법을 찾지 못할 경우 다시 한 번 위험한 길을 걸을지도 모른다는 것이다. 일본인은 유럽인과 비교해 보더라도 열심히 일한다. 중국인 같은 유연한 생활방식을 도입하지 않는 한 이런 일중독은 해소되지 않을 것이다. 이는 세계의 템포에 맞지 않는다. 세계의 진행속도에 얼마간 맞추고 있는 듯 보이다가도 눈 깜짝할 사이에 성큼 앞서 가버린다. 이러한 속도를 늦출 방법을 찾는 것이 일본인에게는 중요한 문제가 될 것이다.

약간 이야기가 엇나갔지만, 일본인의 장년기는 (환자가 아닌 한) 정말로 활동적이고 충실하다. 일본인은 그야말로 아무것도 안하고 시간을 때우는 방법은 전혀 모르는 문화 속에서 살고 있는 것이다.

일본인의 생활은 기본적으로 공과 사가 엄격히 구별되어 있어서 사회생활과 가정생활은 명백히 다르다. 전통적인 田자 형 농가구조를 보면, 공적인 장소로 사용되는 자시키(연회석) 부분과, 그 뒤의 난도(納戸 : 의복이나 세간 등을 간수하는 창고겸용 방)와 부엌이라는 사적인 부분이 금방 구별된다. 이러한 전통은 지금도 남아 있어서 사교장은 공과 사의 구별이 명백하다.

자영업을 제외하면 공적인 사회생활은 그 장소를 거의 가정 밖으로 옮겼다. 사교장으로 남아 있던 농가의 자시키는 회사의 응접실이나 다방, 레스토랑, 또는 바·나이트클럽, 기생집 등으로 옮겨가고 각 가옥에서 분리되어 버렸다. 또 자시키가 맡았던 기능들은 한층 분화되어 결혼은 결혼식장, 장례는 장례식장, 분만은 산부인과병원, 환자는 병원이라는 식으로 완전히 가정에서 떨어져 나갔다. 보통 샐러리맨 가정의 응접실은, 집안을 방문하는 친척에게 개방되는 경우를 제외하면 사용 기회가 거의 없어졌다고 해도 과언이 아니다. 이러한 사태는 부부의 행동을 더욱 개인화시켰다. 남편은 남편으로서 24시간을 보내고 아내는 아내로서 24시간을 보내며 가정 안에서의 공동행동은 부분적으로만 실현된다. 오늘날의 가정생활을 이렇게 보는 것이 가족을 공동체로 보는 견해보다 이해하기 쉬울지 모르겠다.

소위 마이홈주의는 이에 대항하는 생활규범처럼 보인다. 사실 삶의 보람을 업무보다는 가정쪽에 두는 사람들의 수는 결코 적지 않다. 한정된 주거공간에다 가능한 한 많은 가재도구를 끌어모아 두는 사람도 있다. 그러나 행동양식을 보면, 과거 일본의 가족제도에서 볼 수 있었던 그런 인간관계는 이제 추구하지 않는다. 예컨대 가족구성원 각각을 시간별로 조사해 보면 하나같이 제각각이다. 남편도 아내도 아이들도 제각기 자신의 시간표에 따라 움직이고 있을 뿐이다.

일본인은 겉으로 보면 사회생활과 가정생활, 공과 사, 겉과 속, 밖과 안이라는 분리가 확실하게 구분되어 있지만, 그 본질을 파고들어가 보면 오히려 이러한 구분은 사라지고 '24시간 근무'라는 개인생활사가 나타나지는 않을는지 모르겠다. 이는 부부 사이라 해도 예외는 아니어서 서로 다른 궤적을 갖고 있다. 개개인의 인생이 지금과 같은 의미를 갖게 된 것은 역사적으로도 대단히 희귀한 현상이 아닐까 생각된다. 역사에 남아 있는 한정된 일부 개인을 제외한다면, 민중은 일반적으로 일개미처럼 개성 없는 존재로서 취급당해 왔다. 그들 각각은 이 세상에 딱 한 번밖에 없는 인생을 사는 존재로서 존엄성을 갖고 있음에도 불구하고, 그러한 존재로 간주되지 못한 것이다. 그런 이름없는 대중은 역사의 용암 속에서 사라져 버렸다.

이렇게 개개인이 똑같이 취급된 이유 중 하나는 생활사 체계가 가혹하게 설정되어 있었고, 누구나 이 체계에서 이탈하지 않고 유사한 생활을 했기 때문일 것이다. 그런데 지금은 1억 명이 1억 종류의 서로 다른 삶을 사는 방향으로 개인주의화가 진행되고 있는 것처럼 보인다.

대중사회적 획일성은 그 일면을 차지하고 있을 뿐이다. 똑같이 만들어진 비둘기집 같은 단지아파트 속에서 사실은 천차만별의 개인사가 이룩되고 있는 것이 현대인 것이다.

생로병사

일반 기업의 정년퇴직은 최근까지 55세가 보통이었다. 최근 조금씩 그 나이가 올라가고는 있지만 어쨌든 60세경이 되면 사람들은 은퇴기를 맞는다. 이는 전통적인 농촌에서 보이는 은거제(隱居制)와 마찬가지로 후진에게 활동의 장을 내주고 자신은 새로운 인생을 맞이할 수 있는 기회가 된다. 육십 환갑에 다시 빨간 옷을 입고 인생을 새롭게 출발한 다〔처음 태어난 아기는 빨갛다고 하여 일본어로 아까짱(赤ちゃん)이라 한다〕 는 사고방식이 있다. 그리고 이때부터 사람들의 노화가 진행한다.

그러나 일중독에 걸린 일본인에게 그러한 전환은 정말 힘들다. 아마 병이나 죽음이라는 계기를 빼놓으면 이런 국민적 성향에 브레이크를 걸 만한 것은 없을지 모르겠다. 국회의원이나 재계 총수 등의 연령을 보면, 독재적 지위를 가진 노원수의 예를 제외하면 일본에 견줄 만한 나라를 찾기는 쉽지 않을 것이다. 일본문화에 경로 전통이 존재하기 때문이기도 하지만, 다른 한편으로는 노인들이 그만한 활력을 갖고 있 기 때문이라는 점도 인정해야 할 것이다. 일본인 가운데 자족하며 자 유로운 삶을 누리는 노인은 얼마 안 된다. 몸이 건강하면 치열한 제일 선에서 일하고, 그렇지 않으면 병을 달고 산다. 병과 죽음이라는 요소 를 제외하면 사람을 사회생활로부터 떼어낼 수 없는 사회란 어떤 의미 에서는 잔혹한 사회가 아닐까?

일본인의 경로 전통은 농경사회라는 배경에서 유래할 것이다. 루스 베네딕트는 일본의 노인이 유아와 똑같이 관용적인 취급을 받는다는 점을 지적한 바 있는데, 확실히 노인의 방약무인한 행위에 대해서도 어지간해서는 별로 문제를 삼지 않는다. 그러나 앞으로 노령화가 진척

되어 고령인구가 증가하면 어떤 문제가 일어날지 예상하기 어렵다. 오늘날에도 부분적으로 노인을 버리는 현상이 나타나 화젯거리가 되고 있으니까.

병에 대한 일본인의 태도도 크게 변화되었다. 첫째로 결핵처럼 청년기를 덮치는 병이 거의 사라졌고, 둘째로 방역이나 보건소의 기능이 꽤 충실해지는 등 근대의료의 진보를 그 원인으로 꼽을 수 있을 것이다. 그러나 의료가 만능이라고는 할 수 없다. 각종 민간요법이나 여러 가지 민간약이 상상 이상으로 커다란 역할을 하는 면도 있다.

사람들을 불안하게 만드는 것은 오히려 예상치 못한 불의의 사고다. 언제 교통사고로 죽을지 모른다는 걱정 때문에 사람들은 초자연적인 것에 관심을 갖게 된다. 각지의 신사나 절에서 교통사고를 막기 위한 부적을 계속 발행하고, 자동차에다 대고 부정을 쫓는 의식을 행하는 것 등은 새로 등장한 재해에 대한 대항수단을 달리 찾지 못했기 때문이다. 주문과 이러저러한 기도들이 절대절명의 순간에 부닥쳤을 때의 수단으로서 아직도 잔존하고 있는 것이다. 여러 가지 공해와 오염 문제도 새로운 불안거리로 떠오르고 있는데 이는 중세적 공포를 연상시킨다. 그래서 개인사에는 신비주의적 의례와의 연계를 피할 수 없는 경우들이 있다. 예컨대 액이 든 해(재앙이 많은 해로서, 남자는 25 · 42 · 60세, 여자는 19 · 33세)에 액막이를 하는 관습 같은 것은 아직도 각지에서 널리 행해지고 있다.

일본인에게 종교가 가장 친근하게 여겨지는 때는 장례일 것이다. '장례불교'라는 험담은 어떤 의미에서 딱 맞아떨어지는 묘사라고 할 수 있겠다. 일본인의 생사관(生死觀)은 근대 백년의 과학주의의 결과로 상당히 흔들리고 있으나, 후세에 대한 기대마저 완전히 없어진 것은 아니다. 어쩌면 과학주의가 가져온 것은 일본 고대 전통의 강화일지도 모른다. 즉 이승은 잠시 머무는 속세고 사람의 목숨은 반드시 끝나게 되어 있다. 『만엽집』에서 "세상이 허무한 것이라고 알게 되면 더욱 슬퍼진다"라고 읊은 심경은, 중·근세를 통해 전해져 왔고 과학주의는 여기에 기름을 부었다. 인생의 허무함에 대한 과학적인 확인이라 할까. 그 후 여기에서 벗어나기 위한 해석들이 여러 가지 있었지만, 그 어떤 것도 이 오랜 전통을 뒤엎고 새로운 종교를 확산시키는 데까지는 이르지 못했다. 예수의 사후 이미지(부활)도 일본인에게는 석가모니의 말씀과 유사한 효과밖에 주지 못하였던 것이다.

장례는 되풀이해 말하지만, 장년기 이후에 주로 참가하는 것으로 자신의 장례에는 관여할 수 없다. 결혼식이 그러하듯이 사람의 죽음과 장례식도 오늘날에는 동료들 중심으로 변하고 있다. 친족의 화환은 1쌍뿐이고, 나머지는 고인이 거쳐온 사회활동과 관련된 것들이다. 장례 자체가 사회장·단체장이라는 형식을 취하는 예도 드물지 않다. 그래서 장례를 전문적으로 취급하는 장의사가 만사를 관장하는 일도 아주 자연스러운 현상이 되어 버렸다.

일본인의 독특한 생사관에 대해서는 야나기타 구니오의 지적이 도움이 된다. 그는 2개의 묘지제도가 있는 마을에서 태어나 시신을 땅에 묻는 '매장지'와 시신을 화장해서 비석만 세워두는 '묘소'의 차이점을 알면서 성장하였는데, 마침내 매장지에 석탑이 세워지기 시작하여 장례제도가 변화하였다라고 지적하고 있다(「장례제의 연혁에 대해서」, 『柳田國男著作集 15』, 502~503쪽).

필자도 2개 묘지제도가 엄격히 행해지던 나라 현 야마베(山邊) 군 쓰게(都祁) 촌에서 태어났다. 매장지는 마을에서 멀리 떨어진 다른 구역의 오래된 절을 배경으로 위치해 있었다. 약 3킬로 정도 되는 특별코스를 따라 관을 멘 긴 장례행렬이 이어진다. 젊었을 때 마을의 당번으로 묘지를 판 적이 있는데, 작업중에 백골 하나가 굴러나왔다. 필자는 어쩐지 그게 내 조부의 백골이 아닐까 하는 생각이 들었다. 주변에 조부를 묻었다는 이야기를 들어서 알고 있었기 때문이다. 그런데 야나기타 구니오의 예와 마찬가지로 3년 후에는 매장한 묘들은 모두 없어지고, 현재 필자의 가족이 참배하는 곳은 같은 구역 내에 위치한 절의 탑두에 있는 석탑이다.

사실 이 묘소는 필자의 어머니 쪽이고, 아버지 쪽 묘소는 스루가(駿河)에 있다〔시즈오카(靜剛) 현 슌토(駿東) 군 오야마(小山) 정〕. 신불분리령(神佛分離令 : 1868년 유신정부가 신도와 불교를 분리하기 위해 내린 명령) 때 절이 없어졌다고 하지만 원래 이곳은 교토를 중심으로 하는 수도권처럼 밀도 높은 생활양식을 갖고 있었다고는 생각되지 않는다. 화산재로 뒤덮인 땅(토양이 적갈색으로 가볍고, 수분을 머금으면 팽창하고 물기가 없어지면 부서지는 특성이 있다)에 위치한 이 묘소는 숙부들이 오랫동안 염원해 온 곳이었다. 우리와 마찬가지로 일찍이 마을을 떠난 사람들도 역시 조상 무덤이 있는 데다 훌륭한 묘지들을 만들고 있다. 후지 산을 배경으로 하고 있어 전망은 좋지만, 아직 황량한 프론티어라는 느낌이 남아 있다.

야나기타 구니오는 죽으면 가능하면 햇볕 잘 드는 언덕 위에 마을이 내려다보이는 곳에 묻히고 싶다고 하였다. 그 곳을 방문해 보니 과연 그의 기분을 알 수 있을 것도 같았다. 작고 둥근 언덕이 줄지어 있고 그 아래로는 마을이 펼쳐져 있었다.

오늘날의 일본인에게 이런 묘지는 이미 사치가 되었다. 각지에 묘지 개발이 이루어지고 있지만, 공급이 수요를 따라가지 못한다. 시내에서는 라커식으로 된 아파트 묘도 낯설지 않게 되었다. 교토의 호넨인(法然院)처럼 석학들의 묘가 모여 있는 곳도 있다. 생각해 보면 그들이 이미 고향이라는 존재를 잃어버리고 있기 때문일 것이다. 오사카의 잇신지(一心寺) 같은 곳은 자기 뼈가 다른 사람들 뼈와 한데 갈려 불상의 뼈대가 되기를 희망하는 일반 서민들로 붐비고 있다.

'인간이란 허무한 존재'라고 하는 정의가 강하게 자각된 것은 아마 최근의 일일 것이다. 천국이라든가 극락정토의 이미지가 갖는 설득력은 계속 약화되고 있다. 사후세계의 이미지가 오늘날처럼 빈약해진 때도 없을 텐데 이 또한 세계 공통의 현상이다.

이에 비해 조상 숭배는 결코 쇠퇴하지 않았다. 나이든 부모의 죽음을 계기로 불단을 만드는 것이 신식가족의 평균적인 경향처럼도 보인다. 이는 조상숭배의 전통이 잔존하고 있다는 하나의 증거라고 할 수 있을 것이다.

인생의 일대 전기

일본인의 개인사는 현재의 젊은이들 세대부터 크게 변화되고 있는 게 아닌가 하는 생각이 든다. 오늘날 성인들의 개인사는 특히 야나기타 구니오의 민속학적 세계와 강력히 연결되어 있다. 야나기타 구니오가 보여주는 일반인의 세계는, 야요이 시대 이래 계승된 것도 많이 포함되어 있지만 역시 도쿠가와 시대부터 근대의 약 반세기를 지난 시대의 계승물로 보아도 그리 틀리지 않을 것이다. 야나기타 구니오 자신을 포함하여 1930년대를 하한으로 하는 일본인들은 주로 그 안에서 성장하였다. 그러나 그 이후 일본인의 환경은 크게 달라졌다. 개인사를 규정하는 집단사 역시 크게 변화하였다. 오늘날의 시점에서 보면 이미

예정되어 있던 인생코스를 할 수 없이 바꾸어야 했던 중년층 이상의 인구가 상당히 많을 것이다. 이들 소위 전중파(戰中派 : 제2차 대전 중에 태어난 사람들) 세대가 은퇴하거나 타계한 이후의 일본문화를 예상해 보는 것은 정말 어렵겠지만, 몇 가지 계승될 부분을 포함하여 생활사의 축이 크게 바뀌게 되리라는 것은 분명하다. 그때 단 한 번뿐인 개인사가 행복한 것이 될지 어떨지는 사실상 기성인의 행동에 따라 결정될 것이다. 개인사의 주인공은 물론 그 당사자이지만, 그 행동은 집단사를 바꾸고 동시에 다음 세대의 개인사에도 영향을 주는 것이다.

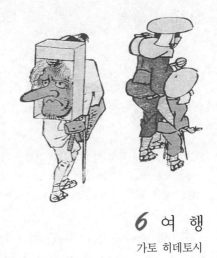

6 여행

가토 히데토시

'위험'한 여행

여행에 대한 일본인의 관념을 보여주는 가장 오래된 기록은 아마 『위지』 왜인전에 나오는 다음과 같은 내용일 것이다.

그러한 왕래나 도항, 중국으로의 여행은 항상 빗지 못한 머리에 이가 들끓고 의복은 남루하고 고기를 입에 대지 못하며 아내를 가까이 못하는 것이 마치 상 당한 사람과 같은 처지로 만든다. 이를 칭하여 지쇠(持衰)라 한다.

즉 가족 중 누군가가 여행을 떠나면 그 사이 집에 남아 있는 사람은 홀로 머리를 빗지 못해 이도 죽여 없애지 못하고, 계속 금욕을 해야 하니 마치 상 당한 사람과 같게 된다는 뜻이다. 말하자면 여행을 죽음에 준하는 극히 중대사로 취급한 것이다. 이런 말이 있는지는 잘 모르겠지만, 여행이란 인간에게 '준죽음'이다. 무사히 돌아올 때까지는 마치 죽은자 취급을 받는 것이다.

여기에는 몇 가지 이유가 있을 것이다. 우선 종교·심리적인 면에서 보통 눈앞에 실존해야 할 인간이 일시적으로 사라지기 때문에, 생활이라는 총합체의 일부에 큰 구멍이 뚫리고 이에 따른 일종의 공허감이 남아 있는 가족을 급습한다. 물론 죽어버린 사람은 다시 돌아올 수 없지만 여행자는 언젠가는 돌아오기 마련이기 때문에 그 공허감이란 일정한 기간으로 한정된다. 그럼에도 소박한 생활감각에서 본다면, 보여야 할 인간이 보이지 않는다는 사실은 심리적으로 대단히 특이한 경험으로서, 분명 친한 사람이 죽은 것과 유사한 기분을 갖게 할 것이다. 집을 지키면서 계속 금욕생활을 고수하는 것도 아마 그러한 공백감을 두려워했기 때문일 것이다.

아니, 이러한 고대의 예를 끄집어낼 것도 없이, 지금도 가족 가운데 여행을 떠난 사람이 있으면 그를 위해 밥상을 차리는 풍습이 일본 각지에 남아 있다. 지방에 따라서는 이 밥상을 '아테젠'이라고도 부르는데, 일시적으로 사라진 인간을 마치 옆에 있는 것처럼 취급하고, 그럼으로써 여행자의 안전을 기원하고 이와 동시에 생활에서 오는 공허감을 조금이라도 달래보려는 지혜가 발휘된 것으로 보아야 할 것이다.

그러나 사실 이런 기분이나 심리적 이유는 옛날의 여행을 고찰할 경우에는 오히려 부차적이다. 여행을 죽음에 준하는 심각한 상황으로 여긴 것은 분명 여행과 죽음을 종이 한 장의 차이로 보았기 때문이다. 어쨌든 여행이란 천만위험한 행위였다. 한 발자국만 밖으로 나가면 무엇이 기다리고 있을지 모른다. 여행 후 무사히 돌아온다는 보증은 어디에도 없었다.

고대 일본의 여행을 살펴볼 때 무엇보다 염두에 두어야 할 것은 여행이 대부분 정치나 군사와 관련되어 있다는 사실이다. 지방으로 파견되는 관리, 변방으로 향하는 병사—소위 여행이라는 것은 하나같이 정복여행이고, 여행처는 거의 적지였다. 사실 '여'(旅)는 원래 군대라는 뜻을 가진 한자말로, 중국군제에서는 '旅 500명'이라고 하여 500명으로 이루어진 병사집단을 '旅'라고 불렀다. 군대 편성용어로서 '여단'(旅團)이라는 말이 남아 있는 것도, 원래 '旅'가 군사원정과 깊이 관련되어 있음을 말해준다.

군사원정이기 때문에 그것이 공격이든 방위든 '여'는 어쨌든 전투를 의미한다. 전투가 벌어지면 반드시 부상자가 나오고 사상자가 나온다. 전투에서 살아서 돌아올지의 여부는 확률 문제고 운의 문제다. 반드시 돌아오겠다고 약속해 놓고도 불귀의 객이 되어 버린 병사는 지금까지 얼마나 많겠는가? 그렇기 때문에 여행자를 죽음에 준하는 방식으로 취급하였던 것이다.

군사적인 여행만이 아니다. 어찌되었든 오래 살던 곳에서 일단 벗어나면 언제 어디에 어떤 위험이 도사리고 있는지 전혀 짐작할 길이 없다. 『고토쿠기』(孝德記)를 보면, 먼 나라에 노동자로 끌려갔던 사람들이 돌아오는 길에 병으로 쓰러져 그대로 길거리에서 사망하였다는 이야기가 실려 있다. 그러나 여행처에서건 여행중이건 사람이 죽으면 그곳의 주민들은 죽은자를 꺼리며 동행에게 이것 저것 어려운 주문을 하기도 했다. 요즈음과는 달리 여행자는 무방비 상태에서 자연을 헤치고 나가야 했고, 발을 잘못 딛어 계곡에 떨어져 익사하는 경우도 있었다. 갑자기 불어닥친 추위로 얼어죽는 사람도 있었다. 먹거리가 떨어져 굶어죽는 사람도 있었다. 여행은 위험의 연속이었다.

그뿐만이 아니다. 산적과 노상강도, 그 밖에 위험한 인물들이 여기저기서 출몰했다. 그들에게 발견되면 물건을 빼앗기는 것은 물론, 때에 따라서는 죽임을 당해 골짜기에 내버려지기도 한다. 이러한 정경은 시대극이나 소설·고단(講談 : 군대이야기나 복수이야기 등에 가락을 붙여 얘기하는 것)에 자주 등장한다. 실제로 하코네의 산적 등은 막부시대 말기까지 건재하여 야마오카 뎃슈(山岡鐵舟 : 1835~1888, 검객·정치가)도 한밤중에 하코네를 넘는 길에 산적과 맞닥뜨린 적이 있었다. 그러한 상황이니 중세 때야 일본의 길거리에는 언제든 도적이 출몰하였다. 제일 유명한 전설적인 산적은 구마사카 조한(熊坂長範)으로, 그에 대한 이야기는 도카이도(현재의 미에 현, 아이치 현, 시즈오카 현, 야마나시 현, 도쿄 도, 사이타마 현, 가나카와 현, 지바 현, 이바라키 현 일대)는 물론이고 기소(木曾 : 나가노 현 남부)의 도로에까지 널리 퍼져 있었다. 여행은 두렵고도 고통에 가득찬 것이었다.

그렇기 때문에 여행에는 무기가 필요하였다. 와카(일본의 전통 정형

여행용 도구들 오랜 시간과 위험이 따르는 전근대의 여행에는 그만큼 많은 준비가 필요하였다. 1. 호리병 2. 탄환통 3. 화약통 4. 연초통 5. 담뱃대통 6. 약봉지 7. 제등 8. 제등주머니 9. 도시락통

시)에서 '旅'와 관련된 마쿠라코토바(枕詞 : 시의 음률을 맞추기 위해 특정한 말 앞에 붙이는 수식어) 중 하나가 다마호코(玉鉾)다. 다키가와 세이지로(瀧川政次郎)에 따르면 다마(玉)란 여행자가 가지고 다닌 염주나 일종의 부적이었다. 그리고 호코(鉾)는 말할 것도 없이 무기다. 한편으로는 신이나 부처의 힘을 빌어 위험을 미리 예방하려 한 부적과, 다른 한편으로 실제로 위험이 닥쳤을 때를 대비한 무기가 여행의 기본장비였던 것이다. 실제로 도쿠가와 시대에는 무기에 대한 규제가 엄했지만, 여행을 다닐 때는 평범한 백성이라도 호신용으로 와키자시(脇差)라고 부

르는 길이 1척 8부 이하의 작은 칼을 휴대할 수 있었다. 그것을 바로 '미치나카자시'(道中差)라고 불렀다는 것은 잘 알려진 사실이다.

이렇게 위험부담이 큰 만큼 여행은 집단이동이라는 형식을 취했다. 단독여행은 역사적으로 보면 대단히 최신식 여행 방식이고, 고대부터 근대까지 일본에서 여행이라 하면 대부분 집단을 단위로 하는 것이었다. 집단 특히 대집단이 같이 움직이면 위험을 만나더라도 자위력이 강하다. 아니, 이들 집단을 보고 산적 쪽이 오히려 겁을 먹고 포기하는 경우도 있었을 것이다. 더 심하게 말한다면 여행단 자체가 때로 도적이 되기도 했을 것이다. 선량한 백성과 범죄자라는 이분법은 비교적 새로운 분류학에 따른 것으로, 고대부터 그 경계가 뚜렷했던 것은 아니다. 17~18세기에 영국의 해군이 때로는 상선대(商船隊), 때로는 해적이 되었던 사실과 유사하다. 상황에 따라 동일한 인물이 여행자가 되고 도적도 되었던 것이다. 여행단은 상당한 자위력을 갖춘 무장집단이었고 그 자위력은 언제든 공격력으로 전환할 수 있는 성질의 것이었다.

'여행은 길동무, 세상은 인정'이라는 말이 있다. 근세에 들어서도 여행은 결코 혼자 하는 것이 아니라 동반자와 함께인 것이 보통이었다. 몇백 명씩 열을 지어 이동한 다이묘(大名) 행차는 에도 시대 여행의 하나의 볼거리이자 각 다이묘들의 위세를 과시하는 수단이었지만, 보다 근본적으로 말한다면 이는 고대 이래의 무장여행단의 전통을 세련화시킨 것으로 보아야 할 것이다.

상인의 경우도 예컨대 거상 미쓰이 다카히데(三井高英) 같은 인물은 에도에서 이세신궁으로 참배를 떠날 때 집사(番頭) 2명, 시종 6명, 전용 가마 2대에 마부 4명, 화물운반자 3명, 총 15명이 동행하였다. 이 또한 높은 품격을 보여주기 위해서뿐 아니라 예기치 않은 위험에 대응하고자 하는 목적도 있었다. 이러한 분위기는 보디가드로서 로닌(浪人 : 섬

쇼군의 닛코(日光) 신사 참배 행렬 다이묘의 정기적인 에도 행차나 쇼군 행차에서 보이는 대규모성은 이 시대의 커다란 볼거리이기도 하였다.

길 군주를 잃고 떠도는 무사) 등이 합세하여 그 지방의 불량배들과 싸움을 벌이는 형태로 시대극에 자주 등장하는데, 태평성대를 구가한 에도 시대에도 여행이 이렇게 시끄러운 일이었다는 점에는 깊이 주의할 필요가 있다.

서민들의 여행도 예컨대 야지로베(彌次郎兵衛)와 기타하치(喜多八)의 경우나 라쿠고(樂語 : 만담)인 '삼인 여행'(三人旅)처럼 팀 단위 여행이 많다. 혼자 여행할 경우에는 삿갓에 '동행 2인'이라고 쓰기도 했다. 여행이라는 비일상적인 경험은 인간을 불안하게 만들지만, 집단여행은 이러한 불안을 없애줄 뿐 아니라 실질적으로 여행을 안전하게 해주는 것이었다. 다양하고 편리한 교통기관의 혜택을 누리고 있는 오늘날의 눈으로 보면 정말 상상도 할 수 없을 만한 불편과 위험이 바로 얼마 전까지만 해도 여행에 항상 귀찮게 따라다녔던 것이다.

냉대받았던 여행자

적어도 근세 이전에는 숙소나 식사 역시 불안·위험이라는 면에서는 대단히 불완전했다. 대체로 마을 사람들은 자기 마을에 들어오는 여행자를 아주 경계하였다. 앞에서도 살펴보았듯이, 여행자가 마을 안에서 쓰러지기라도 하면 손을 뻗쳐 구해주기는커녕, 오히려 부정탄 자를 내쫓듯 하는 것이 보통이었다. 그런 상황이니 하룻밤 숙소를 여행자에게 제공한다든가 하는 일은 우선 없다고 보는 편이 낫다.

그런 의미에서 『히타치(常陸) 풍토기』에 나오는 후지가쿠(福慈岳 : 후지 산)와 쓰쿠바가쿠(筑波岳 : 쓰쿠바 산) 이야기는 상징적이다. 그 이야기란 이렇다. 옛날옛날 오야가미(祖神 : 신들의 우두머리)가 여러 신들을 만나보러 여행에 나섰다. 후지 산 근처에서 해가 저물어 후지 산의 신에게 하룻밤 묵고 갈 것을 부탁하였다. 그러나 후지 산 신은 재계중이라는 핑계를 대며 요청을 거절하였고, 이에 화가 난 오야가미는 앞으로 후지 산에는 여름이든 겨울이든 서리와 눈 때문에 사람이 올라갈 수 없는 산으로 만들겠다고 하였다. 그리고 이번에는 쓰쿠바 산으로 날아가 그 곳의 산신에게 숙소를 청하였다. 쓰쿠바 산의 신은 재계중이기는 하지만 요청을 받아들이겠다며 오야가미에게 숙소와 식사를 제공했다. 이에 오야가미는 대단히 기뻐하며 이 땅은 영원히 아름답고 풍부한 곳이 될 것이라고 축복하였다. 후지 산이 험하고 한랭한 반면 쓰쿠바 산이 따뜻하고 생동하는 기운을 갖고 있는 것은 그 때문이라고 한다.

이처럼 신들끼리도 여행지에 묵게 해주는 것은 그리 쉬운 일이 아니었다. 그러니 평범한 여행자야 냉혹한 취급을 받았다 해도 하등 이상할 것이 없다. 앞에서도 살펴보았듯이, 여행자 쪽에서 보면 여행지는 위험으로 가득찬 곳이지만, 여행자가 지나는 마을 쪽에서 보면 반대로 이 여행자는 정체를 알 수 없는 외부인으로서 그야말로 위험천만한 존재였을 것이다. 멋모르고 묵게 하거나 말을 걸었다가는 생각지도 않은 재난을 당할 수 있다. 여행자를 보면 일반적으로 내쫓았던 것은 바로 이 때문이다. 민가 앞에서 취사를 하고 있는 여행자를 보고 왜 우리 집 앞에서 그런 일을 하느냐며 내쫓는 이야기는 앞의『고토쿠기』(孝德記)에도 실려 있다.

마을이라는 공동체 내의 사람들이 정체를 알 수 없는 존재가 들어오는 것을 곤혹스러워했다는 것은 지금도 일본 여기저기에 남아 있는 사에노카미를 보아도 잘 알 수 있다. 사에노카미란 소위 경계의 신으로, 마을의 경계나 산마루턱, 네거리 같은 데에 모셔져 있다. 사람들은 이 신이 경계선 안쪽으로 사악한 존재가 들어오는 것을 막아준다고 믿었다. 여행자가 마을사람들에게 무조건 사악한 존재였는지는 알 수 없지만 적어도 외부인은 수상쩍은 존재였다. 아마 그런 수상한 여행자를 막는 일도 사에노카미의 역할 중 하나였을 것이다.

사에노카미의 근원을 찾아보면, 황천에서 이자나미(일본 국토를 낳은 여신)에게 쫓기던 이자나기(일본 국토를 낳은 남신)가 요모쓰히라사카(泉津平坂 : 황천인 지하의 죽음세계와 현세와 경계가 되는 언덕)에서 길을 막기 위해 던진 지팡이에서 태어난 신이다. 요컨대 고정된 경계신이었는데, 길의 신으로서 교통신이 되었다. 그런데 사에노카미가 길의 신이 되면서 이 신은 이면성을 띠게 된다. 즉 길의 신의 비석을 세운 마을사람들 쪽에서 보면 그것은 당연히 외부인을 막아주는 사에노카미였지만, 여행자 쪽에서 보면 그것은 여행 동안의 안전을 보장해 주는 수호신이기도 하였다. 그래서 에도 시대에는 길의 신의 비석을 볼 때마다 여행자는 그 앞에서 합장을 올렸던 것이다.

그건 그렇다치고, 어쨌든 사에노카미에 의해 여행자는 자주 일종의 출입금지 처분을 받았고 이 때문에 숙박 방법도 본인이 스스로 해결해야 했다. 방법은 인가에서 떨어진 데서 야숙을 하는 것이었다. 무장한 여행자단들은 적당한 곳을 찾아 그 곳의 잡초를 깔개삼아 하룻밤을 보냈다. 이 하룻밤 야영장소를 이호리라고 한다. '旅'의 마쿠라코토바의 또 다른 하나가 '구사마쿠라'(草枕 : 풀베개)였던 것도 이렇게 보면 쉽게 이해가 간다.

숙박이 이런 상황이니 여행자의 식량은 더더군다나 따로 조달할 방법이 없었다. 따라서 여행자는 여행중에 먹을 것을 전부 들고다녀야 했다. 그런 휴대용 먹거리로서 고전적인 것 중 하나가 『이세모노가타리』(伊勢物語)에 나오는 가레이이(干飯 : 말린 밥)다. 이것은 일단 지은 밥을 햇볕에 건조시킨 것으로 자루에 넣고 다녔는데, 찬물이나 더운 물을 부으면 말린 밥이 부드러워졌다. 부식물은 말린 생선이나 말린 조개. 이런 것들을 음식주머니인 자루에다 넣어 메고 다녔다. 오쿠니누시노미코토(大國主命 : 원래 『고사기』에 등장하는 이즈미 신화계통의 신. 후세에 혼동이 생겨 다이고쿠(大黑 : 음식신, 복신)로도 칭송되었다)가 메고 다녔다는 자루가 바로 그것이다. 장기 여행일 경우 이런 것은 대단한 중장비가 될 수밖에 없다. 거기에다 앞서 언급했듯이 여행자는 무기도 휴대해야 한다. 좀 과장해서 말하자면, 옛날에 여행을 하려면 히말라야를 등산할 때 같은 거창한 준비가 요구되었던 것이다.

쌀을 가지고 다니면서 지어먹으면 되지 않겠느냐고 반문할 사람도 있겠지만, 불을 피울 경우 일단 그것을 보고 부근 주민이나 산적들이 습격해 올 위험이 있었다. 게다가 불이 갖고 있는 청정감(淸淨感)이 문제가 되어, 주민들에게 물어보지도 않고 불을 피울 경우에는 그것만으로도 범죄가 성립되었다. 어느 측면에서 보든 옛날 여행에는 재미라곤 눈꼽만큼도 없었다. 그저 고달픔과 위험의 연속이었고, 먹을 것이 떨어지면 굶어죽을 수밖에 없었다. 여행자는 언제나 죽음과 가까운 곳에 있었던 것이다. 특히 힘든 노동을 견디다 못해 도망친 농노라면 누구에게 잡히든 살해당할 운명에 놓여 있었다. 그런 도망여행까지 아울러서 생각해 보면, 옛날 여행이란 비참한 경험이 될 수밖에 없다.

단 고급관료의 공무 여행만은 예외였다. 율령국가의 형성과 함께 교토를 중심으로 기나이(畿內)에 7개 교통로가 만들어지고 역마제가 제정되었는데, 이 제도에 따라 중앙의 관료들이 지방으로 왕래하기 시작했다. 공무여행중인 관료는 역사에 숙박하고, 숙박하는 역에서 다음 역까지는 역마(驛馬)와 전마(傳馬)를 사용할 수 있었다. 공무여행에는 일종의 증명서로서 역령(驛鈴)이라는 것을 지참하였는데, 그것을 보이면 여행상의 모든 편의를 제공받을 수 있었다. 간선도로에는 약 10킬로마다 역이 설치되어 거기에는 20마리의 말이 비치되어 있었기 때문에, 공무 여행자는 매우 쾌적한 여행을 계속할 수 있었을 것이다.

이러한 공무여행 때문에 도로가 정비되면서 마침내 민간 여행도 현격한 발전을 이룩하게 된 것으로 보인다. 물론 주요 도로에서 떨어진 곳을 여행할 경우에는 여전히 위험의 연속이었겠지만, 역마제가 채택된 교통로를 통하는 한 비교적 안전을 기할 수 있게 되었고, 몇 가지 편리한 혁명적 편의시설도 정비되기 시작하였다. 8세기 중반 후기 기나이 7도(기나이와 전국을 7도로 나눈 행정구역) 각 지역의 역로(驛路) 양쪽에는 과수를 심게 했다. 여행중에 배고픈 여행자의 허기를 채울 수 있게 하려는 배려에서였다. 또한 교키(行基 : 나라 시대에 불교보급과 구제사업에 힘쓴 승려. 백제왕손이라고도 한다)가 도로상에 총 9개 처의 '보시옥'(布施屋)을 만들었다. 이는 일반인을 위한 숙박시설로서, 식사를 제공해주는 설비도 겸하고 있었던 것으로 보인다. 게다가 조정에서 파견된 지방관이나 지방행정관은 각 지역의 부농에게 도로변에서도 쌀을 팔 수 있게 허락하였다. 이러한 변화들로 인해 여행자들은 옛날처럼 커다란 음식주머니를 메고 다닐 필요가 없어졌으며, 여행의 최대 불안요소였던 굶주림으로부터 구원을 받게 되었다.

물론 그렇다고 해서 여행이 자유로웠다고는 할 수 없다. 도로 요소 요소에 관문(關門)이 설치되어 수상한 여행자를 조사하였다. 일본에서 제일 오래된 관문은 산요로〔山陽路 : 현 야마구치 현, 오카야마 현, 효고 현에 해당하는 산요도(山陽道)를 종단하는 도로〕에 설치된 와키(和氣) 관문이지만, 유명한 것으로는 무쓰(陸奧 : 현 아오모리 현 일대)로부터의 남하를 막기 위해 도호쿠 지방 남부에 설치한 시라카와(白河 : 후쿠이 현 소재) 관문, 기쿠타(菊多) 관문〔후쿠시마 현 소재. 후에 나코소(勿來) 관문으로 개명〕, 넨주다케(念珠岳 : 구마모토 현 소재) 관문의 3 관문일 것이다. 이들 관문은 울타리를 설치하였는데 그 안에서 병사들은 농경에 종사하고 에조(고대 북방에 살던 민족으로 아이누족이란 설도 있다)의 공격을 있을 때는 전투체제를 취하는 둔전병으로서 관문을 지켰다.

게이신〔京津 : 교토와 오쓰(大津)〕 부근에서는 이세(현재의 미에 현 남부)의 스즈카(鈴鹿), 미노(美濃 : 현재의 기후 현 중남부)의 후와(不破), 에치젠(越前 : 현 후쿠이 현 북동부)의 아라치(愛發)가 3 관문으로 불렸다. 이 3 관문이 설치된 것은 대략 덴지(天智) 천황 때로 추정되고 있다. 즉 오쓰(大津) 성의 방위선으로 3 관문이 설치되고, 이 3 관문에 전투체제를 갖춘 병사들이 주둔하고 있었던 것이 아닌가 생각된다.

어쨌든 되풀이해서 강조하는 것 같지만, 여행이란 즐거운 것이 아니었다. 물론 『이세모노가타리』(伊世物語)의 저자처럼 수도를 뒤로하고 도코쿠(東國 : 현 관동지역)으로 발걸음을 옮기는 겉보기에 우아한 여행

자일지라도 도카이도에서 길을 잃어버린 데서도 알 수 있듯이 현실적
으로는 결코 유유자적한 여행일 리 없었다. 여행중에는 수도에서 너무
'멀리 떠나 와버린 여행을 생각하며' 그 외로움으로 자주 소매를 눈물
로 적시기도 하였다. 그런 상황이니 귀족도 고급관료도 아닌 보통 사
람의 여행이 즐거울 리가 없었다. 게다가 특별한 사정이 없는 한 여행
을 떠날 필요도, 여행을 가고 싶다는 욕구도 없었다. 대부분의 일본인
은 자신이 나고 자란 땅에 단단히 뿌리를 내리고, 거의 이동하는 일이
없었다. 주거방식이나 생활방식에서 보더라도 그 편이 아마 자연스럽
고 당연했을 것이다.

신앙과 여행의 시스템화

이 글의 목적은 여행의 역사를 상세히 검토하려는 것이 아니다. 그러
나 마음만 먹으면 바로 여행을 떠날 수 있는 오늘날의 기준에서 본다
면, 전혀 다른 세계로 여겨지는 여행과 여행관이 얼마 전까지만 해도
일본문화의 기조를 이루었다는 점을 이 기회에 확실히 해두지 않으면
안 되겠다.

이는 일본문화만이 아니다. 바스팅이 언급했듯이 서양에서도 여행
은 대단히 고통스러운 것이었다. 바스팅에 따르면, 여행을 뜻하는 영
어 'travel'은 본래 "수고·노동·고통이라는 뜻을 가진 travail과 의미
가 같다. travail 자체는 3개의 막대기가 달린 공격용 도구를 의미하는
프랑스인데 로마어 trepalium이 프랑스어를 거쳐 영어가 된 것"이라
한다. 바스팅은 또 18세기 말의 한 유럽여행자의 일기를 인용하면서,

파리에서 50킬로 정도 떨어진 거리를 여행하는데 하룻동안 스쳐 지나간 사람이 한 사람밖에 없었다는 사실을 들고 있다. 대단한 이유가 없으면 자신이 정착해 지역을 떠나 먼 데까지 이동할 필요가 없었던 것이다.

언어에 대한 이야기를 하나 더 하자면, 프랑스어에는 당연히 travail에 '일·노동'이라는 의미가 고스란히 담겨 있다. 고생과 여행은 동서양을 막론하고 거의 같은 의미를 띠고 있었던 것이다. 여행을 꼭 해야할 적극적 동기 같은 것은 별로 없었다. 군대에 동원된다든가 공물을 수도로 운반한다든가 또는 자연적·사회적 이유로 할수없이 강제로 이주를 해야 한다든가, 어쨌든 외부의 강제에 의해 이동하는 것이 옛날의 '여행'이었다. 따라서 자발적으로 여행을 즐긴다든가 하는 태도는 오히려 예외적이었다고 보아야 할 것이다. 인간에게는 살기에 익숙해진 데가 최고다. 교토 사람은 오사카(逢坂) 산 너머에는 도깨비가 산다든가 뱀이 산다는 식으로 생각하였고, 에도 사람은 하코네 너머는 귀신투성이라는 식으로 생각하였다. 동물행동학이 가르쳐준 '자기 지역'과 '자기 지역' 내에서 느끼는 안도감이 인간을 일정한 지역 내로 머물게 하는 강력한 요인이 되었다고 보아도 될 것이다.

그러나 마침내 내부로부터 일어난 자발적 충동에 의해 여행을 시작하는 시대가 도래한다. 그 충동은 종교적 충동이다. 보다 구체적으로 말한다면 성지순례다.

이는 우선 헤이안 시대 귀족들의 종교에 대한 헌신적 귀의로부터 시작되었다. 특정 신사나 사찰에 대한 신앙이 생기면서 그 신사나 절을 찾아 참배하는 실천도 해야 했다. 그 성지가 멀리 떨어져 있든 험한 산악에 위치해 있든 어쨌든 그 곳으로 가야 했다.

귀족의 참배는 신사나 절 측에서는 대단히 고마운 일이었다. 아니

에도 시대에 출판된 여행 관련 서적들

어느 쪽이냐 하면 신사와 절에게는 사활이 걸린 문제였다. 왜냐 하면 헤이안 시대 중기 이후에는 신사와 절이 국가의 보호를 받을 수 없게 되었고, 따라서 신사나 절의 재정을 귀족의 기부에 의지해야 했기 때문이다. 실제로 야마토(현 나라 현 부근)의 소에카미(添上) 군은 이치조(一條) 천황의 기부로 가스가(春日) 신사의 영토가 되었고, 후지와라노 미치나가(藤原道長)는 고야(高野) 산〔현 와카야마 현의 금강봉사(金鋼峰寺)가 있는 산〕에 기슈〔紀州 : 기이(紀伊) 국의 다른 이름. 현 와카야마 현의 대부분과 미에 현 남부에 해당〕의 장원을 기부하였다. 그러니 신사와 절은 소위 후원자를 끌어들이기 위해 맹렬한 경쟁을 벌여야 했다.

특히 교토에서 멀리 떨어진 신사나 절은 사태가 심각했다. 교토 주변의 신사나 절이라면 참배에도 편리하여 따로 선전할 필요가 없었으나, 멀리 떨어진 신사나 사찰은 그 곳으로까지 귀족들을 흡수하기 위한 홍보활동을 적극적으로 벌여야 했다. 어떻게 해서든 귀족들이 먼 곳으로까지 여행을 할 수 있도록 이런 저런 방안을 짜내야 했던 것이다.

그러한 여행세일즈에 성공한 고전적인 예가 구마노[熊野 : 와카야마현 히가시무로(東室) 군에 위치한 구마노 산을 중심으로 위치한 3 구마노 신사를 거점으로 하는 신앙]일 것이다. 구마노 본궁과 신궁, 나치(那智) 신사를 합쳐 구마노 3 산이라고 하는데, 그 유래나 모시는 신에 분명치 못한 점이 많아 신사의 격도 그리 높지 않았다. 게다가 기이(紀伊) 반도 남단까지의 길도 험해서 참배자를 끌어들이기 대단히 어려웠다. 그러나 구마노 3 산은 대단히 적극적이고 유효한 흡인 방법을 의식적으로 개발해 냈다.

우선 그때까지 대부분의 신사에 남아 있던 우지가미(氏神)의 폐쇄성을 떨치고 문호를 활짝 개방하였다. 특정 씨족에게만 참배 자격을 부여하는 제한을 구마노는 과감히 철폐하고, 여러 가지 금기에 대해서도 대단히 관용적인 태도를 취했다. 승려든 일반 민중이든 대환영이었다. 구마노까지의 길은 험하고 멀지만 누구나 참배할 수 있고 참배하면 효험이 있다—바로 이것이 구마노가 가진 매력이었다.

둘째, 구마노는 험한 여행길에 여행자를 끌어들이고 유도하기 위한 '조직'을 꾸리는 데 탁월한 재주를 보여주었다. 물론 구마노 신앙이 피크에 달했을 때, 예컨대 시라카와인(白河院 : 1053~1129 시라카와 천황)과 도바인(鳥羽院 : 1103~1156 도바 천황) 등이야 수백 명씩 되는 대단위 시종단을 이끌고 연도의 사람들을 계속 징발하면서 물자를 조달하고 소위 권력을 동원하여 기이 반도의 산을 돌파하였기 때문에 힘든 길도 극복하고 구마노로 올 수 있었겠지만, 일반 귀족들의 경우에는 끝없이 이어지는 기이의 산봉우리들을 올려다보는 것만으로도 몸서리

이세로! 이세로! 근세 들어 수많은 사람들이 이세 신궁에 참배하기 위해 험한 여행을 무릅썼다. 「伊世御遷宮參詣群集之圖」

를 쳤을 것이다. 하물며 일반 민중이야 구마노 참배 같은 것은 꿈도 꿀 수 없는 것이었다. 일반 참배자가 구마노를 방문하게 된 것은 가마쿠라 시대 이후의 일이다.

이렇게 힘든 일임에도 불구하고 수많은 사람들을 구마노로 달려오게 한 것은 무엇이었을까? 그것은 바로 오시(御師)나 센타쓰(先達)라고 불린 사람들의 팀워크다. 오시란 구마노 3산에 귀속된 기도사이자 참배자용 숙박소를 경영하는 자이기도 했다. 여행자에게 가장 불안한 것은 여행중의 숙박시설이다. 오시는 여행자들의 그러한 불안을 해소시키는 중대한 역할을 담당하고 있었다.

한편 센타쓰란 한 마디로 말해 가이드, 즉 길 안내자다. 원래는 몇 번씩 참배를 해본 사람이 자신의 경험을 살려 초보자를 안내하는 일을 했겠지만, 구마노에서는 3산의 영향 아래 있던 야마부시(山伏 : 산에서

기거하는 수도승)가 그 역할을 맡았다. 야마부시들은 센타쓰라는 칭호를 부여받고 전국에 산재해 있었다. 즉 전국 방방곡곡에 흩어져 있던 센타쓰들은 구마노의 일종의 지방영업소로서, 구마노 참배를 권하고 동시에 참배자들을 구마노까지 데리고 가는 가이드 역할을 하였다. 구마노 참배에는 출발부터 시작하여 도중에, 그리고 도착했을 때 치러야 하는 여러 가지 의식이 있었다. 그런 의식들도 센타쓰에게 맡기면 되었고, 힘든 길도 경험이 풍부한 센타쓰만 따라가면 문제가 없었다. 요컨대 센타쓰는 오늘날의 여행사 대리점과 유사한 것이라고 생각하면 될 것이다. 그들의 임무는 참배단체를 조직하고 그들을 목적지까지 무사히 데려다주는 일이었다. 굳이 비유하자면 오시는 이렇게 해서 구마노에 도착한 단체를 여러 모로 보살펴주는 일을 하는 존재로서, 호텔업·관광업의 원형을 이룬다고 해도 될 것이다. 이러한 오시와 센타쓰의 뛰어난 팀워크가 구마노로의 대중동원을 가능하게 만들었다.

사실 교토의 귀족은 물론이고 서민에 이르기까지 많은 일본인들이 구마노와 이세로 몰려들었던 것은 이러한 오시·센타쓰 시스템이 있었기 때문이라고 보아야 할 것이다. 일본인의 여행은 애초부터 놀랄 만큼 뛰어난 조직력에 바탕을 두고 있었던 셈이다. 오시·센타쓰는 각자의 영업범위를 명확히 하고 그 영역을 '가스미'라고 명명했다. 그리고 그 범위 내에서 많은 여행자를 조직하여 그들을 목적지까지 무사히 보내주었다. 그야말로 정교한 여행 마케팅이다.

이것에 호응하여 일본의 촌락공동체 내에서 조직된 것이 각종 '계'다. 계란 일종의 상호부조 조직인데, 다노모시코(賴母子講 : 금전융통을 목적으로 하는 계)처럼 순수한 금융조직도 있었지만, '이세코'라든가 '하쿠산(白山)코'처럼 특정 신사나 절을 믿는 사람들끼리 조금씩 돈을 모아 그 대표자를 대리참배자로 삼아 여행을 보내는 일종의 여행금융조직도 적지 않았다. 중세에는 물론이고 근세에도 일본의 농민들은 결코 풍요롭지 못해서, 아무리 신앙심이 깊어도 쉽사리 여행을 떠날 수는 없었다. 그래서 생각해 낸 것이 각자 돈을 내어 대표를 보내서 참배케 하는 것이었다. 이러한 대표자들을 모아 성지로 안내해 주는 것이 센타쓰의 역할이었다. 여행자나 여행안내자 모두 뛰어난 '조직' 원리에 의해 움직였다. 아마 여행의 조직화가 이만큼 발전한 문화를 찾기도 쉽지 않을 것이다.

이러한 조직화의 움직임은 세속적인 여행에서도 나타났다. 에도 시대에 이르러 주요 도로가에 들어선 여관 가운데에는 악덕상행위를 하는 곳이 끊이질 않아 여행자를 불안하게 만들었다. 이 불안을 해소시키고 아무런 걱정없이 숙박할 수 있는 여관조합을 만들자는 움직임이 분세이기(1818~1830) 때 시작되었다. 이 조합에 참가한 여관들은 '나니와코'라고 크게 쓴 간판을 내걸고 일체 폭리를 취하지 않을 것을 약속하였다. 따라서 여행자들은 이 간판이 걸린 여관에 묵는 한 안심할 수 있었다. '나니와코'가 여행자들 사이에서 정평을 얻자 이에 자극받아 유사한 여관조합이 계속 결성되어 여행자들의 신뢰를 얻고자 노력하였다.

여행자도 가이드도 여관도 하나같이 '조직'으로 움직이고 있음을 볼 수 있다. 일본의 여행문화는 바로 이 '조직'을 기축으로 하여 형성되어 왔다. 오늘날에도 그러한 문화적 전통은 본질적으로 변함이 없다.

단체여행의 근대화

중세의 구마노 신앙 등에서 유래한 여행조직은 지금도 연속되고 있다. 옛날 농촌공동체에 존재하였던 계는 실질적으로 해체되었지만, 그 대신 농업협동조합과 같은 강력하고도 거대한 조직이 생겼다. 이 조직은 여행을 위한 금융능력을 갖추고 있으며, 대표자만 보내는 식의 영세적인 방법이 아니라 공동체 멤버 전원을 단체로 조직할 수가 있다. 몇 년 동안 적금을 부어 마련한 여비로 단체여행을 하는 것은 오늘날 일본인들에게는 흔한 풍경이다.

금융면에서 보면 따로 적금을 들지 않아도 소비자대출을 받을 수 있다. 미리 여비를 전부 빌리고 이를 몇 년에 걸쳐 조금씩 갚아나가는 그런 금융이 상당 정도로 보급되어 있다. 금융 조달수단은 완벽하다. 옛날에는 대표자 한 명만 갔지만, 지금은 전원이 커다란 여행단체를 조직해서 떠난다. 규모는 거대화되었지만 그것을 뒷받침해 주는 조직의 철학은 전혀 바뀌지 않은 것이다. 아니, 사회 전체의 조직은 오히려 더욱 고도화되었기 때문에 여행의 조직적 측면은 보다 강화되었다고 해야 할 것이다.

게다가 여행조직의 주체도 확장되었다. 앞서 살펴보았듯이 '계'라는 조직은 촌락공동체의 상호부조 조직으로 출발하였지만, 오늘날에는 그 원리가 예를 들어 기업이라는 근대적인 조직 내로 수용되어 새로운 '계'가 전국 어디에서나 계속 결성되고 있다. 기업조직은 공제조합이나 친목단체 같은 것을 만들고, 종업원들은 이 조직을 이용하여 단체여행을 떠난다. 일본 국내는 물론이고 오늘날에는 매일매일 세계 각지를 향해 단체여행자들이 출발하고 있다. 위안여행이니 연수여행이니

단체여행 붐 깃발을 앞세우고 단체로 몰려다니는 일본인 여행객은 세계 어디서나 볼 수 있다. 이러한
조직화된 단체여행은 에도 시대에 이미 자리를 잡았다.

명칭은 가지각색이지만, 몇십 명 혹은 몇백 명씩 단체를 꾸려 여행하
는 것은 동일하다. 일본 여행문화의 '근대화'는 계를 통한 결합에 의해
질적·양적 확대를 이룩한 것 같다.

    메이지 시대가 되자 기차여행이 시작되었고, 이에 단체들이 재빨리
기차를 이용하게 되었다. 우선 새로운 '계'로서 학교가 등장하였다.

1890년 도쿄에서 내국권업박람회(內國勸業博覽會)가 개최되었다. 이때 일본철도회사는 박람회 견학을 위해 상경하는 학생들을 대상으로 '수행원을 포함하여 50명 이상이 단체를 이루어 상경할 경우'에는 '차비를 30% 깎아주겠다'는 발표를 하였다. 새로운 조직주체로서의 학교가 말하자면 새로운 여행주체가 된 것이다. 오늘날 수학여행은 크게 인기가 있어서 교토나 나라 등지는 성수기가 되면 수학여행 온 수만 명의 아동과 학생들로 붐비는데, 그 역사가 바로 1890년으로까지 거슬러 올라간다.

계를 통해 집단을 형성할 때는 보통 그 발기인으로서 계주가 있다. 수학여행이라는 일본의 독자적인 여행 형식을 만들어낸 학교는 말하자면 근대적인 계주 중 하나라고 해도 무방할 것이다. 그리고 그 후속으로서 회사가 계주가 되는 예도 메이지 시대에 나타난다. 예를 들면 1909년『니로쿠 신문』(二六新聞)은 새 사옥의 낙성을 기념하여 애독자 400명을 히로시마에 있는 이쓰쿠시마 신사에 초대한다는 선전을 벌였다. 회사가 선전을 겸하여 관계자들을 여행에 초대하는 패턴은 이 즈음부터 시작되었다고 해도 될 것이다. 오늘날 이러한 회사 초대여행 예는 일일이 열거할 수조차 없다. 창업기념, 우수 소매점 초청, 추첨에 의한 소비자 초대 등 각양 각색의 명목으로 수많은 사람들이 여행에 초대받고 있다. 현대 도시사회 속에서 계주가 속출하고 있는 것이다.

오시 · 센타쓰의 현대판 즉 철도를 비롯한 교통기관, 실제로 여행업무를 취급하는 여행대리점 등도 여행자, 그 중에서도 단체여행자의 조직화와 유치에 열심이다. 앞에서 살펴보았듯이 메이지 20년(1897)대부터 수학여행 특별할인제도가 등장하였는데, 1909년 중부철도관리국은 '노동자의 단체승차에 대해 보통운임에서 약 40~60%까지 전례없는 대할인'을 해주기로 하였다. 50명 이상이 단체로 여행을 하면 거의 반액을 할인해 주겠다는 것이다. 이러한 특전이 단체여행을 더욱 부채질한 것은 당연하다. 아니 단체여행 이외의 방법으로 여행하는 것이 오히려 황당하게 여겨지는 사태까지 발생했다.

예를 들어 오늘날 일본인들의 해외여행을 한 번 생각해 보자. 여러 패키지 여행에 참가하여 정해진 일정에 따라 행동하는 한, 여행경비는 통상의 거의 반액이거나 그 이하다. 여행중에 받는 서비스는 단체여행자든 보통승객이든 다를 바 전혀 없다. 그렇다면 보통운임을 내고 여행하는 개인여행자 쪽이 오히려 소수파가 될 수밖에 없다. 일본문화 속에서 여행은 확실히 단체여행이 주류를 점하고, 개인여행은 압도적인 단체여행에 밀려나 버렸다.

그러한 경우는 숙박시설에도 적용된다. 오늘날 일본의 여관, 그 중에서도 관광지·행락지로 불리는 곳의 여관에 묵어 보면, 아주 예외적인 경우를 제외하면 여관은 거의 단체손님용으로 설계되어 있다는 사실을 알 수 있다. 단체손님을 위한 커다란 연회장이 마련되어 있고 여흥을 위한 무대까지 설치되어 있다. 그러한 여관에서는 개인손님은 구석으로 밀려나 위축되기 마련이다. 어디를 가도 일본의 여행문화는 단체손님이 장악하고, 개인이나 가족 같은 작은 그룹은 늘 단체여행객들에게 압도당해 버린다.

흥미롭게도 스키장 같은 데서도 단체손님이 분위기를 제압하는 광경을 자주 볼 수 있다. 시즌중에 유명한 스키장의 게렌디(활주로)에 가 보라. 몇십 명씩 되는 사람들이 여행대리점 같은 데서 주최하는 스키 강습을 받으면서 게렌디의 대부분의 공간을 완전히 점령하고 있다. 이런 단체에 가입하지 않은 사람은 결국 자기가 타고 싶은 장소를 사용할 수 없다. 재차 반복하지만 일본의 여행은 단체의 것이다. 또는 조직의 것이다. 여행 주체가 개인인 경우는 거의 없다.

　물론 이것을 일본에만 있는 특유한 문화현상이라고 보는 것은 잘못일 수 있다. 동서양의 다른 문화를 보더라도 예컨대 성지순례여행 같은 것은 늘 단체여행이고, 앞에서 살펴보았듯이 바로 얼마 전까지만 해도 여행에는 수많은 위험이 뒤따르기에 개인여행은 그야말로 무모하기 짝이 없는 행위였다. 언제 어떤 재난이 덮쳐올지 모르는 상황에서 여행은 당연히 집단행동화될 필요가 있었다. 그러니 어느 문화에서건 여행이란 특별한 예외를 빼면 거의가 단체여행이었다. 특히 1970년대 들어 대형 제트기를 이용하게 되면서 보다 많은 여객을 끌어들이기 위해 여행대리점의 세일즈 활동이 전 세계적으로 활발화되었다. 운임이 싼 패키지 여행으로 해외여행을 하는 것은 현재 전 세계적 현상이라 해도 과언이 아니다.

　일본인은 과거 수세기에 걸쳐 이러한 조직화된 단체여행을 위한 경험을 축적해 왔다. 전 세계적으로 여행이 조직화되고 있다는 것은 사실이지만, 그 중에서도 특히 일본은 단체여행의 밀도가 대단히 높다. 가이드가 깃발을 높이 쳐들고, 이 깃발 뒤를 수십 명씩 정말 '대오를 지어' 따라가는 풍경은 일본문화의 산물이라고 보아도 될 것이다. 그래서 오늘날과 같은 대중여행시대에는 일본의 단체여행 전통이 대단히 유효하게 작용하고 있다고도 볼 수 있다. 일본인은 오랫동안 여행을 집단 또는 공동체의 것으로 여겨 왔기 때문에, 오늘날과 같은 조직의 시대에 아주 자연스레 적응할 수 있었고 마침내 조직의 밀도를 높이는 데까지 성공을 거둔 것이다.

　물론 많은 일본인은 단체여행에 대해 부정적인 평가를 내리기도 한다. 확실히 개인여행의 입장에서 보면 단체여행은 횡포다. 여러 가지 점에서 단체여행이 개인여행에 우선한다는 것은 여러 가지 문제를 안고 있다. 그러나 동시에 일본의 수학여행이 갖는 교육적 효과를 높이 평가하는 외국의 교육학자도 많다. 단체여행이라는 여행 형식에 대한 성급한 가치판단은 일단 보류해 두기로 한다.

전별금과 미야게의 여행문화

계를 통한 집단 등을 원형으로 하여 일본 여행문화가 단체여행을 주축으로 하게 되었다는 것은 이상에서 살펴본 대로지만, 그 배경에는 집단만이 갖는 또 하나의 주술 신앙이 있었다. 앞머리에서 지적했듯이 고대로부터 근대에 이르기까지 일본문화에서는 여행을 소위 죽음에 준하는 것으로 취급하는 경향이 있었다. 그것은 달리 표현하자면 집단을 떠난 개인은 집단의 힘이 미치는 범위에서 벗어났기 때문에 극히 무력한 존재가 된다고 믿었기 때문이다. 집단을 떠나면 인간은 몸도 마음도 약해진다는 암묵적인 신앙이 일본 공동체 내에 있었다. 앞에서 살펴본 가게젠(陰膳) 습관 등도 타향에 있는 여행자를 마치 공동체 내에 있는 것처럼 취급하여 일종의 정신적 감응을 통해 힘을 부여하고자 하는 주술적 발상에 의거한 것이었다.

그러한 발상 아래서 나온 습관이 일본의 공동체 속에서 발견되는 '사카무카에'(언덕맞이)다. 이는 여행에서 돌아온 사람을 마을에서 떨어진 언덕 등에서 맞이하고 그 곳에서 함께 음식을 나누는 행위를 말한다. 이 공동음식으로 여행자는 쇠퇴해진 심신에 활력을 부여받고 공동체 안으로 맞아들여지게 된다. 오늘날에도 예를 들어 초등학생이 수학여행에서 돌아오면 '사카무카에'를 하는 마을이 남아 있다. 어쨌든 생활의 기본이 되는 것은 공동체이므로, 설령 일시적일지라도 이 공동체

미야게로 인기가 높은 이세의 명물 과자

에서 이탈한다는 것은 대단히 비일상적인 일이다. 그 때문에 여행을 떠날 때는 물론이고 돌아온 여행자를 위해서도 여러 가지 의식이 필요하였던 것이다.

한편, 여행자 측에서 보면 물리적으로는 단연코 혼자하는 여행이지만, 심리적으로는 한시도 공동체적 존재임을 잊을 수 없다. 특히 계모임에서 선발되어 대리여행을 하는 경우라면, 여비의 대부분이 계모임에서 나온 것이기 때문에 그에 따른 심리적 부담이 분명히 따라다녔을 것이다. 여행은 자신을 위한 여행이 아니라 계모임 또는 공동체 전체의 의지와 바램이 응집되어 있는 것이었다.

여기에서 특별히 주의할 것이 하나 있다. 전별금과 미야게라는 중답의례가 그것이다. 대리여행자는 계의 모금을 여비로 삼아 여행하지만, 그 외에 전별금이라는 것을 받는 예가 적지 않다. 어쨌든 여행에 필요한 경비의 적지않은 부분은 타인에게서 나온 거출금이나 기부금이었다. 그러한 전별금을 받는 것이 하나의 관습이었다면, 그 반대급부로서 미야게를 갖고 돌아가 전별금을 준 사람들에게 나누어주는 것도 습관이었다. 오늘날 미야게는 '토산'(土産)이라고 표기하는데 본래 그것은 '궁사'(宮笥)라는 것이었다. 즉 계의 신앙대상인 성지나 신사 등에서 입수한 성스러운 물건, 예컨대 부적 같은 것이 미야게다. 공동체의 의지를 대표해서 간 여행자는 목적지에서의 성스러운 경험을 공동체와

여행과 전별금
여행자에게 건네지는 전별금은 여행에 대한
상징적인 참가비라는 명목을 갖고 있다. 사
진은 이세 신궁 참배자의 전별장과 여행중의
일기

나눠가질 의무를 갖고 있었다. '궁사'는 그러한 경험을 서로 나누어 알
수 있게 해주는 물리적 수단이었다고 보면 될 것이다.

여행자는 일시적으로 공동체를 떠났다가 다시 공동체로 돌아온다.
그리고 여행자는 자신의 경험을 공동체에서 기다리고 있는 사람들과
교환하고 공유해야 했다. 여행자에게 전별금을 주는 행위는 전별금을
통해 공동체에 속한 사람들이 이 여행에 의사적(擬似的)으로 '참가'한
다는 것을 의미한다. 약간 과장해서 말한다면, 전별금은 여행에 대한
상징적인 참가비라는 의미를 갖고 있다. 따라서 전별금을 거부한다는

234

것은 참가를 거부한다는 것으로서 도저히 용서받을 수 없는 일이었고, 생각하기에 따라서는 대단히 무지하고 무례한 일이었다. 전별금은 단순한 선물이 아닌 것이다. 전별금을 여행자에게 건네줌으로써 공동체의 멤버는 여행자와 함께 여행을 경험하고자 한 것이다.

따라서 이처럼 여행에 참가하고자 한 사람들에게는 소위 참가의 증거품이 있어야 했고, 그것이 미야게였다. 순수한 종교적 여행이라면 대리참가자는 성지에서의·경험으로서 부적 같은 것을 가지고 돌아가는 것이 예의이자 의무였다.

전별금과 미야게라는 이러한 증답의례는 오늘날에도 일본의 여행문화 안에 남아 있다. 신혼여행을 예로 들어 보자. 신혼여행이란 새로 결혼한 남녀 한 쌍의 개인적 여행이다. 그러나 각 개인과 연관되어 있는 친척이나 친지들이 이 결혼을 축복하여 전별금을 보낸다. 핵가족화가 진행된 현대사회에서 과연 친척·친지가 여전히 공동체적 기능을 갖는지의 여부는 차치하고, 어쨌든 전별금을 받은 신혼부부는 여행을 마치고 돌아올 때 반드시 전별금을 준 사람들에게 미야게를 돌린다. 말하자면 여행이라는 행위 자체가 일본문화에서는 일종의 '집단표상'이며, 집단표상으로 만들어주는 것이 전별금-미야게라는 교환관계라 해도 될 것이다.

그래서 일본여행자는 어디를 가든 반드시 미야게를 생각한다. 예를 들어 단기 해외여행일 경우 목적지에 도착하여 구경할 시간이 부족하더라도 많은 일본인 여행자는 미야게를 사기 위해서 바쁘게 뛰어다닌다. 호놀룰루나 파리, 런던, 홍콩, 기타 세계 주요 도시를 방문하는 몇만 명씩 되는 일본인 여행자의 행동을 잘 관찰해 보면 이를 금방 알수 있다. 그들은 도착해서 떠날 때까지 계속 쇼핑을 하기 위해 말 그대로 동분서주한다. 이 쇼핑은 반드시 자신들을 위한 것이 아니다. 일본인 여행자의 경우 대부분 쇼핑은 미야게를 사기 위해서다. 전별금을 준 사람이 20명이라면 그 20명 모두에게 줄 미야게가 필요하다. 그래서 출발 직전의 공항 매점에서까지 일본인 여행자는 이것 저것 쇼핑하는 데 여념이 없다. 이러한 행동만 따로 떼어놓고 보면 일본인은 그야말로 쇼핑민족이다. 그리고 이러한 쇼핑에 동기를 부여하는 것은 말하자면 '미야게 강박증'이라고까지 할 수 있는 강박관념이 아닐까? 미야게를 갖고 가지 않으면 체면이 깎인다고 생각하는 것이다.

비즈니스 여행이라 해도 미야게 강박관념으로부터 자유로울 수 없다. 국내든 국외든 장사 때문이든 다른 업무로든 여행하는 샐러리맨은 회사의 상사나 동료에게 줄 미야게를 마련하는 데 신경을 쓴다. 회사원의 출장여행은 어디까지나 업무상 필요한 여행이므로 업무만 끝내고 그냥 돌아오면 된다. 어디까지나 비즈니스는 비즈니스일 뿐이다. 최근에는 이런 식으로 업무여행과 미야게 문화를 완전히 구분하는 회사도 많아졌지만, 동시에 사소한 출장여행일지라도 돌아오는 길에 여행지의 명산품 등을 가져와 회사 동료들과 나누는 풍습은 여전히 뿌리깊게 남아 있다. 한 사람이 그런 전례를 만들면 다른 사람들도 똑같이 하지 않으면 안 되게 되어 버린다. 누군가 여행을 가면 남아있는 동료들은 미야게를 기대한다. 그 기대에 부응하기 위해 출장여행을 떠난 회사원은 조금이라도 미야게를 갖고 돌아가야 한다.

해외여행일 경우에는 사태가 더욱 심각하다. 해외여행 미야게란 어느 정도 품목이 표준화되어 있지만, 그래도 회사에서 기다리는 사람들 모두에게 공평하게 미야게를 나눠주어야 한다는 생각 때문에 좀처럼 안심이 안 된다. 미야게라는 증답의례를 둘러싼 이러한 강박관념은 일본인들 사이에서 쉬 없어질 것 같지는 않다.

물론 계모임 같은 오랜 공동체는 이미 약화되었다. 그러나 일본의 여행문화 전통은 근대 산업사회로 계승되어 새로운 공동체를 발견하는 노력을 계속해 왔다. 특히 기업조직이 그러한 전통을 계승하였는데, 현대일본의 여행문화를 고찰할 때는 반드시 이 점을 염두에 두어야 한다. 관광지·행락지에서 연회를 기획하는 단체는 대개 회사다. 중소기업이라면 회사 차원의 위안여행일 수 있고, 대기업이라면 부나 과 등을 단위로 하는 여행일 수 있다. 이런 여행을 적어도 1년에 1회 이상하지 않는 회사가 오히려 드물 정도다. 많은 기업에서 사원여행은 연중행사 중 하나로서, 기업조직의 공동체 의식을 강화시키는 효과를 낸다. 일본의 농업사회는 1세기 만에 공업사회로 그 주도권을 넘겼지만, 그 조직원리의 중요 부분은 분명 전통으로서 계승되고 있다. 여행문화 역시 여행관과 여행을 둘러싼 몇 가지 습관·의례에서 오늘날의 일본으로 계승되고 있다. 한 마디로 말하자면, 일본의 여행은 늘 공동체 의식과 중첩되어 있다. 여행은 늘 단체여행을 택하고, 개인적으로 여행할 경우에도 개인은 늘 공동체로부터 일종의 심리적 압박을 받고 있는 것이다.

'여행'이 갖는 의미

자, 이쯤 해서 다른 흥미로운 문제가 하나 떠올랐다. 일본인은 여행에서 '과정'에 지대한 관심을 기울여 왔다는 점이다.

현대의 여행, 특히 비즈니스 여행일 경우는 목적지에 최단시간에 도착하는 것이 기본적 조건이다. 그 여행이 도쿄~오사카 간이든, 도쿄~런던 간이든, 가능한 한 빨리 목적지에 도착하는 것―그것을 여행자는 우선시한다. 바로 그 사이에 몇 시간이든 '과정'이라는 것이 필요하다. 그런데 이 과정이란 현대 비즈니스 여행자에게는 사실 무의미한 시간이다. 그러므로 그런 시간은 짧을수록 바람직하다. 그래서 철도나 배보다는 비행기, 헬리콥터보다는 제트기, 제트기 중에서도 초음속기라는 식으로 보다 빠른 수송기관을 선택하게 되었다. 목적지에서 행하는 뭔가가 진정한 목적인 이상 그 '수단'으로서의 여행은 간단하고 능률적일수록 좋다. 그래서 과거 1세기 동안 교통기관의 진보는 '수단'의 능률화에 집중하였다고 할 수 있다. 1976년 봄, SST는 파리·워싱턴 간을 3시간 만에 건너게 되었다. 1세기 전, 배나 기차를 타고 20일 이상 걸렸던 여정이 3시간으로 줄어든 것이다. 이렇게 하여 무의미한 시간은 최소화되었다. 보다 빠른 것에 가치를 두는 비즈니스객은 그러한 새로운 고속 수송기관을 무조건 선택하게 된다.

그러나 일본의 여행문화 전통을 보면, 여행은 그저 목적지에 도착하기 위한 단순한 '수단'이 아니었다. 목적지에 도착할 때까지의 '과정'에도 커다란 의미를 부여했던 것이다. 이는 『도사 일기』(土佐日記) 같은 중세의 일기문학 등을 통해서도 알 수 있다. 일본인의 여행에서는 수단 그 자체가 목적이었다. 물론 여행인 이상 대부분의 경우 목적지란 것이 있었다. 그러나 목적지에 도착할 때까지 여행자들은 도중에 펼쳐지는 풍경에 마음을 빼앗기기도 하고, 예기치 않은 발견에 놀라워하기도 하였다. 그래서 그러한 여행중의 경험이란 일본인에게는 하나의 독립된 즐거움이었다.

사실 근단적인 경우 목적지는 아무래도 좋았다. 익히 알려진 『도카이도추히자쿠리게』(東海道中膝栗毛) 등에서도 도카이도 여관에서 야지로베와 기타하치가 펼치는 익살이 재미있지, 목적지인 교토나 오사카에 도착해서 어찌어찌 되었다는 이야기가 재미있는 것이 아니다. 빨리

238

목적지에 도착하는 데는 관심이 없었다. 마쓰오 바쇼(松尾芭蕉)의 『오쿠노호소미치』(奧の細道)라든가, 스가에 마스미(管江眞燈)의 『유람기』(遊覽記) 등이 그 전형으로, 그들에게 원래 목적지 같은 것은 존재하지 않았다. 그들에게는 여행 그 자체가 목적이었고, 여행중의 견문이 그들의 즐거움이었다. 일본 문학의 한 장르인 '기행문'은, 여행중의 문학이며 문장 스타일이다. 요컨대, 일본인에게 여행이란 그 자체가 목적이었고, 그러한 여행이야말로 인생에서 하나의 기쁨일 수 있었다.

그러한 사고는 오늘날의 여행문화에도 일정하게 투영되어 있다. 앞에서도 얘기하였듯이 일본의 여행은 단체여행이 주를 이룬다. 이 단체여행의 본 모습을 자세히 살펴보면 '여행중'에 즐길거리를 많이 준비해 간다는 것을 알 수 있다. 예를 들어 마을모임이든 회사든 여러 단체가 관광버스를 타고 여행을 할 때는 차 안에서 술도 돌리고 마이크를 잡고 노래도 부르며 야단법석을 떠는 것이 보통이다. 여행은 어떤 목적지에 도착할 때까지의 무의미한 시간이 아니다. 무의미하기는커녕 그 시간이야말로 의미 있는 것이다. 이는 열차나 비행기 안에서도 마찬가지다. 총무는 부지런히 도시락과 술을 권하고, '여행중'의 즐거움을 준비한다. 일본 단체객이 일반객들로부터 자주 빈축을 사는 것은 이러한 여행중의 소란 때문일 경우가 많다. 하지만 일본인은 이 때문에 여행이 몇 시간, 아니 몇십 시간이 걸려도 즐겁다. 천천히 경치를 감상하고 술을 마시고 이런저런 두서없는 세상이야기로 시간을 보내는 것—여행이란 바로 그러한 '과정'이 문제였다. 결코 목적지에 빨리 도착한다는 능률의 문제가 아니었던 것이다.

아울러 이러한 '과정' 속에서 공동체 의식은 더욱 더 돈독해지고 특히 거기에서 새로운 공동체 의식이 싹트기도 한다. 예를 들면 도호쿠 지방의 산촌 등에서는 지금도 '이세 형제'라는 호칭이 남아 있다. '이

세 형제'란 계모임 여행 등에서 우연히 이세 신궁 참배에 동행하게 된 사람들이 돌아온 후 서로 부르는 말이다. 며칠간 함께 여행을 하다 보면 당연히 거기에는 깊은 친근감이 생긴다. 여행중에 힘든 일이 많아 서로 도와가면서 무사히 여행을 마칠 수 있었다면 그들 사이에는 더더욱 평생 잊을 수 없는 공통의 추억이나 체험으로 남을 것이다. 그러한 식으로 여행을 함께한 사람들은 '이세 형제'가 되기도 하고 '데와(出羽 : 야마가타 현에 있는 데와 신사) 형제'가 되기도 한다. 일본의 여행 배경에는 늘 공동체의 그림자가 존재한다는 사실은 앞서 지적한 대로지만, 여행이라는 행위를 통해 새로운 공동체가 탄생되는 경우도 있다. 여행 과정에 의미가 있으면 있을수록 그러한 여행을 계기로 새로운 공동체가 형성될 확률은 높아진다.

우연히 여행을 함께하게 된 사람들 사이에 새로운 공동체 의식이 싹트는 이러한 예는 지금도 남아 있다. 예를 들면 해외로 나가는 팩키지 여행일 경우 임시 단체편성으로서 그때까지 단 한 번도 면식도 없던 사람들이 같은 단체에 속하여 1~2주씩 여행을 함께하는데, 그 사이에 서로 이야기를 주고받으면서 친해져 귀국 후에도 계속 교류를 하는 사례가 적지 않다. 극단적인 경우에는 그룹을 만들어 1년에 몇 번씩 정기적으로 모임을 열어 추억담에 빠지기도 하고, 그 그룹이 새로운 주체가 되어 다음 여행을 기획하기도 한다. 다른 분야도 그렇지만, 일본문화의 놀라운 조직력은 여행 분야에서도 항상 활발하게 작동하고 있는 것이다.

일본인에게 여행이란 바꾸어 말하면 집단행동이다. 물론 개인여행이 전무하다는 것은 아니며 '나홀로 여행'이라는 일종의 감상적 여행도 있다. 그러나 '나홀로 여행'이라는 말에 특별한 감상이 동반된다는 것은, 달리 말하면 그러한 여행이 얼마나 예외적인 경우인가를 말해준

다. 많은 일본인에게 이러한 여행은 동경의 대상이기도 하지만 실천과
는 거리가 있는, 다소 희귀한 여행 형태다. 일본인은 대부분은 집단적
으로 여행하거나 또는 심리적으로 집단을 배경에 두고 여행한다. 일본
에서는 공동체로부터 이탈한다는 것이 대단히 어려운 일이다. 바로 그
어려운 이탈의 찬스가 될 수도 있을 여행마저 일본에서는 오히려 공동
체의 결합을 촉진하는 요인으로 작용하고 있다. 따라서 여행은 일본문
화를 고찰하는 데 있어서 당연히 중요한 실마리가 되어줄 것이다.

7 교양과 삶의 보람

입신출세와 중학강의록의 세계

야마모토 아키라

교양과 '입신출세'의 삶

교양은 교육과 동의어가 아니다. 교육은 메이지 시대에 부국강병 정책의 중요한 일환으로서 강력하고도 급속하게 국가권력에 의해 추진되었다. 국책으로서의 교육보급이 일본 근대화의 기초가 되었다는 사실은 의심할 여지가 없지만, 동시에 교육 특히 고등교육을 받는다는 것은 개인에게 '입신출세'의 길이기도 했다.

국책과 개인의 사적 이익이 메이지 시대에는 놀랄 정도로 일치하였다. 그래서 교양이라는 이름의 지식은 실리가 없는 것으로 여겨져, 소위 한가한 사람의 취미 정도에 머물렀다. 독서, 시가, 음악, 회화, 다도 등을 교양의 중요 부분이라고 한다면, 그것은 '입신출세'와는 상관없는 것이었다. 따라서 메이지 시대에 교양을 담당한 것은 계층으로 보면 지방의 지주와 부농이었고, 그 밖에 소수의 중산계층과 상류계층의 부인들이었다. 부인들의 경우에는 입신출세할 길이 막혀 있었기 때문에 지적인 부인은 그런 것과 상관없이 교양을 쌓으려고 했다. 에도 시대에 다도는 사무라이의 취미였지만, 메이지 시대에 들면 많은 부인들이 취미 삼아 다도를 배우기 시작했다. 문학도 팬의 대다수가 부인들이었다는 사실은 모리타 소헤이(森田草平)의 『매연』에 묘사된 문학연구회에 상세히 나타나 있다. 이 시기의 교양인이 갖고 있던 일종의 공허함을 희화적으로 묘사한 것이 『도련님』에 등장하는 '빨간셔츠'이며, 교양의 무력함과 무실속을 역설적으로 묘사한 것이 소설 『나는 고양이다』다.

교양에는 오락의 범주와 중복되는 부분이 없지 않지만 상당한 차이가 있다. 중복되는 부분이란, 예를 들면 한문서적을 읽거나 하이쿠나

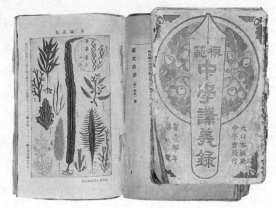

상급학교에 진학할 기회를 갖기 어려웠던 숱한 젊은이들에게 입신출세의 장밋빛 꿈을 심어준 중학강의록

와카를 즐기는 것인데, 이는 에도 시기의 교양이 메이지 시대로 유입된 것이다. 이를 토대로 해서 구로이와 루이코(黑岩淚香 : 비평가, 번역가)는 『요로즈초호』(万朝報) 지면에 독자들의 광가(狂歌), 도도이쓰(都都逸 : 구어조로 된 속곡의 일종. 주 내용은 남녀간의 애정)를 모집하였다. 이것들은 영어로 치면 단시에 해당한다. 이런 단시를 짓는 인구가 영·미와 비교할 수 없을 정도로 일본에 많이 존재하였다는 것은, 에도 시대의 교양이 매스컴을 통해 메이지 시대에 대중오락으로서 전환되었기 때문이다.

교양과 중복되지 않는 오락은 유행가, 바둑, 장기, 화투, 대중연예 등이다. 그런 것들은 교육이나 지식과는 무관한 것으로, 많은 사람들의 일상 생활과 밀착되어 있었다.

이상에서 말한 교육·교양·오락의 분리는 다이쇼 시대에 들어 조금씩 그 위치를 바꾸어 나가게 된다. 특히 다이쇼 말기에 매스컴이 비약적으로 발달(신문의 보급, 대중잡지의 창간, 라디오 방송의 개시, 영화의 보급과 질적 향상, 한 권에 1엔 하는 엔본 붐)하면서 교양과 오락은 그 거리를 크게 좁히게 된다. 한편, 다이쇼 말기 고등여학교의 학생 수가 중학교 학생 수(실업학교 학생 수를 제외)를 능가했다는 사실은 메이지 시대의 국책적 교육시대를 지나, 여성들에게도 교육과 교양 간의 거리가 좁아졌음을 의미한다. 이미 다이쇼 초기에는 '고상한 취미'로서 수예가 유행하기 시작하고, 요리와 양재 등이 생활을 위해서만이 아니라 취미와 교양으로서 여성들 안으로 파고들었다.

그러나 남성 세계에서는 메이지적 패턴이 기본적으로 1945년 이후의 학제개혁에까지 이어진다. 이것은 교육=학력=자격이라는 제도 속에서 존속하였다. 메이지 유신 이후 70년에 걸쳐 청년들의 꿈은 '책보따리를 지고 고향을 떠나' 도쿄에서 학벌을 쌓고 그것을 바탕으로 '입신출세'하는 것이었다. 교양만 가지고는 밥을 먹을 수 없다. 출세가 삶의 보람이고 인생 목표의 전부였다.

이러한 출세지향주의에 대항한 교양이 쇼와 초기에 학생들 사이에 풍미한 마르크스주의였다. 당시 일본에서는 독일에 이어 마르크스주의 문헌이 활발히 발행되었고, 특히 마르크스·엥겔스·레닌·스탈린의 번역서는 그 발행부수가 독일을 능가했다. 이러한 현상은 메이지적인 입신출세의 가망이 사라지고 처음부터 샐러리맨의 삶을 살도록 예정된 시대를 살게 된 청년들의 반항 때문이었을 것이다. 즉, 삶의 보람을 상실한 것이 이 같은 체제비판적인 마르크스주의로 치닫는 것을 더욱 부채질하였다고 할 수 있다. 물론 일부 학생들의 경우 실천활동에 정진하였지만, 사실 대다수 '마르크스 청년'들에게 마르크스주의는 지식이고 교양이었다. 지적 수준이 높은 청년일수록 마르크스주의에 빠진다는 속설이 반드시 허구라고는 할 수 없다. 또 '20세에 마르크스주의자가 되지 않는 자는 바보고, 40세까지 여전히 마르크스주의자로 남아있는 자도 바보다'라는 기묘한 설도 유포되었다. '마르크스 청년'에게

엔본

가이조샤가 예약 모집하여 빅히트를 기록한 『현대일본문학전집』의 보급판(오른쪽). 한 권당 가격이 1엔이어서 일명 엔본이라고 불렸다. 왼쪽은 헤이본샤의 『현대대중문학전집』

마르크스주의는 자기가 속한 계급과 계층의 몰락을 예지하는 지식이었고, 그렇기 때문에 오히려 예외적으로 '몰락'을 피할 길을 찾는 데 필요한 나침반으로도 쓸 수 있었다. 쇼와 초기 마르크스주의의 유행은 다이쇼 시대의 시라카바 파(白樺派)로 대표되는 교양주의보다 더 심각한 고뇌에 뿌리를 두고 있었다. 시라카바 파가 생활에 대해서는 아무런 걱정 없이 인생에 대해서만 고뇌했다고 한다면, 마르크스주의의 유행은 지식인 자신이 속한 계급과 계층의 장래에 대한 비관을 기반으로 하고 있었다. 교양이 있다는 것은 '삶의 보람'이라는 측면에서는 오히려 방해물이었던 것이다.

마르크스주의의 유행은 1931년 만주침략 후의 탄압 때문에 급속히 쇠퇴한다. 그 후 교양은 전쟁수행에 방해가 되지 않는 것만이 존재할 수 있었다. 그러나 생각해 보면, 침략전쟁에 대항하는 데 아무런 쓸모도 없는 교양이란 것이 과연 교양이라는 이름의 가치를 가질 수 있는 것일까. 이처럼 일본에서의 교양은 무력한 것이라고 증명될 즈음, 프랑스에서는 로맹 롤랑, 아린 발뷰스에 의해 암스테르담 세계반전대회가 성공적으로 개최되고 프랑스와 스페인의 지식인은 반파시즘 투쟁을 위해 일어섰다.

패전 후, 일본의 지식인은 과거의 전철을 다시 밟지 않기 위해 스스로를 경계하고, 1951년의 전면강화운동(세계대전 후 전쟁종결을 위해 해당 국가들끼리 단독 강호조약을 맺기보다는 모든 전쟁 관계국이 공동으로 강화조약을 맺자는 운동)이나 1960년의 안보투쟁을 통해 정치와 사회에 적극 참여하였다. 그러나 1969년과 1970년의 학생운동은 이러한 지식인의 처신(존재) 문제에 대해 날카로운 비판을 하였고, 그때 제시한 비판적 질문에 대해서는 아직도 답변을 제대로 듣지 못하였다.

이 글에서는 우선 전쟁 전의 입신출세주의 구조를 '강의록'의 보고를 통해 개설해 보고자 한다. 그렇게 함으로써 교양과 삶의 보람이라는 문제를 측면에서 조명해 볼 수 있다고 생각하기 때문이다. 결론부터 말하자면, '입신출세'에는 교양이 반드시 필요한 것은 아니다. 아니 오히려 이것은 면학을 방해하는 것에 불과했다. '의식(衣食)이 족해야 예절을 차릴 줄 안다'는 말이 옳다면, 교양이란 '의식이 족한' 후의 일인 것이다.

중학강의록의 출현 출세로 가는 패스포트

세상에 나와 처음으로 생을 살아가는 요령을 깨달았습니다. 내가 살아갈 길을 알았습니다. 험난한 길, 거친 파도 속에서 어찌어찌 살아왔습니다. 시련도 받을 만큼 받았습니다. 쏟아지는 눈물, 나도 모르게 흘러내리는 눈물은, 언제나 못배워서 흘린 눈물이었습니다. 머리가 모자라기 때문이었습니다. …… 지금 부대에서 열심히 공부하여 사할린의 삼림주사시험을 칠 생각입니다. 합격하면 70엔 정

도의 월급을 받을 수 있을 것입니다. 이 밖에도 조선 쪽에 가서 순사를 하거나,
홋카이도와 화북(樺北) 쪽에서 순사…….

이 편지는, 1937년경 아키타 현 출신의 소학교를 졸업한 농민 병사
가 중국 산시 성(山西省)에서 아내에게 보낸 편지의 한 구절이다(『전몰
농민병사의 편지』, 岩波新書). 현역병으로 총을 들고 싸우면서도 농민이
라는 위치에서 벗어나 식민지 공무원이 되어 '월급 70엔'을 받는 인생
을 살겠다는 꿈을 피력하고 있다. 못배운 한이 평생 그를 농촌에 얽어
매 두었고, 거기에서 탈출하여 월급쟁이가 되는 것을 '입신출세'라고
인식하고 있다.

'입신출세'는 신분사회에서 계급사회로 바뀐 메이지 유신 이후부터
패전 전까지 일본에서 일상적으로 쓰인 용어였다. 학교의 졸업식 노래
인 「반딧불」에 보면 "입신해서 이름을 높이고, 자, 정진하자"라는 대
목이 나오는데, 입신출세라는 인생의 목표를 노래로 표현한 것이다.
계급사회에서 입신출세란 곧 계급상승을 의미한다. 이 상승은 고정된
계급 내에 예외적으로 유동적인 부분이 존재하였음을 명시하는 것으
로, 하층계급에게는 꿈과 분발심을 북돋아 주는 것이었다. 입신출세로
는 관료제도에 들어가 지위상승을 이루는 것과, 실업계에 들어가 재산
을 모으는 방법이 있었는데 그 의미는 상대적이었다. 낫토(콩의 발효식
품)팔이 소년이 고학으로 중학을 졸업하여 하급관리가 되는 것도 입신
출세고, 도쿄 대학 법학부를 졸업하고 고시에 합격하여 고등문관을 거
쳐 판임관(判任官 : 구관리제도의 등급 중 하나로 각 부서의 장관이나 지방장
관이 임명), 칙임관(勅任官 : 칙명으로 임명되는 구헌법 하의 고등관 1·2등)
이 되는 것도 입신출세다. 종종 구(舊) 군대가 일본 계급사회에서 굴뚝
역할을 했다는 지적이 있는데, 좀더 자세히 살펴보면 이는 자격시험에

합격하는 것으로 하사관 시험을 비롯한 각종 시험에 합격하여 지위를 상승시키는 것을 의미한다. 우선 빈농의 아들이라도 소학교를 졸업한 후 독학으로 중학1년 수료 정도의 실력이 되면 육군유년학교에 입학할 수 있고, 사관학교를 거쳐 장교가 될 수 있다. 성적만 좋으면 육군대학을 졸업하여 육군 중추부로도 들어갈 수 있다. 이것이 최고를 향한 과정이었지만, 소학교 졸업자라도 재학중에 하사관 시험에 합격하여 직업군인이 되고 십수 년 동안 근무하면 사관학교 졸업생과 같은 신분에 도달할 수 있었다(전문학교와 대학 졸업자의 경우 '간부후보생'이 되면 이 과정을 겨우 6개월 만에 통과할 수 있다. 그래도 소학교 졸업자에게 장교가 될 길이 열려 있었다는 것만은 틀림 없다).

일본의 계급사회에서는 자격시험제도를 마련해 둠으로써 계급 간의 격차에 작은 구멍을 뚫어 격차가 없는 것처럼 보이도록 꾸몄다. 그러나 자격시험이란 실제로 엄격한 계급제의 한 단계에 불과하다. 예를 들어 철도청이나 체신청의 내부 신분제도를 보면, 소학교 졸업자는 용인(傭人), 그 위가 중학교 졸업자인 용원(雇員), 철도수(鐵道手)다. 그 위에 판임관, 고등관(1~9등), 주임관(奏任官), 칙임관, 친임관(親任官)이 있다. 단 판임관 시험은 중학교 졸업자라도 노력만 하면 합격 가능성이 전혀 없지 않았고, 소학교 졸업자라도 독학으로 중학교 졸업자와 동등한 학력을 취득한 후 더 '노력'해서 판임관 시험에 합격하지 못할 것도 없었다.

이 같은 신분제도의 작은 틈새를 고학으로 뚫고나가는 것, 이것이 바로 '입신출세'였다.

소학교 졸업이라는 학력밖에 갖지 못한 사람을 입신출세에 끌어들이기 위해 신문잡지를 요란하게 장식한 것이 '입신출세'담이었다.

당시 대중잡지 『킹』에 실린 글을 한 번 보자. 이 잡지에는 매호 반드시 '입신출세'담이 게재되었고 '1원을 비웃는 자, 1원에 운다'는 식의 격언을 이야기하였다. 예를 들어 같은 잡지 1928년 5월호에 부사제 지주식회사 사장 오카와 헤이사부로(大川平三郞)의 다음과 같은 '입신출세의 길'이 게재되었다.

메이지 시대 초 사무라이 계급인 오카와 일가가 몰락하자 소년 헤이사부로는 시부사와 집안의 문지기가 되었다. 그동안 헤이사부로의 어머니가 두세 차례 시부사와 집으로 돈을 애걸하러 왔다. 어느 날 시부사와 부인이 소년 헤이사부로를 부르더니 "너네 아버지는 어쩜 그토록 의지가 없다니? 저리 마누라를 고생시키는 것은 모두 네 아버지가 변변치 못해서야"라고 비난하였다. 그에 따르면, "어머니의 고통을 덜어드리겠다는 일념에서 학업을 포기하고, 직공이 되어 집안을 일으키기로 결심했다. 이것이 내 나이 열일곱 때의 일이다. 사실 이것이 내가 학업을 포기한 동기이자 동시에 지금의 지위를 이룩하는 출발점이기도 했다."

1875년, 소년 헤이사부로는 오지(王子) 제지에 월급 5엔의 점원으로 고용되어 지배인 집의 현관 한 모퉁이에서 살게 된다. "아침에는 하녀들과 함께 일어나 가게문을 열고, 이윽고 주인이 일어나면 주인 이불을 개킨다. 책상을 정리하고 주인의 식사중에 미리 외출 준비를 한다. 주인이 외출할 때는 가방을 들고 뒤를 따른다. 저녁에 집에 돌아오면 우물에서 물을 길어와 객실을 청소하고 툇마루를 닦는다. 정원에 나뭇잎이 떨어져 있으면 비를 들고 쓴다. 램프손질, 덧문단속, 잠시도 손을 놓지 않고 계속 일했다. …… 누구에게든 열심히 일하는 사람이라는 인정을 받아야 했다. 출퇴근 시간에도 물론 두각을 나타내야 했다. 그래서 아침에는 출근시간인 6시보다 1시간 먼저 회사에 나가 공장을 청소하고 가마에 증기를 넣고 기관을 데워서 언제든 운전이 가능하도록 해 두었다. 퇴근시간은 6시였지만 곧바로 귀가하지 않고 10시경까지 홀로 남아 기계를 연구했다." 이렇게 해서 마침내 그는 외국인 기사들보다 기계에 더 정통하게 되었다. 기계에 문제가 생기면 노트에 적어두었다가 다시 문제가 생기면 이 노트를 보고 수리를 하였다. "인간은 쉽게 출세할 수 있는 것이 아니다. 영광에는 반드시 고통이 따르는 법이다. 이것을 이겨내고 참고 노력할 때만 신의 보답을 기대할 수 있다." 이윽고 기계 연구차 미국으로 파견되었다. 미국에 머무르는 동안 근검절약하여 850엔 정도를 모았다. 귀국한 후 요코하마에서 곧장 시부사와 댁으로 인사를 갔다. "부인은 외국물을 먹고 온 나를 틀림없이 시건방져져서 귀국했을 것이라고 예상했을지 모른다. 그러나 나는 정문 현관이 아닌 부엌으로 살짝 들어갔다. 내실로 안내되자 부인에게 문지방 밖에서 공손히 예를 갖춰 인사말씀을 올렸다. 그러자 부인은 다급히 고참 하녀를 부르더니 '오카와 헤이사부로를 옛날처럼 점원 취급을 해서는 안 되요. 제일 좋은 응접실로 모셔서 손님으로서 정중히 대우하도록 해요' 라고 명령했다. 뜻밖의 대우에 나는 감동을 받고 크게 뉘우쳤다. '지금까지 내가 분하게 여겼던 부인의 말은, 모두 나를 격려하기 위한 교훈이었다. 이 얼마나 황송스러운 일인가.' 이것을 생각하면 자주 감격으로 목이 메이곤 했다." 이윽고 그는 지배인에 발탁되었다. "요컨대 입신출세의 길은 결국 노력 분투하는 데 있다. 감나무에서 떨어진 감이 아니다. 결코 우연이나 운 같은 게 아니다. 그렇다고 그저 막연히 노력하는 것만 갖고는 성공이 늦다. 어떻게 하면 성공할 수 있을지 수단방법을 연구하는 것이 중요하다. 주인에 대해서는 그의 마음을 헤아려 만족시킬 수 있는 길을 항상 궁리해야 한다."

이 성공담은 「교육칙어」에 나오는 "학문을 닦아 기술을 배우고 이로써 지능을 계발하여 품덕을 성취한다"는 샘플일 것이다. 이 이야기의 요점은 "노력만 갖고는 성공이 늦다. 어떻게 하면 성공할 수 있을지 수단방법을 연구하는 것이 보다 중요하다"라는 전략 수립의 강조다. 그 전략이란 일반적으로 무엇일까? 그것은 중학교를 졸업하는 것이다. 패전 후 새로운 학제가 마련될 때까지 중학교 입학자는 소학교 졸업자의 약 20%, 전쟁 전에는 10%쯤 되었다. 중학교를 졸업한다는 것은 지방에서는 엘리트를 의미했고, 도시에서도 화이트컬러가 되기 위한 불가결한 자격이었다.

다음에 인용하는 것은 1912년 잡지 『모험세계』에 실린 광고다.

성공·실패

성공과 실패, 입신과 영락도 그 갈림길은 사실 사소한 차이에서 시작된다. 얼마 전에도 신바시 역 옆에서 자동차 안에 앉아 있는 신사와 길거리 신문팔이가 서로 인사를 나누는 진기한 광경을 목격하였다. 자세히 살펴보니 둘은 같은 소학교를 졸업했지만 한쪽은 계속 진학하여 중학교를 졸업하고 다른 한쪽은 진학을 포기했다. 이 조그마한 차이가 십수 년 후인 오늘날 이런 대단한 차이를 낳았다. 지금은 중학교 졸업이 청년의 성공과 실패를 가르는 가장 중요한 시기다. 어떻게 해서든 중학교만은 졸업해야 한다.

당시 중학교 졸업자는 마루야마 마쓰오(丸山眞男)가 말하는 '의사(擬似) 인텔리'로서, 중학교를 졸업하지 않고서는 사무직 종사자가 되기 어려웠다. 마르크스·엥겔스가 『독일 이데올로기』에서 언급했듯이, 정신적 노동과 육체적 노동이 사회적 분업의 시작이라고 한다면 사무직은 전자 즉 지배계급에 봉사하는 것이고, 이것은 체제 내에서의 지위를 획득하는 것을 의미한다. 육체노동자=노동자·농민은, 마쓰시타 게이이치(松下圭一)가 말하는 '체제외적 존재'로서 정치적·사회적으로 소외당하고 있다. 중학교 졸업장은 체제내적 존재가 되기 위한 일종의 패스포트였다.

그렇다면 소학교 졸업자들은 이 패스포트를 어떻게 획득해야 할까? 그 회답이 위의 광고 후단에 다음과 같이 적혀 있다.

가장 빨리 가장 적은 비용으로 중학교를 졸업하는 최선의 방법은 중학강의록으로 공부하는 것. 우선 엽서로 도쿄 혼고 구의 대학 정문 앞 대일본청년중학회 앞으로 주소·성명을 통지하라. 무료로 강의견본 및 회칙을 보내준다.

이 광고는 당시의 풍조를 정직하게 보여주고 있다. 같은 『청년세계』에서 하나를 더 인용해 보겠다.

입신출세의 비결
내 경험으로 보나 사회의 많은 실례로 보나 성공의 기초는 교육―특히 중등교육입니다. 돈을 벌고 명예를 얻어도 중등교육의 소양이 없는 자는 결코 장차 사회에서 입신출세할 수 없습니다. 그렇다고 해서 제가 특별히 중학교를 다니며 정규교육을 받은 것도 아닙니다. 전적으로 독학으로 지금의 지위에 오른 것입니다. 제 독학의 유일한 반려자이자 사부는 실은 명성 자자한 대일본청년중학회의 강의록입니다. …… 제군도 입신출세할 생각이 있으면 이 회에 가입하여 열심히 공부하십시오.

이렇게 해서 가난한 소년 ⇨ 소학교 졸업자 ⇨ 입신출세에 대한 희망 ⇨ 독학 ⇨ 중학교 강의록 ⇨ '오늘날의 지위'라는 전략배치가 도식화된다. 중학강의록 광고야말로 입신출세의 지름길로 가는 초대장인 셈이다.

중학강의록의 꿈과 현실

'입신출세'라는 단어는 메이지 유신 직후 일본어에 새로 등장한 후 급속히 중요한 위치를 점하게 된다. 봉건적 신분제도가 폐지됨에 따라 계급유동이 시작되었다는 것을 이 단어만큼 그럴싸하게 지적한 단어도 달리 찾기 어렵다.

입신출세가 학력과 밀접히 연결되는 것은 메이지 30년(1907)대다. 이 시기는 일본자본주의가 근원적 축적기를 거쳐 부르주아 사회의 논리가 마침내 사회화된 형태로 나타난 러일전쟁 이후다. 러일전쟁을 통해 군사적·봉건적 제국주의에서 근대 자본주의로의 전환이 이루어졌다는 것은 누구의 눈에도 분명한 사실이었다. 군인·관리 사회에서 부르주아 사회로 바뀐 것이다. 귀족원의 부르주아 이익대변자 집단인

'연구회'가 조직되어, 대토지소유자를 지배계층으로 하는 국가에서 불완전한 부르주아 국가로 이행되기 시작하였다.

이 시기부터 입신출세는 고급관리와 군인만이 아니라 실업가가 되는 것까지 의미하기 시작하였다. 관민(官民)의 '민'이 소년들이 주목하는 표적이 되었다. 이 같은 변화를 소년들은 민감하게 받아들였다.

여기에 하나의 자료가 있다.

러일전쟁 1년 후인 1906년 4월, 잡지 『일본소년』의 임시증간인 『소년천인문집』이 간행되었다. 전국의 소년들이 투고한 작문 중 우수작 1000편을 골라 실은 것이었다. 이들 작문의 제목 중 하나가 '나의 장래 목적'이었다. 입선작 124개를 보면, 소년들(13~15세)의 40%에 해당하는 49명이 실업가를 지망하였다. 이어 군인이 22%(29명), 제3위는 농부 15%(19명), 소학교 교원이 3명, 외교관이 2명, 이하 승려, 학자, 해외유학, 의사, 예술가, 수산업, 문학가, 양잠, 즐거운 생활을 지망한 자가 1명, 기타 불명이 10%였다.

우선 러일전쟁 직후인데도 의외로 군인 지망자가 적었다. 게다가 군인지망자의 경우 "앞으로 해군에 지원하여 군함의 승무원이 된 후 더 일심히 복무하여 해군대장이 되고, 만일 전쟁이 나면 사령장관이 되어, 연전연승의 깃발을 올려 도고 헤이하치로(메이지・다이쇼 시대의 해군. 러일전쟁 때 세운 공적으로 국민적인 영웅으로 존경받았다) 대장처럼 이두마차로 개선 귀향하겠다"(미에 현, 14세)고 한 것처럼 유치한 작품을 쓴 데 비해, 실업가를 지망하는 학생들은 시야가 보다 넓었다. 그 대표적인 것을 들어보겠다.

곰곰이 생각해 보니 부강한 문명을 가지고 세계에 떵떵거리는 나라들은 모두 공업국이다. 보라 영국을, 보라 프랑스를, 보라 독일을. 미합중국 같은 나라는 매년 진보해서 영국의 수준에 이르고 있지 않는가? 러시아 이하 이탈리아, 스페인을 보라. 부강이란 것을 어디에서 찾을 것이며, 문명이란 것을 어디에서 찾을 것인가? 세상 사람들이 일본을 영국이나 미국과 동등하게 보아줄 것인가? 아니면 러시아 이하의 나라들과 나란히 두고자 하겠는가? 일본도 영국, 미국과 같은 대열에 끼기 원한다면 나라의 공업을 발달시키는 것이 필요하지 않을 수 없겠다.

보라, 영국인과 미국인은 만리의 물결을 헤쳐 일본의 세력기반인 만주에 사업을 일으키려 하지 않는가?.일본이 경쟁에서 실패하거나 어렵게 차지한 만주가 타국인의 손에 들어간다면 어떻게 하겠는가? 누구 한 사람 분해하지 않는 사람이 없을 것이다. 카네기가 뭔가. 나는 위대한 공업가가 되어 나라를 부강하게 만들고 또 문명화시키는 일을 목적으로 하는 사람이 되겠다.

고토쿠 슈스이(幸德秋水 : 메이지 시대의 사회주의자)가 『현대의 괴물 제국주의』를 집필했던 시대다. '국부(國富) 증대'를 위해 실업이 필요하다는 관념이 일반화되기 시작했다. 물론 실업가=부자라는 인식이 문자 뒤에 존재한다 해도 과언은 아닐 것이다. 실업가는 영리하기 때문에 '국가'에 공헌하리라고 여겨지던 시대였다.

여기에 '입신출세'의 원형이 있다. 그러나 거기에는 상급학교로의 진학이라는 필수적인 조건이 붙어 있었다. "지금부터 중학교에 들어가 고등학교로 진학하고 의과대학에 들어가 학사와 박사가 되어……," "소학교를 졸업한 후 공업학교에 입학하여 열심히 공부한 후……," "소학교를 졸업하고 중학교에 들어가고 다시 상업학교에 들어가 졸업한 후 상업의 길을 가겠다," "지금 소학교에 다니고 있는데 졸업하면 곧장 중학교 입학해 열심히 공부하고 졸업한 후에는 도쿄 수산시험장에 들어가," "중학교에 입학하기 위해 필사적으로 공부하고 있다" 등의 문장을 문집 여기저기에서 볼 수 있다.

그러나 한편으로는 앞서 든 '불명' 10% 안에는 중학교 진학이 불가능하다는 것을 호소하는 사람들이 절반을 차지한다.

　집이 잘 살면 중학교에 입학하여 졸업 후에는 해군병 학교에 입학하여 학업을 마치고 위대한 황국군인이 되어야 하겠지만, 바닷가의 가난한 집안에서 태어난 나는 학교에도 진학할 수 없어, 고향에서 1리 반정도 떨어진 고등소학교에 다니고 있으니 그 목적을 달성할 수 있을까? 그러나 나폴레옹은 코르시카 섬의 가난한 집에서 태어나 유럽 대부분을 평정했고, 해군중장인 사이토 미노루(齊藤實)는 현청에 취직해 급사부터 시작했다고 들었다. 이렇게 가난한 집에서 태어나 큰 희망을 달성한 자도 많다. 좋아, 나도 일어나 도쿄에서 고학하여 열심히 공부한 후 해군대장이 되어 일본을 해상의 왕으로 만들고 싶다. (시즈오카 현, 13세)

　이처럼 입신출세를 꿈꾸는 소년들에 비해 아예 포기하는 소년도 적지 않았다.

　내 장래 목적은 문학가가 되는 것이다. 열심히 노력해서 벚꽃나라의 무위(武威)를 세계에 떨치고, 문필로 천하에 이름을 떨치고 싶다. 그러나 곰곰이 생각하면 자금이라고는 단 한푼도 없고, 또 우리 집은 대대로 가난한 물긴는 백성이고, 내 형편 또한 정말 비참한 가난한 서생이다. (房總學校 학생, 15세)

　이와 같이 청운의 뜻을 품었더라도 집이 가난하면 어쩔 수가 없다. 이런 소년들의 눈길을 잡아끈 것이 바로 중학강의록이었다. '집에서 일하면서 적은 액수의 학비와 약간의 시간만 들여 중학교 전 과정을 수료하고자 하는 사람은 본회에 입학하세요'라고 적힌 광고를 보고 소년들은 얄팍한 지갑을 털어 월 1엔 정도 되는 '회비'를 냈을 것이다. 『천인문집』 시대에 가장 유명한 강의록은 대일본국민중학회였다. 그 광고를 게재해 보겠다.

　• 본회 강사진은 문부대신 직할인 도쿄 고등사범학교의 중등교육을 담당하는 사람들이므로, 본회 회원은 실제로 전국 규모 중학에 입학하는 것이나

마찬가지다.

- 졸업까지 2년반, 이를 5학기로 나누어 1학기 6개월로써 중학교 1학년을 완전히 수료하는 매우 조직적인 체계다.
- 요로즈초호(万朝報)에 따르면 …… 중등교육 과정을 다룬 강의록 가운데 대일본국민중학회의 발행물만큼 좋은 것은 없다.
- 매일신문에 따르면 …… 이 강의록으로 공부하면 중학교에 들어간 자와 별 차이 없는 것을 얻을 수 있다.
- 세상에 중학회는 적지 않지만, 본회 강의록처럼 문부성령에 준하여 완성된 것은 없다. 본회의 강의록처럼 새로운 교수법에 따라 정성을 다한 것도 없다. 부디 위에 기록한 신문 비평을 참조하여 선택에 오류가 없기를.

대일본국민중학회는 여러 신문의 찬사 덕도 있고 해서 크게 발전한다. 1911년 『모험세계』의 뒤표지에는 매월 전면광고가 게재되었는데, 1906년부터 수년이 지나면서 권장 문구에도 차이가 나타난다. "쉽게 입신출세할 수 있는 지름길이 있다"는 슬로건이 첨가되고, 거기에는 다음 3 항목의 세일즈 포인트가 지적되고 있다.

- 학생과 동일한 대우를 받으며, 본회에서 제정하는 모장과 휘장을 사용할 수 있으며, 강의에 관한 질의에 대해서는 성실한 답변을 받을 수 있고, 본회 내의 도서관에 들어와 자유롭게 도서를 열람할 수 있는 등, 공부중의 편의는 중학에 재학중인 자와 동일하다.
- 학자금 대여 특전이 있다. 본회 졸업생 중 학업이 우수하고 품행이 방정한 자에게는 고등학교에 들어갈 학비를 대여해 주고 학문에 독실한 자는 해외 유학을 보내준다. 즉 본회에 가입하는 자는 행복한 운명의 첫 걸음을 내딛는 것이 된다.
- 3 대학의 무시험 입학. 본회 졸업생에 대해 도내의 사립 3 대학에서는 전문부 특과 및 예과, 별과 등에 무시험으로 입학할 수 있는 특전을 부여한다.

온통 좋은 말들뿐이다. 당시 급증한 중학강의록 업자들의 광고가 상

호 증폭작용을 했을 것임은 말할 것도 없다. 예를 들면 대일본청년중
학회의 광고.

- 중학교 졸업은 인생의 첫계단이다.
  중학교를 졸업한 자와 못한 자는 인간의 품위, 사회의 신용 등에서 상당한
  차이가 있다. 취직을 하려 해도 중학교 졸업장 간판이 있으면 취직도 빠르
  고 수입도 좋다. 오늘날 사회는 중학교 졸업장을 가지고 사람을 양분하는
  기준으로 삼고 있으므로, 중학교를 졸업하지 못한 자는 영원히 사회의 하
  층에 있어야만 한다. (『冒險世界』 1917년 1월호)

이 같은 선동을 토대로 해서 강의록 업자들은 자신들의 독자적 특
징을 요란스럽게 광고했다.
다음은 '대일본통신중학교'의 광고다.

각종 중학회가 자신들을 통신교수라고 칭하고 있지만 거짓이다. 시험삼아 그
강의록이란 것을 한 번 읽어 보자. 우선 설명이 난해해서 이해하기가 정말 어렵
고 무미건조해서 계속 읽어나갈 수가 없다. 이런 것을 어떻게 통신교수라 할 수
있겠는가? 본교 교수록을 보자. 교사의 강의를 속기한 것이기 때문에, 읽다 보면
마치 중학교 교실에서 교사의 입을 통해 직접 강의를 듣는 것 같은 기분이 들
것이다. 모를 것이 하나도 없다. …… 구미의 모범적인 통신학교 교재를 따온 것
은 일본에서는 우리 학교가 유일하다. 장학금 1천 엔 및 현상금 300엔 제공, 이
외에도 큰 특전이 있다.

아무튼 '중학교 졸업장을 가지고 인간을 양분하는 기준으로 삼는'
사회이고, '중학교 졸업이 오늘날 청년의 성공과 실패를 가르는 가장
중요한 요건'이라고 한다면, 당시 소학교 졸업자의 90%에 해당하는
중학교에 진학하지 못한 소년들은 강의록에 달려들게 마련이다. 그러
나 강의록만 가지고 초등수학과 영어를 공부하기가 얼마나 어려운 일

인가는 경험해 보지 않은 사람은 모른다. 이에 대해서는 오다 사쿠노 스케(織田作之助)의 『선장(船場)의 딸』에 잘 나타나 있다. 거기에는 견습 점원이 가게의 주인집 아가씨에게 영어를 배우는 부분이 나온다. "아 가씨, 이게 무슨 의미입니까?" "메니 스타즈 브라이트 온 더……, 브라 이트 온 더 스카이……. 하늘에 빛나고 있는 메니 스타즈. 많은 별. …… 하늘에는 많은 별이 빛나고 있습니다가 아니니?" 결국 견습점원 은 도쿄로 떠나고 간토 대지진으로 부랑자가 되어 오사카로 되돌아온 다. 강의록을 통한 독학이 얼마나 어려운 일인가는 전술한 『소년천인 문집』에도 잘 나타나 있다.

> 내가 일개 직공으로 만족할 수 있겠는가? 곧장 대일본중학회에 가입하여 틈 틈이 공부했다. 그러나 업무가 바쁘고 몸도 약해 결국 공부는 그만둘 수밖에 없 었다. …… 희망의 빛은 완전히 사라지고, 아아 이제 나는 직무에만 전념해야 한 다. 적은 봉급으로 어머니를 부양하는 것에 만족해야만 한다. 아무리 생각해 보 아도 어머니가 나를 의지하니 어쩔 수 없다. 희망을 버려야만 하는구나. 사라진 청운의 꿈.

보통 노력으로는 강의록을 따라갈 수 없다. 게다가 중학강의록은 중 학교 전 과정을 2년 반에 끝내게 되어 있고, 더욱이 다이쇼 시기에 들 면 1년, 나중에는 '6개월 만에 중학교 졸업과 같은 학력을 취득'하는 식으로 시기가 더욱 단축된다. 이래서는 따라가기가 어렵다. 요컨대 강의록업자 입장에서는 강의록을 매월 구입하는 고객이 증가하기만 하면 그만이다. 이리하여 강의록 광고는 갈수록 과장이 심해져 결국 모조품 투성이가 설치게 되었다.

제2차 대전 전의 교육에서 강의록은 정규로 인식되지 않는 음지적 존재였고, 업자들이 가난한 소년들로부터 돈을 긁어내는 도구였을 뿐이다. 강의록을 통한 학력이 정규로 인정되는 일은 없었다.

오니시 교진(大西巨人)의 군인소설 『신성희극』에 보면, 내무반에서 부반장인 가미야마(神山) 상등병이 신병에게 훈계를 하는 장면이 나온다. "내 정규 학력은 쓰시마의 이즈바라(嚴原)에서 겨우 고등소학을 졸업한 정도지만, 조선 경성에서 월급장이 생활을 하며 전검(전문학교 입학자격 검정)을 패스하고 이후 와세다 대학 전문부에서 청강생으로서 수업했기 때문에 너희 같은 학교 출신의 인테리 지식인들 심리는 충분히 이해하고 있다고 생각한다." 이 말을 듣고 있던 제국대학 졸업자인 주인공은 "가미야마가 툭하면 떠벌리고 싶어하는 어정쩡한 학력에 대한 자기광고나 시건방지게 인테리 지식인 이해자 운운하는 것은 우습고 불쾌해"라고 중얼거린다. 그리고 소학교 졸업장이 전부인 반장이 가미야마의 말을 듣고는 호통을 친다. "잘 들어, 가미야마. 원래 인간이란 학교를 많이 못 다녔다고 해서 이해력이 나쁘다거나 더 많이 다녔다고 해서 이해력이 좋다고 단언할 수 없다. 그렇게 말하는 너는 도대체 어디까지 학교를 다녔나? 이즈바라 심상고등소학교 심상과를 나온 게 전부 아니야, 응?" "아, 아니요. 고등 1년 수료입니다만……, 이후 전검을……." "네가 졸업한 학교 말야. 어느 학교를 졸업한 거야." "예, 그게, …… 졸업은 고등소학교 심상과입니다. 고등 1년까지 다녔습니다만……" 여기에서 화자인 '나'는 이렇게 생각한다. '만일 그의 전검 합격, 독학입신이 진짜 학력이라면, 심상소학밖에 졸업하지 못한 사실이야말로 긍지로 여겨도 좋을 텐데.'

그러나 필자로서는 이 '나'의 의견에 동조할 수 없다. '심상소학밖에 졸업하지 못했기' 때문에 '전검'과 '교외생'(청강생)이 되어 경력을 바꾸려 한 것이다. 그것을 '어정쩡한 학력'이라고 생각하는 것이 제국대학 졸업생의 거만함이다. '전검'은 응시자의 20분의 1만 합격할 수 있

잡지의 홍수시대
도시에는 정보가 흘러넘
친다. 거기에서 중요한
부분을 담당하는 것이 잡
지. 다이쇼 시대 말기에
는 대중잡지의 창간이 잇
달았고, 이를 배경으로
강의록 광고가 널리 퍼져
나갔다.

는 어려운 시험이니 가미야마가 '전검'을 떠벌리고 싶어하는 기분도
좀 이해해 주어야 할 것이다.

어쨌든 '중학교 졸업과 동등의 학력'이니 '독학으로 출세'니 하며
광고를 해대도 실제로는 '어정쩡한 것'으로밖에 간주되지 못했다. 강
의록 학습자는 정규로 인정받지 못하는 음지적 존재였을 뿐인데도 불
구하고 광고에서는 그와 반대로 가난한 소년들의 마음을 더욱 부추기
기 위해 과장의 정도를 해마다 높여 갔다.

다이쇼 시대 말에 창간된 백만잡지 『킹』에는 강의록 광고가 많이
게재되어 있다. 이걸 보면, 강의록에도 몇 종류가 있다. 즉 (1) 전문학
교 입학자격 검정시험 합격을 위한 종류 (2) 중학교 졸업과 동등한 과
정의 학력을 얻을 수 있다고 선전하는 종류 (3) 공무원 취직시험 합격
을 위한 종류 (4) 실익을 위한 종류.

첫 번째 유형으로는 다음의 광고가 전형이다.

• 정식중학 강의록 30개월 졸업
  문교부 중학교령에 준거하고 가장 정식으로 중학 전 학과를 교수한다. 2개
  월 반만 학습하면, 심상중학 졸업자와 동등한 학력을 얻을 수 있다.

- 청년 제군!! 보통선거가 실현되었다! 완전히 실력의 시대다.
  학교에 가지 않아도 독학으로 훌륭히 중학·농업학교 졸업의 실력을 얻을
  수 있다. 전도유망한 청년 제군! 입신성공하는 것도, 변변치 못한 평범한
  인생으로 끝나는 것도 제군이 지금 결단하느냐 안 하느냐에 따라 달라진다.
  - 중학강의록 1년 반 졸업회비 1개월 60전
  - 농학강의록 1년 반 졸업회비 1개월 80전
  - 속성 농학전과(農學專科) 6개월 졸업회비 1개월 80전
  - 본회 졸업생은 육해군(장교생도지원) 체신부 소속학교 각 국립고등농림,
  고등잠사(蠶絲)학교, 소학교교원 검정시험, 보통문관 등의 수험자격을 얻을
  수 있다. 각 관청, 은행, 회사의 취직을 알선한다. (東京市神田區堅大工町17
  제국농학회)

이들 강의록이 모두 '정식'이라고 칭하는 것은 어쨌든 중학교 전 교
과를 통신으로 가르치기 때문이다. 그러나 이런 것들은 메이지 시대
말부터 다이쇼 시대 초에 자취를 감추고 이후 두 번째 유형이 다수를
이룬다. 이 유형도 일단 '중학교 졸업과 동등한 학력'을 주장하지만 사
실은 중학 2년 수료까지다. 중학 2년 수료는 지금의 눈으로 보면 어중
간해 보이지만, 제2차 대전 전에는 육군사관양성학교와 체신부·철도
청 등의 용원 시험자격이 '중학 2년 수료 학력을 지닌 자'로 되어 있
으므로 나름대로 실제적이었다고 할 수 있다.

- 소년에서 단기독학으로 일약 판임관!!
  전도유망한 '소년구락부' 잡지 애독자 제군!! 제군이 완전히 독학으로 사회
  에서 성공하려면 우선 본회 강의록을 1년간(속성과는 1개월부터 반년) 공
  부해서 판임관이 되십시오. 판임관(判任官)이란 전국의 부현청(府縣廳)이나
  경찰서 혹은 재판소에서 근무하는 관리로서 본회에서는 이미 일만여 명을
  배출했습니다.
- 보라!! 빛나는 소년 시험 합격자 실례 2~3

17세의 현청급사로서 문무시험에 합격한 오부치 무쓰로(小淵六郞) 군. 오부치 군과 함께 급사로 근무하다가 보통문관시험에 합격한 이케다 기요시(池田淸) 군. 빵가게 점원으로 있다가 문관시험에 합격한 이시다 다다오(石田唯雄) 군.

두 번째 유형의 변형이 세 번째 유형이다. 소학교 교원, 순사 등에서 고등문관시험용까지 다양하다.

- 소학교 졸업자 입지 강의록
  외무부 해외파견 및 일본내지(일본본토) 겸용 순사 양성강의록. 지금 전국 각지에서 대모집중인 순사는 청년들의 관계 입신의 지름길로서 승진이 빠르며 수입도 최대다. 소학교 졸업 학력을 가진 자가 본회 강의록으로 공부할 경우, 일본 내지나 식민지 근무의 경우는 2개월, 해외근무는 3개월 후에 쉽게 합격한다. 월수는 일본 내지나 식민지가 70~80엔 이상, 해외는 100엔 이상이고, 연금이 있으며 기타 여러 시설의 우대제도가 있어서 생활안정이라는 면에서 청년이 선택할 만한 가장 좋은 직업이다. (일본경무학회)
- 연구사 영어 통신강좌
  영어의 보통선거시대! 각종 수험의 첫 번째 관문. 독학자 여러분! 개인교수의 친근감.
  보통선거 실현의 시대, 실력중심의 시대 도래! 가장 먼저 영어를 준비해야 한다. 영어는 실력이고 희망이다. 현대 최첨단을 달리는 자의 첫 번째 자격이다. 3개월 만에 중학 1년을 따라잡는다. 15개월 만에 중학 졸업, 실검(實檢)·전험(專檢)·체신·철도·경찰의 수험자격이 부여된다. 10만 회원으로부터 전험 돌파자 속출!
  강사는 라디오 방송으로 유명한 오카쿠라 요시자부로(岡倉由三郞 : 1868~1936. 영어학자) 선생 외 전문 대가의 책임집필, 별책 5대 부록 증정. 즉각 내용 견본(독학 안내부)을 본 학부로 청구하시오.
- 소학교 졸업 후 곧 소학교 교원이 된다! 소학교원 수험 강의록
  사범학교 입학지망자와 소학교 교원 지망자를 위해 독학으로도 수험을 준비할 수 있는 강의록을 발행하며, 다수 수험자에게 반드시 합격영예를 얻

을 수 있도록 하겠다. 우선 본회 회원의 합격 성적이 얼마나 좋은지를 보라. 입회지망자는 엽서로 신청하면 회칙견본과 회원합격성적표를 무료로 보내드립니다. (일본사범교육회)

· 교원은 영광스런 국가의 천직이다.

소학교 교원은 소학교를 졸업한 남녀가 독학으로 공부하여 검정고시에 합격하면 누구라도 된다. 취직 쉽고 승진 빠르며 연금의 특전도 있다. 본 강의록은 단지 교원수험뿐 아니라 사범학교 입학수험 준비에도 아주 좋다. 일본 교육계에는 취직난이 없다.

견본과 규칙은 엽서로 신청하면 곧 보내드립니다. (일본통신교육회)

· 육군해군 소년항공병

소학교 졸업 학력만으로 국비로 공부하여 장차 육해군의 훌륭한 비행장교가 될 수 있습니다!! 소년항공병에는 누구라도 지원이 가능합니다. 채용되면 피복, 서적, 학습용품은 물론이고, 매월 월급을 받으면서 공부하여 장차 당당한 장교가 될 수 있습니다. 엽서로 신청하면 지원안내서를 보내드립니다. (일본항공협회)

· 청소년이 관계(官界)에서 성공할 수 있는 최고지침

짧은 기간 자택에서 독학하여 일약 판임관

독학자 여러분!! 제군에게 가장 빠른 성공의 길은 우선 판임관이 되는 것이다. 본 강의는 종래의 강의록과 달리 유례 없는 새로운 교수법과 극히 저렴한 학비, 거기에 소학교 졸업의 학력만으로도 일하면서 틈틈이 공부하여 34개월, 늦어도 1년의 독학으로 반드시 보통문관·재판소 서기·경부(警部)·경부보(警部補)·간수·간수장·삼림주사·세관감리·체신관리·철도관리·만주국 관리 등 각종 판임관이 될 수 있도록 다양하게 조직화되어 있다. 지금이 입학의 절호기!! 제군은 즉각 본 강의록으로 공부하여 판임관이 되길. 반드시 성공을 보증한다.

본학의 학우로서 판임문관시험에 합격하고 동시에 판임관으로서 여러 관청에 봉직하고, 독학을 계속하여 고등관과 변호사가 된 사람이 많이 있다. 여기에 기재한 사진은 판임문관시험 합격 후 공부를 계속하여 법조계에 있는 사람들이다. 제군도 빨리 본학에 입학해서, 우선 판임관부터 되고 다시 빛나는 고등관과 변호사가 되라. 본학은 책임지고 우선 판임관부터, 그 다음에 다시 고등관이 될 때까지 지도한다.

진정 이 업계의 독보적인 문헌으로 만천하가 절찬! 직접 와서 본학의 진가
를 알아보도록. (東京市下谷區上野櫻木町 50. 일본보문대학출판부)

이렇게 강의록 광고의 호소대상은 소학교를 졸업한 소년들이었는데,
이처럼 '중학 단기 졸업'을 주장하는 강의록으로 체신부의 국비학교에
순조롭게 입학할 경우 그 후에는 어떻게 되었을까?

다이쇼 시대 중기 체신부의 통신학교를 무대로 삼은 소설이 있다.
가와구치 마쓰타로(川口松太郎)의 『자포자기』는 소학교를 졸업하고 노
점에서 헌 책을 팔며 경찰급사로 일하던 소년이, 입신출세의 꿈을 품
고 통신사가 되기 위해 통신학교에 입학한다는 이야기다. 입학시험의
조건은 중학 2년 수료. 통신학교는 소위 국비학교였는데 그 실태는 다
음과 같이 그려져 있다.

기숙사 밥은 맛이 없으니 각오하고 가라. 일급 25전으로 1개월에 7엔 50전.
일급이니 쉬면 급료가 깎인다. 2일 쉬면 7엔이다. …… 7엔 50전 중에서 기숙사
비 5엔을 뺀 2엔 50전이 용돈이다. 다타미 6장 깔린 방에 3명씩 자고 세 끼에 5
엔이니 밥은 변변치 못하다. 그 대신 전차비가 필요 없다. 기숙사는 미타(三田)
의 시코쿠 정(四國町)에 있으므로, 슬슬 걷기에 적당한 거리다. 미타 부근의 학
생들이 떠들면서 걷는 것을 보면 안 된다. 보면 화가 나니까.

이렇게 해서 통신사가 되어도 "실내 공기는 나쁘고, 게다가 가슴을
구부리고 상반신을 숙인 채 키를 두드리기 때문에, 기수의 3할은 결핵
환자다. 그나마 감염되면 휴직처분되므로 급료도 보증도 없다." 소설
의 표현을 빌면, "위생시설은 전무한데다가 3일에 한 번씩 17시간을
근무해야 한다. 정부가 경영하는 우체국은 감옥과 같아 중노동이고,

후생시설도 병후보증도 없다. 병중 휴직시에는 급여도 안 나온다. 전염될 거라고 생각하면서도 어쩔 수 없이 결핵균으로 가득 찬 통신실에서 일하지 않으면 안 된다."

중학 2년 수료 과정으로 "빛나는 관리의 길을 걷게 된다"는 선전은 사실 기술노동자로서 매일 심신을 소모시키는 데 불과했던 것이다.

강의록 광고에는 소학교 교원이 입신출세의 한 목표로서 제시되어 있는데 당시 소학교 교원의 실상은 또 어땠을까?

급여 면에서 보면 쇼와 초기에는 악화일로였다. 1932년에 일본 소학교 교육비는 2억 7천만 엔, 이 중 국가부담분이 1억 엔이고 나머지 1억 7천만 엔은 지방재정부담이었다. 1930년의 공황은 시읍촌의 재정을 압박하여 소학교 교원의 급여 미지급과 '강제기부'(실질적인 감봉)가 각지에서 일반적으로 발생했다. 야마가타 현의 경우 소학교 교원의 평균급여는 조례에 따르면 51엔이었지만, 실제로 "당시 큰 읍에서도 47.8엔, 가난한 촌에서는 40엔을 넘지 못하는 상황이었고 여기에서 2할 기부는 쉽지 않았다"(岡野德右衛門, 『교직 40년』). 문정심의회는 「소학교원 봉급 미지급 등에 관한 건의」에서 다음과 같이 주장했다. "최근 읍촌에서 보이는 소학교 교원의 봉급 미지급, 연체 혹은 기부 강요 등의 사실을 보니 매우 유감스럽다. 당국에서 적당한 방법을 논의해서 그런 일이 근절되기를 희망한다."

소학교 교원의 실상은 도저히 '입신출세'라고 할 수 없는 것이었다.

입신과 출세의 분리와 시대의 흐름

중학강의록의 전성시대는 1931년으로 끝을 맺는다. 그 원인은 (1) 이 해에 중학교령 시행규칙이 개정되어 강의록의 전면개정이 필요했다. (2) 이 밖에 이미 말했듯이 '중학강의록'이라고는 하지만 실제로는 중학 2년 정도여서 겉만 번드르하다는 비난을 피할 수 없었다. (3) 제2차 세계대전의 제1단계인 '만주사변'이 시작되면서 군국주의가 풍미하고 이로 인해 '입신출세'라는 초기자본주의적 이데올로기는 시대에 뒤쳐진 것으로 간주되기 시작하였다.

이런 사실은 강의록 광고에서도 여실히 나타난다. 『킹』의 1933년 4월호에 실린 중학강의록 광고는 겨우 3개다. 게다가 신중학교령에 따른 것은 제국교육회출판부와 대일본통신중학교의 2개뿐이었다. 전자는 "본회의 강좌는 새 중학교령에 의해 편찬된, 가장 완비된 일본 최고의 모범적인 강의록입니다"라고 언급하고 있고, 후자는 "좋은 강의록을 선택하면 반은 성공한 것이다"라는 '격언'을 들면서 "중학강의는 세상에 많이 있지만, 문부성 개정 중학교령에 따라 최신 학교조직에 따라, 불과 1년이라는 가장 빠른 속도로 중학교를 졸업할 수 있는 것은 새로 만들어진 이 『최신 중학강의록』밖에 없다"라고 주장하고 있다.

1934년 4월호 『킹』의 광고에는 앞의 제국교육회출판부 외에 겨우 하나가 더 게재되었을 뿐이다. 그것은 큰 업체에서 출판한 '와세다 중학강의'다.

- 전부 새로운 강의를 게재하여 완전히 새롭게 꾸몄다.
  강사는 전부 일류 대가들, 내용도 전면 개편하여 새로운 중학의 전 과목을 이해하기 쉽고 재미있게 설명한 명강의라 살아있는 지식이 계속 날아드는 듯할 것이다. 거기에 장학금 제공, 학자금, 와세다대학 특별입학 등 다른 곳에서는 흉내낼 수 없는 3대 특전 외에 와세다 특유의 하기 8대 부록도 있어 실로 일본 최고라 할 수 있다. 8대 부록은 다음과 같다. 월간잡지 와세다, 독학성공 이야기, 와세다의 빛, 최신규범 세계역사연표, 포켓영일사전, 국어한문역사참고도해, 일본지도, 외국지도.

이 '와세다 중학강의'는 월 1엔으로 중학 1·2학년을 1년간, 3·4학년을 1년간, 합계 2년 만에 수료한다고 선전하였다. 수료연한을 더욱 단축하고자 경쟁하던 상황에서 보면 이색적이다.

전체적으로 '중학강의록'이 퇴조한 것에 비해 취직강의록 광고는 두드러지게 많아졌다. 이 중 특이한 것 한 가지를 소개해 보겠다.

• 만몽(만주·몽골) 학교 강의. 가라! 열어라! 만몽의 보고를
비상시 일본의 방안책은 만주와 몽골 개발뿐이다.
이 사명을 담당하는 본교의 강의는 대중에게 개방되어 있다.
만주와 몽골 연구자 및 기업취직 희망자는 오라! 만주이주상담부가 개설되어 있는 지금이야말로 절호의 기회!
• 나도 되고 싶은 지원병. 육해군인 양성 강의록
해군소년항공병은 소학교 졸업 14세 이상 18세까지라면 누구라도 가능하다.
해군수병기관병 기타 지원병은 소학교 졸업 14세 이상 19세까지.
육군공과학교는 소학교 졸업 17세 이상 20세까지까지.
육군호산학교는 소학교 졸업 16세 이상 20세까지.
육군유년학교는 중학 1년 수료 정도 13세 이상 15세까지.
육군소년항공병은 소학교 졸업 15세 이상 18세까지.
육해군인은 모두 국비로 공부할 수 있고, 국가의 군인이므로 세상 사람들로부터 존경도 받고 승진도 확실하다. 군국청소년 제군의 등용문이다. (일본군사교육회)

여기서는 이미 '입신출세'라는 용어는 사라져 버렸다. '승진 확실'이

라는 문구에만 그 흔적이 남아 있을 뿐이다. 그러나 대일본국방협회의 광고에는 "국비인 육해군학교를 나와 육해군 사관이 되고자 하는 자는 엽서로 신청하는 즉시, 자신은 돈 한 푼 들이지 않고 훌륭한 사관이 되는 방법을 설명한 육해군인 입신 안내, 육해군 국비학교 입학 안내 등을 상세히 설명한 견본을 보내드립니다"(강조는 인용자)라고 되어 있다. '입신'이 남은 반면 '출세'가 사라졌다는 점에서 군인사회의 특징을 엿볼 수 있다. 이 대일본국방협회와 같은 번지에 일본경무학회, 대일본해원양성협회, 동양철도학회, 동양체신학회 등이 있는데 이는 강의록업자의 새로운 상술일 것이다.

1935년에는 제국실업학회의의 '돈 버는 새로운 전술'이라는 광고가 신기하게도 30년대 초기의 유형을 답습하고 있다. "한 번은 성공해서 명예와 지위를 잡을 수 없다면 남자로 태어난 보람이 없다. 이번에 발행 완성된 신 성공학 강습록을 읽으면, 바로 그날부터 누구라도 쉽게 실행할 수 있는 입신성공과 돈버는 묘책과 비결을 습득 전수받을 수 있다."

그러나 이미 '입신출세'를 대대적으로 내건 광고는 전혀 찾아볼 수 없게 되었다. 오히려 실무와 하급관리가 되기 위한 강의록이 늘었다. 이 해에 새롭게 등장한 것이 '자동차 운전수 강의'다.

나도 되고 싶은 운전수

오랜 시간과 막대한 학비를 들이고 졸업한 학사님의 경우 월급 40엔. 이에 비해 운전수는 소학교 졸업이라는 짧은 학력만으로도 될 수 있고, 수입은 솜씨 나름. 실로 남성적인 유쾌한 직업이다. (일본자동차교육회)

또한 '대일본국방협회'를 신설한 업자는 이 해에 '도쿄 산파간호부 통신학교'를 개설하고 1939년까지 광고를 게재하고 있다. 1935년의

선전문구는 "몇 개월 동안 자택독학으로 누구나 될 수 있는 산파간호
부는 여자에게만 주어진 천직, 불경기에 상관없이 수입 최대." 이 광고
문구는 1936년 "이 불경기에 부인이 언제까지나 남자에게 의지하고
있어서는 생활에 지고 맙니다. 따라서 남자에게 뒤지지 않을 정도의
수입이 있으며 존경받는 간호부 혹은 산파가 되는 것이 가장 좋은 방
법이 아닐까요?"로 변했다.

중일전쟁 후 '중학강의록' 광고가 지면에서 급속히 사라지고 '입신
출세'라는 단어는 펜습자 광고로 바뀐다. 예를 들어,

- 반드시 능숙해지는 펜글자 숙달법. 펜글자 숙달은 취직에는 물론 실무에서도
  매우 중요하다. 편지, 대필, 장부기록에 빠르고 예쁘게 적을 수 있는 사람은
  반드시 입신출세할 수 있다. (펜습자연구회)

입신출세는 모양을 바꿔서 등장한다. 예를 들어,

- 소년전차병 – 전차학교 재학중에는 월 4엔의 수당을 받고, 졸업하면 오장(일
  본육군 하사관의 최하위 계급) 근무 상등병이 되며, 이후는 노력 여하에 따라
  장교로 승진할 수 있다. (일본전차병학회)
- 소년항공병 – 소년항공병은 육해군 동시 매년 모집하며, 만 15세 이상 고등소
  학교 졸업자는 지원 가능하다. 합격하면 24~25세까지 공군장교가 된다. (일
  본항공병학회)

이 광고가 나왔을 때 필자는 소학교 학생이었는데 동사무소 같은
데서 이런 소년전차병 포스터를 본 적이 있다. 포스터에는 용맹스런
전차 그림이 들어가 있었는데, '월 4엔의 수당' 같은 말은 들어 있지
않았다. 포스터가 국책을 따른 데 비해 잡지 강의록 광고에는 생활이
배어 있었기 때문일 것이다.

'출세'라는 단어가 광고에서 완전히 자취를 감춘 것은 1942년이다. '출세'가 마지막까지 남아 있었던 펜습자 광고는 다음과 같이 바뀌었다.

- 펜습자, 육필본위 통신교수. 공장·사회·관공서도 지금 완전히 펜자화되었습니다. 앞으로는 펜자에 능숙하지 못하면 어떤 직업에서도 불편을 느낄 뿐만 아니라 훌륭하게 나라에 봉사할 수도 없게 됩니다. (강조는 인용자)

1943년이 되면 중학강의록은 완전히 자취를 감추고 무전기사·기계공·소년항공병·제도공 등의 광고가 등장한다. 이미 '중학졸업자의 출세코스' 같은 것은 당국으로부터 전력으로 평가받지 못하게 되고 전력으로서 노동력이 요구되었던 것이다.

1944년 4월 『소년구락부』가 휴간되고 대신 소년해군잡지인 『해군』과 소년육군잡지인 『젊은 벚꽃』이 창간되어 전 페이지에 걸쳐 소년지원병 모집 광고가 게재되었다. 이렇게 해서 강의록의 세계는 전쟁의 와중에서 사라져 갔다.

민중화되지 못한 교양

강의록은 메이지 시대 말기부터 1942, 1943년까지 잡지광고에서 주된 부분을 점했다. 그 배경에는 소학을 졸업한 소년들의 눈물과 열기가 있었다. 이 광고가 체제외적 존재였던 소학교 졸업 소년들에게 희망의 빛이 되었고, 소수이기는 하지만 이들 강의록을 통해 '입신출세'한 사람도 있었다는 것은 사실이다. 단 프롤레타리아나 빈농 상태에서 탈출한 이들이 오히려 자신의 출신 계급·계층을 증오하게 되는 역설적인 열등감·콤플렉스에 빠져 체제측 첨병이 되어 버렸다는 점 역시 지적되어야 할 것이다. 이를 확실히 해 두지 않을 경우, 사회심리학자가 자주 지적하는 소위 쇼와 초기의 대중화를 잘못 이해하게 되고 만다.

쇼와 시대에 들면 문화의 민중화 및 대중화의 진행이라는 표현이 자주 등장한다. 하지만 이는 도시 중산계급의 증대를 지적한 것일 뿐 소학교 졸업자인 최하층과는 무관한 것이었다. 예를 들어 이와나미 문고의 「독자에 고함」은 종종 문화민중화의 지표로 일컬어지는데, 과연 그럴까? 유명한 서두를 한 번 예로 들어보자. "진리는 만인이 요구하는 것을 원하고, 예술은 만인으로부터 사랑받기를 원한다. 일찍이 백성을 우매하게 만들기 위해 학예가 가장 좁은 전당으로 폐쇄된 적이 있었다. 지금은 지식과 미를 모두 특권계급의 독점에서 빼앗아 되돌려 받는 것이 진취적인 민중의 절실한 요구다." 이 번역조의 문장은 결코 '만인'의 것이 아니다. 중졸 이상의 학력을 가진 사람에게만 통용된다. 이것을 쓴 미키 기요시(三木淸)가 '만인'을 '진취적인 민중'이라고 표현한 점에 주목해 보자. 이것은 '민중' 일반이 진취적이라는 뜻이 아니라 '민중' 가운데 진취적인 일부를 의미한다.

민중 쪽에서 볼 때 '입신출세'한 하급관료는 껄끄러운 존재였다. 마루야마 마사오(丸山眞男)식으로 말한다면 일본 파시즘의 '사회적 기반'이었다. 다시 한 번 오니시 교진의 『신성희극』을 인용해 보겠다. 만년 일등병인 무라사키(村崎)의 말이다.

어렵게 독학으로 한 몫 잡게 된 인간들이란, 이놈이건 저놈이건 하나같이 아침부터 밤까지 이상하게 어깨를 거들먹거리고 속 훤히 들여다보이는 새빨간 거짓말로 도배를 하고 억지로 자신을 실제보다 몇 배씩 부풀려서 과장해 보이고 싶어 안달들을 하는 걸까? 음음, 그런가, 모두가 그러지야 않겠지. 실제로는 각양각색일까. 아무래도 고학으로 입신한 패거리, 독학으로 입신한 패거리는 (앞에서 말한 타입 외에) 뒷구멍으로는 이상하게 뚱하고 야비하고 추잡스런, 수천만이 비웃을 만한 인간이니 어쩔 수 없는 일이지. 내력도 조직도 복잡한 세상이니까. 어째 고학·독학한 인간들이 그렇게 허망한 결말을 맞게 되었을꼬. 그 나름대로 힘들고 불쌍한 상황이 있었을 거고, 그야 나도 모르는 바 아니지만. 그렇지만 그래서는 안 되지. 세상만사에 가장 중요한 것은 본인 생각하기 나름이고 마음먹기에 달린 게 아닐까?

이렇게 해서 '입신출세'는 체제 측에서 보면 수족처럼 부릴 수 있는 현장의 하급지휘자를 양성해 냈고, 민중으로부터는 경원의 대상이 되었다. 특히 입신출세자의 열등감은 일상 생활에서 파시즘에 가득찬 지휘자층을 만들어 냈다.

제2차 세계대전 전 일본에서는 교양이 사회 안에서 확실한 지위를 차지하지 못하고, 학력만이 모든 것에 우선되었다. '강의록'은 그 슬픈 자화상이었다.

8 신앙생활

이토 미키하루

신들의 공동생활

종교연감이라는 책은 일본의 종교학자들이 자주 이용하는 자료 가운데 하나로, 문화부 조사국 종무과가 매년 전국의 종교단체들로부터 신고를 받아 정리해서 펴내고 있다.

시험 삼아 1973년 『종교연감』을 펼쳐 보니, 1972년 12월 현재 일본에는 25만 개 이상의 종교단체가 있고, 1억 7,850만 정도의 신자가 여러 종교단체에 소속되어 있다. 그 내역을 표 1로 나타내 보았다. 이 집계를 액면 그대로 받아들인다면 일본사회는 그야말로 방대한 종교단체를 갖고 있으며, 게다가 일본의 종교인구는 일본 총인구를 훨씬 웃돈다는 이야기가 된다.

표 1. 신도 수

(1972년 12월 31일 현재)

신 도 계	84,717,081
불 교 계	83,646,509
기 독 교	884,512
제 파(諸 派)	9,325,850
계	178,573,952

종교단체가 25만 개 이상씩 된다는 사실은 신사신도와 불교, 기독교 등의 기성종교 외에도 크고 작은 신흥 종교단체가 수없이 많기 때문일 것이다. 또한 종교인구가 총인구를 상당히 앞지르고 있는 것은 일본적인 종교상황을 반영한 것이라 할 수 있다.

이 통계에 따르면, 일본사회는 총인구의 1.5배 이상이 신자고 1인당

2개 이상의 종교를 믿는 자가 전 국민의 반 이상 된다는 이야기가 된다. 기독교의 전통이 뿌리깊은 서구사회에서 자라 일본의 종교사정에 밝지 못한 사람이라면 아마 이런 통계수치는 믿지 못할 것이다. 그러나 일본인의 눈으로 보면 이는 별로 이상할 것이 없다. 지극히 당연한 종교적인 사실이다.

새삼스레 설명을 해본다면 그 이유는 이렇다. 우선 '신자'의 정의가 모든 종교단체에 단일화되어 있는 것이 아니다. 좀더 구체적으로 말하자면, 개인 종교로서 확립된 기독교와 회원제를 취하는 신흥종교의 경우는 별개로 치더라도, 일본사회에 뿌리내린 신사신도나 불교계 교단 같은 경우 전통적인 관습에 따라 신자 수를 독특하게 계산하고 있다.

신사신도에는 지금도 '우지코'(氏子) 제도, 즉 일정 지역에 사는 사람들은 모두 그 지역에서 받들어 모시는 씨족신인 '우지가미'(氏神 : 씨족신)의 우지코가 된다는 관습이 있다. 신사신도의 신자가 일본 인구 총수와 거의 일치하는 것은 이 때문이다. 또 신사 중에는 도쿄의 메이지 신궁처럼 각지에서 참배하러 오는 사람 모두를 신자로 세는 곳도 있어 신자 한 명이 둘 이상의 신사의 신자로 계산되는 경우도 있다. 그러다 보니 신사신도의 신자 수가 방대해지는 것이다.

또 단카(檀家 : 절에 묘지를 두고 장례식과 제사를 의뢰하는 대신 시주를 하여 그 절의 재정을 돕는 신도) 제도로 지탱되는 불교도 가(家)의 종교라는 성격을 지니고 있다. 이 '가'의 성원은 본인의 의지와 상관없이 모두 동일한 단나데라(檀那寺)의 신자로 취급되고 있다. 따라서 불교계 교단이 신고한 신자 수 역시 신사신도의 우지코와 마찬가지로 실제 신도 수를 상당히 상회한다.

종교학자의 방법을 본떠 여기에 문화부의 신자통계 등을 제시한 데에는 몇 가지 이유가 있다.

첫째, 일본인의 신앙생활 문제를 거론하기에 앞서 일본적인 종교상황을 대략적으로 파악해 둘 필요가 있다고 생각했기 때문이다. 둘째, 신도나 불교 등의 기성종교가 현재 일본사회 속에 깊이 뿌리내리고 있다는 사실을 분명히 해 둘 필요가 있다고 생각했기 때문이다. 셋째는 일본사회에서는 여러 가지 종교가 서로 교리를 달리하면서도 공존한다는 사실을 미리 확인해 두는 편이 낫겠다고 생각했기 때문이다. 다음은 후자의 두 가지 점을 중심으로 해서, 종교민속학자인 호리 이치로(堀一郎)와 종교인류학자 후루노 기요토(古野淸人)가 보고한 모노그래프를 통해 일본인의 신앙생활의 존재 형태를 구체적으로 살펴보기로 하겠다.

나가노 현의 마쓰모토 시 근교에 벼농사를 주로 하는 농촌이 있다. 이 마을의 우지가미(氏神)는 스스키미야라 부르며 매년 5월 10일에 축제가 벌어진다. 축제 당일 7개 아자(字 : 마을이나 부락을 작게 구획한 구역명)는 각각 '오후네'라고 불리는 다시(山車 : 축제 때 장식을 하여 끌고 다니는 수레)를 한 대씩 끌고 나와 신사로 향한다.

이 우지가미 밑에는 동족(同族 : 본가와 분가의 연합체)이 제사를 지내는 이와이덴(祝殿)이라 불리는 사당이 있다. 이와이덴은 마을을 통틀어 91개나 된다. 모시는 신은 다양한데 이나리(稻荷 : 곡식을 담당하는 신)를 모시는 곳이 가장 많아 총 42군데로서 전체의 약 46%를 차지한다. 이나리에 이어 광산신을 모시는 곳이 7군데, 미쓰미네(三峯 : 간토 지역 서부에 위치한 미쓰미네 산에 있는 미쓰미네 신사가 모시는 늑대를 받드는 산악신앙)·벤텐(弁天 : 원래는 인도의 음악이나 지혜의 신인데 일본에서는 양 손에 비파를 든 여신상)·곤피라(金毘羅 : 범어로 악어인데 신격화되어 해상의 수호신으로 간주)·와카미야(若宮 : 횡사한 사람의 혼령을 달래기 위해 건립된 신사의 별채로, 주로 원혼을 모심) 등의 신불(神佛)을 모시는 곳이 3군

데, 스와(諏訪 : 나가노 현 스와 군에 위치한 스와 신사를 본거로 하는 신
앙)·온타케[御嶽 : 나가노 현 기소(木曾)에 위치한 영산인 온타케를 믿는 신
앙]·신메이(神明 : 천지신명)·하치만(八幡 : 원래는 농업신이었는데 781년
에 불교보호 및 호국신으로 하치만 대보살의 호칭을 받았으며 무신이나 군신
으로도 떠받들여짐)·하쿠산(白山 : 이시카와 현과 기후 현 경계에 있는 영산)
등의 신들을 모시는 곳이 2군데다. 이 밖에 야사카[八坂 : 876년 교토의
역병 때 야사카 신사에서 머리가 소의 형상을 한 고즈(牛頭) 천황을 모신 것이
계기가 되었다고 한다]·구마노(熊野 : 와카야마 현 히가시무로 군에 위치한
구마노 산을 거점으로 하는 3 개 구마노 신사를 거점으로 하는 신앙)·아마
테라스 오미카미(天照大神)·덴진(天神 : 하늘신)이나, 후도(不動 : 不動明
王의 약자로서 인도의 시바신이 밀교에 채택되어 만들어진 신)·용왕·조상
신·씨족신·샤구지(부락 간의 경계에서 모시는 사에노카미나 돌신의 발음
이 변화된 것으로 추정) 등을 모시는 사당도 있다. 모시는 신은 28 종류
에 이르며, 신·부처·신령이라는 3 개 카테고리로 되어 있다.

　이와이덴을 모시는 집단의 규모도 다양해서 31 가구가 사당 하나를
받드는가 하면, 한 가구가 사당 하나를 받드는 사례도 있다. 집단으로
받들어모실 경우는 본가의 주인이 제사권을 쥐고 있어 제사를 통해 본
가와 분가의 연대가 강화된다. 그러나 일반적으로 집단제사라는 형태
가 무너져, 한 가구가 한 사당을 모시는 사례가 전체의 3분의 2 이상
을 차지한다.

　모시는 방식도 여러 가지다. 제사를 위해 자주 초대되는 것은 간누
시(神主 : 신사에서 신을 모시는 사람)지만, 개중에는 호인(法印 : 승려의 최
고직)이나 영산인 온다케(御嶽)에 참배하기 위한 모임의 센타쓰(先達 :
수도승으로서 산에서 수행할 때 지도역할도 한다) 등을 초대하여 기도를
부탁하는 곳도 있다. 모시는 날도 천차만별이다. 이나리를 제사하는

가도에 늘어선
도소진

곳에서는 2월 초 소의 날에 모시지만, 대부분은 2·4·5·11·12월에
집중되어 있다.

우지가미와 이와이덴 외에 각 아자(字)마다 석탑과 비석 등을 많이
받들어 모시기도 한다. 주된 것을 들어보면, 고신(庚申 : 원숭이날인 고신
날에 불교에서는 청면금강을, 신도에서는 사루다히코를 모시며 철야불법)
탑·염불탑·이십삼야(음력 8월 23일 밤 달맞이)탑·도소진(道祖神 : 외부
의 액귀가 부락으로 들어오지 못하게 막는 경계신)·양잠신의 비석·나무
아미타불 비석·백만편염불비석 등으로 총 144개나 된다.

이 같은 길가의 석탑과 비석들을 둘러싸고 신앙결사인 고(講 : 불교
강연을 듣기도 하고 성지순례를 하기 위해 만들어진 신자모임)가 조직된다.
고신코(庚申講)도 그 중 하나로, 제비뽑기나 돌아가면서 당번이 되는
집을 정하고 그 집에 고의 회원들이 모여 주문과 불경을 외운다. 이것
이 끝나면 함께 식사도 하고 놀기도 한다.

흥미로운 것은 이 고신 신앙이 다양하게 변화 전승되었다는 점이다.
고신은 농업신이나 토지신으로 전해지지만 그 밖에 액막이신이나 복

신, 다양한 예술신으로도 여
겨진다. 드물게는 어린이나
말의 수호신, 혹은 청춘남
녀를 맺어주는 인연의 신으
로도 일컬어진다. 마을사람
들의 다양한 바램이 고신에
투사되어 여러 가지 성격을
띠게 된 것이다. 이 점에 대
해서는 다음에서 구체적으
로 언급하겠지만, 일본인의
신앙생활의 한 중요한 국면
을 시사해 준다.

또 이 마을에는 고신코
외에, 이십삼야코나 산신(山
神)코·이세코(이세신궁에 참

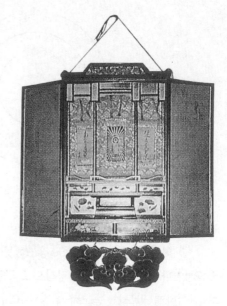

걸게 되어 있는 개인용 불단

배하러 가기 위한 모임)·아키바코((秋葉講 : 시즈오카 현에 있는 아키바 신
사에 참배하기 위한 모임)·고시[甲子 : 쥐의 날에 다이코쿠텐(大黑天) 신을
모심]코·관음코·염불코(장례시 염불하여 죽은 자를 추모하기 위한 모임)
등 실제로 여러 가지 집단이 조직되어 있다. 염불코에도 여러 종류가
있었던 것으로 보인다. 치통을 멈추게 하는 미륵상을 모시는 곳이 있
는가 하면, 젠코지(善光寺) 불상과 나무아미타불의 족자를 도코노마에
다 걸어 두고 매월 일정한 날에 제사를 지내는 곳도 있다(堀一郞,『민간
신앙』, 1951, 94-107).

이상이 호리 이치로(堀一郞)가 관찰한 마쓰모토 시 근교 농촌의 신
앙생활 스케치다. 여기에는 일본인 일반의 신앙생활을 고찰하는 데 있

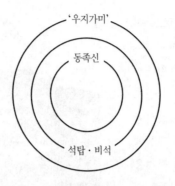

그림 1. 신앙의 중층성

어 흥미를 끄는 점이 몇 가지 있다.

그 중 하나가 호리 이치로도 강조했듯이 신앙생활 속에서 확인되는 중층성이다. 이 마을에는 행정적으로 구분된 행정촌을 하나의 공동체로 인식하게 만드는 종교적 심벌로서 우지가미가 있다. 이 우지가미 밑에는 아자를 단위로 하는 석탑·비석 신앙과 신앙모임인 고 집단이 있다. 또 아자 내부에는 동족들이 받들어 모시는 이와이덴 신앙이 있다. 집집마다 설치되어 있는 가미다나(神棚 : 신을 모시는 제단)와 불단에 대한 예배는 이 이와이덴 신앙의 하위 카테고리다.

결국 이 마을 사람들의 신앙생활은 행정촌과 자연촌으로서의 아자, 동족, 가족이라는 4 단계의 종교적 상징이 중층적으로 연결되어 있는 것이다. 이 같은 신앙의 중층성은 이 마을에만 보이는 것이 아니라, 일본의 각 마을에서 일반적으로 볼 수 있는 경향이라 해도 될 것이다.

다른 하나는, 신사신도와 불교의 2개 종교가 이 마을 사람들의 신앙생활의 기조를 이루고 있다는 점이다. 이와이덴과 고 집단의 심벌로서는 여러 종류의 신과 부처가 등장한다. 이것들은 모두 마을 사람들의 신앙생활 속에 깊이 뿌리내리고 있는데, 그 중에는 신인지 부처인지조차 구분이 안 되는 상징물도 있다. 이와이덴에서 받들어모시는 샤구지 같은 것이 대표적이다. 마을신앙에서는 신도나 불교의 범주에서 벗어난 이러한 민간 신들이 활약하고 있다.

또 다른 하나는, 여러 가지 종교적 상징 가운데 슈겐(修驗 : 산야를 돌아다니며 수행하는 사람)이나 무녀, 역술가 등으로 불리는 신앙전달자에 의해 대두된 것이 상당수 존재한다는 점이다. 이와이덴에서 제신으로 모시는 구마노·유도노(湯殿 : 야마가타 현 중부에 있는 유도노 산을 거점으로 하는 신앙)·유콘겐〔湯權現 : 곤겐(權現)이란 부처나 보살이 현세에 다른 모습으로 바뀌어 나타났다고 생각하는 것으로, 주로 영산을 곤겐이라 칭한다〕 등은 아마 일찍이 이 마을을 방문한 신앙전달자에 의해 모셔지게 되었을 것이다.

일본인의 신앙세계는 지금까지 많은 종교학자가 지적하였듯이 중층성을 하나의 특색으로 하고 있다. 신도나 불교, 기독교, 신흥종교 또는 이들 종교의 어느 카테고리에도 속하지 않는 민간신앙이, 좁은 일본열도에서 여러 가지 형태로 혼재하고 있다. 이는 일본인에게 지극히 자연스런 사실이다. 이 같은 여러 가지 종교 신앙과 행사가 하나의 작은 지역사회 속에서 서로 유기적인 관계를 맺으며 사람들의 생활 속에 어떻게 정착되어 있는지를 살펴보기로 하겠다.

후루노 기요토(古野淸人)에 따르면, 기타큐슈(北九州) 일부에서 일종의 싱크러티즘(syncretism : 일반적으로 서로 조화되지 않는 교설을 절충·결합하려는 태도. 주로 종교영역에서 언급되는 중층신앙)이 관찰된다고 한다. 소위 '숨어서 믿는 기독교인'이다. 이 지방의 기독교인들은 나가사키 현 아래의 니시소노기반(西彼杵) 반도 서해안과 고토(五島), 히라도지마(平戶島), 이키쓰키지마(生月島) 등에 살고 있다. 여기에서는 이키쓰키지마 '기독교인'의 생활을 참고로 하여 일본 싱크러티즘의 실태를 살펴보기로 하겠다.

이키쓰키지마의 기독교인 사회는 곤판야(작은 조직)라고 불리는 제사 단체를 기본 단위로 한다. 대부분의 기독교인 제사는 이 단체를 중심으로 이루어진다. 몇 개의 곤판야가 모여 가케우치라는 상위단체가 조직되고, 이 가케우치를 지배하는 직책을 쓰모토(우두머리 역할)라 부르는데, 쓰모토의 집에서는 난도(納戶 : 헛간) 신을 모신다. 그리고 쓰모토 위에 물을 담당하는 오미즈야쿠라고 하는 직책이 있어서 사람들에게 세례를 준다. 이 오미즈야쿠는 기독교인 사회에서 최고의 종교적 권위를 갖는다.

재미있는 것은 이키쓰키지마의 기독교인들이 기독교인임과 동시에 신사의 우지코이며 절의 단토(檀徒 : 신자)라는 사실이다. 이들은 또한 여러 가지 민간신을 믿는 신앙인이기도 하다. 그 중에는 천리교에 귀의하는 기독교인도 있다. 이 점을 좀더 자세히 관찰해 보기로 하자.

이키쓰키지마에서는 스미요시(住吉) 신사와 하쿠산(白山) 신사, 히메(比賣) 신사를 받들어 모시고 있다. 기독교에서 가톨릭으로 개종한 경우를 제외하면, 섬사람들은 기독교를 포함하여 모두 3개·신사의 우지코이기도 하다. 절은 선종의 에이코지(永光寺)와 정토종의 호젠지(法善寺), 니치렌 종의 헨요인(女祥院), 진언종의 가이쇼지(海生寺) 등이 있고, 각 절에는 기독교인이 단토로서 소속되어 있다. 장례식 때 단나데라(檀那寺)의 승려를 모셔와 죽은 자의 공양을 의뢰하는 것은 비기독교도인과 다를 바 없다. 민간신인 부엌신 고진도 많은 기독교인들에게 사랑받는 신들 가운데 하나다. 이 신은 부엌의 토방 위에 모시고 예전에는 '고진바라이'라고도 해서 이키쓰키지마의 장님승려를 모셔와 정기적으로 제사를 드리기도 했다.

상황이 이러하므로 기독교인 집안에도 신단인 가미다나가 있고 조상의 위패를 모셔 놓는 불단도 있다. 기독교인 중에서 최고의 종교적 권위를 가진 오미즈야쿠 집안에도 가미다나와 불단, 고진이 모셔져 있을 뿐 아니라 도코노마에는 천조황대신궁(天照皇大神宮 : 이세 신궁의 내궁으로 일본황실의 선조인 아마테라스 오미카미를 모심)·풍수대신궁(豊受大神宮 : 이세 신궁의 외궁으로 음식의 신을 모심)과 우덕도하(祐德稻荷)의 두 족자가, 다른 곳에는 홍법대사(弘法大師)의 족자가 걸려 있다. 기독교인으로서 가장 권위가 높은 집안의 상황이 이러하다면 나머지 일반 기독교인 집안의 모습이 어떨지는 쉽게 상상이 갈 것이다.

이키쓰키지마에는 또 성당과 예배당이 있다. 가톨릭 신자 중에는 기독교에서 개종한 사람들의 가족이 일부 포함되어 있다. 또 천리교나 세계구세교(구 메시아교) 등의 신자이기도 한 기독교인도 있다(古野淸人, 『숨어서 믿는 크리스챤』, 1959, 101~166쪽).

이상이 이키쓰키지마에 사는 기독교인의 신앙생활 스케치다. 그들은 가톨릭적 세례를 받아 신앙생활을 하고 있지만, 헛간신과 고진(부엌신)을 모시고 가미다나와 불단에 예배하고, 신사의 우지코임과 동시에 절의 단토라는 점에서 그 신앙체계는 가톨릭 교리와 다르다고 할 수 있다. 후루노 기요토가 잘 지적했듯이 이들의 신앙기조는 '기독교주의'라고 불러야 할 일종의 싱크러티즘이라 할 수 있다.

이러한 기독교인의 신앙세계는 싱크러티즘을 연구하는 종교학자들에게 좋은 소재거리가 된다. 동시에 문화인류학자에게는 문화변용론의 흥미로운 대상이 될 것이다. 그런 것이야 어쨌든, 여기에서 주목하고 싶은 것이 딱 하나 있다. 그것은, 쓰모토 집에서 모시고 있는 헛간신은 성모와 예수의 메달이나 족자, 혹은 성모나 예수, 성인, 순교자 등의 외모를 본떴다는 점에서 기독교인의 독특한 신이라고 할 수도 있겠지만, 그 밖에 기독교인이 숭배하는 신들이 일본의 촌락 곳곳에서 흔히

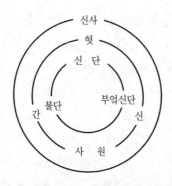

그림 2. 기독교인의 신앙세계

볼 수 있는 신들과 조금도 다르지 않다는 점이다.

기독교인 집안에서 가미다나는 물론이고 천조황대신궁이나 기타 신들의 위패를 모시고 불단에 조상의 위패를 모시며, 추석 때 조상에게 제사를 지내는 것은 일본의 도시나 촌락에서 흔히 볼 수 있다. 부엌에 아궁이신으로서 부엌신을 모시는 것도 일본의 여러 촌락에서는 당연한 일이다. 또 신도나 불교 등 기성종교 외에 신흥종교가 받아들여지는 모습도 다른 지방과 조금도 다르지 않다. 기독교인의 연중행사 내용 역시 예외가 아니다. 설날의 하쓰마이리(첫 참배), 3월 3일과 5월 5일의 명절 공양, 추석의 조상 제사, 9월의 오쿤치(나가사키 현 스와 신사의 가을축제. 중국과 서구의 영향을 많이 받아 호화롭고 다양한 볼거리가 많다)는 다른 지방에서도 널리 행해지는 관행이다.

이렇게 살펴보면 '기독교주의'라고 불리는 신앙체계는 일본의 많은 도시나 촌락의 신앙생활에 가톨릭적 요소가 가미된 데 불과하다는 이야기가 된다. 사실 이러한 가톨릭적 요소를 제거해 버리면 도시나 촌락의 극히 일상적인 신앙생활 패턴과 거의 일치한다.

단, 이 기독교인의 신앙패턴이 일본의 도시 거주자들의 신앙패턴과 아주 비슷하다는 점은 흥미롭다. 즉, 신 앞에서 올리는 결혼(신전 결혼)이라든가 장례불교라는 단어가 상징하듯이, 시치고산(七五三 : 남자아이는 3·5세에, 여자아이는 3·7세에 장수를 빌며 행하는 잔치로, 우지가미에 참배)은 신사에서, 결혼식은 신사나 교회에서, 장례식은 절에서 행하는 패턴이 오늘날 도시생활 속에서도 정착된 것 같기 때문이다. 개중에는 일부러 외국까지 나가 교회에서 결혼식을 올리는 젊은이들도 있다. 일시적 유행에 불과하다고 한다면 그것으로 그만이겠지만, 이러한 일이 너무나 손쉽게 행해지고 세상 사람들 역시 이를 묵인한다는 것은, 아마도 일본인의 신앙생활 깊은 곳에 싱크러티즘이 뿌리내리고 있다는 점과도 무관하지 않을 것이다.

신과 인간의 교제

일본인의 관습적인 행동패턴에 따르면, 신앙생활은 우지가미(氏神) 혹은 우부스나(産土) 사마, 진주(鎭守) 사마라고 불리는 신사와의 만남으로부터 시작한다. 우선 세상에 태어나자마자 부모님의 품에 안겨서 신사에 참배한다. 이를 소위 '우지코하이리'라고 하는데, 이렇게 해서 우지가미(氏神)-우지코(氏子) 관계가 맺어진다.

우지가미와 우지코의 관계는 여러 기회를 통해 강화된다. 개인적 차원에서는 시치고산의 경축일, 결혼식 같은 통과의례, 기타 기원을 통해 우지가미와 우지코의 관계가 강화된다. 집단적 차원에서는 1년에 몇 차례씩 행해지는 우지가미에 대한 제사가 중요한 의미를 갖는다.

우지코들이 우지가미의 제사에 참가함으로써 우지가미와의 관계를 재확인하기 때문이다.

그런데 일본인들은 관습적인 행동패턴을 바탕으로 하여 또 하나의 종교적 상징과 친숙한 관계를 맺는다. 조상 묘를 관리하는 절이 바로 그것이다. 조상을 매체로 하여 절과 밀접한 관계를 맺고 거기에서 단나데라·단카(조상 대대로의 절을 믿는 신도의 집)라는 관계가 성립한다. 그리고 매년 7월의 추석과 봄·가을의 오히간(춘분·추분을 전후한 7일간)에는 조상에게 성묘도 하고 조상의 제삿날에는 절에서 공양을 올리기도 한다.

이런 것들 모두가 우지코 제도와 단카 제도가 실시되었던 때의 구습이다. 이와 같은 제도는 제2차 대전 후 곧 폐지되어 우지코와 단카는 숭경자(崇敬者)라고 불리게 되고 각각의 집단은 숭경회(崇敬會)라고 이름을 고쳤다. 그리고 대도시에서는 주민과 신사나 절과의 관계가 이전과는 상당히 달라졌다.

이 사실을 익히 알고 있으면서도 여기에서 새삼 예전의 관행을 끄집어낸 것은 다른 이유 때문이 아니다. 지금도 일본의 지역사회 안에서는 이 같은 구습이 상당히 인정되고 있기 때문이다. 거기에는 여러 가지 이유가 있겠지만, 우선 우지가미-우지코, 단나데라-단카의 관계가 가(家)제도를 배경으로 하고 있다는 점이 가장 큰 이유 중 하나일 것이다.

우지가미와 우지코의 관계는 일정한 지역사회를 단위로 하는 제도지만, 이 지역사회는 적어도 신앙생활이라는 측면에서 본다면 '가'(家)가 중요 구성단위가 된다. 단나데라와 단카의 관계 역시 제도로서의 '가'를 기반으로 한다. 불교교단 중에서도 특히 개인신앙을 강조하는 정토진종 역시 예외가 아니다.

'가'에는 여러 가지 상징물들이 있는데 그 중 가미다나나 불단은 중

요한 상징물 중 하나다. 가미다나에는 우지가미의 부적이나 이세신궁
에서 배포한 대마가 모셔지고, 불단에는 조상의 위패와 불상 등이 모
셔져 있다. 즉 우지가미와 단나데라는 부적과 위패라는 매체를 통하여
'가'와 결합되어 있는 것이다. 다시 말해 부적과 위패는 우지가미와 가
미다나, 단나데라, 그리고 불단이라는 두 개의 서로 다른 종교적 상징
을 연결하는 매체로서 중요한 역할을 수행하고 있는 셈이다.

　이와 관련하여 짚고 넘어가야 할 부분이 하나 있다. 그것은 우지가
미-우지코나 단나데라-단카의 연결성이 가미다나와 불단에 모셔진 부
적과 위패를 통해 점점 더 강화된다는 사실이다. 가미다나와 불단은
항상 '가'에 설치되어 있기 때문에, 모시는 자와 모셔지는 자 간의 실
질적인 관계가 존속될 수 있었던 것이다.

　앞서 언급했듯이 우지코가 우지가미와 친근해지고, 단카가 단나데
라에 가는 것은 우지가미의 축제일이나 조상의 제삿날 같은 하레(깨끗
함)의 날로 제한되어 있다. 그러나 많은 사람들은 이런 기회만으로는
만족스러워하지 못했던 것 같다. 하레 날 외에도 신이나 부처과 가까
이 접촉하기를 원했다. 가미다나와 불단이 다른 작은 민간신들과 마찬
가지로 '가'에 모셔지게 된 것은, 아마도 이 같은 사람들의 바램이 큰
동기가 되었을 것이다. 그런 의미에서 가미다나와 불단의 문제는, 하
레와 게(더러움)라는 두 개의 생활공간구조를 고찰하는 데 상당히 재미
있는 소재가 될 것이다(伊藤幹治, 「일본문화의 구조적 이해를 목표로」, 『계
간인류학』 4-2, 1973, 3~22쪽).

　다음은 일본인이 어떠한 동기를 가지고 가미다나와 불단에 예배하
는지를 두 가지 조사보고를 기초로 하여 살펴보기로 하겠다. 그 중 하
나는 종교사회학자 다카기 히로오(高木宏夫)의 조사보고로, 조사대상은
주로 촌락 사람들이다. 또 다른 하나는 영국의 사회학자 R. A. 도어의

것으로, 도쿄 시내에 사는 사람들을 대상으로 하였다.

먼저 가미다나 예배 문제를 보기로 하자. 다카기의 조사에 따르면, 가미다나를 예배하는 태도는 3 범주로 나뉜다. 하나는 '절을 하기로 했으니까 한다,' '절을 하지 않으면 신에게 죄송하다,' '매일 절을 하기로 했으니까' 등등 관습적인 행동이 기조를 이룬다. 다른 하나는 '매일 가족이 무사히 지낼 수 있게 빈다'라든가, '아무일도 일어나지 않도록 빈다'는 기원이 중심이다. 마지막은 '신을 서운하게 하면 벌을 받거나 탈이 난다'라는 것이다. 다카기는 이러한 조사결과를 각각 습관, 현세이익, 주술적 신앙으로 유형화시켰다.

도어의 해석은 앞의 다카기와는 다소 차이가 있다. 그가 조사한 도쿄 시내의 시모야마라는 한 동네의 경우 가미다나에 우지가미의 부적을 모시는 사람은 총 80%나 되었다. 도어는 가미다나를 모시고 있는 주민 가운데 가끔씩 가미다나에 절을 한다고 대답한 75명에 대해 면접조사를 실시하고 그 결과를 습관·기원·존경·신과 국민이라는 4 카테고리로 나누었다.

도어에 따르면, 습관 카테고리에 들어가는 자는 전체의 20%를 차지하였다. 또 그가 기원이라고 부른 카테고리는 사업의 번창이나 가내 평안 같은 사적인 바램을 의미하는데 이는 다카기가 말한 현세이익에 해당된다. 마지막으로 신과 국민이라는 카테고리는 '국가와 일가의 안녕을 기원한다'라고 하는 회답으로 알 수 있듯이 국가신도적 이념에 기초한 일련의 회답을 총괄한 것이다.

다카기에 의하면 불단을 예배하는 태도도 가미다나에 대한 예배와 매우 비슷하여 습관·현세이익·주술적 신앙의 세 종류로 구별된다. 일본인의 종교에 대한 기본적인 태도를 이 세 가지 카테고리로 나누어 생각한 다카기에게는 당연한 것이었다. 그는 '조상에게 매일 올리는 인사'라든가 '죽은 자에 대한 의무'라고 한 회답은 습관, '감사하는 마음에서'라는 종류의 회답은 현세이익, '조상과 죽은 자의 명복을 비는 마음에서'라는 회답은 주술적 신앙으로 범주화시켰다. 이것을 도어식으로 다시 해석하면 습관(인사), 의무, 감사, 명복이라는 네 가지 동기가 기조를 이루고 있다고 할 수 있겠다.

불단에 예배하는 이유를 설명하는 부분은 도어쪽이 훨씬 더 구체적이다. 그에 따르면 시모야마 동네 사람들이 불단을 예배하는 까닭은 '조상의 보살핌에 대해 감사한다,' '조상을 존경한다,' '조상과 죽은 자의 영혼의 가호와 조언을 빈다,' '죽은 혼령의 재앙을 두려워한다,' '죽은 자의 영혼을 공양한다' 등의 이유다. 흥미로운 점은 다카기가 도쿄 시내의 미나토 정(湊町)에서 실시한 불단예배 이유에 대한 조사결과가 도어의 분석과 무척 비슷하다는 사실이다. 이것은 대상이 도쿄의 주민이었기 때문일지도 모르겠다. 다카기는 그저 소재를 제공한 데 지나지 않으며, 습관·감사·존경·가호·기원이라는 5개 카테고리로 나누었다(高木宏夫, 「일본인의 종교생활 실체-서민종교의 구조로부터 보다」, 『현대종교강좌 V』, 1960, 211~256쪽 ; R. P. 도어, 『도시 일본인』, 1962, 235~266쪽).

일반적으로 종교적 태도나 동기의 해석 같은 것은 관점의 차이 때문에 반드시 일치하지는 않는다. 따라서 다카기와 도어의 해석에는 약간 차이가 있지만, 다음과 같은 점에서는 공통점이 발견된다.

첫째, 가미다나와 불단에 대한 예배가 습관을 기조로 한다고 해석한 점이다. 불단을 예배하는 이유 가운데 '조상을 공양한다'라든가 '조상의 명복을 빈다'라고 하는 사례가 보이는데, 공양이나 명복은 도어도 지적하듯이 관습적인 행동에 대한 관례적인 설명에 불과하기 때문에 습관의 카테고리에 포함될 것이다. 이렇게 해석한다면, 예배에 대한 이 두 가지 이유는 습관이라는 카테고리와 상당히 밀접한 관계에 있다고 할 수 있다.

둘째, 가미다나와 불단을 예배하는 이유를 현세이익을 기원하고 신이나 부처에 감사한다고 보는 점이다. 이는 일본인의 기본적인 종교적 태도라고 할 수 있는 것으로 가미다나와 불단의 예배로만 국한된 특징은 아니지만, 두 연구자가 모두 주목한 것이라는 점을 언급해 둔다.

우선 도어의 조사에 따르면, 도쿄의 시모야마에서는 전체의 53%에 해당하는 가족이 가미다나를 모시고 있다. 또 가정을 이루고 그 구성원이 1세대를 넘은 가족 중 불단을 가지고 있는 곳은 80%에 달한다고 보고되어 있다. 수치의 기준이 다르기 때문에 직접적인 비교는 불가능하지만, 모리오카 기요미(森岡淸美)의 조사에 따르면 도시민의 가미다나와 불단 보유율은 그때나 지금이나 별 차이가 없다고 한다.

여기에 제시한 표는 모리오카의 보고 중 일부를 소재로 삼아 작성한 것인데, 농촌 사례는 야마나시 현에서, 도시 사례는 도쿄 도에서 조사한 결과다. 누구나 상상할 수 있듯이 가미다나와 불단 보유율은 농촌→도시 상업지구→도시 주택지구 순으로 줄고 있다.

표 2. 가미다나와 불단의 보유율(%)

		가미다나	불 단
농 촌		95	92
도 시	상업지구	61	69
	주택지구	43	45

岡淸美, 「집안과 관련시킨 사회학적 분석」, 1970

이 같은 경향은 모리오카가 지적했듯이 다음 두 가지 사항과 밀접히 관련되어 있다. 첫째는 보유율이 지역사회의 도시화 혹은 직업의 비자영업화와 관련되어 자영업이 줄어들면서 보유율도 감소하였다. 둘째는 확대가족이 감소하고 핵가족이 증가함에 따라 보유율이 격감했다는 점이다. 모리오카의 조사에 따르면 가미다나와 불단의 보유율은 확대가족 쪽이 훨씬 높다. 이는 가미다나와 불단이 지금도 가(家)제도와 밀착되어 있음을 말해준다(井門富士夫 · 吉田光邦 編, 『日本人の宗敎』, 1970, 144~159쪽).

모리오카의 보고 가운데 주목되는 것은 도시든 농촌이든 가미다나와 불단을 모시는 가족이 의외로 많다는 점과, 도시에 사는 확대가족의 불단보유율이 가미다나의 보유율을 상당히 상회한다는 점이다. 후자의 경우는, 불단예배가 조상숭배와 깊이 관련되어 있기 때문일 것이다. 이 또한 모리오카의 조사에 따른 것인데, 군마 현의 기독교 신자들 사이에 가미다나 예배가 폐지되었음에도 불구하고 불단예배를 계속한다는 것은, 조상이라는 종교적 상징을 모신 불단이 일본인의 신앙생활에서 여전히 중요한 의미를 갖고 있기 때문일 것이다(森岡清美, 『일본근대사회와 그리스도교』, 1970, 117~145쪽).

신들의 분업

일본사회에는 실제로 여러 종류의 신들이 있다. 고대 이후 수많은 신들이 존재하였고, 그 전통이 계승되었다는 점을 생각하면 사실 별로 이상할 것도 없다. 『고사기』나 『일본서기』에 등장하는 고전적인 신들은 신사의 제신으로 자리잡고 있지만, 이런 신들 외에도 주변에는 기

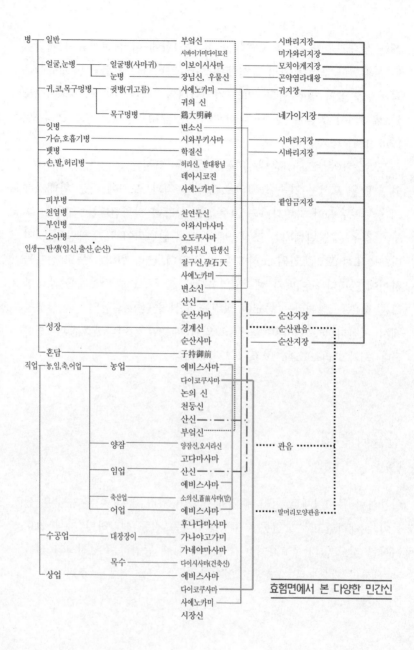

효험면에서 본 다양한 민간신

이한 이름을 가진 신들도 참 많다. 경전에 등장하는 부처들 중에서 교리세계에서 뛰쳐나와 민간 쪽으로 진출한 부처도 많다. 여기에서는 고전적인 신이나 부처는 제쳐두고, 민간세계에 태어난 작은 신들에 대해 관찰해 보기로 하겠다.

몇 년 전 일본의 민간 신들과 그 역할을 도식화해 둔 것이 하나 있다. 그것은 야나기타 구니오의 『민속학사전』(1951)과 『분류제사습속어휘』(分類祭祀習俗語彙, 1963)를 소재로 하여, 병·재해·인생·직업 등을 지표로 하여 작은 신들과 그 역할을 제시한 것이다(加藤秀俊·米山俊直 編, 『일본인의 신앙』, 1972, 24~25쪽). 그것을 일부 수정하여 효험면에서 다양한 민간신들을 계통화시켜 작성해 본 것이 앞쪽의 도표다.

이 도표에서 흥미로운 점 몇 가지를 지적해 보겠다. 먼저 일본의 도시와 촌락에서는 여러 가지 신기한 작은 신들이 숭배의 대상이 되고 있다. 정말 이런 신도 있을까 싶을 정도의 신들이 숭배되고 있다. 예를 들면 이보이시사마(사마귀 퇴치신), 장님신(눈의 신으로 눈이 안 좋은 사람에게 효험이 있고 자손 중에 장님이 안 생기게 해준다고 믿는다), 귀의 신(청각장애자가 신발을 나뭇가지에 묶어두고 기원하면 완쾌된다고 믿는 곳도 있다), 변소신, 시와부키사마(기침신), 쓰리텐구(학질을 막아주는 신), 허리신, 아시오사마(발대왕님 : 나무나 돌로 발모양을 만들어 봉헌하고 건강을 빈다) 등은 촌스러우리만치 소박해서 웃음이 절로 난다. 모두 병을 고쳐주는 신들인데, 사마귀를 고쳐주어 에보이시사마, 변소에 산다고 해서 변소신, 발병에 효험이 있다고 해서 발대왕님이라고 한 데서 알 수 있듯이 신에게 붙인 이름도 매우 즉흥적이고 알기 쉽다. 이 점이 민간 신들의 한 특징이라 할 수 있겠다.

불교의 경전세계에서 뛰쳐나온 지장들도 예외가 아니다. 모두 병을 치료하는 부처인데, 귀(耳) 지장, 네가이가케 지장(소원을 비는 지장), 시

바리 지장(소원을 빌 때 끈으로 묶어 두었다가 소원이 성취되면 끈을 풀어주
는 지장), 팥앙금 지장(팥앙금을 지장의 입에 바르면 피부병이 낫는다고 하

생활 속에 자리잡은 일본의 신
일본에는 이러저러한 병을 고치는 데 효험이 있다는 소박한 신들이 정말 대단히 많다. 위 사진은 사마귀에 영험이 있다는 신에게 소원을 비는 모습. 앞쪽 사진은 여러 가지 고통을 치유해 준다는 '못뽑기 지장'으로 유명한 교토의 한 사원(石像寺)

는 지장), 순산 지장 등 역할도 가지가지다. 같은 지장이라 하더라도 사람들의 수요에 따라 역할이 여러 가지로 나뉜다는 사실이 흥미롭다.

또 다른 특징은 민간 신들의 대다수가 농업사회의 전통 속에 뿌리박고 있다는 점이다. 산업사회 이전의 종교전통에 뿌리를 내리고 있다고 하는 것이 더 적절할지 모르겠다. 도표 안에 보이는 논신이라든가 산신, 후나다마사마(배의 수호신), 대장장이신 등이 대표적이다.

논신은 농업사회가 낳은 신들 중에서 가장 대표적인 신이라고 할 수 있다. 논의 수호신으로 숭배되는 이 신은 봄이 되면 산에서 밭으로 내려와 벼의 성장을 돌보고, 가을에 벼수확이 끝나면 논에서 다시 산으로 돌아간다고 전해진다. 호칭도 여러 가지여서 논신 외에 농사의 신, 작물신, 혹은 소(牛)의 신이라고도 불린다. 이미 야나기타 구니오는 논신의 원형을 조상의 영혼이라고 정리한 바 있는데, 이 가설의 시비는 접어두고라도 논신이 농업신 가운데 가장 중요한 신이었다는 것만은 확실하다.

산신도 논신과 함께 매우 대중적인 신이다. 봄·가을에 논신과 자리바꿈을 하여 농민들에게 숭배받는 산신 외에도, 사냥꾼이나 나무꾼, 도르래를 써서 주발과 쟁반을 만드는 사람 등 산에서 일하는 사람들이 숭배하는 산신도 있다. 후자의 신은 산짐승을 지배하고 나무를 보호한다고 전하며 여신이라고 전해지는 곳도 많다. 또 산신은 12라는 숫자와 관계가 있어서 도호쿠 지방에서 간토 지방 사이의 마을에서는 산신을 주니사마(12신) 혹은 주니야마가미(12산신)라고 부르고 12일을 산신제삿날로 정하고 있다.

후나다마사마는 배의 수호신으로서 어민들이 숭배하였다. 여자의 머리칼이나 인형, 주사위 등을 신으로 모시는데, 배의 안전운행을 기원하며 쥐똥을 신으로 모시는 곳도 있다. 이렇게 신격화된 물건은 돛대를 세우는 데다 구멍을 뚫고 집어넣는 경우가 많다. 기타큐슈(北九州)의 한 어촌에서는 종이로 만든 남녀 한 쌍의 인형을 후나다마사마로 받들어 모시는데, 한데 얼싸안게 한 이 한 쌍과 버드나무로 만든 주사위, 쌀, 보리, 밤, 피, 콩 등을 배 중앙의 돛대를 세우는 곳에다 구멍을 뚫고 집어넣는다. 신격화된 이 물건들은 배의 진수식 날 배 만드는 우두머리 목수가 목욕재계 후 만든다고 전해진다. 산신과 마찬가지로 이 후나다마사마도 여신이라고 전해지는 곳이 많다.

가나야마고가미(金屋子
神 : 대장장이신)은 주고쿠 지
방(中國地方 : 돗토리, 시마네,
히로시마, 오카야마, 야마구치
의 5개 현)의 산간에 살고 있
는 풀무쟁이와 대장장이 등
이 모시는 신으로서 역시 여
신으로 전해진다. 이 신은
죽음으로 인한 부정은 꺼리
지 않지만 피와 달로 인한
부정은 몹시 꺼려하는 것으
로 알려져 있다.

풍어의 신으로 숭배되는 에비스사마

신의 속성에 대한 설명은
이 정도로 그치고 다음 문제로 넘어가자. 앞의 도표에서 흥미를 끄는
것이 또 하나 있다. 그것은 신 한 명이 여러 가지 역할을 하는 사례가
일부 확인된다는 점이다. 예를 들어 민간신들 중에서도 사람들에게 익
히 알려진 에비스사마와 지장, 고신(부엌신)과 같은 신은 일상적인 민
간생활 속에서 여러 가지 역할을 한다.

에비스란 원래 다른 마을에서 온 신이나 표착신을 의미하였다. 일부
지방에서는 고래나 돌고래를 에비스라고도 부르는데, 물고기떼가 일정
한 계절에 근해에 출몰하는 것이 이 신의 영력 때문이라고 생각했기
때문이다. 각지의 어촌에서 풍어의 신으로 숭배되는 에비스사마는 출
어 축하나 첫 어획 축하, 대어 축하, 대어 기원 때 받들어모셨다. 특별
히 바다에서 조난한 사체를 에비스라고 부르는 곳도 있지만, 풍어의
신이 에비스사마의 원 속성이라고 보는 것이 좋을 것 같다.

그런데 에비스사마는 이 밖에도 여러 가지 역할을 한다. 상업의 수호신도 그 중 하나다. 에비스사마가 상업의 수호신이 된 것은 중세 때부터다. 처음에는 도시에 사는 사람들이 믿었는데 이윽고 농촌으로까지 보급되었다. 이렇게 에비스 신앙이 유행하게 된 것은 인형을 놀리며 도시와 촌락을 방문한 '에비스마와시'로 불리는 제사 관련 예능활동이 큰 역할을 한 것으로 보인다. 이 에비스마와시는 이후 에도 시대에 신지마이타이후 다무라 하치다유(神事舞太夫田村八太夫) 산하에 들어가게 되고, 서국(西國 : 교토를 중심으로 서쪽지역)에서는 니시노미야(서궁(西宮 : 효고 현 남동부 지역의 도시로 오사카와 고베의 중간에 위치) 에비스 신사의 지배를 받게 된 듯하다.

에도와 오사카의 상가에서는 10월 20일(음력)에 에비스코(講)가 활발히 실시되었다. 고슈쿠(講宿)라는 것이 생겨나 거기에서 동업자와 마을 사람들이 모여 장사의 번성을 기원하는 것 외에도 동업자들끼리 간담회도 열고 규약을 정하는 상담 등도 하였다. 재미있는 것은 에도 시대 중기 이후가 되면 에비스코 날에 포목상인들을 중심으로 바겐세일이 유행한다. 이 관습은 지금도 상점이나 백화점의 연중행사의 하나로 이어지고 있다. 또 10월 20일 외에 1월 10일이나 20일에도 에비스사마를 모시기도 하여, 교토, 오사카, 고베 근방의 니시노미야 에비스 신사(고베 소재)와 이마미야(今宮) 에비스 신사(오사카 소재)는 많은 참배객들로 붐빈다(堀一郎, 『일본종교의 사회적 역할』, 1962, 258~312쪽).

한편 농민의 생활 속에 정착한 에비스사마는 논신과 합쳐져 농작신으로서 숭배되고 있다. 10월 20일 상가의 에비스코 날 농가에서는 떡을 만들어 이것을 가마니 모양으로 쌓아 에비스 제단에 바치는데 이는 논신과 에비스사마와의 결합을 상징한다. 지역에 따라서는 10월 20일을 상인의 에비스코라고 하고 농민의 에비스코는 12월 8일에 실시하

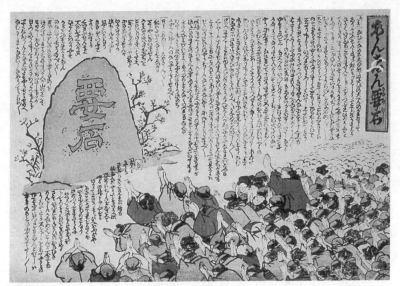

가나메이시(要石) 지진을 면하게 해준다는 신으로, 지진이 많은 일본의 특성을 그대로 보여준다.

기도 한다.

이와 같이 풍어의 신으로 등장한 에비스사마의 역할을 기원하는 사람들의 수요에 따라 여러 가지로 분화되어 장사번성신이라든가 농작신으로서 숭배받게 되었다. 이들 이나리신과 더불어 유행신의 대표주자라고 할 수 있겠다.

에비스사마와 다이코쿠사마(大黑さま : 음식신) 외에도 여러 가지 역할을 하는 신은 많다. 도표를 보면 알 수 있듯이 촌락의 경계에 모셔진 사에노카미(塞神 : 외부의 액귀로부터 마을을 막아주는 경계신) 등은 귀(耳)의 신, 순산의 신, 어린애수호신, 좋은 짝을 이어주는 신, 장사를 잘 되게 해주는 신 등으로 일컬어지며 여러 가지 역할을 수행하고 있다. 다각경영의 신이라 해도 과언이 아니다. 사에노카미만큼은 아니지만, 부엌신도 일반적인 병을 다스리는 역할 외에 수족병의 신이나 풍

작의 신으로 숭배되며, 변소신 역시 치통의 신이나 순산의 신으로서 인기가 있다.

불상도 예외가 아니다. 지장·관음·약사여래 등이 민간신앙의 세계에서 다양하게 활약하고 있다. 그 중에서도 특히 지장의 활약은 뛰어나다. 불교의 교리세계에서 지장의 지위는 의외로 낮아 약사여래나 아미타여래보다 더 밑이다. 흥미로운 것은 민간세계의 평가기준이 이 교리세계와 완전히 다르다는 점이다. 민간세계에서 지장은 약사와 아미타보다 상당히 높이 평가되고 있다. 도표로 알 수 있듯이 지장은 시바리 지장·미가와리 지장(힘든 일을 대신해 주는 지장)·모치아게 지장(들어올릴 수 있는가의 여부 또는 무게의 경중감으로 길흉을 점치는 지장)·귀(耳) 지장·네가이가케 지장·팥앙금 지장·순산 지장 등과 같이 병의 치료를 중심으로 하여 그 역할이 대단히 다원화되어 있다. 이처럼 지장은 부처 가운데 효험의 상징과도 같은 존재라 해도 과언이 아닐 것이다.

한편 신도나 불교 등의 카테고리에 딱 들어맞지 않는 고신(庚申)의 경우는 그 역할이 대단히 복잡하다. 만능신이라고 불러도 좋을 만큼 고신의 역할은 그야말로 다양하다.

오랫동안 고신 신앙을 연구해 온 구보 노리타다(窪德忠)에 따르면, 고신은 50 가지 이상의 역할을 하고 있다. 그 역할을 구체적으로 소개해 보기로 하겠다.

작물신, 양잠신, 충해제거, 일 잘하는 신, 어업신, 해상안전, 상업번창, 철물점 수호신, 동철상인 수호신, 길안내, 개척, 출세, 남보다 뛰어남, 병치료, 병막음, 악마제거, 천연두, 감기, 역병제거, 두통, 치통, 귀이염, 눈병, 순산, 건강, 재앙막이, 장수, 장생, 사람구조, 재해제거, 수난화난제거, 도난제거, 방화, 악마퇴치, 귀문(鬼門 : 귀신이 들고난다는 불길한 곳)을 막는 신, 마을수호신, 가내수호신, 가내

번창신, 가내안전신, 액피함신, 어린애수호신, 불신, 마귀를 막는 신, 마귀제거
신, 운세신, 운수신, 복신, 돈신, 소비를 꺼림, 욕심쟁이, 여자를 싫어하는 신, 여
자를 지키는 신, 길흉예지신, 생명을 빼앗는 신, 죽음담당신, 토지신, 건축신 (加
藤秀俊・米山俊直 編,『일본인의 신앙』, 1972, 7쪽)

중복되는 부분이 몇 군데 있지만, 고신이 발휘한다는 효험은 기가막
힐 정도로 다양하다. 만능신이란 이 고신을 두고 하는 말이 아닌지 모
르겠다. 그렇다면 이 고신만 믿으면 거의 모든 효험을 다 볼 수 있을
것 같은데, 고신만으로도 만족할 수 없는 것이 또 일본 민간신앙세계
의 재미난 면이다. 고신 외에도 여러 가지 신이 사람들의 바램에 부응
하여 계속 탄생한다. 게다가 이들 신은 서로 엇비슷한 역할을 하면서
도 각각의 개성을 인정하며 사이좋게 공존한다.

이들 수많은 민간 신들 중에서도 일본사회 구석구석에 분포되어 있
으면서 동시에 가장 큰 세력을 지닌 신은 뭐니뭐니해도 이나리다. 전
국의 도시나 촌락, 집집마다 모셔져 있는 이나리를 헤아려 보면 그 숫
자는 어마어마할 것이다. 제2차 대전 전의 통계를 보면, 전국의 신사
약 11만 개 중 이나리 신사가 4만으로서 총 30% 이상을 점하였다. 여
기에다 집터신으로 모시는 이나리와 집안의 가미다나에 모시는 이나
리까지 합치면, 그 수는 더욱 커질 것이다. 이처럼 엄청난 이나리가 태
어나게 된 것은, 교토의 후시미이나리다이샤(伏見稻荷大社)에서 이나리
신의 분령(分靈)이 자유롭게 이루어지기 때문이다. 이나리 혼령이 옮겨
지면서 그야말로 이나리의 전국적인 네트워크가 형성되었다고 할 수
있겠다(石毛直道 外,「신, 부속물, 사람」,『계간인류학』5-4, 1974, 20~21쪽).

후시미이나리다이샤는 이나리의 총 본가로, 1973년 정월 3일에는
170만 명이 참배했다고 한다. 전국 랭킹으로 보면 5위다. 그런데 후시
미이나리다이샤에의 참배는 모두 하쓰마이리(신년 첫 참배)만이 아니다.

상업의 번창과 가내의 안녕을 기원하기 위해 쓰키마이리라 해서 매월 1일 전국에서 신자들이 참배하러 온다. 그 수를 집계해 보면 참배객 수는 엄청날 것이다.

오늘날 이나리라고 하면 상업번성의 신을 떠올리지만, 원래는 농업 신이었다. 『야마시로쿠니 풍토기』(山城國風土記) 일문(逸文)에 기록된 설화 중에 이런 것이 있다. 백조가 되어 날아가버린 이나리의 혼(稻靈)이 산봉우리에 앉았는데 거기에서 벼가 돋아나 이나리(伊奈利) 신사가 생겨났다. 이는 이나리가 원래 벼재배와 관계가 깊다는 사실을 말해준다. 그런데 이 이나리 신도 에비스사마와 마찬가지로 중세 말에 들어 복을 주는 신으로서 많은 사람들로부터 숭배되었고, 이것이 오늘날 이나리 신앙의 기초가 되었다.

일반적으로 유행신이라고 하는 것은 다채로운 기능을 보유하고 있다. 에비스사마가 여러 가지 역할을 한 것과 마찬가지로 이나리도 상업의 번성 외에 여러 가지 효험이 있다고 믿어졌다. 예를 들면 도요토미 히데요시가 후시미(伏見) 성으로 모셔왔다고 전하는 만족이나리(滿足稻荷)나, 주라쿠다이(聚樂第)로 모셔왔다는 출세이나리(出世稻荷)를 비롯해, 세습이나리(世繼稻荷) 혹은 순산 이나리(子安稻荷) 등 여러 가지 효험을 가진 이나리가 있다.

그런데 신들의 기능이라는 것은, 에비스사마와 이나리 신앙이 말해주듯이 세상의 변화에 따라 다양하게 분화해 가는 경향이 있다. 예를 들면 천신은 원래 하늘의 신으로 숭배되었는데 이후 번개신이나 재앙의 신이 되기도 하였다. 오늘날에는 '입시지옥'의 세태를 반영하여 학문의 신으로서 천신이 무척 인기가 있다. 나가노 현 스와(諏訪) 신사를 중심으로 하는 스와묘진(諏訪明神) 등도 처음에는 수렵의 신으로 숭배되었는데, 중세에 무신(武神)이 되고 이후 어민들 사이에서도 숭배의

대상이 되었다. 또 도쿄의 스이텐구(水天宮)도 원래 재해방지의 신이었
는데 순산의 신으로 숭배되고 있다.

여기에서 공통적으로 발견되는 것은 이들이 하나같이 신사에 모셔
진 큰 신이라는 점이다. 큰 신이니 세상이 변하더라도 사람들의 다양
한 요청에 유연히 대응할 수 있었을 것이다. 이에 비해 민간의 작은
신들 가운데는 세상의 변화에 대응하지 못해 점차 모습을 감추게 되는
신도 많다.

그 대표적인 신으로는 예전에는 많은 농민들로부터 숭배의 대상이
되었던 논신 등이 있다. 가정의 수호신들도 논신과 같은 운명을 걷고
있다. '가마도'(아궁이)의 신으로서 친숙해진 부엌신과 물신, 변소신 등
도 전기밥솥과 수도, 수세식 변소의 보급과 함께 존재 이유를 상실하
고 말았다. 이러한 경향은 에비스사마나 이나리처럼 전국적 규모의 조
직을 갖추지 못한 작은 신들의 숙명일지도 모르겠다.

현대생활과 신앙

통계수리연구소에서는 5년에 한 번씩 20세 이상의 성인을 대상으로
일본인의 국민성을 조사하고 있다. 거기에서 특히 흥미를 끄는 것은
세 가지다. 모두 종교와 관련된 것들인데 첫째는, 1958년부터 1968년
에 걸쳐 종교를 믿고 있다고 회답한 사람이 30%밖에 안 된다는 사실
이다. 게다가 '믿고 있다'고 답하고서도 종교적 활동은 거의 하지 않는
다는 사람들이 25% 정도였다고 한다.

둘째는, 종교를 믿지 않는다고 답하고서도 '종교적 마음은 중요한

가'라는 질문에 '중요하다'고 답한 사람이 70%를 넘고, 확실하게 종교를 부정한 사람은 15% 정도에 불과하다는 사실이다. 셋째는, 곤란한 일이 생기면 "신이여!" 라든가 "부처님!"을 외치거나 기도한 적이 있는 사람이 62%나 되었다는 점이다. 이 같은 경험은 20대 전후의 젊은 세대 사이에서도 인정되며 남성보다는 여성 쪽이 훨씬 많다(통계수리연구소국민성조사연구회 편,『일본인의 국민성』, 1970, 44~64쪽).

이 보고를 액면 그대로 받아들인다면 일본인은 종교심이 약하지만 종교를 중요하게 생각하는 사람이 많고, 종종 '괴로울 때는 신에게 의지'한다는 말이 된다. 서구식 윤리를 따르는 사람들이라면 약간 고개를 갸우뚱할지 모르지만, 이는 나름대로 근거가 있다. 생각나는 것 두 가지 정도를 들어서 살펴보겠다.

하나는 조사대상자의 많은 수가 종교나 신앙이라는 것을 좁은 의미로만 해석한 것이 아닐까 하는 점이다. 제2차 대전 후 종교의 자유가 보장된 이후 종교라는 것을 개인의 문제, 개인의 마음의 문제로 받아들이는 경향이 강해졌다. 이 같은 경향이 회답자의 의식을 지배하고 있었다면 종교를 믿는다고 답한 사람이 적은 것도 당연하다. 그러나 회답자의 70% 이상이 종교를 중요하다고 답한 것을 보면 일본인들의 종교에 대한 잠재적 기대가 의외로 강하다는 사실을 알 수 있다. 제2차 대전 이후 일본사회에서 수많은 신흥종교가 생겨난 것은 이 같은 기대의 발현이라고 보아도 될 것이다(井門富士夫,『신 살해의 시대』, 1974, 187~188쪽).

다른 하나는, 많은 사람들이 신과 부처에 대해 계속 친밀감을 가지고 있다는 점이다. '괴로울 때 신에게 의지'한다고 답한 사람이 60%를 넘는다는 것은 신교의 자유 같은 종교상의 이념과는 관계없이 예로부터의 종교적 관행이 지금까지 사람들의 생활 속에 뿌리내리고 있기 때문일 것이다.

통계수리연구소가 별도로 실시한 종교적 감정에 관한 조사결과에 따르면, 일본인의 약 70%가 신사나 절에서 엄숙한 기분을 경험했다고 한다. 이 통계수치는 일본인은 종교심이 약하다는 기존의 주장을 뒤엎는 것이다.

매년 정월이 되면 신문은 하쓰마이리(신년 첫 참배)를 하는 사람들로 북적이는 신사나 불각(佛閣) 이야기로 뒤덮인다. 문화부 보고에 따르면, 1973년 정월 3일 동안 5,860만 명이 하쓰마이리를 하였다. 이 숫자를 그대로 받아들여 일본인의 신앙심은 뜨겁다고 말할 생각은 털끝만치도 없지만, 하쓰마이리라는 전통적인 관행이 지금도 많은 사람들 사이에서 유지되고 있다는 점은 주목할 만하다.

여기에서 하쓰마이리를 꺼낸 것은 오늘날 일본인의 신앙생활과 관련한 몇 가지 문제가 하쓰마이리 안에서 발견되기 때문이다.

말할 것도 없이 대부분의 하쓰마이리는 전국의 유명한 신사와 불각에 집중된다. 1973년도 『종교연감』에 따르면 이 해 하쓰마이리의 베스트 텐은, 가와사키다이시(川崎大師), 쓰루오카하치만구(鶴岡八幡宮), 메이지진구(明治神宮), 스미요시다이샤(住吉大社), 후시미이나리(伏見稻荷), 나리다 산 신쇼지(成田山新勝寺), 아타미진구(熱田神宮), 도요카와이나리(豊川稻荷), 가스가다이샤(春日大社), 아사쿠사데라(淺草寺)라고 한다. 모두 수도권과 간사이·주부(中部) 지방의 대도시와 그 주변의 큰 신사 내지 명찰들이다. 이들 신사에 하쓰마이리를 한 사람은 1,800만 명 이상으로, 전국 하쓰마이리 총수의 약 30%를 차지한다.

아마도 세속화론에 관심이 있는 사람이라면 이러한 현상은 흥미진진한 소재거리가 될 것이다. 하쓰마이리가 대도시와 그 주변의 신사에 집중된다는 것은, 농업사회적 질서에서 산업사회적 질서로 이행하는 과정에서 종교활동인구가 증대화되었다 즉, 세속화되었다고 풀이할 수 있기 때문이다(井門富士夫,『신 살해의 시대』, 1974, 188~190쪽 ; 藤井正雄, 『일본인의 신앙구조』, 1974, 209~236쪽).

그러나 이런 하쓰마이리의 경향을 총체적으로 파악하기 위해서는 세속화론 외에 또 하나의 시점이 필요하다. 하쓰마이리라는 관행을 지역사회를 한 부분으로 하는 국민사회적 차원에서 파악하는 시점이다. 과거 지역사회의 상징이 되었던 우지가미를 대신하여 현재는 대규모 신사와 불각이 일본 국민사회의 종교적 상징으로 재등장하고 있기 때문이다. 이 같은 변화가 순조롭게 진행될 수 있었던 것은 물론 대중매체의 발달과 함께 관심권이 확대된 덕이지만, 일본사회에서 오래 전부터 육성되어 온 신앙의 중층성이 잠재적인 역할을 했다고 보아도 될 것이다.

하쓰마이리를 둘러싸고 또 하나 주목되는 점은 거기에 다양한 기원과 효험이 담뿍 담겨져 있다는 사실이다. 병치유, 재해방지, 액운제거, 개운, 신체건강, 순산기원, 혼인기원, 자손번영, 오곡풍요, 풍어기원, 상업번성과 같은 예로부터 내려오는 기원과 효험 외에도, 오늘날의 세태를 반영한 여러 가지 새로운 효험들이 채택되고 있다. 예를 들어 합격기원과 학업향상, 연애성취, 공사안전, 교통안전, 도항안전 등은 요즈음 새로 등장한 것들이다. 세계평화와 같은 추상적인 기원도 들어 있다.

재미있는 것은 하쓰마이리에는 우지가미의 효험부터 시작하여 작은 신들의 효험에 이르기까지 모든 효험이 흡수되고, 거기에다 새로운 효험까지 덧붙여졌다는 점이다. 효험의 내용도 확대되어, 지역사회 생활을 중심으로 한 것으로부터 국민사회적인 차원의 것, 또는 농업사회에 뿌리를 내린 것으로부터 산업사회를 상징하는 것들까지 포함되어 있

다양한 병에 걸린 사람들이 각각 자신이 앓고 있는 부위를 불상의 해당 부위에 대고 있다. 소박한 만능 민간신앙을 그대로 보여주는 해학적인 그림이다. 錦繪『撫佛諸病の原掛』

다. 세계평화의 기원 등은 당연히 국제사회적 수준의 바램을 표현한 것이다.

하쓰마이리와 관련하여 또 하나 언급하고 싶은 것은 이 같은 효험이 확대재생산된다는 점이다. 새삼 지적할 것도 없이 일본인의 신앙생활은 효험의 추구를 기조로 하고 있다. 앞서도 말했듯이 집집마다 모셔진 가미다나와 작은 신들에 대한 기원이나 우지가미에 대한 참배 등에서 보이는 가장 큰 동기는 역시 효험이다. 하쓰마이리 역시 효험을 추구하는 사람들의 바램에 의거하여 생겨난 관행이다.

여기서 강조하고 싶은 것은, 사람들이 바라는 효험이라는 것이 현실생활과 직결된 것으로 사후생활과는 별 관계가 없다는 점이다. 그것이 어떤 효험이든 간에 효험은 사람들이 생활하는 '이 세상'이 중심이다. 따라서 효험의 내용도 현세의 생활을 직접 반영하여 다양하게 변화하는 특징을 갖고 있다.

현세의 생활구조가 단순하다면 효험의 수도 적겠지만 생활이 복잡
하면 복잡할수록 효험의 내용도 다원화되고 그 수도 증가하게 된다.
효험의 세계에도 '진화'가 있다고 할 수 있겠다. 농업사회에서 산업사
회로 넘어가는 과도기에 효험의 다양성은 두드러지는데, 효험이라는
것이 '현세' 지향을 기본원리로 하기 때문이라 할 수 있겠다. 일본인의
신앙생활 속에 이 같은 지향이 존속하고 있는 이상, 아마도 신들의 효
험은 끊임없이 확대재생산될 것이다.

일반적으로 일본의 민간에서 태어난 신들은 자신들의 의지에 따라
사람들을 움직이게 할 수 있는 존재가 아니다. 신들이 가진 대부분의
기능은 현세에 사는 사람들의 세속적인 바램이 투사된 것이다. 농민은
논신, 산에 사는 사람들은 산신, 장사꾼은 에비스사마라는 식으로 사
람들은 자신들의 세속적인 경험과 필요에 따라 여러 가지 역할을 하는
신들을 만들어 냈다. 민간신앙세계에서 여러 가지 역할을 하는 작은
신들이 다양하게 출현하는 것은 사람들이 다양한 세속적인 바램을 가
지고 있기 때문이다.

이와 같이 일본인의 신앙생활은 세속생활을 직접 반영하고 있고 따
라서 두 가지 생활은 불가분의 관계에 있다고 할 수 있다. 사람들의
세속적인 바램은 신들의 효험이라는 형태를 취하여 신앙생활에 투사
되고, 신들의 효험은 그들의 세속생활에 활력을 준다. 이러한 구조를
가진 사회에서, 종교단체가 세속사회로 진출하여 적극적으로 세속적인
활동을 하는 것도 지극히 당연하다고 하겠다.

제2차 대전 후 도시의 신사와 사원에서 유치원이나 보육원을 경영
하고, 다도·꽃꽂이·서도 교실을 여는 일이 상당히 많았다. 내세운
명목은 모두 사회활동. 그 중에는 주차장 경영에 뛰어들어 교통안전부

적과 보신부적을 배포하기도 하고, 대규모 맨션을 경영하는 절이나 신사도 있다. 주유소 경영에 진출한 사원도 있다고 한다. 이러한 경향은 신앙생활이 세속생활과 밀착되어 있는 일본의 종교 상황을 반영한 것이라고 할 수 있겠다.

참고문헌

R・P・ド-ア, 靑井和夫・塚本哲人 譯, 『都市日本人』, 岩波書店, 1962 : 도쿄 시내의 마을에서 실시한 사회학적 조사 결과를 통해 현대 일본인의 생활과 심정을 면밀히 분석.

藤井正雄, 『日本人の信仰構造』, 評論社, 1974 : 도시의 사원을 중심으로 하는 종교의 유동인구 문제를 중심으로 현대사회에서의 종교의 역할과 의미 추적.

古野淸人, 『隱れキリスタン』, 至文堂, 1959/『古野淸人著作集(5)』, 三一書房, 1973 : 기타큐슈의 일부 지역에서 보이는 숨어서 믿는 기독교인에 대한 실증적 연구. 기독교인의 신앙생활 실태 상술.

堀一郎, 『民間信仰』, 岩波書店, 1951 : 민간신앙의 조직적인 연구를 의도. 방법론상의 문제와 민간신앙 구조와 기능문제 등을 거론.

堀一郎, 『日本宗教の社會的役割』 未來社, 1962 : 표제 '일본종교의 사회적 역할'과 일본인의 영혼관, 농경의례 등의 문제를 거론한 논문집.

井門富士夫・吉田光那 編, 『日本人の宗敎』/『世界の宗敎(12)』, 淡交社, 1970 : 종교학자와 종교인에 의한 두 심포지움을 통해 일본인의 종교문제를 총합적으로 검토.

井門富士夫, 『神殺しの時代』, 日本經濟新聞社, 1974 : 현대 사회에서 종교의 역할과 의미를 비교종교사회학적 입장에서 추구.

石毛直道・松原正毅・石森秀三・森和則, 「カミ, つきもの, ヒト」, 『季刊人類學』 5-4, 1974, 3〜71쪽.

伊藤幹治, 「日本文化の構造的理解をめざして」, 『季刊人類學』 4-2, 1973, 3〜22쪽.

加藤秀俊・米山俊直 編, 『日本人の信仰』(Energy 32), エッソスタンダ-ド石油株式會社廣報部, 1972 : 좌담회・논문・현지보고를 통해 일본인의 신앙생활 문제를 총합적으로 검토.

森岡淸美, 『日本近代社會とキリスト敎』, 評論社, 1970 : 일본사회에서의 기독교 수용과 그 전개 과정을 실태조사를 통해 구체적으로 분석.

高木宏夫, 「日本人の宗敎生活の實體-庶民宗敎の構造よりみた-」, 『現代宗敎講座 V』, 創文社, 1960, 211〜256쪽.

統計數理硏究所國民性調查委員會 編, 『日本人の國民性(2)』, 至誠堂, 1970 : 일본인의 국민성에 대한 총계적 조사보고. 1953년 이후 5년마다 실시되는데 이 책은 그 두 번째 보고서.

9 성 Sex

고마쓰 사쿄

첫머리

원래 한 나라 한 사회에 보유·유포되는 전승과 문예류는 그 사
회의 성(性)의식이나 감각, 혹은 금기나 규제를 있는 그대로 보
여준다고는 생각할 수 없다. 예로부터 문예작품에는 반드시 그 표현에
서 긴장이나 비유, 전의, 이상화와 같은 조작들이 개입되기 때문이다.

그러나 다른 한편 이 같은 문예작품들은, 그것을 보유·유포시켜 온
사회의 심층에 계속 살아남아 있는 역사적·전통적 사물에 대한 생각
이나 느낌, 가치관, 윤리관, 미의식 같은 것을 간접적으로 '반영'하고
있다. 이러한 '역사를 초월해서 생명력을 유지해 온 사회적 심층의식'
─이는 한사람 한사람의 인간에게, 유아기에는 양친이나 가족, 사회생
활을 하면서는 연장자와 주변으로부터 소위 가정교육·교훈·예의·
관습 같은 형태로 거의 무의식적으로 전수되어 형성·재생산된 것들
이다─에 의거한, 시대 시대마다의 납득과 지지(혹은 재활성화)가 없었
다면, 문예작품 자체는 역사를 넘어서 유지될 수 없기 때문이다. 물론
시대마다 그 표층에 형성되는 '새로운 규범'에 따라 유포가 금지되기
도 하고 시대조류의 영향으로 오해를 받기도 하고 부분적으로 '납득
불가능'으로 간주되기도 할 것이다. 이와는 거꾸로 전통적인 것이 아
닌 해외의 문예작품에서도 이 같은 구성은 충분히 이해될 수 있을 것이
다. 물론 호메로스의 『일리어드』에서 벡터 때문에 친구인 페트로크
레스가 죽게 되었을 때 영웅 아킬레우스가 보인 탄식이나 그 이후의
무시무시한 싸움, 벡터에 대한 처절한 복수 같은 것은, 그리스 이래의
서구형 동성애에 익숙하지 못한 일본인에게는 그 뉘앙스를 이해하기
어려운 측면이 있을 것이다(호메로스 말고도 예를 들어 G. 크루즈 감독의

프랑스 영화『공포의 보수』에 등장하는 이브몽탕·포루코루리·샤르르바넬이라는 세 남자의 '삼각관계'를 일본관객이 전혀 이해하지 못한다는 사실에 어느 프랑스인은 놀랐단다. 이런 것은 프랑스 성인남자들의 경우 '힐끗 보기만 해도' 알아차릴 수 있다고 한다).

반대로 일본의 전통문예나 전승의 경우는 예외는 있겠지만 대체로 '기본적인 뉘앙스'는 납득할 수 있다. 물론 한 시대의 풍속과 그 시대의 정치·사회에서 성립한 표면상의 규범은, 과거의 것에 비교하면 상당한 변화가 있었을지라도 그 새로운 규범을 바탕으로 하여(주로 학교에서) 성장한 현대인의 경우, 처음에는 다소 낯이 설기도 하겠지만 약간의 조작만 가하면 적어도 그 기본적인 뉘앙스는 납득할 수 있다. 왜냐 하면 우리는 학교교육을 받기 전에 이미 가정에서 양친이나 적어도 어머니 밑에서 성장하였고 그동안에 앞서 말했듯이 사물의 감상법이나 사람과의 교제법, 미의식 등에 대한 소위 '기본'이, 거의 '시대변화'라는 것을 거치지 않고(이런 것은 역사의 흐름과는 별 상관 없이 예전 그대로) 전달 형성되기 때문이다.

이것은, 예컨대 일본인들이 태어나서 세상물정을 분간할 수 있을 때까지 즉 아직 눈도 제대로 뜨지 못할 때부터 어머니와 주변 사람들이 말하는 일본어를 들으며 성장한다는 사실과 그 구조가 매우 유사하다. 비록 방언상의 차이는 있겠지만 어쨌든 일본어를 들으면서 자랐고 처음에 내뱉는 몇 마디 말 역시 일본어다. 그리고 현대의 일상어로 쓰이는 일본어는 발음과 단어에서 고대 일본어와 상당히 차이가 있음에도 불구하고 기본적으로 일본어라는 사실에는 변함이 없다. 따라서 일본 현대문을 읽을 수 있는 아이에게 갑자기 고문을 읽혀 보더라도 대강의 뜻은 파악한다. 즉 외국어를 배울 때 필요한 훈련보다 훨씬 강도 낮은 훈련만으로도 고대 일본어 문장을 읽을 수 있고, 뉘앙스도 대략적으로 파악할 수 있다. 이는 일본어만이 아니다. 일본인의 기본적인 사고방식이나 생활상의 미의식, 심층에 가로놓인 감성 등의 '문화'는 기본적으로 수천년 동안 별 변화가 없었다고 할 수 있다. 물론 이러한 단정에는 따로 비교사회사적 증명이 따라야 하겠지만, 주변의 이웃 나라들과 비교해 보더라도 일본사회는 생활감각이나 문화가 크게 단절되는 역사적 사건(예를 들면 '이질적인 문화기반을 가진 강력한 문화에 의한 정복이나 개혁')을 역사시대에 거의 경험한 바 없다는 점을 지적해 두고자 한다. 단절이 거의 없었다는 것은 아래의 간단한 설명만 갖고도 증명해 보일 수 있다. 중국을 발원지로 하는 유교문화에는 '동성 결혼불가'라는 제도와 관습이 있다. 한반도에서는 이것이 확실한 기반을 구축하였다. 그러나 일본에서는 전혀 그렇지 못했다(동성불혼에 대해서는 다음 단락에서도 언급한다).

어쨌든 '성'(性)에 관한 의식이나 감각을 포함하여 일본인의 감각과 미의식의 기본적인 부분은, 이천수백 년을 통해 그다지 심하게 변화하지 않았다. 그렇다면 그 사이 일본사회 안에서·생산·고정·축적된 막대한 양의 고전작품과 전승문화, 문예작품에서 현대사회와 공통되는 기본적인 감성·의식을 당연히 찾아낼 수 있을 것이다. 그런 것은 현대적이지 못한 것을 포함하고 있으며, 동시에 당시 사회표층에 존재한 '규범'이나 '규제'로부터도 영향을 받지 않은 것들이기도 하다. 비록 예전의 '규범'이 거기에 어떤 작용을 했다 하더라도 당시의 것과는 다르기 때문에 더욱이 상대적이다. 따라서 시대를 거쳐도 변화하지 않는 '기본적인 부분'은 당연히 확실하게 남아 있는 것이다.

고사기와 일본서기에 나타난 '성' 의식

이러한 관점에서 일본 근대 이전의 연극이나 가요, 에고토바(繪詞 : 그림을 설명하는 문장), 게사쿠(戱作 : 통속소설)를 포함한 문예작품에 나오는 일본인의 성의식을 개관해 보면, 놀라운 사실이 하나 발견된다. 성을 모티프로 하는 표현과 문장, 작품이 대단히 많다는 사실이다(물론 여기에 근세·근대 이후의 발매금지책과 비밀출판류는 포함되지 않는다). 성(性)을 성애나 연애로까지 확대시킬 경우 그 수는 더 많아진다. 사실 어느 나라나 문예에서는 마찬가지일 수 있다. 러브스토리란 세계적으로 볼 때 문예의 가장 큰 테마 중 하나이니까. 그러나 일본의 경우는 특히 그 표현이 직접적이고 대담하다.

전체 문예작품에서 나타나는 직설적인 성적 모티프의 표현빈도를 세계의 다른 지역과 비교해 보려면 엄밀한 수리문예학 통계에 의거해야 하겠지만, 예를 들어 일본의 가장 오랜 문예작품 중 하나인 『고사기』의 성적 문장[1]만 해도 상당히 높은 빈도를 보여준다. 같은 8세기에 만들어진 『일본서기』와 비교하여 상당히 섹시한 문장과 묘사가 많은 것은 주지의 사실이지만, 검열관의 입장에서 체크해 본 결과 상권이 18군데, 중권이 7군데, 하권이 7군데 하여 합계 35군데가 넘는다.[2] 직접적인 표현은 '신대기'(神代記)가 포함된 상권에 가장 많다[여담이지만 제2차 대전 후는 접어두고라도 대전 전에 적용된 「외설도서단속」 기준에 의거

---

1) 애매한 표현이기는 하지만 성교, 성기명을 포함한 문장을 대상으로 하였다. 단순한 통혼이라는 의미로 사용되는 '마구와이'라는 말과 상징적 표현을 담은 문장은 포함시키지 않았다.
2) '성적'이라는 말의 기준이 모호하므로 이 숫자 자체도 대단히 애매하다는 점을 양해해 주기 바란다.

하여 『고사기』와 『곤자쿠모노가타리』(今昔物語) 같은 것이 외설도서로 판정받거나 발매금지 내지 삭제 처분을 받지 않은 것이 희한할 정도다).

『고사기』는 결코 긴 작품은 아니다. 원문은 400자 원고지로 140매가 좀 안 되고, 이와나미 서점에서 간행한 '일본고전문학대계'에서 한자를 섞어서 히라가나 문장으로 풀어쓴 것도 겨우 170매가 될까말까다. 이 정도의 길이에 성적 표현이 35군데(혹은 그 이상)나 나온다는 것은 빈도수가 높다고 할 수밖에 없다. 물론 『구약성서』나 그리스의 『데고니아』(神生記) 같은 고대적 문예도 현재의 기준에서 보면 매우 직접적이고 대담한 표현이 많다. 그러나 빈도 면에서는 분명 『고사기』 쪽이 높다. 그리고 또 하나 『고사기』가 다른 나라의 고대문예와 비교하여 매우 두드러지는 특징은, 여기에 등장하는 성기의 직접적인 명칭이 호토(番登)나 미호토(美蕃登)처럼 모두 여성성기로만 제한되어 있다는 사실이다. 남성성기도 화살이나 핵처럼 간접적인 표현을 빌려 나타나기도 하지만 직접적인 것은 전혀 없다〔『고사기』보다 백년 정도 후에 만들어진 『니혼료이키』(日本靈異記)에는 마라(閻) 등의 명칭으로 양쪽 성기가 모두 나온다〕. 이것은 완전히 그 반대인 『구약성서』 등에 비해 매우 특이한 점이다. 이 점에서 필자는 『고사기』의 구술자로 알려진 히에다노아레(裨田阿禮)가 사루메노키미〔猿女君 : 신에게 올리는 제사를 모시는 여성으로 가구라(神樂 : 신을 모실 때 연주하는 무악)를 담당〕 등에 속하는 여성이거나, 적어도 '여성들을 통해 전해진 전승'을 구술한 것이 아닐까 생각한다〔『고사기』가 역사서로서는 '위작'이라고 하는 견해는 이 경우와 다르다〕.

『고사기』는 첫머리부터 그 유명한 두 신의 '나라낳기' 성행위 묘사로 시작한다. 구슬로 장식한 창날에서 뚝뚝 떨어진 소금으로 만들어진 오노고로시마(於能基呂島)에 두 신이 내려와 거기에서 '다 되고 남은 곳'을 '다 되고 모자라는 곳'으로 막아 나라를 낳는데, 하늘기둥을 돌면서 처음에는 여신이 유혹하였기 때문에 히루코(水蛭子)와 아와지마(淡島)라는 불완전한 신을 낳았다. 이에 다시 한 번 남신 쪽에서 유혹하여 새로 시작했다는 이야기. 나라를 낳은 다음 신을 낳고 마지막에 불의 신을 낳아 이사나미노미코토(伊邪那美命)의 '미호토'가 타서 죽었다는 이야기. 후반부에 하늘의 돌문 앞에서 아메노우즈메노미코토(天宇受女命)가 스트립을 벌이고, 더·후반에는 진무(神武) 천황의 아내가 된 호토타타라이스스키히메노미코토(이스케요리히메노미코토)의 출생 이야기가 나온다. 즉 그녀의 어머니 세야다타라히메가 냇가에서 변을 보는데 미와 산(三輪山)의 뱀신이 그 아름다움에 반해 붉은 칠을 한 화살로 변신하여 냇가로 흘러가 그녀의 노출된 호토(富登)에 접한 후 임신하여 이스케요리히메미코토가 태어났다는 이야기 등은 일본인이라면 너무나 잘 아는 이야기라 상술하지 않겠다. 그러나 호토타타라이스키히메노미코토라는 긴 이름은 해석하자면 '여성의 음부를 노출시켜 벌리자 (화살로 변신한 신에게 찔려) 깜짝 놀라 (이로 인해 태어난) 딸'이라는 의미다. 제아무리 미인이라도 제1대 천황인 진무 천황의 황후로서는 실로 유쾌한 이름이라 할 수 없다. 아마 이름에 '호토'(음부)라는 단어가 붙어 있으면 황후로서는 곤란할 것이고—아무튼 오늘날 식으로 말하자면 "엉덩이 까고 벌리다 깜짝 놀란 딸 황후" 정도로 해석될 것이다, 그래서 이후 '히메타타라이스케요리히메노미코토'라는 이름으로 바꿨다고 원문에 적혀 있다. 그렇게 고친 이름도 해석해 보면 "여성이 다리를 벌리고 있으니 (신이) 다가왔다"는 뜻이 된다.

이 이야기만이 아니다. 천상세계에서 하야스사노오노미코토(速須佐之男命)가 미쳐날뛰다 신에게 바칠 옷을 짜는 집 천정에다 말껍질을 벗겨 내던지는 바람에 옷을 짜던 소녀가 놀라 베틀북에 호토(陰上)를 박고 죽었다든가, 스진(崇神) 시대의 야마토토토비모모세히메노미코토가 밤에 몰래 들어오는 신이 뱀이라는 사실을 알아차리자 젓가락으로 호토(陰)를 찔러 죽였다든가[3] 하는 식으로 일본의 고대 민담에는 여성성기가 수난을 당하는 이야기가 많다. 이는 기기(記紀)만이 아니라 『니혼료이키』나 『곤자쿠모노가타리』, 『우지슈이』(宇治拾遺) 등의 설화집에서도 마찬가지고, 중세를 뛰어넘어 근세 에도 시대의 설화류로도 이어진다. 에도 시기의 아사쿠사우라야마(淺草裏山)의 '야레쓰케소레스케' 같은 구경거리나 간사이 지방의 스트립인 '덴구쇼' '하나덴샤'(花電車) 같은 것은 일단 논외로 하고, 여성의 성기 수난은 다이쇼의 시로키야(白木屋) 화재 때까지 일본의 부녀자들이 보통 속바지와 팬티를 착용하지 않았기 때문일까. 그러나 구미에서도 일반 부녀자가 스커트 안에 속바지를 입게 된 것은 겨우 19세기 초(속바지의 기원은 16세기 이탈리아 귀부인이 승마 때에 이용한 것이라고 한다)의 일이니 이것은 이유가 안 될지도 모르겠다.

여성의 성기명만이 아니라 기기에는 똥, 오줌, 구토, 침처럼 현대적 감각에서 보면 오물에 속하는 것들이 빈번히 등장한다. 일본 고대문예에서는 이러한 단어들을 이야기 속에서 사용하는 것을 별반 이상하게 생각하지 않았을 뿐만 아니라, 특히 신대기처럼 오랜 기간에 걸쳐 전승된 것일 경우에는 그런 것들이 특별한 '주술력'을 갖고 있다고 여긴 것으로 보인다. 예를 들면 이자나미노미코토가 죽을 무렵 구토, 똥, 오

---

3) 야마토 토토비 모모세 히메노미코토의 '젓가락 무덤' 이야기는 『일본서기』에 실려 있다. 『고사기』에는 이쿠타마요리히메가 누구인지 모르고 교제했다가 옷에 꿰어둔 실을 따라가 미와 산의 큰 뱀신이라는 것을 알았다는 식으로 되어 있다. 『곤자쿠모노가타리』에도 같은 이야기가 나오는데, 여기에서는 뱀으로 등장한 신이 직접 젓가락으로 여성의 음부를 찔렀다고 되어 있다. 또한 천상세계에서 신의 옷을 짜는 집의 이야기는 『일본서기』에 하야스사노오노미코토가 아니라 아마테라스 오미카미가 창으로 '몸에 상처를 냈다'라고 되어 있다.

줌, 음부에서 각각 '신'들이 태어났다고 되어 있고, 천상세계에서 추방당한 스사노오노미코토의 경우 그의 코와 입, 엉덩이에서 음식물이 나왔고, 더럽다고 해서 스사노오노미코토에게 피살당한 오게쓰히메(大氣都比賣)의 사체의 머리, 눈, 귀, 코, 음부, 엉덩이에서 오곡과 누에가 나왔다. 이것은 오래된 근재(根栽)문화를 가진 남쪽 섬나라(아우스트로네시아)와―예컨대 세람 섬의 하이누벨 전설과, 브겐빌 섬의 탄타누 전설―동남아시아의 화전지대 또는 미국의 일부 원주민들 사이에 공통적으로 나타나는 사고방식인데,[4] 특히 일본의 경우는 남쪽 섬나라 지역 또는 남아시아와 공통된 부분이 많다고 생각된다.

아무튼 일본의 고대문예에서는 성행위와 성적인 용어를 '문장'으로 표현하는 데 대해 특별로 강력한 금기나 사회적 규제, 특히 작자와 청중이나 독자, 쌍방 간에 어떤 심리적 억압이 있었다고는 여겨지지 않는다. 근대 이전까지도 문예에서는 이러한 경향은 대체로 일관된다. 즉 성행위와 성적인 말을 거침없이 쓰거나 아니면 아예 무시해 버리는 쪽을 택하였다. 따라서 소위 비유라든가 암유, 은유를 사용하여 집요하게 '직접적이지 않고, 구체적인 상상을 불러일으키도록' 정묘하게 성행위를 그리는 수사적 노력은 거의 보이지 않는다. 이러한 표현은 오리엔트에서는 매우 오래되었지만, 서구에서는 중세 이후부터 일본에서는 근대 이후 오히려 제2차 대전 이후에 현저하게 보이는 현상이다. 가와카미 무네시게(川上宗薫)의 작품들이 대표적이다. 그런 면에서 근대 이전까지는 『곤쟈쿠모노가타리』나 이시하라 사이카쿠(井原西鶴 : 1642~1693. 에도 시대 전기의 가인. 풍속소설가)의 작품, 에도 시대의 춘본(春本 : 주로 남녀간의 정사를 다룬 통속소설), 인정본(人情本 : 대중의 애정이나 인정 등 일상적인 삶을 그린 통속소설)에서 보이는 표현들은 오늘

---

4) 大林太郎, 『神話學入門』, 中公新書 참조.

날의 우리 눈으로 보아도 기가 질릴 만큼 솔직하며 노골적이고 직접적인 표현으로 일관하고 있다. 따라서 일본 문예의 경우 성적인 것에 관한 '암유'(暗喩)는 단순하고 돌려서 말하는 '상징성'도 빈약하다. 서구 문예에 있어서의 프로이드식 분석을 아는 사람이라면 어이가 없을 정도일 것이다.

예를 들면 『고사기』의 오쿠니누시노미코토(大國主命) 항목에는 다음과 같은 노래가 나온다.

八千茅の 神の命や 吾が大國主 汝こそは男に坐せば 打ち廻る 島の崎崎 かき廻る 磯の崎落ちず 若草の 妻持たせらめ 吾はもよ 女にしあれば汝を除て 男は無し 汝を除て 夫は無し 綾垣のふはやが下に 苧衾 柔やが下に 栲衾 さやぐが下に 沫雪の 若やる胸を 栲綱の 白き腕 そだたき たたきまながり 眞玉手 玉手さし枕き 股長に[5] 寝をし寝せ 豊御酒 奉らせ

말할 것도 없이 마지막은 대개 '이상이 사태를 말해주는 것입니다'로 끝나고, 이즈모계〔出雲系 : 기기의 소재는 크게 이즈모계와 야마토계로 나뉘는데, 이즈모계는 주로 가미무스히와 스사노오와 그 자손을 주된 신으로 삼는다〕로 보이는 가미가타리우타(神語歌 : 두 명의 남녀 신이 하는 말을 이야기풍으로 읊는 노래)인데, 그 의미는 너무나 명백하다.

---

5) 岩波書店의 日本古典文學大系『古事記, 祝詞篇』을 교정한 倉野憲司・武田裕吉는 원문 '모모나가니'(毛毛那賀邇)를 '언제까지'라는 뜻으로 해석하지만, 필자는 전 부분의 '부드러운 눈 같은 가슴' '흰 팔' '옥같은 손을 펼쳐 베개해 주시고'와 연관시켜 종래의 해석대로 '가랑이를 길게 뻗고'로 해석하고자 한다. 석학에게 이의를 제기하는 아니지만, 비단장막이나 모시이불, 삼베이불 등 침소나 침구의 구체적인 묘사를 연관시켜 여기에서는 이 노래의 솔직함을 인정하고자 한다. 이는 후세에 '다리를 휘감고'라는 상투구를 탄생시킨 것으로, '일본의 섹스 찬양'에서 중요한 감각 중 하나이기도 하기 때문이다.

무기를 많이 가진 신 나의 오쿠니누시노미코토여. 당신은 남자이니, 에둘린 섬의 곶(岬), 해변의 곶 그 어디에건 어린 풀처럼 싱싱한 처를 데리고 있겠지요. 나 또한 여자이고 보니 당신 외에는 남자가 없고 당신 외에는 남편이 없습니다. 비단장막 흔들리는 속에서 부드러운 모시이불 안 바스락거리는 흰 베이불 소리 밑에 백설과 같은 여린 유방, 흰 그물처럼 하얀 팔을 부딪혀 애무하고, 옥 같은 손 뻗어 베개 해 주시고, 허벅지를 길게 뻗어 편히 주무세요, 부디 맛있는 술을 드사이다.

이 노래는, 오쿠니누시노미코토의 첫 번째 아내인 스세리히메노미코토가 후처(첫 번째 부인 이후에 맞이한 부인)를 심하게 질투하자 이에 난처해진 오쿠니누시노미코토가 야마토로 떠나면서 말 안장에 한 발을 걸치며 첫 부인을 달래고자 부른 노래에 대한 답가다. 스세리히메노미코토가 불렀다고 하는 이 노래를 주고받은 후 두 사람은 술을 대작하고 함께 잠자리에 든 후 사이가 좋아졌다고 한다.

그런데 이 노래의 후반 "백설 같은 여린 유방……" 이하의 구절은 가미가타리우타에서 여성쪽이 남성을 유혹할 때 사용하는 상투구인데 대단히 솔직하고 아름답게 정형화되어 있다. 이 표현의 고대적인 솔직함은 『구약성서』 시편의 노래들을 상기시킨다. 단 남성 쪽이 여성의 아름다움을 칭찬하고 유혹을 묘사하는 대목은 외국의 고대 민담에도 자주 보이지만, 여성 쪽에서 이토록 솔직하고 아름답게 노래하는 경우도, 또한 이렇게 확실히 기록되어 있는 예도 드물 것이다.

아무튼 후세에는 문예가 주로 '수입문예'를 주축으로 하여 소위 고급과 서민적·전통적인 것으로 점차 분리되고 고급문예 쪽은 우아한 완곡의 기교를 발전시켜 나갔다. 그러나 전통적인 문예감각에 따른 성적 표현의 솔직함은 적어도 메이지 시대 이전까지 엄연히 존속되었다.

성기, 성교 혹은 성적인 표현을 죄악시하고 성적인 상황을 원죄나 악마적인 것으로 연결짓는 감각은—정토교와 그 밖의 불교가 인생관이나 윤리관 같은 부분에는 상당한 영향력을 발휘하였음에도—결국 일본인과는 관계가 없었다고 할 수 있겠다. 그런 의미에서 큰 전환점이 된 것은 메이지 시대 이후의 근대가 될 터인데, 이에 대해서는 후술하겠다.

'쓰마도이콘'과 여성의 지위

앞에서 본 오쿠니누시노미코토의 첫째 부인인 스세리히메노미코토가 부른 노래의 전반부는 고대의 쓰마도이콘(妻問い婚 : 부부가 따로 살며 남편이 밤에 아내의 처소를 찾는 결혼형태)・가요이콘(通い婚 : 왕래형 결혼형태) 형태의 일부다처제를 설명할 때 자주 거론되는 대목이다. 물론 이 대목뿐 아니라 쓰마도이와 관련된 묘사는 어느 기록에나 풍부하게 등장하는데, 이것을 가지고 고대 일본사회에서는 쓰마도이・가요이가 상류층과 하류층 모두에 일반적인 것이었다고는 말할 수 없다. 그러나 적어도 오쿠니누시노미코토의 행적에 관한 기록에서 보건대 쓰마도이콘이라는 형태가 나오고 있고 기기 전반을 통해 이것을 부도덕하다거나 간통으로 보지 않았다는 것만은 확실하다. 거기에는 스세리히메노미코토(스사노오미코토의 딸로서 고귀한 출신이다. 오쿠니누시노미코토가 스사노오미코토 수하에 있을 당시 생명을 내걸고 어려운 문제를 세 차례씩 풀어야 했을 때 그때마다 위기에서 그를 구해준 대은인이다)의 경우, 다른 곳에 거주하는 둘째・셋째 부인의 처소로 향하는 남편을 질투한다든가, 남

편이 부인을 만나려고 밤새도록 문밖에 서서 노래를 부르는 경우(현 니가타 현에 해당하는 고시의 누나가와히메에 대한 이야기)도 기록되어 있다. 그러나 적어도 기기가 작성된 8세기 때의 기록자들은 귀족이나 호족들의 일부다처를 당연시하고 있다.

쓰마도이콘 형식은 기기가 성립되고 2~3세기가 지난 헤이안 시대의 귀족생활을 그린 문예, 특히 여성문학에 매우 자세히 묘사되어 있다는 것은 주지의 사실이다. 여기에서는 오쿠니누시노미코토나 젓가락무덤의 전설에 나오는 미와(三輪) 산신 시절로부터 헤이안 시대의 데릴사위제로의 형식상의 변화 같은 이야기는 생략하겠지만, 가요이콘 형식이 근대의 일부 농촌역에 남아 있던 요바이(밤에 남자가 여자 처소에 몰래 다니는 것) 풍습에까지 흔적을 남기고 있는 것으로 보아 옛날에는 상당히 널리 퍼져 있었다고 보아도 될 것이다.

물론 가요이콘 형식이 상류층과 하류층을 불문하고 널리 채용되었다고 해도 그것이 반드시 일부다처제와 연관되었다고는 할 수 없다. 그러나 역사·문예 기록에 보이는 범위에서 보건대, 황족을 포함한 상류계층에서는 귀족남성의 경우 쓰마도이로부터 후궁을 취하는 것까지 방식은 여러 가지였겠지만 일부다처가 그리 드문 일은 아니었을 것이다. 그리고 그 경우 첫 번째 부인 즉 정부인(천황일 경우에는 황후)의 권위는 대개 상당히 컸을 것이다. 앞에서 언급한 스세리히메노미코토의 경우는 여러 처소에 다니는 남편에 대한 질투심을 스스로 상당히 억제하는 모습을 보이지만, 닌토쿠(仁德) 천황의 아내인 이와노히메의 질투심은 대단하다. 이에 대해서는『일본서기』에도 나오며,『고사기』의 닌토쿠 기(仁德紀)는 젊은 여성을 탐하는 남편에 대한 이와노히메의 질투와 그녀에 대한 닌토쿠의 공처가적 태도를 기술하는 데 전편의 지면을 거의 허비하고 있다. 천황의 권위도 정실=황후의 질투할 권리를 막을 수가 없었던 것이다.

　둘째 부인(사실은 정실에 대한 후실들이라는 표현이 적절해 보인다)부터 우와나리(후첩)라고 부르는 호칭법은 가마쿠라와 무로마치 시대 때까지 통용되었는데, 호조 마사코(北條政子：1157~1225)가 미나모토노 요리토모(가마쿠라 막부의 초대 쇼군)의 후처 집에 가서 벌인 살벌한 보복 행위는 유명하다. 이혼당한 전처의 여자친척이나 친구들이 둘째 부인의 처소에 쳐들어가 행패를 부리고 물건을 파손하는 우와나리우치(둘째 부인 보복행위) 같은 것은 교겐〔狂言：일본 전통예능 중 하나. 노(能)의 막간에 상영되는 희극〕이나 가부키의 소재가 되기도 하였다. 후에 이 단어는 이혼한 전처에 대해 재혼한 둘째 부인을 의미하게 된 듯하나, 처음에는 둘째, 셋째 부인이라는 의미를 포함하고 있었다고 생각된다. 특히 첫째 부인과 둘째 부인 간의 대립은『고사기』에도 자주 등장하는 테마다. 예를 들어 진무 기(神武紀)에는 우다(宇陀：나라 현 우다 군 일대)의 에우카시(兄宇迦斯)의 음모를 오토우카시(弟宇迦斯)가 알려주어 이를 막은 후 오토우카시가 불렀다는 노래에 다음과 같은 대목이 나온다.

　宇陀の 高城に 鴫罠張る 我が待つや 鴫は歸らず いつくはし くじら降る 古那美(이곳은 원문대로임)が 看乞立はさば 立柧棱の 實の無けくを こきしひゑね 宇波那理(이곳은 원문대로임)が 看乞はさば 柃實の多けくを こきだひゑね (이하 생략)

　우다의 도요새 사냥터에서 도요새 덫을 치고 기다리고 있네. 도요새는 걸리지 않고 용맹스럽고 큼직한 고래가 걸렸네. 고나미가 반찬을 달라 하면 살 없는 부분을 주고, 우와나리가 반찬을 달라 하면 살 많은 부분을 주세.

　후세의 해석에 따르면 고나미는 전처, 우와나리는 후처를 의미하지만, 여기에서는 전처니 후처니 하는 식으로 해석하기보다 첫째 부인과 둘째 부인 정도로 해석하는 쪽이 나을지 모르겠다. 그러나 어찌되었든 남자 쪽에서 본 첫째 부인과 둘째 부인에 대한 감각이 너무 소박하고 솔직히 표현되어 있어서, 현대인의 감각으로 보면 정말 웃음이 절로 나온다.

신분이 높은 여성 쪽에서 보면, 비록 귀족이나 황실 쪽에서 청혼이 들어와도 싫으면 퇴짜를 놓을 권리가 있었다. 이는 누나가와히메와 오쿠니누시노미코토의 예를 통해서도 볼 수 있다. 또한 거절을 위한 명분으로 풀기 어려운 문제를 과제로 내기도 했다는 사실은 헤이안 시대의 『다케토리모노가타리』(竹取物語)와 오노노 고마치(小野小町 : 헤이안 전기의 여류가인으로 절세미인)와 후카쿠사노 쇼쇼〔深草少將 : 후카쿠사(교토 후시미 구 일대의 고대 귀족의 별장지)에서부터 오노노 고마치가 사는 곳을 아흔아홉 번 들렀다는 전설의 주인공)의 전설에 나타난 그대로다. 그러나 다른 한편 호색가인 천황 유랴쿠(雄略) 천황처럼 천황과 호족의 권력이 강대해지면 거절은 곧 죽음을 의미하기도 했다.

노래, 춤, 그리고 프리섹스 서민의 성생활

그런데 일본 고대의 기기에 등장할 만큼 부와 권력을 가졌던 귀족·호족 등 상층계급과 달리 일반 대중의 성생활은 어땠을까? 이 문제를 유추해 볼 재료는 상당히 적다. 과연 서민도 가요이콘을 했을지, 경제적인 여유가 있다면 일부다처를 했는지 등은 확실히 알 수 없다. 단 서민의 성생활에서 상당히 큰 의미가 있었을 것으로 여겨지는 것으로 우타가키(歌垣 : 남녀가 산이나 바닷가에 모여 음식을 먹으며 가무를 즐기고 풍작을 기원하거나 축하하는 행사)나 가가이(歌燿會)가 있다. 가가이 중 가장 유명한 것은 『만엽집』이나 『히타치노쿠니(常陸國) 풍토기』에 등장하는 쓰쿠바 산의 가가이. 봄가을에 두 번, 미혼과 기혼을 불문하고 남녀가 산에 올라 노래를 부르며 장단에 맞추어 춤을 추는데, 그 사이에 노래를 주고받으며 짝을 짓는다. 오늘날의 감각으로 보면 난교 파티 쯤으로 보일지 모르겠으나, 미혼자들에게는 "쓰쿠바 산봉우리 모임에서 언약의 보물(남자가 구혼의 증표로 주는 재물)을 받지 못하면 여자라 할 수도 없다고들 하지"〔『히타치노쿠니 풍토기』 쓰쿠바 군조(筑波郡條)〕라고 할만큼 중요한 구혼의 찬스였다. 이 가가이의 분위기는 『만엽집』 9권의 "다카하시노 무라지 무시마로(高橋連蟲麿)의 노래집에 나온다"라고 되어 있는 다음 노래에 잘 드러난다.

鷲住む 筑波の山の 裳波着津の その津の上に 率ひて 未通女壯士の 行き集ひ 集ふ 燿歌に 人妻に 吾も交はらむ あが妻に 他も言問へ この山に 領く神の 昔より 禁めぬ行事ぞ 今日のみは めくじなも見そ 言も咎むな

독수리가 사는 쓰쿠바 산의 모하키쓰(미상. 동쪽 봉우리 근처의 호수로 추정된다) 근처에 모여든 남녀의 가가이에서 나는 유부녀와 어울리고, 내 아내에게는 다른 남자가 수작을 거네. 이 산의 산신이 예로부터 허락해 온 행사라니 오늘만은 눈살 찌푸리지 말고 눈감아 주게나.

• 返歌
男の神に 雲立ちのぼり 時雨り
濡れ返る ともわれ返らむや

• 답가
서쪽 남신 사는 봉우리에 구름 끼고 부슬비 내려
흠뻑 젖어도 나는 돌아가지 않으리

"나는 유부녀와 어울리고, 내 아내에게는 다른 남자가 수작을 거네"라고 하는 이 노래의 감각에 대해서는 더 이상 어떤 해석도 필요 없을 것이다. 물론 이런 밤에 허탕치는 사람도 있었다는 것은 『풍토기』에 나오는 다음 노래에서 알 수 있다.

筑波嶺に盧りて
妻なしに わが寝む夜ろは
早やも 明けぬかも

쓰쿠바 산 산봉오리 화롯가에서
아내 없이 자는 밤은
빨리 새지도 않누나

도고쿠(東國) 지방에서는 가가이, 교토를 중심으로 한 지역에서는 우타가이라 불린 이 풍습은 고대 일본의 농촌지대에서 널리 행해졌으며, 한반도에서도 같은 풍습이 있었다는 것은 『위지』 고구려전에 나온다. 이 행사에는 서민만이 아니라 황족과 귀족도 참가했을 가능성이 있다. 『만엽집』 서두에 나오는 그 유명한 "바구니도 멋진 바구니를 갖고……'로 시작하는 유랴쿠(雄略) 천황의 노래가 바로 그러한 기회를 의미한다고 해석하는 식자까지 있을 정도다.

아무튼 이후 궁중귀족의 풍류가 된 우타가키가 원래는 서민의 사회적 성생활에 중요한 의미를 갖는 성적 제전이었다는 점은 쉽게 상상할 수 있겠다. 섹스를 오마쓰리(축제), 성교를 '오마쓰리를 전한다'라고 하는 표현은 에도 시대 후기까지도 쓰인다. 또 중세의 에로책인 『하코야노코메코토』(藐姑射之秘詞)에도 우타가키의 어둠 속에서 눈이 맞은 남녀가 섹스를 하면서 각자의 배우자를 비방하며 상대방을 멋지다고 칭찬했는데, 날이 밝아 두 사람이 부부였다는 사실을 알게 되었다는 우스운 이야기가 실려 있다. 이것만 보아도 중·근세까지는 우타가키와 같은 성격을 띠는 모임이 여전히 광범위하게 있었다고 보아도 될 것이다. 이러한 풍습은 근대의 오키나와에도 매우 세련된 형태로 남아 있었다. 또한 이하라 사이카쿠(井原西鶴 : 1642~1693)가 그린 유명한 오하라(大原)의 '혼숙' 혹은 현대에도 여기저기에 남아 있는 우지(宇治)의 아가타마쓰리(縣祭 : 암흑 속에서 올리는 제사. 여기에 참가한 남녀는 혼숙을 하는 등 성적 행사의 축제로도 불린다) 수준의 구라야미마쓰리(暗闇祭 : 심야에 지내는 제사), 시리쓰네리마쓰리(축제 중에 젊은이들이 마을 아가씨들의 엉덩이를 꼬집는데, 꼬집힌 아가씨는 순산을 한다고 한다), 본오도리(盆踊 : 추석날 밤 남녀가 모여 추는 윤무) 같은 것은 이 우타가키의 잔재일지 모르겠다.

우타가키와는 별도로(혹은 보다 심층적인 면에서 연결되어 있을지 모르지만) 일본 농촌에는 풍작의례로서 성적 상징과 의례, 신을 모시는 행사로서 의사(擬似) 성교나 성행위 자체가 지금도 널리 잔재해 있다는 것은 익히 알려져 있다. 그 변형 역시 대단히 여러 형태로 나타난다. 아무튼 스미요시(住吉) 신사를 비롯하여 각지의 오래되고 유명한 신사에서 행해지는 모심기 행사, 사오토메(모심기 축제 때 신으로 분장하는 소녀) 행사, 혹은 오래된 농촌에 남아 있는 모심기 등은 모두 상당히 에로틱하거나 섹시한 것들이다.

당연히 이들 의례에서는 성기가 중요한 의미를 지닌다. 물론 '긴세이님'(金精樣)이나 '자손번성 운운' 하는 남근숭배에는 인도계 신앙의 영향도 있겠지만, 그 이전에 성기 노출이 일련의 의례적 퍼포먼스에서 중요한 정점을 이루는 경우가 많은 것으로 보인다.

섹스와 금기의 비교

어쨌든 일본의 고대적 기층문화를 보면, 섹스란 지극히 (진부한 표현이지만) 대범하며 사회적으로도 억압적인 금기는 적었다고 할 수 있다. 물론 금기가 없었던 것은 아니다. 그러나 고대의 문예작품이나 기타 자료에서 기본적인 성적 금기 같은 것을 추출해 보면 의외로 적다는 것을 알 수 있다.

첫째, 친부모와 자식 사이는 물론 같은 어머니를 둔 형제 간의 섹스는 금기되었다. 그러나 배다른 형제일 경우에는 상관이 없다. 기기에는 어머니를 달리하는 숙모와 조카의 결혼도 나타난다(배가 같은 형제가 결혼하였다고 하여 죄를 추궁당한 유명한 예로는 기나시노카루 황자와 소토오시노이라쓰메의 경우가 있다).

둘째, 「나카토미노 오하라에노리토」(中臣大祓祝詞 : 고대의 유력 씨족인 나카토미 집안이 인간의 죄와 부정을 씻어주는 예식 때 읽는 축문)에 언급된 '성 관련 죄'는 '국죄'로서 다음 다섯 가지가 나열되어 있다.

① 자기 어미를 범하는 죄
② 자기 자식을 범하는 죄
③ 어미와 그 자식을 범하는 죄
④ 자식과 그 어미를 범하는 죄
⑤ 짐승을 범하는 죄(『고사기』에는 소나 닭 희롱 등이 있다)

여기에서 ① · ②는 별 문제가 없고 ③의 경우는 우선 어머니와 관계하고 난 다음 그 자식과 관계한 죄를 물은 것이다. ④는 그 반대다. ⑤는 일단 수간(獸姦)을 금기한 것인데, 그럼에도 불구하고 『니혼료이키』와 『곤자쿠모노가타리』 등(인도와 중국의 영향을 받았다고 여겨지는 것을 포함)의 설화에는 '사람과 짐승의 통혼담'이 많이 실려 있는데 반드시 부정적으로만 취급되는 것은 아니다. 예를 들면 신이 짐승의 모습을 취하거나, 짐승의 보은담 같은 형태를 취하는 경우가 그렇다. 따라서 후세까지 결국 수간은 금기다운 금기는 되지 못했다.

셋째, 여성의 생리에 대한 금기, 불결의 관념은 남쪽의 섬나라들, 히말라야, 인도, 미국, 아프리카 지역과 마찬가지로 매우 오래 전부터 근대까지 광범위하게 존속되었다. 이에 관해 특별한 금기 행위나 불결하다고 느끼는 관념이 불식된 것은 제2차 대전 후로 보이지만, 여계(女系) 문화에서는 여전히 그 흔적이 잠재적으로 남아 있다. 그러나 이것도 앞으로 없어질 것이다. 월경 때는 별실에 틀어박혀 있어야 하고 음식을 만드는 데 사용하는 불도 따로 쓰는 관습은 최근까지도 농어촌에 광범하게 남아 있었다. 이것은 출산 때 산실이나 출산지에서 떨어져 지내는 관습으로 이어지고, 또는 피를 불결한 것으로 간주하는 뿌리깊은 관념으로 이어지게 된다. 불을 따로 사용하거나 별거하는 것은 여성의 월경과 출산 때뿐만이 아니라 고대로부터 금기나 목욕재계 때에 남녀를 불문하고 널리 행해졌는데, 여성의 경우 아무튼 생리가 빈번하고 특히 옷에 묻는 것이었기 때문에 더욱 그러했을 것이다. 월경 때 여성이 칩거하는 소위 별실이나 칩거실은, 우선 작은 창이 달린 어두운 곳으로 밖으로 나와 볕을 쬐지 못하도록 되어 있는 매우 고통스러운 곳이었다는 설이 있다(어떤 사람은 아마테라스 오미카미가 '바위굴에 숨은 것'을 두고 '월경칩거'의 상징화로 해석하기도 한다). 그러나 한편 하치조지마(八丈島)에 있는 '불을 따로 쓰는 방'의 경우, 메이지 시대 중기에 법에 따라 폐쇄될 때까지 월경을 하지 않는 여성들도 와서 며칠씩 머물며 자취·부업을 하면서 에로틱한 재담을 늘어놓기도 하고, 밤에

금기와 격리된 산실 여성의 생리를 불결하게 여기는 관념은 출산으로도 이어져 산실을 마을에서 격리하여 따로 설치하기도 하였다. 사진은 옛 모습을 그대로 보여주는 산실

는 남자들이 요바이(밤에 몰래 방문하는 것)를 하러 오는 등 완전히 여자 기숙사 같은 형태였다고 한다.

남성 측에서 보면 월경중·금기중 혹은 임신중인 여성과는 섹스를 하지 않는 것이 원칙이었고, 특히 여성 쪽에서 거절해야 했다. 그러나 중·근세에 도시생활이 발전하면서 도시민들 사이에서는 '남자에게 알리지 않고' 근신을 하거나 음식을 만들 때 불을 따로 사용하는 경우는 있었지만 별거하는 관습은 점차 사라졌다. 그리고 에도 시대에는 소설이나 에로틱한 재담 중에 임신부과 섹스하는 이야기가 등장하게 된다. 초산은 친정에서 한다는 관습은 지금도 특히 간사이 지역 서쪽에서 널리 유지되고 있는 듯한데, 이는 산실분리의 잔재일지도 모른다.

넷째, 신을 모시는 여자, 사이구(齊宮 : 이세 신궁에서 봉사하는 미혼의 황녀)와의 섹스는 금기된다.

성적인 금기를 이번에는 일본 이외의 주요 지역과 비교하여 거꾸로 일본에 어떤 종류의 금기가 결여되어 있었는가를 살펴보자.

첫째, 근대 이후 기독교 사상과 함께 전파된 '자위'에 관한 금기는 전혀 없었고 아예 문제시 되지도 않았다고 할 수 있다. 자위가 남녀 구분 없이 호색문학의 소재로 등장한 것은 에도 시대 중기 이후다. 여성용 자위기구가 헤이조쿄(平城京)의 유적지에서도 출토하고 있는데, 널리 사용되어졌는지는 모르겠지만 어쨌든 특별히 거론되거나 문제시 되었다는 흔적은 없다.

둘째, 남색에 관한 금기도 없다. 현존하는 일본 최고(最古)의 포르노 그림은 남색(미소년과의 간통)을 테마로 한 지고소시(稚兒双紙)다. 남색은 이하라 사이카쿠(井原西鶴)나 우에다 아키나리(上田秋成), 에도 시대의 호색문학에 자주 등장하는데 '멋진 것'으로 간주되었다. 중세 이후 무가사회에서는 아예 이를 칭찬하는 흔적도 있다.

셋째, 중국과 한반도에서 오랫동안 그리고 널리 행해진 '동성불혼'에 관한 금기는 보이지 않는다. 오히려 고대 황족을 포함한 상류사회의 경우 배다른 형제 간에 결혼이 이루어졌다는 것은 이미 전술한 대로다. 사촌간의 결혼은 현재 법률적으로도 인정되고 있는데, 사촌간은 찹쌀궁합라는 속담도 있듯이 이는 오래 전부터 널리 행해진 것으로 보이며, 결혼이 '먼 일가'로까지 확대되는 것이 오히려 '바람직하다'고 여겨졌던 것으로 보인다.

넷째, 이슬람권뿐 아니라 세계 각지에 널리 퍼져 있는 할례 및 종교적 의미를 가지는 성기(性器) 가공 관습이 보이지 않는다. 포경은 에도 시대 중기 이후 대중문예에 등장한다.

다섯째, 처녀·동정에 대한 중시나 숭배는 거의 인정되지 않았다고 보면 된다. 종교적 의미를 갖는 경우를 제외하면 처녀가 혼인의 절대조건이 되는 경우는 없었던 것 같다. 처녀가 아니라는 점이 파혼의 유력한 사유가 되는 경우는 아무래도(극히 일부를 제외하고) 근대 이후의 일이다. 무가사회에서도 에도 시기 이후에는 간통에 대한 규제가 엄격해지고 이에 따라 '결혼전 간통', 특히 상류 무사계급의 경우 초혼의 상대자로 처녀가 아닌 자는 금기했다는 설이 있지만, 확실하지 않다. 그러니 중세 무가사회로 가면 더 부정확하다. 『가나데혼 주신구라』(仮名手本忠臣藏)의 모델이 된 『태평기』(太平記)의 고노모로나오(高師直)가 보내는 황궁의 귀족여인에 대한 정열적인 쓰마도이나, 엔야(鹽治) 판관〔사사키 다카사다(佐佐木高貞)를 가리킴〕의 둘째 부인 가오요(顔世)에 대한 집착과 그녀의 대응 태도를 보면 중세의 간통 관념은 애매해진다. 원래 중국 남조를 동경한 『태평기』의 작자에 의해 꾸며진 고노모로나오의 강제적 행위와 그 여인의 원한으로 말미암아 후에 그 남편까지 살해한 것(이 또한 『태평기』 작자의 해석이 옳은지 어떤지 의문이다)은 비난받아 마땅하지만.

단 신과 관련하여 신을 모시는 여자나 사이구, 사오토메(모심기 축제 때에 신으로 분장하는 소녀) 등은 '범할 수 없음' 또는 '아직 범해지지 않았음'이 조건이었다고 생각된다. 그 밖에 초경 이전의 소녀가 '아직 더럽혀지지 않은 존재'로서 신을 모시는 일에서 중요한 역할을 한 경우도 있다.

'성 부정' 관념의 결여

금기와는 다소 거리가 있지만 세계 다른 나라들과의 비교를 좀더 계속해 보겠다. 먼저 일본의 경우 유럽지역과 비교하면 결혼에서 본인들 간의 합의는 그다지 큰 비중을 차지하지 못한다. 그렇다고 해서 부모들 사이에 이루어진 결정이나 친족의 의향이 절대적이라는 뜻은 아니다. 유럽의 경우 이미 중세부터 '본인끼리의 완전한 합의'와 그 '합의를 증인에게 증언(혹은 선서)하는 것'이 결혼 성립의 가장 중요한 조건이었다. 이에 비해 일본에서는 '본인들 간의 적극적인 합의 표명'이 반드시 결혼의 불가결한 조건은 아니었다. 즉 '복수의 조건'이 다 충족된 경우(부모끼리나 친족끼리 합의하고 본인들도 합의하는 것)가 이상적이지만, 어느 하나가 충족되지 않더라도 결혼은 성립할 수 있었다. 또한 어느 쪽이든 한 쪽 조건이 충족되지 못하여 파혼하는 경우도 있다. 본인들끼리는 아직 얼굴 한 번 제대로 못 보았는데 주위의 결정에 따라 결혼을 하는 경우도 있고, 주위에서 어느 정도 결정되었다 하더라도 본인들이 싫다고 하면 파혼되는 경우도 있다. 반대로 주위에서 아무리 반대하더라도 본인들끼리 하겠다고 고집을 피우면 편법이 따르기 마련이었다. 또 본인들끼리는 좋거나 혹은 그다지 싫지 않다 해도 결정적으로 주변 조건이 나쁘면 파혼을 하는 경우도 있었다. 일본의 혼인 성립에는 '조건 맞추기'라는 것이 몇 가지 있고, '성립'은 그 조건 맞추기에 따라 각양각색이었다고 할 수 있다.

처녀성을 중시하는 풍습이 거의 없었던 것과 마찬가지로 동정(童貞)을 존중한다거나 동정주의 역시 거의 인정받지 못했다. 이는 다른 지역과 비교해 보면, 일본의 성문화나 일본인의 성의식에 놀라울 정도로 완벽하게 '거세'라는 개념이 빠져 있다는 사실과도 관계가 있을지 모른다.

'무리를 인도하는 자로서의 거세된 양'이라는 관념, 기독교의 '하느님의 어린양,' '선한 양치기' 같은 상징과의 깊은 관련은, 도쿄 대학 인

문과학연구소 조교수인 다니 야스시(谷泰)에 의해서 예리한 분석이 이루어진 바 있다. 성직을 택한 자가 신의 하인, 속인의 인도자로서 그 자신을 속세생활에서 거세당한 자로 표상하는 것은 하느님에 대한 순종과 경건의 상징이 되고, 이것은 성직자의 성적금욕으로 표현된다. 그러나 일본의 경우 성직과 성적 금욕의 관계는 거세라는 강한 상징을 매개로 하고 있지 않기 때문에 대단히 느슨하였다. 따라서 이미 13세기부터 정토진종에서는 승려가 공공연히 처자를 거느렸다. 이는 성직자 계급을 인정하지 않고 만인사제주의(萬人司祭主義)를 취하는 청교도주의와도 당연히 의미가 다르고, 완전한 성직자계급인 출가자가 공공연히 처자를 거느리는 것을 인정하였다는 점에서 세계 각지의 불교종파 중에서도 특이하다고 할 수 있다.

일본의 전통문화에서 실제적인 가축 사육술로서도, 사회적 관념 혹은 상징으로서도 거세라는 항목이 빠져 있다는 사실은, 동아시아의 고도의 문화를 지닌 나라에서도 보기 드문 특이한 사실이다. 말이나 소 등 대형가축의 사육이 이미 5~6세기에 이루어지고 있었지만, 이들 가축을 사육하고 부릴 때 당연히 함께 전파되었어야 할 거세기술이 일본인에게 알려진 것은 메이지 개국 이후 의화단 사건(1900년) 때라고 한다. '목축사회가 성립하기 위한 가장 기본적 기술'로 알려진 거세기술에 대해 일본이 근대까지도 무지했다는 사실은 어떤 의미에서는 놀랄 만한 일이다.

이와 관련하여 한 가지를 더 든다면, 7세기 이후 일본은 중국으로부터 지배제도로서 율령제를 수입하였는데 여기에서도 환관제도는 깨끗이 빠져 있다. 일본과 가까운 한반도의 경우에는 거세기술과 함께 환관제도가 그대로 도입되었음에도 불구하고 말이다. 또 형벌로서의 궁형(宮刑)−단종(斷種), 단근(斷根)이라는 형벌도 빠져 있다. 비록 귀베기,

코베기, 손가락 자르기 같은 절단형이 전국시대 말에 한동안 행해지기는 했지만 …… (일본의 율령제에는 매질, 곤장, 징역, 유배, 사형의 다섯 가지 형벌밖에 없었다).

일본의 성문화에서 보이는 거세＝성 부정(性否定)에 대한 개념 내지는 표상이 결여된 것은 특히 서구문화와 비교해 볼 때 여러 가지 면에서 이질성을 띤다. 앞서 제시한 다니 야스시의 지적대로, 기독교의 핵심에 '하느님의 어린 양인 군중의 인도자-거세자'라는 이미지가 깊게 내장되어 있다고 한다면, 서구문화의 기독교적 기층에 가로놓인 섹스에 대한 도식은 다음 쪽과 같이 그려볼 수 있을 것이다.

일본문화의 성은 이렇게 정연한 세계질서의 가치계층 속에 조직화되어 있지 않다. 원래 일본문화 자체에는 자연·동물을 인간·정신성·신성(神性)·초월자라고 하는 존재와 예리하게 대립시킨다는 시각은 거의 존재하지 않았다. 서구적 의미에서의 자연신이나 범신론이 그대로 통용될지 어떨지는 모르겠지만, 일본 문화의 기층에서 자연 가운데 특별한 산천초목은 그대로 신이 되기도 하고, 신의 요리시로(신령이 나타날 때의 매체)가 되기도 하였다. 그리고 인간 역시 이 자연＝신들과 혼재하고 공존하는 존재로서, 자연의 일부임과 동시에 신의 요리마시(요리시로 중에서 여자나 어린아이들을 매체로 신령이 나타나는 경우)나 신들 중 하나가 될 수 있는 요인을 가진 존재였던 것이다.

일본문화에서의 성(性) 역시 이러한 '자연·인간·신'이 혼재된 상황 안에 포함되어 있었다고 생각해도 좋을 것이다. 일본문화의 경우 성에는 원죄 관념이 포함되어 있지 않다. 기독교의 기층에는 에덴 동산의 추방에서도 보이듯이 성이 '수치＝분만의 고통'이라는 형태, 특히 여성이 범한 원죄의 상징으로 강하게 남아 있다. 반대로 이러한 원죄에 뿌리를 둔 성 부정, 적극적 의지에 기초한 정신적 '거세'라는 요소가

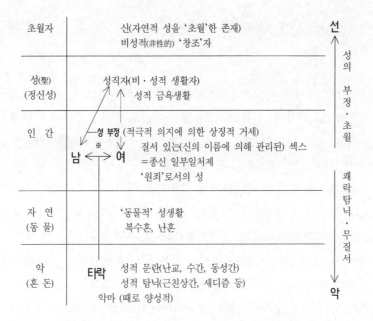

초월자	신(자연적 성을 '초월'한 존재) 비성적(非性的) '창조'자	선 ↑
성(聖) (정신성)	성직자(비·성적 생활자) 성적 금욕생활	성의 부정·초월
인 간	성 부정 (적극적 의지에 의한 상징적 거세) 남 ←※→ 여 질서 있는(신의 이름에 의해 관리된) 섹스 =종신 일부일처제 '원죄'로서의 성	
자 연 (동 물)	'동물적' 성생활 복수혼, 난혼	쾌락 탐닉·무질서
악 (혼 돈)	타락 성적 문란(난교, 수간, 동성간) 성적 탐닉(근친상간, 새디즘 등) 악마 (때로 양성적)	악 ↓

* 성부정의 요소에 관하여 남자쪽만 실상으로 삼은 것은, '거세'가 오직 남성에 관련된 것이기 때문이다.
가톨릭에서 '여성 성직계급'을 인정하지 않는 것은 이 점과 관계가 있을지도 모른다.

대치됨으로써 어떤 의미에서 다이나믹하게 구축된 성 질서가 형성된
다. 그러나 일본문화에서의 성은 기본적으로 성 부정, 탈성(脫性)(혹은
상징적 거세) 요소가 빠져 있다. 성은 자연·인간의 속성으로서(나아가
신들의 속성으로서) 당연히 있어야 할 것으로 간주되고, 오히려 경사스
러운 것으로 간주되기도 한다.

양성(兩性) 사상과 트랜스 섹스

어느 의미에서는 상당히 소박하고 자연주의적이라고 할 이 일본적인 성 관념은, 그러나 나름대로 상징성을 지니고 있다. 그 하나가 양성(兩性)을 우호적으로 평가하는 사상이다. 인도·게르만어족과 달리 일본어 명사에는 '성'(性)이 없다. 그럼에도 불구하고 자연에도 양성(兩性)이나 부부관계 혹은 남녀관계를 적용시켜 해석하려는 경향이 상당히 오래 전부터 존재하였다. 야마토(大和)의 3 산이 다툰 전설이나 남체산(男体山)과 여체산(女体山), 숫폭포와 암폭포, 부부바위 같은 명칭은 여러 곳에 남아 있다. 식물 중에서도 같은 뿌리에서 돋아난 것이나 자웅한 쌍(부부소나무 같은 것)은 강한 결속력을 가진 것으로서 특별하게 여겨져 이것을 억지로 떼어놓는 것을 금하는(라기보다는 애도하는) 감정이 있다. 이러한 경향을 보면, 예전에는 중국의 영향이 있었는지 모르겠지만, 상대(上代 : 야마토·나라 시대)로부터 양성으로 이루어진 부부는 일본사회에서 특별한 상징적 의미를 지녔던 것으로 보인다. 거기에 '쌍방의 합의에 따른계약'이나 '신 앞에서 배우자를 바꾸지 않겠다는 것을 맹세하는' 일부일처의 종교적 강제 같은 것은 없다 하더라도 아무튼 사회구성원은 한 쌍이고 부부인 것이 정상이고 경사스런 일이며, 다카사고(高砂)의 노부부[제아미(世阿彌)의 노(能) 작품 중 하나]처럼 서로 백발이 될 때까지 관계를 존속하는 것이 축하할 일이고 좋은 일이라는 사고방식이 강하게 작용하고 있다. 한 쌍을 이루는 방법은, 중매든 연애든 재혼이든 혹은 '헌 짚신도 제 짝이 있다' 식의 주위로부터의 강압에 의한 것이든 상관이 없다. 최근 도시를 중심으로 독신귀족으로 불리는 사람들과 이혼자들이 늘고 있지만, 기성층에서는 여전히 남녀는 모두 '결혼을 해야 어른이 된다'는 사고방식이 강력히 작용하고 있어 성인 독신자나 독신주의자는 구미에 비해 대단히 적다. 또 이슬람권과 중국문화권처럼 결혼자금 때문에 저소득층에 독신자가 많은 현상도 별반 나타나지 않는다(일본에서는 반대로 평균소득이 상승함에 따라 오히려 이혼자나 독신자가 느는 추세다).

부부가 된다는 것은 남녀 한 쌍을 어른으로 만드는 것으로서 축하할 일이라는 사고방식은 '죽은 아이들의 영혼결혼식'이라는 극단적인 형태로 나타나기도 한다. 이 영혼결혼식은 바쇼(芭蕉 : 1644~1494 시인)의 '고요하네……'라는 구절에 등장하는 야마가타 현 릿샤쿠지(立石寺)가 유명하다. 릿샤쿠지는 풍화로 구멍이 숭숭 뚫린 곳에 납골을 하는 곳으로 유명한데, 그 안쪽 사원에서 '죽은 아이들의 결혼식'이 치러진다. 어려서 죽은 남자아이가 살아 있다면 결혼적령기가 되었을 때쯤 해서 그 부모가, 마찬가지로 어려서 죽은 여자아이의 부모와 협의하여 죽은 자식들끼리 결혼예물도 교환하고 식도 올려주는 것이다. 이렇게 하면 죽은 아이의 '영혼'이 저승에서 부부가 되어 '행복'해진다고 믿는다. 좀 별스러워 보이는 관습이기는 하지만 이승에서 이루지 못한 부부의 연을 저승에서 맺기 위해 동반자살한 자들에게 세상사람들이 느끼는 특별히 애석해하는 마음과 일맥상통할지도 모르겠다.

그 밖에 일본사회에서는 성을 하나의 '역할'로서 간주되는 경우가 있다. 남성과 여성이라는 성적 차이는 생물적으로는 숙명적일지 모르지만, 사회적 상징으로서는 동등하며 역할 교환도 가능하다. 일본의 전통문화 속에서는 이러한 '역할 교환'이 여러 가지 차원에서 자주 등장한다. 그런데 이것은 '성의 부정'이 아니라 오히려 '트랜스 섹스' 즉 성의 이동이라는 성격이 강하다.

오늘날에도 '보좌역'(女房役)이라고 하면, 그것이 남자든 여자든 상

관없이 비서나 참모 혹은 측근이라는 존재와는 또 다른 의미로 해석될
정도이지만, 이 트랜스 섹스는 종종 일상적이고 정상적인 질서에 비해
비정상인 것, 다른 것(異), 기이한 것, 광기(狂), 혹은 재미난 것이라는
의미를 포함하고 있다. 게이코(景行) 천황의 아들 야마토 다케루가 여
장을 하고 구마소(규슈 지역)의 우두머리에게 접근한 것은 기이한 행동
이고, 이즈모(현 시마네 현 동부)의 오쿠니(무녀로서 가부키의 시초를 만들
었다)가 남장을 하고 칼을 꽂고 춤을 춘 것은 기이한 행위이고, 또 가
공 인물이기는 하지만 살인마 단게사젠(丹下左膳)이 하얀 겉옷 속에 팔
랑거리는 여자용 긴속치마를 입은 것은 광기의 상징이다. 성전환한 남
자나 성전환한 여자라는 관념도 상당히 오래 전부터 있었으며, 벌써
헤이안 시대 말에『도리가에바야 모노가타리』(여성적인 남자애와 남성적
인 여자애 쌍둥이의 성격을 바꾸기 위해 남자애에게는 여장을, 여자애에게는
남장을 시켜 키웠더니 나중에는 정상을 찾았다는 해피엔딩 이야기) 같은 것
도 등장하였다. 현대에는 페티시즘(fetishism : 이상성욕의 일종. 이성의 신
체나 의류, 소지품 등의 사물에 과도하게 집착하거나 애호하는 태도를 말한
다)의 한 변종으로 간주되는 트랜스베스티즘(transvestism : 이성의 옷을
입는 행위)도 등장한다. 예를 들어 제사의 한 요소인 부레이코(無禮講 :
연령이나 지위 고하를 막론하고 예의를 전혀 차리지 않는다)나 광란소동에
서 이러한 행위가 종종 여흥거리나 취향으로 등장한다. 이런 예가 아
니더라도(물론 정치적 금지령이 있기는 했지만) 가부키에서는 전통적으로
남성 온나가타(女形)가 이백수십 년 동안 여성역을 전담해 왔다. 여성
무용에서도 남성의 춤을 매력적인 춤으로 보전하여 소위 여성 기타유
(義太夫 : 인형극인 조루리와 같은 것으로, 원래 남자만 참가할 수 있다) 등이
있었고, 이것은 현대의 여검객극과 소녀가극으로까지 이어지고 있다.
서구적 감각에서 본다면 이러한 가부키와 소녀가극은 일종의 변태연

수많은 소녀들을 가슴 설레게 만든 남장 미소녀로 유명한 다카라즈카의 소녀가극 포스터

극이다. 이런 것이 아무런 저항감 없이 일본 대중들 사이에 국민적 예능으로 받아들여지고 지지를 받고 있다는 데서 바로 일본인의 성 감각의 묘미를 볼 수 있다.

그러나 남자나 여자가 서로 반대되는 성을 '연기'한다는 것은 앞에서도 지적했지만 종종 비일상적이고 비현실적인 다르고(異) 기이한(奇) 것으로서 건전과는 반대되는 괴이한 경우가 많다. 성의 이동이 제사 때 행해지는 예능에 자주 등장하는 것은, 제사 자리가 신선과 동등한

가부키의 변천 여성 스타를 낳은 유녀 가부키는 남성만으로 이루어진 가부키로 발전하였다(위·『歌舞伎圖卷』). 다음쪽 사진은 여성보다 더 여성스러운 여장 가부키 배우의 모습(五代目坂東玉三郎)

자격의 유령이나 괴이쩍은 신들 외에도 비일상적이고 피안적인 존재

까지 등장하는 장소라는 사실과 관련 있을 것이다. 즉 일본의 제사에
서는 고상하고 건전한 신만이 아니라, 비록 똑같이 저세상에 존재하는
것이기는 하지만 현세에서는 보답받을 수 없는 비운으로 죽음을 맞은

후 성불하지 못한 영혼이나 보통 때라면 꺼리고 두려워할 괴물들까지 불러낸다. 그리고는 일시적으로 장소를 제공하여 원한을 토로케 하고 이를 위로함으로써 일상 세계에·끼칠지 모를 해악을 미리 피하고자 했다. 그것이 바로 제사였다. 이 점을 고려한다면, 제사 때는 이런 것들을 불러내서 말을 시킬 '요리마시'를 만들어 내기 위해 일종의 미치광이 상태가 되어야 한다. 그리고 이러한 다른(異) 상태를 만들어내기 위해 얼굴에 분칠을 하고 여장을 남자가 여성 역할을 하는 비정상적인 상태가 큰 의미를 갖는다. 이 경우 남자가 여자역을 연기하는 것은 남성으로서의 성을 '부정'하거나 '초월'한다는 것을 의미하지 않는다. 남녀 양성이 완전히 같은 무게를 지니고 바로 그 한중간에서 단순한 역할 교환을 행하는 것이다. 그리고 이러한 남녀 심벌의 전도를 통해 일상 세계의 음의 부분, 즉 비일상적인 세계를 표출시킬 기회를 부여하는 것이다. 성은 부정되거나 초월되는 것이 아니라 단지 한쪽에서 다른 한쪽으로 옮겨질 뿐이고, 심벌은 그대로 유지되는 것이다.

성의 '웃음'에서 예술표현으로

총체적으로 보아 일본의 성문화는 기본적으로 서구에 비해 소박하고 자연주의적이다. 물론 이런 식으로 단정하려면, 서구만이 아니라 다른 문화권, 예컨대 중국이나 동남아시아, 인도, 중동, 아프리카, 아메리카 등의 성문화 연구가 이루어지고 이를 바탕으로 한 엄밀한 상호비교가 이루어져야 한다. 필자는 잘 모르지만, 개인적인 느낌으로는 성문화 연구가 방법적으로 정비되어 있다고는 보이지 않는다. 세계적으로 보아도 문화학 중에서도 아마 가장 뒤떨어진 것이 이 부분일 것이다.

이러한 점에 입각해서 보면 더욱이 일본의 성문화는 비교적 소박하고 억압이 적은 분야에 속한다고 할 수 있다. 이러한 사실은 일본의 전통적인 성문화에 금기가 적었다는 사실을 통해서도 확인된다. 여기에 약간 덧붙인다면, 일본 성문화에서는 사상으로서의 새디즘(sadism)이나 매저키즘(masochism) 같은 것을 거의 볼 수 없다. 물론 현재 성적 기교로서 이러한 것을 애호하는 사람들도 있고 이들을 대상으로 하는 잡지도 선보이고 있지만, 역시 이것은 동성애자처럼 '독특한 소수'로서 사회적으로 허용되는 것일 뿐, 성 자체에 포함되는 근본적인 잔인성·원죄·악마주의·반인도주의 같은 것에 결부되어 있지는 않다. 사견이기는 하지만 새디즘은 형벌 사상과 관련되어 있는데, 일본의 형벌에서 신체절단형이 실시된 것은 전국시대 말부터 에도 시기 초기까지의 아주 짧은 기간이었다. 회화 등에서도 헤이안 시대 말부터 가마쿠라 시대 초의 지코쿠조시(地獄草紙 : 지옥의 무시무시함을 묘사한 그림)나, 막부 말부터 메이지 시대 초기의 우키요에 중 일부―소위 다이소 요시토시(大蘇芳年)의 『피범벅이 그림』 같은 데서나 그 비슷한 것을 볼 수 있을 뿐이다. 가부키의 경우 원래 제사적 성격을 띠고 있어 아동 살해를 비롯하여 잔혹 장면이나 소재를 많이 다루지만 그것이 섹스와 결합된 예는 별로 많지 않다. 가부키의 섹시한 장면이라면 정사나 연애를 그린 와고토(和事)에서 볼 수 있다.

일본으로만 국한된 현상이 아니지만 일본의 성은 '웃음'과 연결되어 있다. 한편 일본의 웃음은 '경사'와도 관련되어 있다. 그런데 다른 나라의 경우 '웃음'을 천박한 것으로 여기기 때문에 일본을 빼면 이런 예는 별로 없다.

섹스는 소위 에로틱한 재담과 관련되어 있고, 이는 전 세계적인 현상이다. 그래서 '늑대 이야기'가 비록 문화적 배경을 달리할지라도 남자들 사이에 웃음을 유발시켜 친근감을 갖는 계기를 부여하는 것 같다(이에 대해서는 요네야마 도시나오(米山俊直)가 경험한 예가 있다). 그러나 웃음이 신을 모시는 일련의 의식에서 특별한 의미를 갖는 경우는 쉽게 찾아볼 수가 없다.

옛날 일본에서 행해진 제사를 보면 일련의 외교행사가 하나의 세트를 이루고 있다. 즉 정해진 시간에 방문하는 '귀한 손님'인 신을 맞아들이고 인사를 나눈다. 그리고 중대한 교섭을 행하고 마지막으로 회식 자리에서 크게 환대하며 한데 어우러져 즐기다 손님을 배웅한다. 이러한 일련의 절차 속에서 등장하는 웃음은, 엄숙한 제사의 전반부와는 달리 신으로부터 관대한 양해를 얻어 접대자 외의 일반 민중이 한데 어우러져 예의를 벗어던지고 신과 인간이 하나가 되어 '한바탕 크게 웃자' 할 때 중요한 의미를 갖는다. 여기에서의 웃음이란 신=귀한 손님과 우지코=일반 민중 사이에 놓인 울타리를 걷어내고 함께 즐김으로써 따뜻한 일체감을 만들어 내는 역할을 한다. 신=귀인이 지위와 체재를 떠나 크게 웃어준다면, 이쪽도 안심이 될 것이다.

이러한 웃음 연출에 '성적인 것'이 등장하는 것이다. 그러한 예는 『고사기』의 「하늘의 바위문」 후반부에서도 확인되지만, 이 밖에 일상적인 감각에서 본다면 천하고 외설스러운 것, 부끄러운 것이 여러 행위 과정 중에 웃음을 자아내도록 연출되고 있다. 스미요시(住吉) 신사의 모심기 축제에서 아기 모습을 한 인형인 스미요시메시진(住吉明神)에게 통에다 소변을 보게 하는 동작 같은 것이 그렇다. 예전에는 풍년을 비는 주술인 성교와 의사(擬似) 성교가 농민문화 안에 존재했겠지만, 중세기에 걸쳐 촌락에 대대로 이어져 내려온 신사, 효험 있는 신사에서 따로 모셔온 신사 등이 조직화되고 행사가 정비됨에 따라 제사 때 전

개된 웃음 예능과 그 촉발제로서의 섹스가 그 안에 점차 편입되어 갔
다. 순결한 처녀무당이 추는 가구라(神樂)나 신의 위업을 재현해 보이
는 극(劇) 가구라와 반대로, 웃는 얼굴을 한 영감·할미나 추녀·추남
이 연기하는 해학적인 도하(道化) 가구라는 제사의 커다란 즐거운(신과
민중은 물론 특히 여자와 어린아이 모두 함께 즐긴다) 요소로서 자리잡는
다. 한밤중에 모두 불을 끄고 신(神)맞이를 하는 데서부터 시작하는 엄
숙하고도 신비스러운 행사가 아무 사고나 막힘 없이 무사히 끝난 후
그동안의 팽팽한 긴장감을 풀 수 있도록 제사의 후반부에 '웃음판'을
벌여 분위기를 무르익게 만든다. 이 웃음을 폭발시키기 위해 대담하게
과장한 '천하고 외설스러운' 몸짓이 선을 보이고 신과 함께 마시는 신
주(神酒)가 돌면서 민중의 즉흥연기까지 첨가된다. 그리고 마침내는
'이 날만은' 성가신 간통 금기도 해제된다. 이는 예의는 온데간데 없이
'나도 유부녀와 어울리고, 나의 아내에게 다른 사람이 수작을 거는' 등
의 부레이코(無禮講 : 예의 벗어던지기) 상황으로까지 치닫는다. 이러한
진탕 속에서 신을 모시는 행사가 주는 긴장감만이 아니라 공동체 내에
서 발생하는 매일매일의 스트레스로부터도 해방되어 승화된다. 이것이
'경사스런' 일이다.

　제사나 그에 준하는 의식—결혼식과 연회에서 보이는 전반부의 엄
숙함과 긴장감이 후반부의 외설로까지 치닫는 방종은, 오늘날의 소위
'2차 가기'에서도 자주 볼 수 있다. 중세와 근세에 걸쳐 하나의 촌락이
나 하나의 지역을 초월한 대규모 신사가 출현하였다. 이에 따라 제사
의 후반부에 등장한 '부레이코'가 사회기능화되면서 예컨대 유서 깊은
이세 같은 도시에는 유명한 신사 주변에 유곽이 자리를 잡았다. '공적
인 긴장'에서 '가정적 일상'으로 돌아가는 그 중간지대인 터미널 일대
에 스트레스를 해소시켜 주는 네온가가 들어서는 것과 같은 이치다.

에도 시대의 일본 춘화 우타마로의 춘화도 이 시대는 춘화의 황금기로 많은 거장들을 낳았다.

아무튼 근세 일본의 민중생활의 성은 '풍년 주술'이라는 오랜 전통을 가진 요소를, 웃음을 매개로 삼아 '경사'로서 재생해 냈다. 이는 짐승의 성질 → 타락 → 반도덕 → 악마주의라는 공식과는 매우 대조적인 방향이다.

이러한 '성'과 '경사'의 결합을 최고도로 표현한 것으로서 에도 시대 중기 말의 유키요에를 들 수 있다. 소위 '와라이에'라고 불리는 포르노 그림은 일본의 경우 이미 헤이안 시대 말부터 상당한 수준에 도달해 있었다. 현재는 사본만 남아 있는 고시바가키조시(小柴垣草紙)는 원본이 헤이안 시대 말기 작품이라고 전해진다. 또한 가마쿠라 시대의 것으로 알려진 가장 오래 된 사본을 보면, 유연하고 정확한 표현력, 무엇보다도 노골적인 성교 자태에서 보여지는 당당한 아름다움은 가히 일급이라 할 만하다. 도바 소조(鳥羽僧正)의 작품으로 전해지는 포르노 그림 역시 묘사력과 아이디어 면에서 탁월한 솜씨를 보여준다. 오히려 대법사회사(袋法師繪詞) 같은 중세의 그림 쪽이 표현도 유치하고 졸렬할 뿐 아니라 외설 면에서도 수준이 떨어진다. 근세 초기에 들면 도사파〔土佐派 : 중세로부터 근세에 걸쳐 중국화와 대립되는 야마토 화풍을 확립하였으며, 도사 미쓰노부(土佐光信)와 그 일가에 의해 궁정화가의 가계가 이어졌다〕가운데 볼 만한 것이 다소 있지만, 역시 최고의 표현을 보여주는 것은 에도 시대 분카(文化 : 1804~1818)·분세이(文政 : 1818~1830)기에 활약한 우키요에 화가들이다. 그 중에서도 특히 도리이 기요나가(鳥居清長 : 1752~1815)가 유명하다.

에도 시대의 포르노 그림은, 전기의 경우 교토를 중심으로 한 니시카와스케노부(西川祐信)와 도리이 기요노부(鳥居清信) 등이 데생 면에서는 최고의 실력을 보여주었다〔이 시기에 에도에서 이름을 날린 히시카와 모로노부(菱川師宣) 등은 소재의 묘사력 면에서 이들보다 훨씬 떨어진다〕. 그러나 이들의 작품은 아직 밑그림 수준으로서 삽화 정도였다. 완성된 그림으로서 최고의 경지를 보여준 것은 스즈키 하루노부(鈴木春信) 이후 유행한 에도의 니시키에(錦繪 : 스즈키 하루노부에 의해 창시된 풍속화. 화려하고 다양한 색채를 특징으로 한다), 가쓰카와 슌조(勝川春章), 기타가와 우타마로(喜多川歌麿), 도리이 기요나가, 호소다 에이시(細田榮之), 가쓰시카 기타사이(葛飾北齊) 등 분카·분세이기 이후에 활약한 거장들이다.

사람에 따라서는 하루노부를 좋아하기도 하고 우타마로를 제1인자로 꼽기도 하지만, 필자에게 '일본 춘화의 최고봉'을 꼽으라 한다면 단연 도리이 기요나가다. 스즈키 하루노부가 이상화시킨 가련함에는 아직 청나라의 춘화나 이구영(李仇英)의 영향과 모방(보다 향상된 형태로)이 남아 있다. 가쓰카와 슌조는 구성과 묘사력에서 다소 불안하다. 기타가와 우타마로는 분명 미인화나 대수회(大首繪)에서 제일급의 솜씨를 보여주고 그의 춘화 역시 그의 이름이 대명사로 될 만큼 국제적으로도 이름이 자자하지만, 아무래도 춘화라면 도리이 기요나가 쪽이 최고다. 일반 미인화의 경우, 도리이 기요나가의 그림은 건강하기는 하지만 '여자의 아름다움'이라는 표현에서 우타마로보다 떨어진다. 그러나 「풍류수(風流袖) 권」을 비롯한 일련의 춘화는, 건강함이 섹스의 '아름다움'을 최고도로 표현한다는 설을 뒷받침해주고 있다. 전라와 반라, 여러 가지 형태로 뒤엉킨 남녀의 당당하고도 유연한 신체, 한 점 그늘 없이 매끈한 육감성을 보고 있노라면 아, 섹스라는 것이 이다지 건강하고 아름다운 것, 좋은 것, 즐거운 것, 경사스런 것, 살아가는 기쁨의 최고도의 표현이었던가 하는 탄복이 절로 우러나온다. 일본인의 조상이 섹스를 어떻게 생각하고 있었는지 가장 뛰어나게 표현한 것이 바로 그의 춘화다. 아마 섹스의 티없는 아름다움과 기쁨을 이 정도로 뛰어나게 찬미한 것으로는 인도의 카슈라호 사원에 보이는 풍만한 남녀의 성기 부조물 정도밖에 없을 것이다.

도리이 기요나가 이후에는, 예를 들어 가쓰시카 호쿠사이에 이르면 놀랄 만한 '힘'이 느껴지지만 촌스러움도 동시에 느껴진다. 단 호쿠사이의 그림은 아이디어 면에서 확실히 탁월하다. 예를 들어 '큰 문어와 해녀' 같은 쇼킹한 소재를 훌륭하게 처리하고 있는데,『호쿠사이 만화』(北齊漫畵)와 『부악36경』(富嶽三十六景)은 그의 최고작이라 할 수 있다. 이후 우타가와 도요쿠니(歌川豊國 : 에도시대 말기에 퇴폐적인 분위기의 미인화로 한 시대를 풍미한 제1대 우타가와파), 우타가와 구니요시(歌川國芳)에 이르면 우키요에 춘화에는 퇴폐기에 등장하는 모든 요소가 엿보이게 된다. 이어 막부 말과 메이지 초기에 걸쳐 다이소 요시토시의『피범벅이 그림』이나 가와나베 교사이(河鍋曉齊)에서 보이는 기괴한 그림으로 쇠퇴하게 된다.

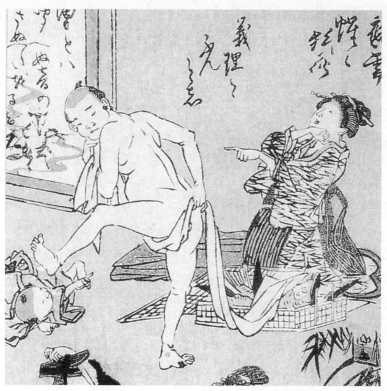

에도 시대 말이 되자 품격 높은 화법으로 황금기를 구가한 춘화는 완연히 퇴색 기미를 보였다. 위의 그림은 그 당시에 나온 교사이의 기괴한 그림이다. 河鍋狂齋, 『狂齋百圖』

근대화와 성억압, 그리고 2차대전 후의 성풍속

포르노 그림이 차마 눈뜨고 볼 수 없을 정도로 처참하게 쇠퇴하고 추락한 것은 메이지 시대 때다. 특히 청일전쟁 당시 병사위문용으로 '윗분의 명령에 따라' 대량생산된 포르노 그림은 소재와 제재 면에서 이

것이 과연 기타가와 우타마로와 도리이 기요나가가 낳은 우키요에 춘화의 맥을 이은 것인가라고 생각될 정도로 너무 '천박한 존재'로 전락해 버린다. 이후 춘화는 그야말로 천박하기 짝이 없는 '화장실 낙서보다 나을 것이 없는' 그림으로 치부되게 된다.

춘화만이 아니다. 전통적으로 '미즈아게초'(水揚帳 : 창기가 처음으로 손님과 육체관계를 갖는 장면)를 그리는 춘본(春本 : 남녀정사를 그린 책)도 장점은 상실하고 비속한 비밀출판으로 변해 갔다. 일본의 느슨한 성문화가 정치적·사회적 억압의 대상이 되고, 성을 천박하게 여기고 문화적으로도 역시 그리 평가하게 된 것은 근대 이후가 처음일 것이다. 메이지 시대 이후 성풍속에 대한 단속은 '서구화·문명화'로 불리면서 명확히 청교도주의적 섹스관에 의거하였다. 일찍감치 메이지 초기에 요코하마와 오사카에서는 남녀혼욕이 금지되고, 낙태가 금지되었다. 이러한 풍조는 이윽고 대도시로 퍼져나갔다. 1869년 외설물이 매매금지되고 이어 나체금지령과 문신금지령이 발표되었다. 형법에는 간통죄가 마련되어 가족법 제정과 함께 제도적으로 사생아를 만들어 냈다.

물론 이 같은 조치들과 함께 자녀매매의 금지, 창기 해방, 신사와 절의 여자금지 폐지 같은 근대적 인권의 확립도 추진되었다. 그러나 '외설죄'와 '전통적 성문화'에 관한 한, 실로 무참한 문화파괴가 행해지고 장기적으로 일방적인 억압이 가해졌다. 메이지 시대 후반 이후 청교도문화의 세례를 받은 단체들은 한편으로는 풍속개정운동을 벌이고 다른 한편으로는 여성해방운동을 진행하면서 공창의 폐지, 심지어는 '자위 악풍' 박멸운동까지 벌였다. 자위의 경우 형법상의 죄로까지는 인정되지 못했지만 이로 인해 근대의 청소년들은 자위에 관해 심한 위압관념을 주입받게 되었다. 여자에게는 순결이 강요되었다. 그리고 하치조지마(八丈島)의 '불을 따로 쓰는 방'(본장 참조)이 법으로 폐지된 것으로도 알 수 있듯이, 각지 청년·처녀들의 숙소가 담당한 기능 중 하나였던 대단히 실제적이고 인간적인 배려가 넘치는 공동체의 성교육 시스템은 비속한 외설의 누습으로 간주되어 묵살되었다. 메이지 시대 초기의 '풍속단속'은 모순된 점이 너무 많아 한편에서는 아이들이 벗은 채로 외출을 못하게 하고 춘화도를 금하면서도, 다른 한편에서는 서구풍 예술로서 누드화의 전시를 용인했다. 나아가 근대에 이르면 일종의 의사(擬似)종교인 '나체주의'에 휘둘리게까지 된다.

근대의 눈으로 보면 에도시대는 분명 '봉건적'이라 일컬어지면서도 실로 이상한 시대였다. 사농공상 계급이 제도로서 존재하고 확실히 사무라이 계급이 지배계급이었지만, 각 계급은 독자적인 존재로서 상호 접촉면은 가지면서도 문화면에서는 상호 간섭함이 없이 각각 분리된 상태에 있었다. 춘화나 춘본 같은 것이 자주 단속의 대상이 되기는 했지만 문화파괴로까지는 이어지지 않았다. 강력한 처벌도 사무라이 신분을 가진 자가 제작에 손을 대는 경우만으로 한정하였다. 무가사회에서 '악행은 가족법'에 맡겨져 간통의 경우 사형을 받았지만, 마을사람들 사이에서 간통자는 7냥(1냥=약 은 50~60돈) 2부(1부=¼냥)나 그 이하의 액수로 해결을 봤다. 지역사회에 남아 있는, 예를 들어 이하라 사이카쿠도 쓴 적이 있는 '오하라(大原)의 혼숙' 같은 성관습도 시정할 생각이 없었다. 따라서 에도 시대에 일본 총인구의 약 1할을 차지하는 무가사회만이 성에 대해 특별히 금욕적이고 엄격한 '문화'를 보유하고 있었다. 그나마도 요시와라(吉原 : 에도의 유곽)에 가면 칼을 맡기고 무가사회의 규칙과 무관한 '유곽의 규칙'에 따랐다.

메이지 시대 이후 진행된 근대국가로서의 '일원화'는, 어느 정도는 '수평분화'에 의해 보존되어 온 일본의 전통적인 성문화에 강한 억압과 파괴를 불러왔다. 모든 국민이 평등해지고 무사계급의 특권이 박탈

되면서, 비무사계급이었던 농공상(農工商)의 일부가 일종의 상승지향
심리에 의해 지금까지는 모방할 수 없었던 무사계급의 문화를 적극 수
용하게 된 것도 이러한 경향에 박차를 가했다. 그럼에도 메이지 시대
에서 다이쇼 시대에 걸쳐 나타나는 대도시 상인층 중류가정의 성생활
은 매우 자유로웠다. 지금의 기준으로 보면 거의 문란 수준이다. 아직
충분한 검증이 이루어진 것은 아니지만, 메이지 30년대(1897~1907)에
태어난 도시의 상인층 남녀들의 경우 10대 초반에 첫 성경험을 가진
사람이 의외로 많다. 최저 연령은 1903년 도쿄 니혼바시 부근의 작은
상점에서 태어난 여성으로, 만 12세 때 친척오빠와 첫 경험을 했다고
한다. 1905년생으로 오사카와 고베를 잇는 바닷가 부근의 상당히 부유
한 상인집 딸로 태어난 한 여성은 만 14세 때에 집에 일하러 와서 묵
고 있던 하카타 지방 사람(당시 35~36세)을 만 16세였던 언니와 공유
하고, 병든 아버지가 온천에 갔을 때는 셋이서 함께 자기도 했다고 한
다. 물론 이러한 성행위를 계모와 조모는 어느 정도 눈치채고 있었지
만 조모는 이를 '묵인'했다(훗날 언니는 이 때문에 임신을 하고 별장에서
분만을 했는데 아이는 양자로 보내고 다른 사람과 결혼했다).

이런 풍습은 표면적인 근대화가 진행되면서, 특히 위로부터 청소년
의 풍속을 감시억압하는 체제라고 할 수 있는 중고등교육이 보급되면
서 특이한 현상이 되었을 것이다. 한편 상류계급의 수족이 된, 예를 들
면 시라카바 파 문학은 특히 성문화에 관한 한 근대적 억압을 무참히
한 예일 것이다. 나가이 가후(永井荷風 : 1879~1959, 소설가)나 다니자키
준이치로(谷崎潤一郎 : 1886~1965, 소설가)가 반발을 보인 것도 당연하
다. 그리고 군국주의와 전쟁체제 아래서 성문화는 완전히 관리와 억압
의 대상이 되어 파괴된다. 이 시기는 성문화가 가장 천시되었던 시기
임과 동시에 가장 천박해진 시기이기도 하다. 남녀가 나란히 걸으면

거리에서 몰매가 떨어지고, 전쟁터로는 위안부가 보내졌다. 징집당한 화가들은 상관의 뜻에 맞추어 춘화를 그려내고 당번은 여자를 조달하는 일까지 해야 했다.

이러한 억압은 2차대전 후 미점령군 치하에서도 모습을 바꾸어 계속되었다. 전시하의 심각한 억압의 상흔이 채 회복되지 않은 시기에 점령군 병사들은 대단히 이질적인 성의 방종을 보여주었고, 그 이질성은 사람들을 더욱 움츠러들게 만들었다. 동시에 예전에는 강제적으로 금지되었던 남녀교제가 이번에는 반대로 강요된다는 기묘한 사태가 벌어졌다. 1948년부터 강제적으로 실시된 남녀공학에 대한 반응을 조사해 보면 재미있는 사실을 발견할 수 있다. 거리의 창녀에 대한 일제검거나 2차대전 후 노골화된 '폭력단과 섹스산업 간의 연계' 등은 사회의 타라우마(trauma : 심적 외상)를 배가시켰다고 할 수 있겠다.

일본사회의 독자적이고 주체적인 성문화의 회복은, 근대화와 군국주의, 여기에 전쟁이 가져온 심각한 왜곡이 잔재되어 있기는 해도 역시 2차대전 후의 저속한 잡지나 스트립의 출현을 통해 서서히 이루어지기 시작하였다. 『태양의 계절』은 일본에서는 보기 드물게 청춘이라는 요소를 매개로 하여 '성'을 폭력과 연결시킨 것으로, 이 점에서 현저하게 2차대전후적(그보다는 아메리카 전후(戰後)적이라고 하는 것이 적절한 표현일 것이다)이라고 할 수 있는데, 역시 주류를 점하지는 못했다. 오히려 쇼와 40년(1965)대에 이르러 범람하기 시작한 소위 포르노소설 가운데 가와카미 무네시게(川上宗薰)나 이즈미 다이하치(泉大八), 우노 고이치로(宇能鴻一郎) 등이 대량으로 쏟아낸 작품들이 전통의 주류에 해당할 것이다.

그리고 매춘방지법이 시행되는 중에도 터키탕이나 러브호텔이 난립하고, '갈데까지 갔다'는 스트립과 점 하나로만 중요 부분을 가린 누드와 포르노 사진이 범람하고, '술에 취해 흥청거리고,' 주부와 중고생이 매춘에 나서는 현상 등을 포함한 성문화 현상이 존재하였다. 현대는 전통적인 성문화의 완전한 회복과는 아직 거리가 있고, 새로운 상황에 대해 '적응할 길을 찾기 위한 주저'의 시기라 할 것이다. 이에 비해 근대화 초기 혹은 그 이전부터 직접적으로 가장 비틀린 억압의 모순을 체현해 왔던 스캔들 저널리즘의 칙칙한 왜곡은, 전시보다야 훨씬 나아졌지만 여전히 제거되지 못한 상태다. 한편으로는 마치 도학자나 된 것처럼 '사회외설 사건'을 고발하고 탄핵하고 개탄하면서, 동일한 지면에서 외설적인 '잘 알려져 있지 않은 좋은 장소'를 거리낌 없이 소개하고 포르노 소설과 노골적인 아마추어 여성의 누드사진을 당연히 게재한다. 또한 외국과 동일한 수준의 포르노 해금을 외치며 근대 백년 동안 지겹게 들어온 '일본의 후진성'을 탄핵하는 경향을 띠면서도, 이천년 동안 각인되어 온 야수성·잔인성·악마성을 백일 하에 폭로하고 이러한 각인들과의 투쟁을 계속하고 있는 서구의 전통을, 전혀 다른 성문화 전통을 지닌 일본에 그대로 떠안기려 한다. 이는 메이지 시대 초기의 우스운 흉내에 불과할 것이다. 현 단계에서 구미 포르노의 '핵심'은 일본인에게는 추하고 불쾌한 존재일 뿐이다. 일본의 '성문화 해방'은(도달점이 어디일지 모르지만) 결코 그러한 방향을 취하지는 않을 것이다.

일본의 전통적인 성문화에는 악마가 없으며 악마주의가 필요 없다. 따라서 예술성에서나 사교성에서나 도덕성에서나 매너에서나 상징성에서나 전혀 다른 방향으로 승화될 요소와 가능성을 안고 있다. 그것은 헤이안, 무로마치, 에도 시대에 걸쳐 이미 몇 번씩 꽃을 피운 적이 있고 어느 시기에는 최고의 수준에 도달하기도 했었다. 근대 이전에는 그야말로 대단한 종교나 문명에 의한 사상적·체계적 부정이나 인공

적 왜곡을 받은 바 없는, 어떤 의미에서는 소박한 그대로의 성의식이,
앞으로도 고도로 세련된 '생의 기쁨'의 꽃을 피울 가능성이 크다고 생
각된다.

10 사교

베후 하루미

사교관계의 교섭

서론

학자들은 사회조직이니 사회제도니 하는 표현을 자주 사용하고 싶어 한다. 그리고 개념 정의가 이러니 저러니 하며 촌락이나 도시 등의 단어에 어려운 정의를 내린다. 여기에 야마다 다로(山田太郎)라는 평범한 사람이 하나 있다고 하자. 그에게는 학자가 내린 촌락의 개념이나 정의 따위는 별 의미가 없다. 그에게 촌락이란 책에 쓰여진 관념적인 것이 아니라 가장 가까운 경험적인 것이다. 그것은 몇 시간씩 전차를 타고 작은 역에서 내려 논밭을 걸어가 당도한 마을이고, 거기에는 조부모의 집이 있고 숙부·숙모와 둘러앉아 오랫동안 세상 사는 이야기를 하고 성묘도 하는 곳이다. 즉 야마다 다로에게 촌락이란 경험의 축적을 통해 생긴 지식이다. 일반론으로 말하자면, 사회구성원에게 있어서 사회조직이란 얼굴을 마주하고 직접 만나는 사람들과의 교섭을 통해서 성립한다. 이것이 학자가 추상적으로 만들어낸 관념이 아니라, 사회구성원 개개인의 머리 속에 든 '인간관계의 본연의 모습'이다.

여기에서 사교가 문제시 된다. 『고지엔』(廣辭苑, 제2판)의 '사교' 항목을 보면, "사람들이 모여 서로 교제하는 것. 또는 사회의 교제. 세상의 교제"라고 되어 있다. 직접 대면하는 사람과 사람 사이의 행동에 중점을 두면서 동시에 그 같은 행동이 계속 누적된 것으로서 사회 내지 세상이라고 보는 견해다. 이 글에서는 특정 장소에서 이루어지는 사람과 사람 사이의 상호작용을 면밀히 관찰 분석할 때만 사회조직을 규명해낼 수 있다는 전제를 바탕으로 하여 이야기를 풀어나가려 한다. 이러한 분석을 위한 접근방법으로서 '공간의 정의'·'사람의 외관'·'행동'이라는 항목을 두고, '행동'을 다시 '언어적 표현'과 '비언어적 표현'으로 나누어 살펴보겠다.

생태학—공간의 문화적 정의

상호작용(인터액션)이란 진공 속에서는 일어나지 않는다. 반드시 구체적인 공간, '어느 때' '어느 곳'에서 일어난다. 그리고 객관적인 공간의 여러 조건들은 일본이라면 일본이라는 문화의 틀 속에서 특정한 정의가 내려지고, 그 정의에 의해 공간 안에서 어떤 상호작용이 이루어지는지가 규정된다. 그러므로 사교를 고찰할 때는 공간이 갖는 문화적 의미를 잊어서는 안 된다.

인간의 공간 이용은, 수렵민족처럼 자연파괴를 최소한으로 억제한 경우에서부터 산업도시사회와 같이 자연파괴를 최대한 허용한 경우까지 천차만별이다. '일본열도개조론' 같은 것은 대규모의 자연파괴를 공식적으로 인정한 입장일 것이다.

거시적으로는 종래의 지리학이 그러했던 것처럼 한 국가의 영토 전부 혹은 전 지구의 공간 이용을 지역간의 관련성에 입각하여 검토해 볼 수 있다. 범위를 좀 좁혀 일본 도호쿠 지방이나 간토 지방처럼 지방권을 단위로 하여 검토를 볼 수도 있다. 더 작게는 특별시, 직할시, 도단위 혹은 지방사회 내지 한 도시나 촌락을 단위로 삼을 수도 있다. 여기에서 문제삼고 싶은 것은 그보다 더 작은, 즉 감각을 통해 직접 인지할 수 있는 직장이나 가정, 이웃, 탈것 등의 공간에 대한 문화적 정의와 사회적 이용이다.[1] 이때 중요한 것은 공간의 물리적 조건에 문

---

1) Roger G. Barker, *Ecological Psychology. Concepts and Method for Studying the Environment of Human Behavior*, Stanford University Press, 1968.

화적 해석을 부여할 때만 인간의 행동을 그 공간 안에서 규정할 수 있고 패턴화시킬 수 있다는 사실이다. 이처럼 공간의 문화적 정의를 강조한다는 점에서 인류학에서는 이를 '문화생태학'이라고 부르고 있다.

구체적인 예를 한두 개 들어보자. 구리타 야스유키(栗田靖之)[2]는 기노시타 도미오(木下富雄)의 조사[3]를 보고하면서 교토의 도심전철 안에서는 일반적으로 양쪽 끝의 문과 가까운 자리에 사람들이 즐겨앉는다고 지적하고 있다. 이는 일본문화의 도시전차 내의 공간에 대한 하나의 정의를 제시하는 것으로서, 승하차의 편리함과 표 구입의 편이성(차장과 가까운 공간을 점유한다. 교토에는 표를 차 안에서 사는 경우가 있다) 등과 연관되어 있다. 그리고 궁극적으로 이는 편리함을 존중하는 가치관으로까지 연관되어, 시간을 아주 잘게 측정하는 생활방식, 나아가 고도경제성장을 국민에게 강요하는 일본의 자본주의 경제기구와도 관련될 것이다.

전차의 공간점유 패턴에서 주목할 만한 현상이 또 하나 있다. 오전 10시경이나 오후 2시경 등 승객이 별로 없을 때는 대개 같은 간격, 그것도 양 옆으로 20~30센티 정도씩 거리를 두고 앉는다. 좌석이 반 이상이나 비어 있는데 널찍한 빈 자리에 앉지 않고 다른 사람 옆에 찰싹 달라붙어 러시아워 모양으로 앉는다면 아무래도 이상한 사람이나 소매치기 쯤으로 오인받을 것이다. 거기에 러시아워 때와 그렇지 않을 때의 공간 점유 관념(공간의 문화적 정의)의 차이가 나타난다.

여기에서 승객 양 옆으로 비어 있는 20~30센티의 공간은 일시적이기는 하지만 그 공간 양쪽에 앉아 있는 승객의 소유물이라는 사실에

2) 栗田靖之, 「生態心理學としての空間論」, 『季刊人類學』 3-4, 1972, 193~216쪽.
3) 木下富雄, 「混み方の研究(1)-市電乘客の座席占有行動の分析」, 『日本心理學會第22會大會發表論文集』, 日本心理學會.

주목할 필요가 있다. 따라서 나중에 탄 승객이 그 공간에 앉고 싶을 때는 양쪽 승객에게 적어도 고개 정도는 까딱 하고 앉는 것이 예의다. 이러한 점유 관념은 아이를 데리고 탄 어머니가 자기 아이를 자리에 앉힐 때 현저하게 나타난다. 아이 어머니는 "여기에 앉게 해주세요라고 부탁해야지" 하면서 양 옆의 승객이 다 들을 수 있도록 아이에게 주의를 준다. 이는 확실히 먼저 앉은 승객에게 그 공간의 점유권(즉 기득권)이 있고, 뒤에 온 손님은 그 공간을 점거하기 전에 공간을 먼저 점유하고 있는 사람에게 허가를 받을 필요가 있다는 사실을 나타낸다. 이 허가를 얻는 행위를 '교섭'이라고 부른다. 일반화해서 표현하자면, 공간적 조건이 일정한 문화의 틀 안에서 특정한 정의를 가지고 있고, 이 때문에 사람과 사람이 얼굴을 마주할 경우 그 공간의 정의를 전제로 하여 상호작용(인터액션)이 이루어지고 상호간의 관계조정이 이루어진다. 이 조정을 만들어 내는 상호행위가 소위 '교섭'이다. 문제는 '교섭' 과정이고 교섭의 본연의 모습이다. 이 문제를 본격적으로 검토하기 전에 또 하나의 예로서 목욕탕이라는 장소의 문화적 정의가 일본인의 행위를 어떻게 규제하고 있는지 살펴보기로 하자.

목욕탕은 그저 알몸이 되어 몸만 씻으면 되는 곳이 아니다. 일본 근세의 남녀혼욕 풍습이 구미문명국에 야만적 풍습으로 간주되어, 이후 남녀가 따로 목욕을 하게 된 것은 구미국가에 대한 일종의 열등감의 표현일 것이다. 그런데 형태상으로는 '남녀 따로 목욕하기'가 일단 정비되었지만, 이게 구미인들이 생각하는 만큼 엄격한 것은 아니었다. 옷을 갈아입는 중이거나 나체 상태인 이성이 반대쪽에서 보이기도 하고, 목욕탕에서 지르는 소리가 반대 쪽에서도 들린다. 입구에서 목욕비를 받는 사람에게는 이성의 나체 모습이 훤히 보인다. 그러나 목욕탕 이용자는, 예컨대 길거리에서 나체를 이성에게 들켰을 때 같은 태도(부끄러워한다거나 낄낄거리는 행위)를 취해서는 안 된다. 오히려 이성이 보고 있다는 사실을 전혀 의식하지 않는 것처럼 행동한다. 그렇다고 방약무인한 태도를 취해도 된다는 얘기는 아니다. 목욕탕에서 가장 문제가 되는 것은 평상시에는 당연히 감추고 있는 음부를 어떻게 처리할 것인가 하는 점이다. 음부는 보여서는 안 되는 것이라서 보통 때 감추고 있는 것이다. 그러므로 음부를 노출시켜야 하는 장소에서의 인간관계의 교섭이란 상당히 미묘하다. 예를 들면 옷을 벗을 경우 가능한 한 음부가 다른 사람에게 보이지 않도록 사람이 없는 쪽이나 벽쪽을 향한다. 음부를 일부러 과시하는 듯한 행동은 물론 해서는 안 된다. 옷을 벗은 후에는 수건으로 음부를 가린다. 일부러 자신의 음부를 만지거나 쳐다보아서도 안 된다. 동시에 주위 사람들의 음부가 보여도 보이지 않는 것처럼 행동한다. 이런 장소에서는 음부와 관련된 것은 비록 일반적인 화제라도 피해야 한다. 하물며 상대의 음부는 보여도 보이지 않으며 본 적도 없는 것처럼 행동해야 한다. 따라서 얼굴의 점을 이야기하는 식으로 상대의 음부에 대해 이야기를 해서는 안 된다. 이런 방식으로 일본인은 노출된 음부도 마치 보이지 않는 것처럼 행동하는 기술을 만들어 냈다. 이것은 벌거숭이 임금님의 이야기를 상기시킨다. 단지 딱 하나 다른 점이라면 벌거숭이 임금님은 믿어지지 않는 그리고 믿지 않아도 되는 동화에 불과하지만, 목욕탕(온천도 물론 해당된다)은 숫자가 줄어들기는 했지만 일본사회에 엄존하고 있는 공중기관으로서 이것을 이용하는 한 일본인은 이 치장(治裝)의 세계에 참여해야만 한다.

다시 한 번 요점을 정리해 보자. 공간이용을 이해하기 위해서는 일본인은 공간의 물리적 조건을 어떻게 정의하고 있으며 그 공간 내에서의 행동방식을 어떻게 규제하고 있는지를 알 필요가 있다. 즉 사교나 교제 같은 행위를 이해하는 데 중요한 것은 자신의 감각, 인지권 내에 있는 공간이다. 이것을 미시적 공간이라고 부르겠다. 여기에서 문제의 중심이 되는 미시적 공간 내의 대면(對面)행위에 대한 분석은 미시적 문화생태학으로 불러도 좋을 것이다.

외관

일본어에 TPO라는 말이 있다. Time(시간), Place(장소), Occasion(상황)의 약자인데, 에티켓 책에는 TPO를 잘 숙지해서 남을 대해야 한다는 말이 자주 나온다. 여기에서의 P야말로 문화생태학에서 말하는 공간 내지 장소이고, 문화생태학과 예절 간의 밀접한 관계를 증명해 준다. 아무리 더워도 근무하러 가면서 수영복을 입고 가는 사람은 없으며 영화 보러 가는데 모닝코트를 입고 가는 사람은 없다. 이는 직장이나 영화관이라는 장소가 의상의 적·부적을 결정하기 때문이다. 이처럼 예절이란 장소의 문화적 정의를 잘 이해하고 그 위에서 이루어지는 행동규율을 가리킨다.

이 행위는 크게 두 가지로 나뉜다. 하나는 언어나 제스처처럼 그때그때 임기응변으로 구사하는 행동이고, 다른 하나는 화장이나 의상처럼 미리 갖추는 것으로서 그 장소에서는 바꾸지 않는 혹은 바꿀 수 없는 것을 말한다. 여기에서 말하는 '외관'이란 화장이나 의상 외에도 타고난 용모나 체격까지 포함하여 일단 장소에 나오면 바꿀 수 없게 되는 조건이다. 화장과 용모의 중간적인 존재라 할 성형수술 역시 이 범주에 들어간다.

여기에서 말하는 화장이란 넓은 의미의 화장으로서, 수술을 통한 성형이나 이발, 가발 등을 포함하여 얼굴 모양을 바꾸는 것을 말한다. 성형수술이건 이발·수염이건 화장이란 아무렇게나 바꾸거나 하지 않는

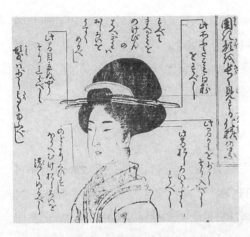

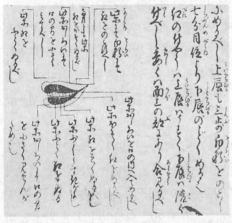

화장과 예절 화장은 예절에서 중요한 부분을 차지한다. 그림은 동그란 얼굴을 길어 보이게 하고 두꺼운 입술을 얇게 보이게 하는 화장법을 보여주는 것으로, 에도 시대 때의 것이다. 『圖風俗化粧傳』

다. 좁은 의미의 화장도, 둥근 얼굴을 길어 보이도록 관자놀이부터 세로로 분을 바르기도 하고 긴 얼굴을 반대로 둥글게 보이도록 광대뼈 아랫부분을 약간 옆으로 펼쳐 바르듯이 용모에 따라 화장을 하기 때문에 설사 매일 밤 지우고 매일 아침 새로 하더라도 다른 사람들앞에서는 반영구적인 것으로 간주해도 될 것이다. 물론 그날의 의상이나 당사자의 기분, 출석장소의 정의(예를 들면 결혼식이나 장례식)에 따라 화장은 조금씩 달라진다.

젊은 여성들 사이에서는 서양인 같은 용모를 동경하여 성형수술로 코를 높이거나 가슴을 키우거나 쌍꺼풀 수술을 하는 사람이 많다. 그러나 그러한 경향을 보고 즉석에서 일본여성은 완전히 백인 같은 용모를 갖고 싶어한다고 판단하는 것은 너무 성마르다. 코가 낮은 사람이 코 높이는 수술을 받는다 해도 백인처럼 거의 이등변 삼각형의 코로 만드는 경우란 거의 없다. 유방도 『플레이보이』 같은 잡지에 나오는 초비만형 유방으로 수술하는 사람은 적다. 일본여성의 백인적 용모에 대한 동경은 조절된 적당한 동경이지 백인숭배적인 서구에 대한 추종은 아니다.

결혼하고 나서 처음으로 화장을 지운 신부의 맨 얼굴을 보고 깜짝 놀란 신랑이 한두 명이 아닐 것이다. 이것은 단지 화장을 해서 아름답게 보였던 신부가 맨 얼굴이 되어 그 아름다움을 잃어버렸기 때문이 아니다. 오히려 화장이 만들어낸 성격(예를 들면 여성다운 상냥함)이 사실은 화장 덕분이었다는 것을 알아차리지 못하고 맨 얼굴이 된 순간 신부가 상냥함을 잃어버렸다(고 생각하는) 데서 오는 놀라움이다.

의상을 결정하는 조건 중 하나는 '장소'다. 계절과 기후도 이 장소의 의미에 포함된다. 청명한 날의 봄꽃놀이와 장마비 주룩주룩 내리는 때의 토목공사에는 자연히 다른 의상이 필요하다.

학교와 직장에 따라서는 제복이 있고, 전원 혹은 여성은행원처럼 동일한 성에 같은 직종에 종사하는 종업원 전원이 같은 스타일의 의복을 입는다. 이것은 대외적으로는 '우리'와 외부를 명확히 구별하는 수단으로서 집단구성원의 응집도를 높이기 위한 목적을 갖는다. 구성원 간의 개인차를 제복으로 말소시키는 것은 집단에 대한 적응도를 높이고, 나아가 집단에 대한 충성심을 높이는 요인이 되기도 한다. 이와 같이 제복은 개인의 개성을 부정하고 집단에 '융화'시키는 기능을 한다. 일본인은 집단지향성이 강한 민족이라고 자주 얘기되는데, 그 한 예가 바로 이 제복 착용이다. 집단의 우위를 표시하는 것으로는 제복만 있는 게 아니다. 회사의 배지를 칼라에 달기만 해도 된다. 일본인처럼 학교나 회사의 문장에 신경 쓰고 소중히 하는 국민도 별로 없을 것이다.

그렇다고는 해도 현재 학교의 교복 착용은 점점 줄어드는 추세다. 대학생이 제복을 입고 강의에 나오는 경우는 극소수다. 초·중·고교에서도 사복으로 등교하는 모습이 드물지 않고, 일요일 같은 날에는 특히 더 그렇다. 그만큼 집단의 개인에 대한 압력이 줄어들었다고 할 수 있다. 그러나 집단의 고도한 응집성이 요구되는 장소에서는 절대적으로 제복이 필요하다. 예를 들면 야구나 기타 스포츠 시합에서 팀 중 한 명이라도 유니폼을 입지 않고 시합에 나선다는 것은 상상도 할 수 없다.

지금까지의 이야기를 요약해 보면 이렇다. 일정한 장소에 일정한 외관(용모·화장·의상)을 갖추고 나타난다는 것은 한 개인의 '성격'을 만들어내는 일이다. 장소와 외관의 결합을 통해 개인은 될 수 있는 한 자신이 원하는 '사회적 자기'를 만들어 낸다. '자기가 원한 자기'란 다름 아니라 타인이 '저 사람은 이런 인격을 가진 인간이다'라고 믿어주기를 바라는 '자기'의 이미지이기도 하다.

그런데 위의 사회적 '자기'는 화장이나 의상이라는 트릭으로 만들어 낸 겉모습에 불과하고 진짜 인격은 장소나 외관과 관계없는 적나라한 자기에게 있다고 보는 것이 상식이다. 그러나 여기에서는 이러한 적나라한 자기의 존재는 부정한다. 장소나 외관 등을 떼어낸 성격이란 굳이 거론할 필요가 없기 때문이다.

인터액션을 전제로 하는 상호이해

한 장소에서 일정한 외관을 갖춘다는 것은 대면행위를 하게 될 상대에게 '오늘 이 장소에서 나는 이러이러한 역할을 하는 사람으로 보이고 싶습니다. 그러니 당신도 그렇게 나를 대응해 주세요'라는 의사표시다. 알기 쉬운 예로 차장과 승객의 관계를 보자. 차장이 차장답고 승객이

손님을 맞이하는 무가의 전형적인 모습. 왼쪽의 손님 사무라이와 그를 맞아들이는 두 여성의 인사 모습이 극히 정중하다.

승객답기 위해서는 차장과 승객 간에 어떤 상호이해가 필요할까?

① 우선 차장은 제복을 입고 전차의 특정 장소에 탑승한다. 그렇게 함으로써 차장은 승객에 대해 '이제 나는 차장이 될 테니까 그렇게 나를 대응해 주세요'라는 의사표시를 하는 것이다. 그와 동시에 승객도 승객이 타야 하는 장소에 승차하여 승객의 몸짓을 함으로써 '승객으로 대우해 주세요'라는 의사표시를 하게 된다.

② 그러나 이것만으로는 상호행위(인터액션)는 시작되지 않는다. 차장과 승객은 서로의 의사표시를 정확히 해석할 필요가 있다. 그러기 위해서는 사회의 공통된 장소에 대한 정의와 인간행위(화장이나 의상을 포함)에 대한 해석법이 성립되어야 한다. 이 해석이 있어야만 차장인 사람은 어떤 장소에서 어떤 행위를 하면 승객(으로서 행동하는 사람)에게 차장으로 여겨질 것인가 등을 파악하고, 승객도 차내와 역에서 어

떤 행위를 하면 차장(으로서 행동하는 사람)으로부터 승객으로 대접받을 수 있을지를 파악할 수 있다.

③ 일단 상호양해가 성립하면 상호행위 단계로 들어가야 하는데 이를 위해서는 상호간의 의사를 존중하고 받아들일 필요가 있다. '당신이 차장(혹은 승객)의 행위를 하는 것은 차장(승객)으로 여겨지고 싶기 때문이다. 당신의 의사를 존중하여 당신을 차장(승객)으로 대응해 주겠다'는 태도가 표시되고 파악되어야 한다.

④ 마지막으로 자신을 차장(혹은 승객)처럼 대접해 주기 바라는 것은 상대도 승객(차장)과 같이 행동해 달라는 의사표시이기도 하다.

이렇게 분석하다 보면, 상호행위란 연극배우가 화장을 하고 의상을 입고 배경이나 무대장치를 갖춘 무대에 나와 특정 인물로 분장하여 정해진 대본을 읽는 것과 비슷하다는 사실을 깨닫게 된다. 단 연극의 대사는 미리 정해져 있는 데 비해 실제 사회에서는 순간순간 대사를 만들어 읽어나가야 한다는 차이가 있다. 그것은 쉬운 일이 아니지만, 사회화란 이처럼 즉석에서 대사를 만드는 연습과정이 매우 주요시된다고 보아도 과언이 아닐 것이다.

그런데 '대사를 읽는' 행위는 상대방의 태도가 명확할 경우에는 하기 쉽지만, 일본인처럼 태도가 불명확한 경우가 많으면 어려워진다. 반란드[4]의 연구를 통해 그 '불명확'의 의미를 살펴보자.

반란드는 일본인 학생 122명을 추출하여, 인간관계를 나타내는 34개의 형용사를 보여주고 어느 것이 일본인의 대인관계를 대표한다고 여기는지를 기입하게 하였다. 그 결과 격식 차리다, 성실하다, 자주성

---

4) Dean C. Barnlund 著, 西山千 譯, 『日本人の表現構造(ことば・しぐさ・カルチュア)』, サイマル出版會, 1973, 55~70쪽.

이 없다, 사양하다, 막연하다, 과묵하다, 서먹서먹하다, 조심성이 많다
는 8개의 형용사가 각각 30% 이상의 표를 얻었다. 이 조사는 표본 추
출법이 무작위가 아니라는 등 방법론적으로 문제가 있기 때문에 그 결
과를 함부로 일반화시키는 데는 주의를 요하지만, 일단 이 결과물을
가지고 이야기를 풀어나가기로 하겠다.

여기에서 30% 이상의 표를 얻은 '격식 차리다'와 '서먹서먹하다'라
는 표현은 쉽사리 속을 터놓지 않는다는 말과, 조심성이 많다는 것은
상대를 좀처럼 신용하지 않는다라는 말과 통한다. '사양하다'는 자기
생각을 솔직히 표현하지 않는다는 것이고, '과묵하다'는 의사표시의
가장 단적인 방법인 말을 하지 않는다는 것이다. 이들 수식어는 궁극
적으로 막연하다라는 말과 연결된다.

같은 조사를 42명의 미국인 학생들에게 실시하여 얻은 결과와 비교
해 보자. 자주적이다, 수다스럽다, 친근하다, 솔직하다, 스스럼 없다,
숨김없다, 편안하다, 자기주장을 하다, 격식차리지 않다, 익살스럽다는
10개 형용사가 30% 이상의 표를 얻었다. 수다스럽고 솔직하고 숨김
없고 자기주장을 하는 미국인과 '막연한' 일본인은 완전히 대조적이다.

대인관계의 '대사'로 돌아가자. 자신의 대사는 당연히 상대방의 대
사에 따라 결정되기 때문에 막연한 상대와 이야기를 나눌 때는 무난한
이야기를 하는 쪽이 좋다. 용건이 있는 경우에도 가능한 한 모호한 대
답을 하는 편이 낫다. 부탁을 받고 '생각해 보겠습니다'라는 대답은 의
미심장하다. '지금 당장 거절하면 상대방의 자존심에 상처를 줄 테니
다음에 제3자를 통해 거절해야지,' '상대방에게는 말할 수 없지. 제3자
와 의논하지 않으면 뭐라고 답변 못하지,' '좋은 이야기지만 달리 솔깃
한 이야기가 며칠 내로 있을 테니 그 쪽에 타진해 본 후 대답해야지'
등의 여러 가지 의미로 해석된다.

따라서 '생각해 보겠습니다'라는 표현은 막연한 상대에게 어울리는 막연한 대답이다. 여우와 너구리의 속고 속이기가 매우 일본적인 표현이라는 것도 이 때문일 것이다. 그런데 대인관계에서 쌍방 모두 상대방에게 '막연하게' 의사표시를 하고, 이것을 서로 인정하고, 게다가 상대방의 반응을 추측할 수 없다면, 이 '속고 속이기'는 성립될 수 없다. 즉 의사표시가 차장과 승객처럼 명확할 경우에는 문제가 없겠지만, 일본사회에서는 인간관계가 다소 얽혀 있을 경우 그 의사표시도 애매하고 미묘해지며, 좀더 복잡한 관계가 되면 복심술이 필요해지고 '속고 속이기'가 시작된다.

언어표현

적어도 2차대전 전에는 '침묵'이 미덕으로 여겨졌다. 남존여비가 공공연하던 시기에 수다는 여자들이나 떠는 것이고 남자란 과묵해야 한다고 여겨졌다. 앞에서 일본인은 과묵하다는 조사결과를 언급했는데, 이는 2차대전 전의 성향이 잔존해 있음을 대변해 준다.

약간 이야기가 엇나가는데, 재미있게도 일본계 미국인 2~3세 가운데 법조계 쪽에 종사하는 자가 상당히 적다. 2차대전 후 일본계 미국인은 미국사회의 중간관리직이나 자유업 쪽으로 폭넓게 침투했다. 특히 법조계처럼 명성이 높은 의사가 된 사람은 2~3세 가운데에도 매우 많다. 그런데 법조계를 선택한 일본인은 얼마 안 되며, 현재 대학의 법학부에 적을 두고 장래 법조계 쪽을 지망하는 일본인도 극소수다. 여기에는 여러 가지 원인이 있겠지만, 가장 큰 이유는 법조계의 역할 중 하나가 법정에서 원고 내지는 피고를 변론하는 것이고, 따라서 당연히 달변이 요구되기 때문이 아닌가 생각된다. 일본계 미국인 2~3세가 법조계를 지망하지 않는 것은 어려서부터 가정에서 말하기 훈련을

받지 못하고 오히려 과묵한 것이 보다 가치 있다고 배웠기 때문이 아
닐까?

그러나 2차대전 전의 이러한 가치관은 바뀌었다. 일본도 점점 수다
스러운 나라가 되고 있다. 물론 존중받는 것은 '이야기를 잘하는 것'이
지 '수다스러운 것'은 아니겠지만, 양자의 차이는 반드시 명확한 것이
아니다. 이야기를 잘하는 것도 정도 차이가 있고, 좀 저급해지면 수다
쟁이나 마찬가지다. 그러나 입을 꼭 다물고 가만히 있는 것만이 미덕
이라고 생각하지 않게 된 것은 확실하다. 예법을 다루는 책에서도 말
잘하는 방법을 자세히 설명한 책이 많다. 『구어의 기능』,5) 『구어의 기
술』,6) 『이야기 사전』,7) 『부하를 망치는 상사의 한 마디』8) 같은 책들
이 시장에 넘쳐나게 된 것도 말하는 방법, 구어에 대한 관심이 그만큼
높아졌음을 말한다.

언어표현의 사회적 기능으로는 감정의 전달이나 상대와 함께 있는
것을 즐기는 수단 등 여러 가지가 있지만, 여기서는 사회질서를 유지
혹은 '교섭'하는 수단으로 생각해 보고자 한다.

한 에티켓 책에는 "에티켓이란 인간이 단체생활을 원만히 해 나가
기 위해 만들어낸 교제상의 사전약속이라 해야 할 것입니다"라고 적혀
있다.9) 이러한 예절책에 따른다면 언어표현도 교제를 원만히 하기 위
해 사용되어야 한다. 경어를 올바르게 사용할 것, 상대방을 즐겁게 하
는 화술을 사용할 것, 불쾌한 말을 피할 것, 축하할 때는 명랑하게 말
하고 슬플 때는 차분히 말할 것 등이 예법에 맞는 이야기법이다.

---

5) 平井昌夫, 『はなしことばの機能』, 光風出版, 1955.
6) 金田一春彦, 『話しコトバの技術』, 光風出版, 1956.
7) 平井昌夫, 『話の事典』, 帝國地方行政學會, 1972.
8) 坂川山輝夫, 『部下をくさらせる上亦の一言』, 日本法令樣式販賣所, 1969.
9) 婦人生活出版部 編, 『交際とエチケット』, 婦人生活社, 1968, 29쪽.

　일반적으로 말해 언어를 바르게 사용하는 것은 사회질서를 구체적인 형태로 표현하는 것이며, 이를 긍정하고 보강하는 것이 된다. 예를 들어 아버지를 '야, 너'라고 부르지 않고 지금까지처럼 '아버지'라고 부르는 것은 아버지를 지금까지의 관계대로 여기고 있다는 것이 된다. 약간 의미는 다르지만, 반사회집단에서 동료들끼리는 은어를 주고받으면서 대외적으로는 보통 언어를 사용하는 것도, 사회에 의해 구분된 반사회집단과 일반 사회를 특별 용어로 명확히 구별하기 위한 수단이라고 볼 수 있겠다.

　그런데 언어를 '올바르게 사용한다'는 것은 그저 책에 쓰여 있는 그대로 사용한다는 것을 의미하지 않는다. 일반론으로 보면 별 차이가 없겠지만, 한 장소에서 특정 상대와 대면했을 때의 언어사용법은 일반론만으로는 해결할 수 없다. 그렇습니다, 그러하옵니다, 그렇사옵니다는 모두 윗사람에게 쓰는 표현이지만, 상대방과 장소에 따라 그리고 자기의 역할(성 역할도 포함하여)에 따라 어느 것을 써야 적당한지 결정된다.

　여기에서 논리를 한 번 도치시켜 보자. 즉 상대와 일정한 관계에 있기 때문에 하나의 표현을 사용하여 그 관계를 나타내는 것(예를 들면 상대방을 존경하기 때문에 경어를 쓴다)이 아니라, 반대로 하나의 표현을 선택함으로써 상대방과의 관계를 결정하고 이러한 관계를 선언한다는 것이다. '그렇습니다'라는 표현을 사용함으로써 '나와 당신은 상하 차이가 별로 없는 관계로 생각하겠습니다'라는 의사표시를 하는 셈이 된다. 남녀관계에서 '~입니다'라는 표현을 사용하다가 어느 시점에서 남성이 '~이다'라는 표현으로 바꿀 경우 '지금부터 당신과 좀더 친밀해지고 싶은데 괜찮겠습니까?'라는 질문이 된다. 만일 그 여성이 '그렇습니다'에서 '그래요'라고 바꾼다면, '좋아요. 나도 좀더 친해지고 싶어요'라고 답한 셈이 된다. 여성 쪽에서 '그렇습니다'를 고수한다면 '아니오, 안 됩니다. 나는 당신이 생각하는 것만큼 친한 사이가 되고 싶지 않습니다'라는 표시를 한 셈이 된다.

이처럼 언어표현을 통해 사람들은 상대방과 자신과의 관계를 결정한다. 그리고 언어표현을 바꿈으로써 서로의 관계 혹은 사회질서를 바꾸어 간다. 야마자키 도요코(山崎豊子)의 베스트셀러 『거대한 흰 탑』에는 이런 장면이 나온다.10) 주인공인 자이젠 고로를 교수선발에서 떨어뜨리려 하는 나니와 대학 의학부의 아즈마 교수는 도토 대학의 후나오 교수에게 유력 후보를 추천해 줄 것을 의뢰한다. 만약 후나오 교수가 후보를 추천해 준다면 후나오 교수에게 은혜를 입는 것이고, 따라서 아즈마 교수는 협력을 요청하면서 후나오를 '선생님'이라고 하며 추켜세운다. 그런데 생각한 대로 그 후보자가 교수가 되면, 결과적으로 아즈마는 후나오의 세력권을 넓히는 데 중요한 역할을 한 것이 되어 이번에는 아즈마가 은혜를 베푸는 쪽이 된다. 바로 이 문제를 언급하면서 아즈마는 상대방을 '후나오 씨'라고 바꿔 부른다. 바로 몇 분 전에 추켜세웠던 지위를 격하시켜 버린 것이다.

이처럼 언어표현의 목적은 단순히 현존하는 사회질서를 재생산하고 유지할 뿐만 아니라 순간순간 이루어지는 인간관계의 상호교섭을 담당하는 것이라고 할 수 있다.

오가사와라 류의 예법(교토를 중심으로 한 오가사와라 집안에 전해내려오는 무가 예법)을 알기 쉽게 설명한 『일본인의 예의와 마음』에 보면, 저자인 오가사와라 다다노리(小笠原忠統)는 예의의 중심 개념으로서 염려·삼가·사양·배려 등을 들고 있다.11) 다도에서도 상대방에 대한

---

10) 山崎豊子, 『白い巨塔』, 新潮社, 1965, 83~84쪽.
11) 小笠原忠統, 『日本人の禮儀と心-小笠原流傳書の教え』, カルチャ-出版社, 1972.

배려가 항상 언급되어 있으며, 말하는 법 하나도 정중히 하여 상대방에 대한 배려를 나타내야 한다고 되어 있다. 다도의 각종 준수사항은 언어사용을 포함하여 상대방에 대한 배려를 표현하도록 되어 있다. 여기에서 '하도록 되어 있다'가 문제다. 왜냐 하면 '하도록 되어 있다'라고 결정된 이상, 태도와 마음의 준비야 어떻든 형태는 잘 정비되어야 한다. 그런데 사람들의 사고는 '정비해야 한다'는 단계에서 '형태만 갖추면 된다'는 단계로 쉽게 비약해 버린다. 마음속이야 어떻든 언어상으로 상대방에 대한 배려를 다하여 자신의 조신함을 표현할 수 있는 말씨를 사용하는 것이 예의다. 이러한 표현법으로서 '상대방을 추켜세워' 상대방을 배려하고, '자신을 낮추어' 자신의 조신함을 나타내는 방법은 일상회화에서 자주 쓰이는 수단이다. 여기에서 중시할 것은 자신이 생각하는 대로, 혹은 상대방과의 관계를 객관적인 언어로 정확히 표현하는 것이 반드시 원만한 교제를 보증해 주지는 않는다는 사실이다. 상대방에게는 가능한 한 사실보다 좋게 표현하는 쪽이 인간관계를 보다 부드럽게 만들어준다. 상대방을 추켜세우고 자신을 낮추는 것은 상대방을 유리하게 보이도록 하는 '외관상'의 사회질서를 눈앞에서 만들어 내는 수단이다. 새 집에 초대받았을 경우, 흔해 빠진 집인데도 "아, 정말 훌륭한 집이네요"라고 한다면 거짓임에는 틀림없지만 상대방을 기쁘게 할 수 있다. 또 아무리 값나가는 선물이라도 '별 것 아닙니다만'이라든가 '입에 맞을지 모르겠지만'이라고 겸손한 말투로 전달함으로써 상대방과 자신과의 사회적 상하관계를 과장하게 된다. 이러한 과대평가적 표현을 사교상의 인사 혹은 아부라고 한다. 아부의 특수한 예로 '고로시몬쿠'(상대방을 홀리기 위한 표현)라는 것이 있다. 평범한 용모를 가진 여성에게 "당신만큼 아름다운 여성을 본 적이 없다"라는 식의 표현이 그것이다(미인이라는 자긍심을 가진 여성이라면 이는 고로

시몬쿠가 되지 못한다).

아부가 아부로서 성공을 거두기 위해서는 상대방이 그 스스로를 어느 정도로 평가하고 있는지 화자가 정확히 추측하여 그 이상의 평가를 표현해야 한다. 그렇지 않으면 모처럼의 과대평가가 과대평가로서 받아들여지지 못하게 된다. 자신을 세계 제일의 미인이라고 믿는 여성에게 "당신만큼 아름다운 여성은 본 적이 없다"라고 말해도 상대는 '당연하다'는 정도로밖에 받아들이지 않을 것이다. 즉 아부다운 아부란 표현하고자 하는 내용이 사실이 아닌, 극단적으로 말하면 거짓말을 하고 있다는 사실을 쌍방이 모두 알고 있어야 한다. 게다가 말하는 쪽이 거짓말을 하고 있다는 사실을 알면서도 기뻐해 주는 것 역시 에티켓이다. 마음 속으로는 '저런, 마음에도 없는 말을 하고 있군'이라고 생각하면서도 기뻐하는 척하는 얼굴을 해야 하는 것이 예법이다.

사교상의 인사에서 나쁜 것은 은근한 무례, 은근한 실례다. 아리요시 사와코(有吉佐和子)의 『석양언덕 3호관』에 보면 주인공인 도키에다 나루미(時枝音子)의 집에서 그 아들이 텔레비전 볼륨을 크게 높이는 장면이 나온다.[12]

전화벨이 울렸다.
―여보세요 도키에다 씨입니까?
"예, 그런데요"
―댁의 텔레비전 말씀인데요, 그 소리가 너무 크셔서요. 저희 같은 사람 집에도 텔레비전이 있사오니 걱정마시옵고 댁께서만 들어주시옵소서.
전화는 그만 뚝 끊어졌다. 나루미는 수화기를 놓고 반사적으로 텔레비전으로 달려가서 스위치를 껐다.
"왜 그래, 엄마"

---

12) 有吉佐和子, 『夕陽ヶ丘三號館』, 新潮社, 1971, 33쪽.

사토루가 덮밥 그릇에서 얼굴을 들며 물었다.

"그것 봐. 텔레비전 소리가 너무 크니까 옆집에서 시끄럽다고 전화가 걸려 왔
잖아"

사교상의 인사에 숨은 의미가 있듯이 은근한 무례에도 숨은 의미가
있다. 그 숨은 의미를 듣는 사람이 이해하지 못하면 커뮤니케이션이
성립되었다고 할 수 없다. 사교상의 인사의 경우는 표현에 과장이 있
다고 해도 대개 악의는 없다. 그러나 은근한 무례의 경우는 숨은 의미
가 신랄하다. 그러나 인간은 겉으로 드러나는 표현의 '표면적' 의미를
진짜 의미인 양 받아들이도록 강요받는다. 왜냐 하면 사교란 어디까지
나 원만하게 이루어져야 하고, 그러기 위해서는 회화를 표면적인 의미
로 해석할 수밖에 없기 때문이다.

사교상의 인사든 은근한 무례든 이 같은 언어표현의 발달 기초에는,
염려나 삼가, 조신, 배려, 상대에 대한 사려 등이 '표면적'인 사회적 가
치로 여겨져 마음 속으로야 어떻게 생각하든 겉으로는 인간관계의 원
만이 최고라는 일본사회의 규범이 엄연히 존재한다. 구미사회처럼 '생
각한 것은 확실히 말해야 한다. 옳다고 생각한 것은 끝까지 논쟁해서
주장해야 한다'라는 사고방식이 발달한 나라에서는 극단적인 사교상
의 인사라든가 은근한 무례 같은 것은 발달하지 않는다. 왜냐 하면 위
에서 밀했듯이 이러한 표현들에는 겉으로 드러난 뜻과 이면에 숨어 있
는 뜻이 있고, 그 이면의 뜻을 알고도 모른 척하지 않으면 인간관계가
성립되지 않기 때문이다. 다시 말해 사회가 복잡해지고 인구이동이 격
화됨에 따라 익명의 도시사회가 지배적 지위를 점하고, 인간관계는 소
원해지고 희박해져 타인과는 감정적으로도 연대감이 옅어진다. 이에
비례하여 경쟁심은 더욱 강해진다. 이러한 사회에서는 원만한 인간관

계를 강요하면 할수록 표면적인 기만의 예의를 차려 상대방과 그 기만의 세계 안에서 인터액션을 해야 한다. 그렇다고 해서 마음 속 생각을 상대에게 전하고 싶다는 의지가 없는 것은 아니다. 그래서 거짓말을 하면서 진실을 상대에게 전하는 언어기술이 발달할 수밖에 없게 된다. 예절이라는 것이 원활한 인간관계를 강화시키는 것인 이상, 그리고 표면적으로 예절에 맞는 언사를 구사하는 한, 아무리 악행을 행한 사람이라도 적어도 그 자리에서는 제재가 가해지지 않는다. 이렇게 해서 예절과 은근한 무례 등의 표현이 현대 일본사회에서 악순환적으로 발달된다.

비언어적 표현

의지나 정보의 전달은 주로 언어로 이루어진다고 생각하기 쉽다. 문자가 발달한 문화나 출판이 번성한 나라라면 특히 더 그렇다. 그러나 구어든 인쇄된 문자든 언어가 전달의 유일한 방법이 아니라는 것은 지금까지의 서술만으로도 명확해졌을 것이다. 공간이 문화적으로 정의된다는 것은, 물리적 현상에 특수한 의미가 부여되고 그것이 관찰자에게 전달될 수 있음을 말한다. 동백꽃이 꼭지째 떨어지는 것은 자연현상이다. 그것을 사람의 목이 떨어지는 것에 비유하여 불길하다면서 다실 같은 데서 쓰지 않는 것은 자연현상에 대한 문화적 정의이고, 다도인들 사이에서는 명백한 무언의 언어다. 사람의 외관이 용모·화장·의상 등을 바꿈으로써 다른 의미를 전달하게 된다는 점에 대해서는 이미 언급했다.

　'말로 표현하지 않는 것'을 존중하는 이상, 언어에 의한 의사전달은 그 임무를 완수할 수 없다. '말은 80%만'이라는 표현도 있듯이 언어전달은 억제하는 편이 미덕으로 간주된다. 이러한 문화 안에서 언어 이

380

외의 전달법이 발달한다고 해서 이상할 것이 없다.

다른 사람과 대화하고 있을 때는 상대와 때때로 눈을 맞추는 것이 예의다. 이는 상대방의 이야기를 주의해서 듣고 있으며, 상대가 말하고 있는 내용을 이해하고 있다는 사실을 상대방에게 알려주는 수단이다. 그러나 너무 오랫동안 상대방의 눈을 응시하면 실례가 된다. 자칫 '뻔뻔한 놈, 오만한 놈'으로 여겨지기 십상이다. 반대로 대화 중에 아래를 쳐다보는 것은 겸허한 태도를 나타내는 것으로 간주된다.

1973년 5월 8일 석간 『아사히신문』 오사카판에는 「A. 아사히카와 (旭川)에서 체포 '밤의 여자' 연속살인 3건 자백」이라는 표제로 오사카와 나고야에서 여자를 살해한 남자에 대한 기사가 실렸다. 신문에 실린 사진을 보니 과연 날카로운 눈길로 독자를 응시하고 있다. 사진이니 독자를 응시하는 그의 눈은 당연히 독자가 눈길을 뗄 때까지 돌리지 않는다. 독자들은 흉악한 범죄기사를 읽고 그 사진을 보면서 '정말 뻔뻔하고 못된 놈이다'라는 생각이 끓어오를 것이다. 신문사는 이를 미리 짐작하고 이런 사진을 게재했을 것이다. 그것은 사진을 교묘히 이용하여 신문사가 생각한 '판결'을 독자에게 내리도록 만드는 일종의 '신문재판'이다.

이 가설을 뒷받침하는 대조적인 예를 하나 들어보겠다. 1974년 3월 26일부 같은 『아사히신문』에 「전 약혼자 살해 자백」이라는 표제로 약혼을 취소당하고 상대 여성을 살해한 남자의 기사가 실렸다. 기사를 보자.

오후 4시경, 조사1과 조사원이 다시 취조를 시작하기 위해 조사실에 들어서는 순간 B(용의자)가 벌떡 일어나 책상에 양 손을 짚으며 "오랫동안 폐를 끼쳐 죄송합니다"라고 머리를 숙이며 약 3시간 동안 단숨에 범행을 자백했다고 한다.

이 기사는 범죄를 자백했을 뿐만 아니라, 흥분 상태에서 일시적으로 잃어버렸던 도덕관을 다시 되찾고 자신의 잘못을 인정한 겸허한 인간의 모습을 그리고 있다. 그리고 사진의 범인은 머리를 약간 숙이고 있어, 독자의 눈에서 벗어나 있다. 이 또한 신문사의 생각대로 독자를 무의식적으로 유도하려 하는 신문재판일 것이다(A의 경우 자백했다는 사실은 게재하였지만 범인이 잘못을 인정하고 살인행위를 뉘우치고 있다는 이야기는 전혀 게재하지 않았다는 점이 중요하다).

2차대전 전이나 전쟁중에 에타지마(江田島)의 해군병사학교에서는 대화 중에 한시도 눈을 떼지 않고 상대방의 눈을 응시하도록 가르친다는 이야기를 들은 적이 있다. 눈을 돌린다는 것은 상대방에게 틈을 보여 방심하고 있음을 나타내기 때문이라고 한다. 이를 달리 생각해 보면, 상대방의 눈을 뚫어지게 바라본다는 것은 상대방에게 자신의 대담성과 불손함을 알리는 것이고 이는 상대방을 불안으로 밀어넣는다. 이 불안을 제어하고 극복함으로써 대담한 정신, 아무리 무서운 장소에서도 무서워하지 않는 정신을 키우는 것이 목적이었을 것이다. 가미카제 특공대도 이런 훈련을 받았을 것이다.

'스킨십'이라는 말이 일본어에서 쓰이기 시작한 것은 오래 전이다. 접촉은 의사소통, 특히 서로의 감정을 전달하는 데 중요한 역할을 한다. 남미, 스페인, 이탈리아 같은 라틴계 민족은 인사를 할 때 서로 껴안는다. 보통 구미인들은 자식에게 키스를 하거나 친구들 간에 서로 부둥켜안기도 하는 등 애정과 감정을 표현하는 관습이 있다. 그러나 구미문명이라 해서 모두 같은 것은 아니다. 라틴계 민족과 비교하면 미국은 타인과의 신체 접촉이 적은 편이다.

다다 미치타로(多田道太郎)는 일본문화에는 '닿는 것'에 대한 금기가 없다고 주장하면서[13] 미국의 인류학자 에드워드 T. 홀이 미국인은 신체 접촉을 피한다고 한 주장과 대조시켰다. 이에 대해서는 앞서 언급한 반란드의 저서 『일본인의 표현구조』에 '닿는다'에 관한 미·일 비교조사 보고가 나와 있기 때문에 이를 추려서 대략적으로 소개해 보겠다.[14] 그는 일본인과 미국인 학생 각 120명씩에게 신체부위를 그린 그림을 보여주고, 아버지·어머니·동성친구·이성친구와 접촉한 적이 있는 부분 및 그 횟수를 기입하게 하였다. 그 결과가 다음 그림이다. 상대가 부모든 친구든 미국인 쪽이 일본인보다 접촉 부분이 훨씬 더 많다. 빈도도 일본인의 두세 배이다. 그렇다면 다다 미치타로의 주장은 올바르다고 볼 수 없다(에드워드 T. 홀은 아마 미국인을 라틴계 구미인과 비교하여 미국인의 접촉이 적다고 지적한 것임에 틀림없다. 다다 미치타로는 이것을 절대적인 평가로 이해한 것으로 보인다). 그러나 이 보고서도 반란드의 조사처럼 방법론적으로 결함을 갖고 있어서 그 결과를 일본인 일반에 적용하기는 곤란하고 따라서 가설단계에서만 사용했으면 한다.

아무튼 부모나 친구와의 직접 접촉에서 일본인이 미국인보다 절반 이하의 수준에 그친다는 것은 무엇을 의미할까? 반란드는 이렇게 설명한다.[15]

> 모든 의지 전달행위의 밑바닥에는 자신만의 알리고 싶거나 혹은 알리고 싶지 않은 부분이 있다. 신체를 통한 메시지는 그 의미를 위조할 수 없으므로, 언어보다 본질적으로 더 위험한 표시방법이다. '방어적인' 사람이라면, 내면의 기분을 과도히 노출하는 일을 피하기 위해 신체의 접촉 횟수와 접촉 부분을 최소화하려 할 수 있다.

---

13) 多田道太郎, 『しぐさの日本文化』, 筑摩書房, 1972, 59~63쪽.
14) Barnlund, 앞의 책, 108~122쪽.
15) Barnlund, 위의 책, 120쪽.

일본과 미국의 신체접촉 비교

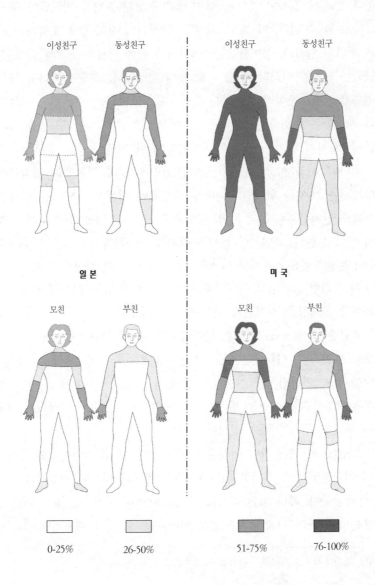

일 본

미 국

0-25%   26-50%   51-75%   76-100%

일본인이 '방어적인' 국민인지 아닌지는 의문이고, 실증을 필요로 한다. 그러나 접촉이 적다는 것은 많은 쪽보다 분명 의지전달이 부족하다고 할 수 있다. 이 경우 '의지'는 감정이나 정서 등을 포함하는 넓은 의미의 의지다. 아이를 안은 어머니나 손을 맞잡은 연인들 간에 전달되는 의지란 배려나 애정, 연모 등의 감정이다. 접촉이 적다고 해서 반드시 정서소통이 불충분하다고 볼 수는 없겠지만, 일본인이 고독감과 쓸쓸함을 호소하는 것, 혹은 그 이상으로 고독감과 쓸쓸함을 가치관념으로까지 여기는 상황에 대치되는 면이 있다.

미나미 히로시(南博)가 『일본인의 심리』[16]에서 일본인의 행복관에 대해서는 18쪽을 할애한 데 비해 불행관에 대해서는 56쪽을 할애한 것과도 일맥상통한다. 흔히 일본의 유행가는 쓸쓸함을 소재로 하는 것이 많다고 한다. 개인적인 문제를 감정적으로 처리하고 싶을 경우(예를 들어 불행에 빠졌을 때 가족이 껴안아 주고 위로해 주면 나아질 수 있는 그런 경우) 그러한 스킨십적 처리법을 회피할 수밖에 없는 것이 일본인으로 하여금 고독감을 끌어안게 만드는 것은 아닐까.

일본은 의례(ritual)가 많은 나라라고 자주 얘기된다. 외국인들의 눈으로 보면 자기 나라에는 없는 각종 관습에 관한 번잡스러운 규범들―예를 들면 인사법이나 젓가락을 들고 놓는 법, 술을 따르고 받는 법, 후스마(종이문)를 여닫는 법 등―은 무의미하여 단순한 의례라고 바꾸어 불러도 무리가 없을 것이다.

그런데 외국인들만이 이것을 느끼는 것이 아니다. 언어표현 항목에서 언급하였듯이, 원만한 인간관계가 강조되기 때문에 예절이라는 것이 발달한다. 왜냐 하면 적어도 겉으로 예의를 지키기만 하면 어떤 경우든 타인과의 관계를 부드럽게 이어나갈 수 있기 때문이다. 그러다

---

16) 南博, 『日本人の心理』, 岩波書店, 1953.

보니 눈으로 보이는 예절만 중시되고 정작 그 배후에 있어야 할 의례의 정신적인 면은 소홀히 하는 경우가 종종 있다. 형태만의 의례란 그런 것이다.

형식을 중시한다는 것은 형태를 정비하면 정신은 자연히 거기에 따라간다는 개념과도 연결된다. 즉 실천 없이 추상적인 의례만 논하는 것은 무의미하고, 오히려 예법에 맞추어 행동하다 보면 그 배후에 있는 정신은 자연히 알게 된다는 사고방식이다. 일본의 전통예술 세계에서 예능을 배울 때 '왜 그렇게 할까'라는 질문은 금기다. '하라는 대로 하면 저절로 알게 된다'는 것이 거장의 전형적인 대답이다. 그러나 10명이면 10명 모두가 정신적인 면을 이해하는 단계까지 도달한다고는 할 수 없다. 도달하지 못하는 사람은 결국 예법을 형태만 배우게 된다. 일본인이 의례적인 국민으로 일컬어지는 이유 중 하나는 이 때문일 것이다.

교환 행위

위의 '개인' 편에서는 개인과 개인이 대응할 경우 어떤 과정을 거쳐 교섭을 하고 상호관계를 결정해 나가는지를 검토해 보았다. 그리고 그 과정에서 일본적인 것을 추출해 냈다. 여기에서는 집단을 중심으로 하여 혹은 개인 간의 오랜 교제를 전제로 하여 일본인의 사교를 살펴볼 때 어떤 점을 알 수 있는지 고찰해 보고자 한다.

선물 주고받기

앞의 언어표현 항목에서 에티켓이 교제를 원만히 하는 데 도움을 준다
고 지적하였다. 이 윤활유 역할을 하는 것 중에 큰 비중을 차지하는
것이 선물 주고받기다. 예법을 다루는 거의 모든 책에는 선물 주고받
기 항목이 설정되어 있고 여기에는 물건 고르는 법, 포장법, 물건을 전
달하는 법 등에 대한 자세한 설명이 나와 있다. 그러나 정식 포장을
한 거창한 물건만이 아니라 놀러온 이웃집 아이에게 건네주는 카라멜
이나 귀한 물건이 생기면 이웃끼리 나눠갖는 것 역시 윤활유 기능을
하기 때문에, 여기에서는 가장 포괄적인 의미에서 개인간 혹은 집안간
의 주고받기를 다루도록 하겠다.

1969~70년에 걸쳐 교토를 중심으로 주로 일본 서쪽지방에 주거하
는 72세대의 주부에게 주고받은 선물에 대한 기록을 남겨 달라고 의
뢰하였다.[17] 이 표본도 의도적으로 추출한 것이므로 모(母)집단에 다소
문제가 있겠지만 일단은 중간계층을 대표한다고 보아도 될 것이다. 기
록된 기간은 총 510개월이고, 그동안 기록된 선물 주고받기 건수는 1
세대당 평균 1개월에 23.7건이었으며, 준 선물과 받은 선물을 모두 합
치면 당시 금액으로 총 30,200엔어치가 1개월 동안 움직였다. 수입에
관한 자료는 불완전하지만 자료를 제공해 준 27세대의 데이터를 근거
로 하면 수입의 약 7.5%가 넓은 의미의 선물 비용으로 지출되었다. 그
러나 직접 만나 자세히 물어본 결과 누락된 기록이 적어도 5~10% 정
도 되므로 실제 숫자는 이 보고를 상회할 것이다.

---

17) 이 조사에서는 미국 국립과학연구소(National Science Foundation)로부터 연구비를
원조받았다. 자료 분석에서는 미국 국립과학연구소, 일본 국제교류기금, 구겐하임
기금 및 (스탠포드 대학 국제연구소를 통해) 포드재단으로부터 연구자금의 원조
를 받았다.

남의 집을 방문할 때 들고 가는 간단한 선물, 방문하고 돌아가는 손님에게 주는 선물, 받은 선물에 대한 답례, 시골에서 보내온 제철 농수산물, 여행갔다 가져온 선물, 신세진 데 대한 예의표시, 의뢰할 때 내놓는 명함 대신의 선물, 출산·입학·취직 등의 각종 축하선물, 결혼선물, 병문안품, 부의금, 제수용품, 세뱃돈, 추석과 연말선물 등 선물을 주고받은 건수는 헤아릴 수 없이 많다. 선물 명칭도 위에서 기록한 것 외에 우치이와이(집안사람의 경사를 축하하기 위해 선사하는 것), 선물, 공양, 참배자에 대한 답례품(과자나 떡), 교통비, 오타메(받은 선물에 대한 답례품), 오우쓰리(선물을 넣어온 그릇이나 보자기에 답례의 뜻으로 넣어 보내는 답례품), 헤어질 때 주는 것, 오히자쓰케(예능을 배우려 할 때 스승에게 드리는 입문사례금), 팁, 차우케(차에 곁들여 내는 과자) 등등 매우 많다.

포장하지 않은 채 아이들에게 과자를 주거나, 집에서 한 요리를 그냥 접시째로 '오스소와케'(나눠줌)로서 옆집과 나눠먹는 경우, 약식인쇄된 노시(선물 위에 덧붙이는 장식물)를 사용할 경우, 미즈히키(水引 : 선물을 묶는 색끈. 경조사에 따라 끈 색이나 묶는 법이 달라진다)나 노시만 붙이는 경우, 결혼예물처럼 부채·가쓰오부시(鰹節 : 가다랭이포)·다시마 등을 격식을 모두 갖춰어 보내는 거창한 선물 등 여러 가지가 있다. 이렇게 보니 선물 주고받기가 일본사회에서 얼마나 복잡하며 또 중요한 관습인지 상상이 간다. 남에게 선물을 주려면 상대의 기호나 상대와의 과거·현재·미래 관계 등을 염두에 두고 물건을 고르고 적절히 포장을 해서 가장 효과있는 언사를 사용하여 전달해야 한다. 선물을 받은 경우에는 그 안에 무엇이 들어있을 것이며 금액으로 치면 얼마나 나갈 것이며, 왜 주었는지, 이것이 장래의 관계에 어떤 영향을 미칠 것인지까지 상세해 추측해 보면서 선물을 준 사람에게 대응해야 한다. 이런 일을 평균 월 20여 회나 반복하고 월수입의 7% 이상을 투입하는 것이다. 일본인들이 주위 사람들에게 얼마나 신경을 쓰며 사는지를 알 수 있다. 경우에 따라 달라지는 선물 명칭만 해도 수십 개에 달한다는 점도 선물 주고받기 세계가 얼마나 세밀하게 분화되어 있는지 보여준다. 나아가 이는 선물을 주고받는 인간의 인터액션 및 이를 통해 교섭이 이루어지는 사회질서의 복잡함 역시 반영해 준다.

이것은 단지 선물을 복잡하게 주고받음으로써 복잡한 인간관계가 만들어졌다는 것만을 의미하는 것은 아니다. 경어법, 접대매너, 인사 에티켓, 교제상의 의리 등 그 하나하나에 복잡한 규범이 존재하며, 또 주고받는 관행까지 포함되어 그 전체의 복합적 질서가 인간관계의 복잡함을 만들어 내고 있다. 일본인이라면 그것이 복잡함을 초월하여 아예 번잡한 지경에 이르렀다고 느낄 것이다. 이와 반대로, 선물 주고받기가 적은 미국 같은 사회에서는 특별히 경어법을 쓸 경우도 적고, 그 밖의 대면관계에서도 의례적인 룰이 매우 적어 결과적으로 인간관계는 비교적 단순하다. 예를 들면 의리에 얽매여 싫어도 그렇게 해야 하는 경우는 적다. 일본인의 눈으로 본다면 인간과 인간과의 관계가 투박하게 보일 수도 있겠다.

선물 주고받기가 사교의 윤활유가 되는 하나의 이유는 답례의 의리 때문일 것이다. 어떤 선물을 받았다고 해서 반드시 물건으로 답해 줄 필요는 없다. 형태가 없는 '잘 봐준다'는 형태를 띠는 경우도 많다. 그러나 어떤 형태이든 답례가 이루어지는 '교환 행위'는 무척 많다. 이 교환 양식은 대단히 다양한데, 이것을 다음과 같은 유형으로 나누어 살펴보겠다(그림 참조).

교환양식의 여러 가지 유형

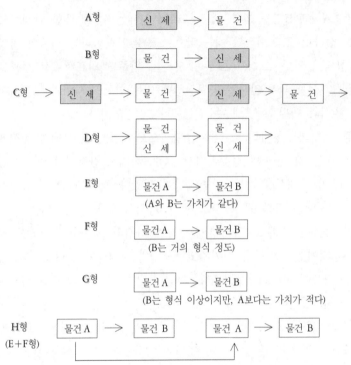

'물건'이란 모든 물질적인 것, '신세'란 비물질적인 것으로 상대방에게 주는 것을 말한다.

A형 : 가장 간단한 타입으로는 사건(예를 들어 신세를 지는 것)이 있고 그 답례의 증표로서 물건을 보내는 것이다. 레스토랑과 여관에서 체크 아웃을 하기 전에 팁을 놓아둔다거나 졸업 때 특별히 신세를 진 선생 님에게 감사의 선물을 드리는 것도 A형에 포함된다.

B형 : A형과 반대로 신세를 질 것을 예측하고 미리 물품을 건네는 형. 예를 들어 꽃꽂이나 다도 등에서 스승에게 먼저 히자쓰케를 주고

기술을 배우기 시작한다. 요리집 같은 데서 시중 들어줄 사람에게 미리 약간을 건네주고 좋은 서비스를 기대하는 것도 여기에 속한다.

C형 : A형과 B형을 조합시킨 것. 과거 신세를 진 데 대한 답례로서 보내는 선물이지만, 이 선물에는 앞으로도 잘 부탁한다는 의뢰의 의미도 포함되어 있다. 그리고 그후 다시 '잘' 봐준 예의표시로서 선물을 주는데 그 선물 역시 앞으로의 보살핌에 대한 의뢰의 의미가 포함되어 있다. 추석과 연말, 설날에 주는 선물이 그 전형이다.

D형 : A형과 B형과의 또 다른 조합법으로서, 물건을 보냄과 동시에 부탁을 하는 것. 농촌의 장례식에서는 최근까지도 간장이나 쌀, 술 등을 들고 가 장례식을 돕는 풍습이 남아 있었다. 또 자기 집에서 장례식이 있을 때는 다른 집에서 필수품을 가져와 도움을 받는다.

E형 : 물품을 보내고 거기에 상당하는 가격의 물품을 돌려받는 경우. 여행지에서 토산품을 사가지고 와 주위 사람들에게 나눠준다. 상대방은 다음에 여행을 갔다오면서 자신이 받은 것과 거의 같은 금액의 선물을 돌려주는 것이 여기에 해당한다.

F형 : 물품을 보내고 단지 형식적인 물품을 돌려받는 경우. '오타메' '오우쓰리' 등으로 불리는 것이 여기에 속하는데 주로 성냥이나 한지(붓글씨 쓰는 종이) 같은 것이 많다.

G형 : E형과 F형의 중간형으로서 답례로 돌려주는 것이 받은 것과 가격이 같지는 않지만 그렇다고 해서 형식에만 그치지도 않는다. 즉 부의금처럼 받은 것의 반이나 3분의 1에 해당하는 물건을 돌려주는 경우가 여기에 해당한다.

H형 : E형과 G형을 조합시킨 것으로서 상대방의 장례식에 부의금을 주면 이에 대한 답례를 받는다(G형). 그 후 이쪽에서 장례식이 있으면 이전에 이쪽에서 주었던 부의금과 거의 같은 액수의 부의금을 받고

(E형), 그 부의금의 몇 분의 일에 해당하는 것을 답례로 돌려준다(G형).

이들 주고받기 양식은 한 번으로 끝나는 경우도 있지만, 대부분은 연속적으로 순환되어 끝없이 이어진다. 답례품의 경우 바로 그 자리에서 받는 경우도 있지만 답례 시점은 정해져 있지 않다. 정해져 있더라도, 농촌에서 지붕을 이을 때 도와준 협조라든가 장례식을 할 때 주는 부의금처럼 교환 주기가 완결되는 데 몇 년씩 걸리는 경우도 있다. 교환이 종결점 없이 이어지고 교환 주기가 장기간에 걸쳐 이루어지는 것이다. 이는 일본사회의 인간관계가 순간적으로 소멸되는 것이 아니라 오랜 존속을 전제로 한다는 점, 인간관계가 은혜·의리·인정 등의 교환을 사회구성원에게 강요하는 가치관에 강력히 구애받고 있다는 것을 말해준다.

교제의 친밀성과 편의성

특정 개인에게는 친한 사람이 있는가 하면 그렇지 않은 사람도 있다. 또 여러 가지로 편의를 봐주는 사람이 있는가 하면 그렇지 않은 사람도 있다. 여기에서는 임시로 이 두 가지 인간관계를 친밀성과 편의성이라는 단어로 표시하겠다. 그리고 이 친밀성과 편의성 모두 '매우 친하다'든가 '별로 편의를 제공해주지 않는다'는 식의 정도 차이로써 표현될 것이다. 그런 의미에서 '친밀도' 및 '편의도'라는 변수를 가지고 이를 검토해 보고자 한다.

우선 이 두 가지 변수 사이에는 어떤 관계가 있을까? 이론적으로는 전혀 무관하다는 가설도 가능하고 정비례한다는 가설도 있다. 즉 친밀도가 높을수록 편의도 역시 높아진다는 가설도 있고, 그와 반비례하는 가설―친밀도가 높아짐에 따라 편의도는 낮아진다―도 있다. 물론 이

밖에 더 복잡한 가설도 가능하다. 이 중에서 실증 가능한 가설은 어떤 것일까?

1970년에 가쿠슈인(學習院) 대학의 나가타 요시아키(永田良昭), 오사카 부립(府立) 여자대학의 구리타 야스유키(栗田靖之)와 필자는 교토 시 내에서 138명의 기혼자를 무작위로 추출하여 친밀도와 편의도의 관계를 조사했다.[18] 여기에는 두 가지 방법을 사용했다. 우선 첫 번째 방법으로, 조사대상자에게 20개 항목의 행위를 기입한 20장의 카드를 보여주고, 그 행위 하나하나의 친밀성의 정도를 최저 1에서 최고 5까지 안에서 고르도록 하였다. 이어 동일한 20개 항목의 카드를 보여주고 그 행위 하나하나 편의성 정도를 역시 1~5 안에서 고르게 하였다. 이어 각 항목의 친밀도 평균값과 편의도 평균값을 내어 그 상관관계를 살펴보았다. 그 결과를 나타낸 것이 393쪽의 표다. 간단히 말하자면 친밀도와 편의도는 거의 정비례하여 친밀도가 높을수록 편의도도 높아지고 있다. 20개 항목 중에서 최저치는 친밀도와 편의도 둘다 거의 같지만, 최고치는 친밀도가 편의도보다 훨씬 높다.

두 번째 방법으로, 조사대상자에게 교제중인 특정인을 떠올리게 하고 조사대상자가 그에 대해 갖는 친밀도와 편의도가 어느 정도 되는지를 물었다. 그 결과가 394쪽의 표로서, 0.01단위까지 계산했다. 여기에서도 첫 번째 조사 결과와 마찬가지로, 친밀도가 높게 평가된 사람은 편의도 역시 높게 평가되었다. 보다 쉽게 말하면, 친밀하다고 느끼는 상대는 여러 가지로 편의를 제공해주는 사람이기도 하다.

---

18) 이 조사에 관한 연구자금의 원조는 주 17과 동일하다. 자료 분석은 永田良昭, 栗田靖之, 필자가 공동으로 실시하였으며 이 글의 자료 해석은 필자가 담당하였다.

친밀도와 편의도의 상관표

	평균 친밀도	평균 편의도
(14) 경제적인 원조를 해주는 것	4.4	2.8
(8) 사람됨과 신용을 보증하는 것	4.1	2.9
(4) 대청소와 이사 등을 돕는 것	4.0	2.2
(6) 생일, 결혼 등 개인적 행사와 기념일에 축하선물을 보내는 것	3.9	2.3
(3) 여행을 갔다 와서 선물을 주는 것	3.8	2.1
(2) 음식을 대접받거나 대접하는 것	3.8	2.2
(9) 가정의 괴로움이나 일 문제의 상담상대가 되어주는 것	3.8	2.3
(19) 추석·연말 등에 선물을 보내는 것	3.8	2.2
(18) 취직과 전임, 개업 등 직업상 생긴 일에 대해 축하품을 보내는 것	3.6	2.3
(12) 험담의 대상이 된 사람을 변호해주는 것	3.4	2.1
(5) 상대에게 득이 될 만한 것을 알려주는 것	3.3	2.3
(7) 사고나 병 등을 불의의 사고를 만난 사람에게 위로품을 보내는 것	3.3	2.2
(16) 하소연을 들어주는 것	3.2	2.1
(1) 의사 등을 소개해주는 것	3.1	2.0
(20) 방문할 때 선물을 가지고 가는 것	3.1	2.0
(10) 전근과 이사 등 신변의 변화를 통지하는 것	3.0	1.7
(13) 사고나 병 등 불의의 사고를 당한 사람에게 위로의 말을 해주는 것	2.7	1.9
(17) 연하장을 보내는 것	2.5	1.7
(11) 상대를 보고 먼저 인사하는 것	1.9	1.7
(15) 방문한 사람을 성심으로 대하는 것	1.9	2.0

첫 번째 방법에서는 행위에 대한 평가를 얻고자 한 것인데, 물론 이는 그 행위를 하는 사람이 있다는 것을 전제로 하므로 행위의 평가란 곧 그 행위를 하는 사람에 대한 평가라고 해도 될 것이다. 그렇다면 첫 번째와 두 번째 방법은 모두 일본인(엄밀히 말해 교토 거주자)이 친밀한 사람과 그렇지 않은 사람, 또 편의를 제공하는 사람과 그렇지 않은 사람을 어떻게 평가하는지를 알려준다. 이 조사결과는 다음의 사실을 보여준다. 본인이 친밀감을 느끼는 상대는 자신의 목적을 달성하는 수

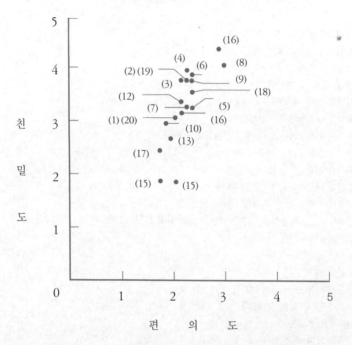

친밀도와 편의도의 상관그래프

20 항목 행위의 평가

20항목의 관계를 그래프로 표시한 것. 점이 18개밖에 안 되는 것은 2항목이 겹치기 때문이다.

단 즉 도움이 되는 사람이며, 또 목적 달성에 도움이 되는 사람에게 친밀감을 가진다. 반대로 친밀감을 느끼지 않는 사람은 편의도 제공하지 않으며, 편의를 제공하지 않는 사람에게는 친밀감도 느끼지 않는다고 할 수 있다. 이 두 가지 변수 사이에 어떤 인과관계가 있는지는 앞으로 연구가 필요하겠지만, 아무튼 두 가지 요소가 합쳐져서 인간관계가 깊어진다는 것만은 지적할 수 있다. 흔히 말하는 '신용'이란, 사회 등의 법인과는 별도로 개인을 대상으로 할 경우 이 두 가지 요소가

사람에 대한 평가

		친 밀 도					
		1	2	3	4	5	계
편	1	0	2	2	3	3	10
의	2	1	5	6	7	6	25
도	3	2	3	8	22	8	43
	4	1	0	5	12	27	45
	5	0	0	0	2	13	15
	계	4	10	21	46	57	138명

높은 경우가 아닐는지 모르겠다.

미국의 경우 이와 똑같은 방식으로 조사가 이루어진 예는 아직 본 적이 없지만, 심리학자 유리엘 포가 일부 비슷한 조사를 하였다.[19] 그는 사랑·서비스·식품·돈·정보·지위라는 6개 항목을 설정하고 미국인들은 어느 항목과 어느 항목을 가장 쉽게 교환하며 반면 어떤 항목들을 가장 교환하기 어려워하는지 조사했다. 이에 따르면, 애정과 돈이 가장 교환하기 어려운 관계 중 하나였다. 애정이 친밀성을 가장 단적으로 나타내고 금전이 편의성을 적절하게 대표한다고 간주할 수 있다면, 미국에서는 친밀성과 편의성이 반비례한다는 가설을 일단 세울 수 있을 것이다. 만일 이 가설이 실증된다면 일본인과 미국인의 대인관계의 차이를 보여주는 것으로서 흥미로운 예가 될 것이다.

---

19) Uriel G. Foa, "Interpersonal and economic resources : their structure and differential properties offer new insight into problems of modern society," *Science* Vol. 171, 1971, 345~351쪽.

동족, 친족, 친류

일본의 친족(親族)조직에 대해서는 많은 연구가 이루어져 있으므로 굳이 그 성과를 반복할 필요는 없겠다. 여기에서는 사람과 사람과의 교제라는 면에서 일본 친족조직의 문제점을 두세 가지 검토해 보겠다.

. 넓은 의미에서의 친족조직을 분석할 경우 '집'은 대단히 중요한 의미를 갖는다. 동족집단이나 촌락 등은 집의 연합체로서 파악되어 왔다. 그러한 견해에 이의를 제기할 생각은 털끝 만큼도 없다. 그러나 소박한 견해를 피력해 본다면, 집이란 그 구성원 없이는 성립되지 않고, 집과 집의 교섭은 현실적으로 그 구성원들 간의 교섭을 통해 성립된다. 나카노 스구루(中野卓)는 이 두 가지 차원 즉, 집의 차원과 개인의 차원을 구별해서 전자를 친류(親類)관계로, 후자를 친족관계로 부를 것을 제창하고 있다.[20] 여기에서는 이 용어를 채용하고자 한다. 집이라는 단위를 기반으로 한 사회구조를 개념화시켜 동족이나 친류조직을 만들어 내는 것은 물론 가능하지만, 사실상 일본의 소위 '친족' 연구는 집 차원의 분석을 중심으로 삼아 왔다. 그러나 사교를 개인간의 교섭으로 볼 경우 문제가 되는 것은 집의 구성원 개개인의 연결체로서의 친족관계다.

이 집과 개인이라는 두 가지 차원을 구별하여 자료를 분석한 것으로 마사오카 히로시(正岡寬司)와 다나카 시게코(田中滋子)의 연구가 있다.[21] 이 두 사람의 보고에 따르면, 야마나시 현의 한 산촌마을 네바(根場)에는 잇케슈라고 불리는 동족관계가 있다. 이것을 동족집단이라고 부르지 않는 것은 동족집단에 수반되는 경제적 기반이 결여되어 있

---

20) 中野卓,『商家同族團の硏究』, 未來社, 1964, 63쪽.
21) 正岡寬司・田中滋子, 「山村における親族と婚姻 - 山梨縣足和田村根場部落の場合」,『フィロソフィア』52, 1967, 69~106쪽.

기 때문일 것이다. 한편 이 마을에는 잇케슈로서의 동족관계와는 별개로 '오야코'(부모와 자식)라고 부르는 관계가 존재하는데, 이는 '혈족 및 혼인을 통해 친척 안에 포함된 친족'이라고 정의된다. 조사자의 설명에 따르면, "동족관계에서 고유한 기능을 하는 동족 신에 대한 공동제사나 정월, 추석 때에는 공동으로 행사를 치른다. 그러나 일상적인 교류는 오야코 관계 안에서 정해진 위치에 따라 이루어진다."

시마네 현의 한 농촌마을에서도 이와 동일한 형태로 친류와 친척이 구별된다고 한다.[22] 이노우에 가네유키(井上兼行)와 시미즈 아키토시(淸水昭俊)가 조사한 바에 따르면, Q부락에는 개인 차원에서 소위 '피'의 연결로써 쌍방으로 연결되는 친족관계와, 집 차원의 '친척'이라고 부르는 친류관계가 존재한다(단 조사자는 친척관계를 친족관계라고 부르고 있다). 이 마을에서 친족관계란 '피'의 연결을 전제로 하기 때문에 출생을 통해서만 유지되며, 혼인을 통해 파생된 의사(擬似)친자나 양부모와 양자 사이에는 피의 연결이 인정되지 않으므로 야마나시 현의 네바 마을과는 친족관계의 범주가 다르다.

네바 마을의 오야코와 잇케슈의 관계, Q부락의 '피'의 연결과 친척관계는 보다 더 철저한 검토를 요한다. 분석자의 입장에서 본다면, 잇케슈나 친척 등 집 단위의 개념은 궁극적으로 오야코나 피의 연결과 같은 개인간의 관계부터 분석을 해야 한다. 그런 의미에서 지금까지 일본의 소위 친족 연구는 집 및 집의 연합체라는 기성 관념에만 너무 얽매어 왔던 것이 아닌가 생각된다.

친족관계를 이해할 수 있는 하나의 실마리로 연하장을 들 수 있다. 보통 연하장은 폭넓게 이렇게 저렇게 교제를 계속하고 있는 사람들에게 보내는 것이다. 따라서 친류간이라면 더더군다나 연하장을 보내야

---

22) 井上兼行·淸水昭俊, 「出雲調査短報」, 『民族學硏究』 33-1, 1968, 77~85쪽.

한다. 이시하라 구니오(石原邦雄)가 야마나시 현 가쓰누마 정(勝沼町)을 중심으로 150세대를 추출하여 조사한 바에 따르면, 1967년 정월에 도착한 연하장은 세대당 평균 72통이고, 그 중 친족과 비친족의 비율은 약 3 : 7이었다. 그런데 친족이 보낸 연하장은 대부분 가족의 구성원인 혈족, 즉 발신자의 혈연자였다.[23] 연하장을 보낸 발신인이 수신자의 인척일 경우(예를 들면 장인이 사위에게 연하장을 보낸 경우)는 친족이 보낸 총 연하장의 약 10%에 불과하다. 게다가 연하장을 보낸 사람의 혈족(위의 예로 보면 시집간 딸)이 그 세대에 주거하고 있거나 주거했던 경우가 대부분이다. 즉 '집'의 구성상 연하장을 받는 사람은 인척이기는 하지만, 보내는 사람의 입장에서 보면 연하장을 받을 사람의 집에 자신의 혈족이 살고 있거나 혹은 살았기 때문에 연하장을 보내는 것이다. 여기에서 개인과 집 차원 간의 차이 및 상관관계를 알 수 있다.

연하장 분석에서 흥미를 끄는 또 하나는, 남편의 혈족이 남편 앞으로 보낸 연하장 수와 부인의 혈족이 부인 앞으로 보낸 연하장 수가 994 : 1,018로서 거의 같다는 점이다. 일본사회가 부계제(父系制)인지 쌍계제(双系制)인지가 아직 해결 나지 않은 시점에서, 이 자료는 어떻게 해석해야 할까? 일단 남편 쪽과 부인 쪽 모두 동등하게 교제를 하고 있다는 점에서, 쌍계제를 뒷받침해 주는 자료로 해석될 수 있다. 그러나 이것은 개인 차원(친족관계)일 경우고, 집와 집의 관계(친류조직)일 경우에는 부계적 관계를 취하고 있다고 보아도 크게 문제가 되지 않을 것이다. 이는 핏셔와 요시다(吉田)가 지적한 적이 있다.[24]

---

23) 石原邦雄, 「年賀狀から見た家族・親族關係」, 『ケ-ス硏究』 118, 1970, 61~71쪽.
24) John L, Fischer and Toego Yoshida, "Some issues in the study of Japanese modal personality" in Edward Norbeck and Susan Parman eds., *The Study of Japan in the Behavioral Sciences* (Rice University Studies, Vol. 56, No.4), 209~218쪽.

농촌은 도시와는 달리 관혼상제나 농사, 지붕 이기, 토목공사 등 협력의 계기가 매우 많다.

지연적 협력형태 농촌과 도시

농촌의 경우 관혼상제나 농사, 지붕 이기, 토목공사 등 협력의 계기는 매우 많다. 이들 협력 행사는 대개 세 가지 형태로 나누어 볼 수 있다.

① 교환형 : 모내기, 벼베기 등 가까운 이웃과 친류의 노동을 빌리고 빌린 만큼 정확히 돌려주는 경우. 부의금 교환, 지붕을 이을 때의 협력

도 여기에 해당한다.

② 공동형 : 마을 도로공사, 교량수리, 관개수로정비 등과 같이 집단의 구성원 전체가 협력하여 그 성과를 전원이 누리는 경우.

③ 집약형 : 동족집단의 본가(本家)에 대해 분가(分家)와 별가(別家)가 노동력을 제공하기도 하고 본가의 관혼상제를 돕기도 하는데, 이 경우 분가와 별가는 본가로부터 보호나 금전대부와 같은 형태로 질적으로 다른 차원의 대가를 받는다. 어떤 의미에서는 자원 교환으로 볼 수 있겠지만, 교환형과 다른 점은 교환된 자원이 동일한 가치를 갖고 있는지 평가하기 어렵다는 점이다.

그렇다면 이러한 농촌의 협력 형태는 도시에서도 나타날까? 나타난다면 어떤 형태로 나타날까?

④ 교환형 : 농촌에서 볼 수 있는 생업을 위한 노동교환은 도시에는 나타나지 않는다. 그렇다고 해서 교환 행위가 소멸되었다는 뜻은 아니다. '선물 주고받기' 항목에서 보았듯이 증정품이나 증답품, 기타 각종 형태로 행해지는 선물 주고받기는 농촌에 뒤지지 않는다. 그리고 교환은 물질교환으로만 그치지 않는다. 오히려 통상적으로 '선물'이라고 부르지 않는 것, 예컨대 호의를 보여주고 상담에 응하고 보증인이 되어주고 선거 때 찬성표를 약속하는 등 자원의 교환 형태가 많다.

⑤ 공동형 : 현대도시의 환경에서는 거의 완전히 사라진 듯하다. 농촌에서 행해지는 토목 관계 공사는 지방자치체가 맡고, 도시자치체는 노동자에게 급료를 주어 토목공사를 실시하기 때문에 공동작업을 해야 할 이유는 거의 사라졌다. 2차대전이 종결되기 전까지는 마을모임이나 반상회 같은 것이 움직이고 있어 소방훈련이나 배급품의 배포 등이 이런 모임을 단위로 하여 행해졌지만, 이것도 1945년 이후 점차 사라져 현재는 존재한다 하더라도 형태만 남은 경우가 대부분이다.

최근 새로 생긴 공동형 조직으로 주민운동을 들 수 있다. 예를 들면 공동 혹은 당번제로 근교농촌이나 도매시장에서 야채류를 싼값으로 구매하여 구성원들에게 나눠주는 주민운동은, 성원 전체가 협력을 하고 전원이 그 덕을 본다는 점에서 농촌의 공동토목공사와 성격이 유사하다. 그러나 이러한 주민운동은 아직 도시의 일반적 현상이라 하기는 어렵다.

⑥ 집약형 : 도시의 동족집단은 소멸된 지 이미 오래되었다. 현재 도시에서 볼 수 있는 집약형 집단은 구조적으로 동족집단과 유사한데, 크게 두 종류로 나눠진다. 하나는 부모와 자식의 역할을 담당하는 집단으로서 폭력단, 씨름, 예능계에서 가장 현저하다. 이 곳에서는 집단의 우두머리가 부하를 통제함과 동시에 보호해주고, 부하는 우두머리에게 노동력을 제공하는 대신 우두머리로부터 기술을 획득하고 경제적 원조를 기대한다.

이와 비슷한 또 하나의 집단이 기업과 정부기관 같은 관료조직이다. 이 조직 역시 구성원이 조직에 노동력을 제공함으로써 성립되고, 그 노동력에 대한 대가로서 월급을 받는다.

현재 대다수의 일본인이 도시의 집약형 집단에 참여하고 있다는 사실은 이러한 형태의 집단이 갖는 역사적 의의가 얼마나 큰가를 보여준다. 그리고 그 역사적 원형이 동족집단에 가장 현저하게 나타난다는 사실은, 동족집단 조직이 현대 일본사회를 분석하는 데 대단히 중요하다는 것을 말해준다.

맺음말

사람과 사람이 대면할 경우 서로 상대가 어떤 사람인지를 탐색하려고 한다. 상대가 누구인지 파악이 안 되면 자신이 어떻게 행동해야 할지 알 수 없기 때문이다. 사교 장소에서 인터액션을 성공시키려면 먼저 상대에게 자신이 어떤 사람인지를 알려야 한다. 그 메시지가 상대에게 전해지고 그때 비로소 인터액션의 기반이 만들어진다. 인터액션이 진행됨에 따라 순간 순간의 동작, 행위, 언어를 통해 상대와의 관계를 '교섭'하고 그 '장소'에서의 사회질서를 만들어 나간다.

이러한 과정을 통해 장소의 사회질서가 만들어지고 그것이 축적되어 일본의 사회구조가 이루어진다. 이렇게 해서 형성된 일본사회 속에서 발견되는 특징은, 섬세하다 못해 번잡스럽게까지 보이는 인간관계와 행위에 대한 이중성 의미이다. 일본인은 행위의 표면적인 의미와 숨은 의미를 잘 판단해서 그때그때 양쪽의 의미에 적절한 '회답'이 될 수 있는 행위, 즉 이중 의미를 전달해야 한다. 일본인들 사이의 교제가 피곤한 이유 중 하나는 이처럼 의미를 복잡하게 해석해야 하고, 순간 순간 그에 적절한 대응을 해야 하기 때문이다.

인간은 교환적 동물이다. 다양한 형태의 교환을 하면서 살아가고, 그 교환 형태에 따라 다른 사회조직이 생긴다. 질적으로 양적으로 동등한 교환은 '교환형' 집단을 낳고, 이는 부·모계의 친족 사이, 친구들 사이, 가까운 이웃 사이에서 이루어진다. 이질적인 자원의 교환은 '집약형' 집단을 낳으며 이는 동족이나 기업, 관청 등에서 행해진다. '공동형'은 전원이 힘을 합쳐 협동으로 성과를 거둔다. 이는 공동체의 근본이 되는 형태를 보여준다.

여기에서는 일본사회를 보다 더 깊이 이해할 수 있는 방향 두 가지를 간단히 이야기해 보았다. 하나는 인터액션을 상세히 분석하여 대면 행위의 전제와 그 행위가 갖는 의미를 자세히 조사하는 것이다. 또 다른 하나는 교환론의 입장에서 개인간의 행위 및 집단현상을 재검토하는 것이다.

참고문헌

岩井弘融,「交際關係分析のための試論」,『東京都立大學人文學報』40, 73~88쪽 : '교제'의 정의를 내리고 그 계기·내용·심도·범위·형태 등을 논함.

栗田靖之,「生態心理學としての空間論」,『季刊人類學』3-4, 1972, 193~216쪽 : 공간점유와 공유를 갖는 사회심리적 영향에 관한 이론을 소개하고 사례를 들어 심리학적 입장에서 인간의 공간이용을 분석.

Roger G. Barker, Ecological Psychology. Concepts and Method for Studying the Environment of Human Behavior, Stanford, Stanford University Press, 1968 : 행동을 공간적 입장에서 파악하고자 한 시도. 방법론상의 문제에 대한 상세한 검토 포함.

Edward T. Hall, The Silent Language, New York, Doubleday, 1959 : 공간이용이 문화에 따라 달라진다는 점을 지적하고, 그것이 커뮤니케이션의 수단으로 사용된다는 점을 논함.

石毛直道,『住居空間の人類學』, 鹿島研究所出版會, 1971 : 아프리카와 뉴기니아의 8개 문화의 주거구조, 사용법을 분석하고 마지막에 이론적 구상 시도.

今和次郎,『住居論』/『今和次郎集(4)』, ドメス出版, 1971 : 건축학자의 눈으로 다양한 주거를 실생활적 입장에서 살펴본 실증적 자료에 기초한 독특한 저서.

今和次郎,『服裝研究』/『今和次郎集(8)』, ドメス出版, 1972 : 농촌과 도시, 서구와 일본의 복장구조와 기능을 실례를 들어 논한 다양한 논문모음집.

前田往三,「シンボル行爲の構造と機能-ドラマティズス的アプローチ」,『社會學評論』96(24-4), 76~82쪽 : 인간의 대면행위를 연극으로 간주하여 분석하는 접근법 소개.

Harold Garfinkel, Studies in Ethnomethodology, Englewood Cliffis, Prentice-Hall, 1967 : 인터액션의 장소에서 개인이 어떠한 방식으로 상대가 누구인지를 인식하고 무례를 범하지 않고 상대와 상호행위를 하는지 현상학적 입장에서 논함.

Irving Goffiman, The Presentation of Self in Everyday Life, New York, Doubleday, 1959 : 일상의 인터액션을 연극으로 간주하고, 연기자 대 관중, 무대와 무대 뒤, 배우의 몸짓과 대사 등의 극용어를 사용하여 대인관계 분석.

Irving Goffiman, Behavior in Public Place. Notes on Social Organzation of Gathering, New York, Free Press, 1963 : 공공장소에서의 사람과 사람의 인터액션은 아무것도 아닌 것처럼 보이면서도 미묘한 교섭이 있다. 그 교섭을 자세히 검토.

Aaron V. Cicourel, Cognitive Sociology, Language and Meaning in Social Interaction, New York, Free Press, 1974 : 사회구조를 습득하는 과정에서 언어표현의 해석이 어떻게 이용되는

지를 논함.

Albert E. Scheflen, Body Language and Social Order, Communication as Behavioral Control, Englewood Cliffis, Prentice Hall, 1972 : 비언어적 표현의 학문인 키네식스(kinesics : 몸짓과 표정)를 사진을 사용하여 알기 쉽게 풀어쓴 대중서.

倉田一郎, 「香奠の今昔」, 『民間傳承』 10-8, 1944, 11~17쪽 : 농촌의 부의금 관행을 논함.

鄕田洋文, 「交際と贈答」, 『日本民俗學大系(4)』, 1962, 155~172쪽 : 교제의 여러 형태를 실증적으로 검토하고 선물 주고받기가 어떻게 교제에 공헌하는지를 논함.

Uriel C. Foa, "Interpersonal and economic resources : their structure and differential properties offer new insight into problems of modern society," Science Vol. 171, 1971, 345~351쪽 : 교환행위에서 교환하기 쉬운 자원과 하기 어려운 자원이 있다. 근대 도시사회에서는 금전과 물질의 교환이 지배적이어서 그 정신위생적 영향이 적지 않음을 논함.

有賀喜左衛門, 『日本家族制度と小作制度』, 河出書房, 1943 : 소작제도와 경제적 계약으로 보는 종래의 입장에서 벗어나 동족집단의 기능 중 하나로 봄.

蒲生正男, 「親族」, 『日本民俗學大系(3)』, 平凡社, 1962, 233~258쪽 : 일본의 친족조직을 4개 형태로 분류하고 그 지리적 분포를 분석.

鄕田洋文, 「互助共同」, 『日本民俗學大系(4)』, 平凡社, 1962, 133~135쪽 : 농촌에 있어서의 다양한 협동형태를 분류하고 지방용어를 분석.

鈴木榮太郎, 『都市社會學原理』/『鈴木營太郎著作集(6)』, 未來社, 1969 : 도시의 기능, 구조, 도시 내의 집단, 사회관계를 실증적 이론적 입장에서 논함.

옮긴이의 말

일본과의 본격적인 문화교류시대를 맞이하여 일본에 관한 많은 읽을거리들이 쏟아져 나오고 있다. 그러나 그 내용들이 자극적이고 말초신경만 자극하는 경향이 있고, 또한 현재 일본의 단면에만 초점을 맞추고 있는 것이 아닌가 하는 느낌이 든다.

일본과의 마찰이 있을 때마다 우리가 일본에 대해 너무도 무지하다는 자성의 목소리가 커진다. 좀더 일본을 알 수 있었으면, 좀 더 일본인에 대해 이해할 수 있었으면 좋겠다는 이야기도 자주 듣게 된다.

현재의 일본을 정확하게 파악하려면 일본인의 뿌리를 한 번 더 진지하게 응시해 보는 시간을 가질 필요가 있다고 생각되어 이 책을 번역했다. 특히 이 책은 편집 책임자인 우메사오 다다오의 머리말에도 언급되어 있듯이, 일본문화에 대한 기존의 어떠한 비교문화적 서적보다도 철저한 검증을 바탕으로 한 객관성을 띠고 있다는 점에서 대단히 장점을 갖고 있다.

한편 이 책은 또 다른 면에서도 관심이 간다. 일제 36년간의 식민지 체험을 갖고 있는 우리나라의 경우에 아직도 우리의 일상 생활 여기저기에 일본문화가 잔재해 있다. 우리 문화로 여겨 왔던 그러한 잔재해 있는 일본문화를, "아, 이게 사실은 일본 것이었구나", 또는 현재 직수입되어 들어와 있는 일본의 다양한 소품들에 대해서도 그 루트를 알게 해준다. 마치 숨은 그림을 찾을 때와 같은 재미를 줄 것이라고 생각된다. 특히 신세대들의 경우에 일본문화의 잔존이라는 인식도 못한 채

우리 문화인양 받아들이고 있는 부분이 상당하다는 점을 생각하면 더욱 그러할 것이다.

1장에서는 일본의 건축물의 특성을 보여주고 있다. 일본에 가서 가장 처음 느끼는 실망감 가운데 하나는 아마 도시가 너무나 우리와 비슷해서 외국에 왔다는 느낌이 들지 않는다는 점일 것이다. 그러나 도심을 벗어나 2층 목조건물이 눈에 띄면서 약간의 이국적인 냄새를 맡을 수 있게 된다. 이 책은 일본이 왜 전통적으로 목조건축물을 선호하였는가에 대한 해답을 주고 있다. 또 요즈음 일식음식점에 가면 쉽게 볼 수 있는 '다타미'의 유래라든가, 수납공간이 중시되는 요즈음 우리나라 건축양식에도 많이 활용되고 있는 '오시이레'(일본식 벽장) 등 일본식 수납이 갖고 있는 철학이라든가, 일본인이 즐기는 온천이나 목욕 등의 입욕이 갖는 일본 전통적인 미학, 일본식 정원에 나타나는 일본인의 정신세계 등에 대해 자세히 설명해준다.

개고기를 먹는 문제로 한국인의 식생활에 대한 문제가 국제적으로 제기되고 있는 요즈음, 식생활을 하나의 문화로 받아들여야 한다는 목소리가 높아지고 있다. 그 나라의 문화를 이해하는 데 필수적이라 해도 과언이 아닌 식생활 문화는 2장에서 다루고 있다. 흔히 일본요리는 먹을 것이 없고 단지 눈요기에 지나지 않는다고들 하는데 그 이유는 이 책을 읽어보면 쉽게 알 수 있다. 예를 들면 우리나라 포장마차에서 쉽게 볼 수 있는 덴푸라나 우동 메밀국수, 돈까스는 원래 어떠한 요리였고, 수박과 참외 등의 품질개량에 대단히 노력을 기울여 온 일본의 농업정책, 일본인이 녹차를 많이 마시는 이유 등에 대한 궁금증을 풀어줄 것이다.

3장에서는 우리나라의 현저한 차이가 나는, 젓가락과 밥공기가 한 세트가 되는 일본식 상차림과 식사법, 식사예절을 소개해 준다. 또한 일본인이 술을 마시게 된 유래와 술자리가 한 번에 끝나지 않고 2차로 이어지는 습관이 어디에 근원을 두고 있는가, 왜 일본은 서양에 비해 마약 등의 약물문제에 안전할 수 있었는가 등에 대해서도 자세히 알려 준다.

4장에서는 우리나라의 상복이 전달되었다고도 알려진 기모노로 대표되는 일본의 전통의상을 객관적인 고증을 거쳐 그 성립과정과 발달과정을 설명해 준다. 우리나라 학생들의 교복의 원조라고도 할 수 있는 일본교복의 성립 과정과 그 의미, 서양옷과 모자와 보급 과정, 일본의 전통적인 헤어스타일과 변천과정도 상세하여 우리나라의 개화기 상황과 비교연구하는 데도 좋은 자료가 될 것이다.

5장에서는 일본인의 일대기, 현대 일본인이 아니라 과거의 전통적인 일본인의 일대기를 그 성장과정에 따라서 또 시대상에 따라서 상세히 설명하고 있다. 현재에도 일본의 집집마다 있는 불단에 대한 의문이 해소될 것이다. 특히 전통적으로 성인이 되는 과정이나 결혼이 이루어지는 과정이 그 지역 안에서 매우 자주적인 방법으로 행해지고 있음을 볼 수 있는데, 이는 현재 일본인의 지방자치주의와도 일맥상통하는 것 같다. 유교문화를 배경으로 한 장유유서의 서열주의와 남녀칠세부동석의 남녀관계에 익숙해져 온 우리와는 상당히 이질적인데, 일본문화를 이해하는 데 특히 이 장은 도움이 된다.

6장은 여행할 때마다 선물 사기에 여념없는 일본인, 단체여행의 깃발을 따라서 줄지어 몰려다니는 일본인을 이해하는 데 도움을 줄 것이다. 7장에서는 우리나라의 입시지옥보다 더하다는 일본인의 교육 현황이 어떻게 해서 발생되었는가, 교육이 바로 출세의 지름길이 된다는 사고방식의 근원은 어디인가를 밝혀준다.

저녁에 가장 빛나는 것은 밤하늘의 별보다 뾰족한 탑 위의 십자가

인 우리나라의 경우와는 대조적으로 일본은 그리스도교(기독교와 천주교)가 처음 들어온 때나 현재나 그 신자수가 똑같다고 한다. 8장에서는 왜 일본에서 그리스도교가 깊이 뿌리 내리지 못하는가, 무슨 무슨 신사는 왜 그리도 많은가, 새해 첫날에 메이지 신궁이나 신사에 그렇게 많은 사람들이 왜 모여드는가, 그 이유와 더불어 일본인의 신앙에 대한 근본적인 사고를 이해할 수 있게 될 것이다.

9장은 현재 일본의 성문화에 대한 뿌리를 규명한 것이다. 성을 '생의 기쁨'으로 자연스레 받아들인 일본인의 성문화가 제2차 세계 대전 후 서양의 '성부정'의 종교관이나 도덕관에 의거한 탄압으로 왜곡되었다는 설명은 새로운 각도에서의 해석이며 수긍이 가는 면도 없지 않다. 일본의 성문화를 문란하다고들 표현하지만 그것은 어쩌면 서양인의 도덕적 기준에 의한, 서양인의 종교적 사고방식에 의한 판단이고, 일본의 전통적인 성 의식에서 본다면 생명력 넘치는 자연스러움일지도 모르겠다. 이 장을 통해 일본처럼 우리나라에도 역시 우리의 전통적인 것들이 서구문명화되면서 잃어버리거나 변조되어버리거나 불결시되어 버린 것들이 많이 있으리라는 생각을 해 볼 수 있을 것이다. 9장은 서양의 발달된 문물을 어서 따라가야지 하며 앞만 보며 달려온 동양인의 '숙명'과 같은 약점을 되돌아볼 수 있는 기회를 주는데, 혹 지금까지 서양의 종교관이나 사고방식에 무조건적으로 휘둘려 온 것은 아닌가 하는 생각이 들게 해준다.

마지막으로 10장은 일본인과 직접 접촉할 때 필수적으로 숙지해 두어야 할 내용이다. 일본인이 타인과의 교제를 어떠한 생각으로 하며, 어떠한 사교규칙을 갖고 있는가를 상세히 설명해 주고 있기 때문이다. 일본인은 겉과 속이 다르다든가 일본인과는 깊이 친해지기 어렵다든가, 일본어는 모호해서 명확히 해석하기 어렵다든가, 일본인들은 왜

하찮은 것들(우리나라의 선물문화에 비해)을 선물로 주는가, 일본인들은 왜 옷깃만 스쳐도 요란스레 사과를 하는가 등에 대한 해답이 다 준비되어 있다.

눈에 비친 모습과 귀에 들리는 것만 갖고 피상적·단편적으로 일본을 판단할 수밖에 없는 현대의 우리 모두에게 이 책은 분명 일본에 대한 좋은 안내서가 되어줄 것이다. 특히 앞으로 한일관계의 주역이 될 젊은 청소년들에게, 일본에 대해 관심을 갖고 있거나 현재 일본과 관련된 공부를 하는 학생들에게, 또 아직도 우리 생활에 잔존해 있는 일본어를 비롯한 여러 요소들에 흥미를 갖고 계신 분들에게 이 책을 권한다.

이 책은 원래 전 12개 장으로 구성되어 있지만 '오락과 스포츠'와 '생산과 노동'의 2개 장은 제외시켰다. 모두 객관적인 데이터를 활용하여 매우 정치한 접근을 하고 있지만 이용한 데이터가 1970~75년을 중심으로 한 것이라 지금의 독자들에게 다소 공감을 얻기 어려울 것 같아 애석하지만 생략하기로 하였다. 최신 통계를 바탕으로 이 문제를 다시 비교분석해 볼 기회가 마련되기를 기대해 본다.

번역하는 과정에서 특히 민간신앙의 여러 신을 번역하는 데 많은 도움을 주신 도이 히로후미(土井裕文) 씨, 오타 가즈히로(小田和弘), 이케다 아야코(池田鞾子) 씨, 도미야 아키코(富谷晶子) 씨께 진심으로 감사드리며, 이 책의 번역에 긍정적이며 적극적으로 응해준 겐큐샤(研究社) 관계자에게도 감사를 전한다. 마지막으로 이 책이 출판되기까지 많은 정성을 기울여주신 혜안 출판사의 오일주 사장님과 김현숙 님께 진심으로 감사의 말씀을 전한다.

2001년 11월 옮긴이

지은이

우메사오 다다오(梅棹忠夫)   1920년 출생, 京都大學 이학부 졸업
전 국립민족학박물관 관장, 사회인류학 전공

이시게 나오미치(石毛直道)   1937년 출생, 京都大學 이학부 졸업
국립민족학박물관 관장, 사회인류학 전공

요네야마 도시나오(米山俊直)   1930년 출생, 三重大學 졸업, 大手前大學 학장 교수
京都大學 명예교수, 문화인류학 전공

가토 히데토시(加藤秀俊)   1930년 출생, 一橋大學 졸업
中部大學 中部高等學術研究所 소장, 사회학 전공

야마모토 아키라(山本明)   1932년 출생, 同志社大學 문학부 졸업, 千葉工業大學 교수
커뮤니케이션 전공

이토 미키하루(伊藤幹治)   1930년 출생, 國學院大學 졸업, 成城大學 교수
국립민족학박물관 명예교수, 종교인류학 전공

고마쓰 사쿄(小松左京)   1931년 출생, 본명은 미노루(實), 京都大學 문학부 졸업, 작가

베후 하루미(別府春海)   1930년 출생, 캘리포니아 대학 문리학부 졸업
京都文教大學 교수, 문화인류학 전공

옮긴이   김양선

1960년 서울에서 출생하여 이화여대 영어영문학과,
계명대 대학원 일어일문학과(문학석사),
일본 關西外國語大學 대학원 언어문화과(언어학박사)를 졸업하였다.
현재 계명대, 영남대, 대구가톨릭대에 출강하고 있다.